Nöllke · Anekdoten, Geschichten, Metaphern für Führungskräfte

# Anekdoten, Geschichten, Metaphern für Führungskräfte

Matthias Nöllke

**Haufe Mediengruppe**
Freiburg · Berlin · München

Bibliografische Information Der Deutschen Bibliothek
Die Deutsche Bibliothek verzeichnet diese Publikation in der Deutschen National-
bibliografie; detaillierte bibliografische Daten sind im Internet über <http://dnb.ddb.de>
abrufbar.
  ISBN 3-448-05216-7

ISBN 3-448-05216-7                                                                          Bestell-Nr. 00205-0001

© 2002, Haufe Verlag GmbH & Co. KG, Niederlassung Planegg b. München
Postanschrift: Postfach, 82142 Planegg
Hausanschrift: Fraunhoferstraße 5, 82152 Planegg
Fon (0 89) 8 95 17-0, Fax (0 89) 8 95 17-2 50
E-Mail: online@haufe.de
Lektorat: Stephan Kilian
Redaktion: Dr. Ilonka Kunow

Alle Rechte, auch die des auszugsweisen Nachdrucks, der fotomechanischen Wiedergabe (ein-
schließlich Mikrokopie) sowie der Auswertung durch Datenbanken oder ähnliche Einrichtungen vorbehalten.

Satz: Kühn & Weyh, 79111 Freiburg
Umschlaggestaltung: Atelier Höpfner-Thoma, 81679 München
Druck: J. P. Himmer GmbH, 86167 Augsburg

Zur Herstellung des Buches wird nur alterungsbeständiges Papier verwendet.

„Das Einzige, was Menschen Ewigkeit verleiht,
ist nicht die Geschichte, sondern eine Geschichte,
die man erzählt."

*Aus dem Gilgamesch-Epos, 12. Jh. v. Chr.*

## Gebrauchsanweisung ... 9
## Wozu die Geschichten? ... 10
Durch Geschichten erklären wir die Welt ... 11
Geschichten erreichen Herz und Hirn ... 12
Geschichten machen Abstraktes anschaulich ... 13
Geschichten schaffen Distanz ... 14
Geschichten sind mehrdeutig ... 14
Wie lassen sich Geschichten einsetzen? ... 17
Welche Geschichten sind geeignet? ... 17
Exotische Geschichten machen neugierig ... 18
Geschichten erzählen – wann? ... 19
Geschichten erzählen – wie? ... 20
Sind Sie ein Meistererzähler? ... 20

## Anekdoten wirkungsvoll einsetzen ... 22
Anekdoten als Würzmittel ... 23
Nutzen Sie den „Promi-Faktor" ... 24
Mit Anekdoten können Sie Ihr Publikum „abholen" ... 25
Anekdoten sind Beiwerk ... 26
Müssen Anekdoten wahr sein? ... 27

## Wie überzeugen mit Metaphern? ... 30
Metaphern bestimmen unser Denken ... 31
Eine neue Metapher eröffnet eine neue Sichtweise ... 31
Metaphern drücken aus, was sich nicht ausdrücken lässt ... 32

Die unterschiedliche Tiefe von Metaphern ... 33
Metaphern haben eine begrenzte Reichweite ... 33
Die Überzeugungskraft von Metaphern ... 34
Metaphern können umgedeutet werden ... 35
Metaphern können verräterisch sein ... 36
Starke Metaphern – schwache Metaphern ... 37
Meiden Sie Klischees ... 39
Wie Sie alte Klischees zu neuem Leben erwecken ... 40
Vorsicht vor schiefen Bildern ... 41
Stellen Sie sich Ihre Metapher bildlich vor ... 41
Wie finden Sie gute Metaphern? ... 42

## Die Führungspersönlichkeit ... 44
Selbsterkenntnis und Selbstkritik ... 44
Helden und Erfolgsmenschen ... 51
Führungsqualitäten ... 60

| | |
|---|---|
| Loyalität | 81 |
| Image | 82 |

## Die Mitarbeiter … 87
| | |
|---|---|
| Mitarbeiter fördern | 93 |
| Mitarbeiter in Schutz nehmen | 99 |
| Mitarbeiter motivieren | 101 |
| Betriebsklima | 107 |
| Mitarbeiter informieren | 110 |
| Mitarbeiter beurteilen | 111 |
| Konflikte verstehen | 121 |
| Kooperation und Teamarbeit | 128 |
| Aus- und Weiterbildung | 135 |

## Die Organisation … 141
| | |
|---|---|
| Unternehmensethik | 147 |
| Flexibilität | 149 |
| Managementmethoden | 150 |
| Hierarchie | 151 |
| Der Firmenname | 154 |

## Problemlösung … 157
| | |
|---|---|
| Prioritäten setzen | 176 |
| Kreativität | 177 |
| Spontane Lösungen | 186 |
| Kommunikation und Verständigung | 187 |

## Strategie und Planung … 195
| | |
|---|---|
| Perfektionismus | 205 |
| Vorsorge | 208 |
| Prognosen | 209 |
| Vision | 213 |
| Zielfindung und Zielerfüllung | 214 |
| Ressourcenplanung | 217 |
| Projektmanagement | 220 |

## Konkurrenz und Wettbewerb … 223
| | |
|---|---|
| Kooperation | 248 |
| Erfolgsgeschichten | 254 |

## Fortschritt und Wandel … 255
| | |
|---|---|
| Risiken und Sicherheitsmaßnahmen | 273 |

## Fehler und Krise … 282

**Finanzen und Rendite** . . . . . . . . . . . . . . . . . . . . . . . . . . . . . . . . . . . . . 297
    Sponsoring . . . . . . . . . . . . . . . . . . . . . . . . . . . . . . . . . . . . . . . . . . 303

**Experten und Unternehmensberater** . . . . . . . . . . . . . . . . . . . . . . . . 305

**Verhandeln** . . . . . . . . . . . . . . . . . . . . . . . . . . . . . . . . . . . . . . . . . . . . . 318
    Täuschung und Bluff . . . . . . . . . . . . . . . . . . . . . . . . . . . . . . . . . . 323
    Verständigung . . . . . . . . . . . . . . . . . . . . . . . . . . . . . . . . . . . . . . 325
    Abweisen . . . . . . . . . . . . . . . . . . . . . . . . . . . . . . . . . . . . . . . . . . 328

**Kunden und Öffentlichkeit** . . . . . . . . . . . . . . . . . . . . . . . . . . . . . . . 330
    Kundenwünsche . . . . . . . . . . . . . . . . . . . . . . . . . . . . . . . . . . . . . 338
    Gesellschaftliche Ereignisse . . . . . . . . . . . . . . . . . . . . . . . . . . . . 339
    Image . . . . . . . . . . . . . . . . . . . . . . . . . . . . . . . . . . . . . . . . . . . . . 341
    Medien und Öffentlichkeitsarbeit . . . . . . . . . . . . . . . . . . . . . . . 343

**Anhang** . . . . . . . . . . . . . . . . . . . . . . . . . . . . . . . . . . . . . . . . . . . . . . . . 350
    Biographische Angaben . . . . . . . . . . . . . . . . . . . . . . . . . . . . . . . 350
    Literatur . . . . . . . . . . . . . . . . . . . . . . . . . . . . . . . . . . . . . . . . . . . 375
    Verzeichnis der Texte . . . . . . . . . . . . . . . . . . . . . . . . . . . . . . . . . 379
    Stichwortverzeichnis . . . . . . . . . . . . . . . . . . . . . . . . . . . . . . . . . 388

# Gebrauchsanweisung

Warum sollten Sie als Führungskraft dieses Buch lesen? Ganz einfach: Mit Anekdoten, kleinen Geschichten oder sprachlichen Bildern lassen sich komplizierte Sachverhalte einfach auf den Punkt bringen. Und es lassen sich neue Einsichten gewinnen für die tägliche Arbeit, für die berufliche Planung und für das eigene Leben.

Dieses Buch ist gefüllt mit Anekdoten, Geschichten und Metaphern aus drei Jahrtausenden und den unterschiedlichsten Kulturkreisen. Der Bogen spannt sich vom altsumerischen Gilgamesch-Epos bis Bill Gates, von Laotse bis Lego, vom Alten Testament bis zur „New Coke". Sie lesen, wie Termiten ihre Hügelnester bauen, wie die Unternehmensgründer Hewlett und Packard ihre Rinder in den Stall treiben und was das alles mit Führungsaufgaben zu tun hat. Sie lernen die „Mäusestrategie" kennen und erfahren, warum Sie besser kein „Schlupfwespen-Manager" sein sollten.

Alle Texte sind bestimmten Themen zugeordnet. Das erleichtert das Auffinden, wenn Sie etwas suchen, was auf Ihre Situation passt. Doch weil in einer Geschichte und in einer Metapher meist viel mehr als nur eine Botschaft steckt, finden Sie unter jeder Anekdote eine Liste mit Themen, zu der die Geschichte auch noch passen könnte. Darüber hinaus können Sie im ausführlichen Register nachsehen, welche Texte zu Ihrem Thema passen. Oder Sie arbeiten mit der CD: Sie geben einfach Ihr Thema ein und erhalten alle Texte, die dazu passen.

Die meisten Geschichten sind neu erzählt; sie sind also keine wortwörtliche Wiedergabe alter Quellen. Ausnahmen sind die literarischen Texte (etwa von Franz Kafka, Bertolt Brecht oder die Gedichte). Warum sind wir so verfahren? Bei den literarischen Texten kommt es auf den Wortlaut an, bei allen anderen ist die Story entscheidend. Und die haben wir versucht möglichst prägnant und lebendig zu vermitteln. Wenn Sie selbst eine der Geschichten verwenden, sollten Sie es nicht anders handhaben: Erzählen Sie sie mit Ihren eigenen Worten. Das macht die Sache authentischer und glaubwürdiger.

Alle Quellen finden Sie im Anhang, dazu die wichtigsten Daten zu den Urhebern.

*Matthias Nöllke*

# Wozu die Geschichten?

Menschen brauchen Geschichten. Schon als Kinder sind wir ganz versessen darauf, Geschichten erzählt zu bekommen. Und wenn sie uns gut gefallen, dann wollen wir sie immer und immer wieder hören. Warum eigentlich? Weil Geschichten uns helfen die Welt zu verstehen. Geschichten machen diese verwirrende Welt etwas übersichtlicher. Sie schneiden einzelne Ereignisse aus der unüberschaubaren Vielfalt heraus und erklären sie. Geschichten schaffen auf einfache Art Zusammenhänge. Sie bereiten das, was um uns passiert, auf, sie machen es bekömmlich. Geschichten unterscheiden sich von der Wirklichkeit wie das Steak vom Rind. Ein Steak können wir verspeisen, ein Rind nicht. Eine Geschichte können wir begreifen, die ungeordnete chaotische Wirklichkeit nicht.

Dabei gibt es *die* Geschichte nicht, sondern eine Vielzahl davon. Schon auf den Tontafeln vom Gilgamesch-Epos, dem ältesten literarischen Zeugnis der Menschheit, taucht dieser Gedanke auf, den wir unserem Buch vorangestellt haben; geäußert wird er vom Sonnengott Schamasch: *Die* Geschichte kennt weder Zuhörer noch Erzähler, sie ist etwas Totes, unsere Geschichten müssen immer wieder neu erzählt werden, um lebendig zu bleiben.

Geschichten schaffen Ordnung und geben Sinn. Darum brauchen wir sie auch noch, wenn wir groß und vernünftig geworden sind. Vielleicht merken wir es gar nicht, aber wir sind umgeben von Geschichten. Jeden Tag hören und erzählen wir Geschichten. Oftmals sind es auch immer und immer wieder dieselben, ganz wie in der Kinderzeit. Wenn wir von uns berichten, dann erzählen wir Geschichten. Oder zumindest sollten wir das tun. Denn eine Geschichte sagt mehr über uns aus als alles andere.

### Zwei Bewerber

In einem Unternehmen soll eine Führungsposition neu besetzt werden. Zwei Bewerber kommen dafür in Frage. Der erste Kandidat präsentiert Zeugnisse, Zertifikate und hat noch ein paar Schaubilder mit Kennzahlen vorbereitet. „Glänzend", sagt der Geschäftsführer und schnalzt mit der Zunge. Der zweite Kandidat tritt ein, um den Kopf herum stark bandagiert. „Wie sehen Sie denn aus?", fragt die Personalleiterin. „Ich versichere Ihnen, das ist kein Turban", sagt der Kandidat. „Aber mir ist vielleicht was passiert." Und dann erzählt er, wie er seinen Nachbarn, der gerade sein Haus renoviert, aus einer tückischen Baumaschine befreit hat und dabei selbst verletzt wurde. Eine haarsträubende, doch auch sehr lustige Geschichte. Alle im Auswahlgremium sind sich einig: Das ist ein hilfsbereiter, freundlicher Mann mit viel Humor. Den wollen wir haben. Kurz nachdem er gegangen ist, bemerkt der Geschäftsführer: „Warum haben wir ihn eigentlich gar nicht nach seinen Zeugnissen gefragt?"

Diese Geschichte passt zu folgenden Themen: Personalauswahl, Persönlichkeit, Geschichten.

## Durch Geschichten erklären wir die Welt

Unsere Geschichten verraten etwas darüber, wie wir die Welt sehen. Was wir erleben, das verarbeiten wir und machen eine Geschichte daraus oder fügen es in eine Geschichte ein. Dadurch erst geben wir ihm seine eigentliche Bedeutung. Denken Sie einmal an Ihren letzten Urlaub. Was können Sie darüber erzählen? Vermutlich eine Geschichte mit einer bestimmten Botschaft. Zum Beispiel: „Kaum setzte das Flugzeug auf dem Rollfeld auf, fühlte ich mich frei und losgelöst; im Urlaub bin ich immer ein ganz anderer Mensch ..." Oder: „Es war einfach nichts. Wir haben versucht, den unvergleichlichen Urlaub von vor vier Jahren noch einmal zu erleben, und das hat nicht funktioniert." Der entscheidende Punkt ist: Alles, was sonst noch vorgefallen ist, gehört nicht mehr zu Ihrer Geschichte, weil es keine Rolle für Sie spielt; es ist bedeutungslos geworden. Es sei denn, es ist Teil einer anderen Geschichte.

Vielleicht kennen Sie Menschen, die immer wieder die gleichen Unglücksgeschichten zu erzählen haben: wie schwer es ausgerechnet sie haben, dass alle Welt gegen sie ist, dass ein böser Zufall plötzlich alles zunichte macht, was sie sich mühsam aufgebaut haben. Wenn ihnen einmal etwas Glückliches zustößt, dann wird das früher oder später in eine Unglücksgeschichte eingebaut, als besonders heimtückische Täuschung oder als trügerischer Aufstieg, der den Absturz umso schmerzlicher macht.

## Geschichten erreichen Herz und Hirn

Aber es gibt ja nicht nur Geschichten, die wir über uns selbst erzählen und die uns helfen, über uns selbst Klarheit zu gewinnen. Wir nehmen ständig Geschichten von anderen auf. Von unserer Familie, unseren Arbeitskollegen, unseren Freunden, aus der Zeitung, aus Büchern, aus dem Fernsehen. Und wir machen uns unseren Reim auf diese Geschichten. Wir sagen uns, das hätten wir anders gemacht oder das ist typisch für diejenige Person. Oder wir sind beeindruckt und denken darüber nach, wie wir in einer solchen Situation gehandelt hätten. Eine Geschichte lässt uns schlagartig in neue Zusammenhänge eintauchen. Sie macht es möglich, dass wir gedanklich neue Wege gehen, ohne dass unendlich viel erklärt werden muss.

Gegenüber einer sachlichen Darlegung hat eine Geschichte einen weiteren Vorteil: Wir sind gleich mit Kopf und Bauch bei der Sache. Denn Geschichten erreichen nicht nur den Verstand, sondern wirken auch über unser Gefühl. Deshalb haben Geschichten oft einen wesentlich stärkeren Nachhall als die Nennung der dürren Fakten. Manche Geschichten bleiben ein Leben lang in Erinnerung, ja, sie können ein Leben verändern. So wie die folgende Geschichte, von der die Autorin und Trainerin Vera Birkenbihl berichtet, sie habe sich entscheidend auf ihren Lebensweg ausgewirkt.

### Die anvertrauten Zentner

Ein Edelmann wollte über die Lande ziehen und verließ sein Haus. Unter seinen Knechten verteilte er vorher ein Teilen seines Vermögens, und zwar nach ihrer Tüchtigkeit: Der erste bekam fünf Zentner Silber, der zweite zwei Zentner, der dritte einen Zentner. Als der Edelmann zurückkehrte, wollte er wissen, was seine Knechte aus den anvertrauten Zentnern gemacht hatten. Der erste hatte zu den fünf Zentnern fünf weitere hinzugewonnen. Dafür wurde er von seinem Herrn gelobt. Der zweite hatte zu seinen zwei Zentnern gleichfalls zwei neue hinzugewonnen. Auch dieser Knecht empfing dafür Lob. Der dritte Knecht hatte nun aus Angst es zu verlieren das Zentner bloß vergraben. Da nahm es ihm der Edelmann weg und gab es dem, der die zehn Zentner hatte. Diejenigen, die dabeistanden, wunderten sich und sagten zu ihm: „Aber Herr, der Mann hat doch schon zehn Zentner." Daraufhin erwiderte der

Edelmann: „Wer da hat, dem wird gegeben werden. Wer aber nicht hat, dem wird auch das, was er hat, noch genommen werden."

**Themen:** Talente und Fähigkeiten, Karriere, Finanzmanagement, Rendite, persönliche Finanzen.

Ein Gleichnis aus dem Neuen Testament, das an zwei Stellen erscheint (Matthäus 25, 14–30 und Lukas 19, 12–27; unsere Version folgt dem Matthäusevangelium). Die anvertrauten Zentner (bei Lukas sind es „Pfunde") stehen für unser Vermögen. Dabei sollten wir diesen Begriff nicht nur finanziell verstehen, sondern auch als Ausdruck für unsere Talente und Fähigkeiten. Wir sind mit diesem Vermögen ausgestattet, um zu es einzusetzen und zu entwickeln. Wir haben die Verpflichtung, mehr aus unseren Fähigkeiten zu machen, oder, wie die Redensart sagt: „mit unseren Pfunden zu wuchern". Wer sein Vermögen verbirgt, es eingräbt aus Angst, er könnte es verlieren, dem wird es genommen. Unsere Fähigkeiten sind nicht nur ein Geschenk, eine Gabe, sie bedeuten auch eine Verpflichtung.

## Geschichten machen Abstraktes anschaulich

Eine große Stärke von Geschichten ist, dass sie auch komplizierte Sachverhalte verständlich machen können. Über Change-Management, Benchmarking oder den Sinn von *best practices* zu diskutieren, kann nämlich recht mühsam sein oder auf die Zuhörer abgehoben wirken. Sie können Ihren Standpunkt weit besser vermitteln, wenn Sie sich auf ein anschauliches Beispiel beziehen, das jeder versteht. Ob sich etwa die Mäuse, der Ochsenfrosch oder der Rabe in einer Fabel klug oder töricht verhalten haben, dazu kann jeder eine Meinung entwickeln. Die Wirkung einer guten Geschichte ist damit, dass die Zuhörer Ihre Argumente viel besser begreifen.

Zudem können Ihre Zuhörer eine packende Geschichte viel besser in Erinnerung behalten. Selbst einer gut aufgebauten, logischen Argumentation kann man zwar folgen und wird sich von ihr auch überzeugen lassen, aber je komplexer die Argumente sind, umso schwerer prägen sie sich dauerhaft ein.

Auch über große Themen wie Verantwortung, Entscheidungsfreiheit oder die Notwendigkeit, bestimmte Spielregeln einzuhalten, lässt sich viel leichter reden, wenn wir eine Geschichte zur Verfügung haben, von der sich manches übertragen lässt. Der durchschlagende Erfolg von Büchern wie „Die Mäusestrategie" (siehe Seite 270) dürfte sich zu einem erheblichen Teil darauf zurückführen lassen, dass hier eine einfache Geschichte erzählt wird, die es den Menschen möglich macht, über schwierige oder auch belastende Dinge zu reden.

## Geschichten schaffen Distanz

Manche Themen sind emotional sehr stark aufgeladen. Es gibt Interessenkonflikte zwischen zwei Abteilungen, Mitarbeiter haben Angst vor einer bevorstehenden Umstrukturierung oder sie lassen geistig die Rollläden herunter, sobald Sie anfangen vom „lebenslangen Lernen", der „stärkeren Eigenverantwortung" oder den „neuen Herausforderungen und Chancen" zu sprechen. Erzählen Sie hingegen eine Geschichte – und zwar eine, die auf den ersten Blick mit ganz anderen Dingen zu tun hat –, so finden Sie viel eher Gehör. Im Gegenzug können sich Ihre Zuhörer viel freier und unbelasteter zu dem Thema äußern. Es geht nicht um den Vertriebsleiter und seine persönliche Aversion gegen Herrn Frege, sondern es geht, sagen wir: um einen König, der sein Reich gegen Eindringlinge verteidigen möchte.

Diese Distanzierung ist außerordentlich hilfreich. Sie kommen mit Menschen ins Gespräch, die das Thema sonst abblocken würden; Sie können sie dazu bewegen, die Sache mal von einer anderen Seite zu sehen. Aber auch Sie selbst können eine neue Sicht der Dinge entwickeln, wenn Sie eine Geschichte erzählen und wenn Sie sich mit anderen darüber austauschen.

## Geschichten sind mehrdeutig

Mit Geschichten können Sie Menschen die Angst nehmen, Sie können Verständnis wecken und manchmal fast auf magische Weise überzeugen. Da scheint es fast ein Widerspruch zu sein, dass Geschichten eine wichtige Eigenschaft fehlt, nämlich die Eindeutigkeit. Eine zwingende Argumentation sollte eindeutig sein, eine Geschichte nicht. Im Gegenteil, eine gute Geschichte erlaubt unterschiedliche Deutungen. Sie werden in diesem Buch zahlreiche

Beispiele finden, die Sie in ganz unterschiedlichen Zusammenhängen einsetzen können.

Nehmen wir nur das eben erwähnte Beispiel aus dem Neuen Testament, das uns den Anstoß gegeben hat, darüber nachzudenken, ob wir nicht die Verpflichtung haben, unsere Fähigkeiten zu nutzen und zu mehren. Sie können es aber ebenso hernehmen, um über Finanzmanagement zu sprechen und argumentieren, Investitionen müssen sein. Sie können sich aber auch auf die letzte Aussage konzentrieren, sozusagen die Moral von der Geschichte: „Wer da hat, dem wird gegeben werden. Wer aber nicht hat..." Und das können Sie zum Ausgangspunkt einer bitteren Anklage über die Ungerechtigkeit der Welt nehmen. Und wenn Sie besonders in Fahrt sind, können Sie zur Abschaffung des Privateigentums aufrufen. Denn eine ungleiche Güterverteilung führt immer dazu, dass die, die schon haben, immer mehr ansammeln. Und die, die wenig haben, das auch noch abgenommen bekommen. Mit gleichem Recht können Sie aber auch den gegenteiligen Standpunkt vertreten: Wer gut mit Geld umgehen kann, der wird es mehren und seinen Wohlstand vergrößern. Wer hingegen kleinlich und defensiv denkt, der darf sich nicht wundern, wenn sein letzter Groschen auch noch verloren geht.

Was folgt daraus? Geschichten, zumal gute und starke Geschichten, sollten Sie niemals einfach so auf Ihre Zuhörer abfeuern und darauf warten, dass sie schon verstehen werden, was Sie meinen. Sie sollten Ihre Geschichte immer einbetten in eine Argumentation. Sagen Sie Ihren Zuhörern, wie Sie die Geschichte verstehen, in welchem Zusammenhang die Geschichte zu Ihrem Thema steht. Sonst riskieren Sie, dass Ihre Zuhörer das Gesagte ganz anders auffassen.

Andererseits müssen Sie ohnehin damit rechnen, dass jeder Ihre Ausführungen auf seine Weise versteht, wie die folgende Geschichte zeigt.

**Ein psychologischer Test**

> Einstellungstest bei einem großen Unternehmen. Der Betriebspsychologe untersucht den ersten Bewerber. Er zeichnet einen langen senkrechten Strich auf ein Blatt Papier, schiebt es zu dem jungen Mann hin und fragt: „Was ist das?" Der Bewerber: „Eine nackte Frau, die steht." Als nächstes zeichnet der Psychologe eine waagerechte Linie: „Und das

hier?" Der Bewerber mustert die Zeichnung und sagt: „Eine nackte Frau, die liegt." Der Psychologe malt einen nach unten offenen Bogen, wie ein U, das auf dem Kopf steht. „Und das?" Der Bewerber nimmt das Blatt, kneift die Augen zusammen und verkündet schließlich: „Eine nackte Frau, die etwas vom Boden aufhebt." Der Psychologe ist entsetzt: „Ja, sagen Sie mal, Sie haben wohl nur nackte Frauen im Kopf?!" Der Bewerber schüttelt energisch den Kopf: „Wieso denn ich?! *Ich* kann doch nichts dafür, *Sie* haben doch die schweinischen Bilder gemalt!"

**Themen:** Kommunikation, Wahrnehmung, Weltbilder, Missverständnisse, Verantwortung, Unterstellung, Vorurteile

Ein Witz, der anschaulich macht, dass jeder seine eigene Welt im Kopf hat, aus der er nicht heraustreten kann. Wer überall nur „nackte Frauen" sieht, der nimmt sie eben auch dort wahr, wo der andere nur einen Strich hinmalt. Die Pointe der Geschichte liegt darin, dass der Bewerber den Psychologen für etwas verantwortlich macht, was sich ausschließlich seinem „Knick in der Optik" verdankt. Nebenbei bemerkt ein weit verbreitetes Problem: Nehmen Sie den Fall eines Vorgesetzten, der seine Mitarbeiter in zwei Gruppen einteilt: Die einen sind faul und inkompetent und die anderen sägen an seinem Stuhl. Er ist auch nicht in der Lage, einfach nur „Striche" wahrzunehmen, sondern sieht überall nur faule oder intrigante Mitarbeiter.

Wenn wir auf die Metaphern zu sprechen kommen, wird uns der Effekt der unterschiedlichen Interpretationen noch stärker beschäftigen. Doch auch bei den Geschichten ist es so, dass sie sich in ganz verschiedene Richtungen drehen lassen. Zunächst einmal von demjenigen, der die Geschichte erzählt. Er kann sie für ganz unterschiedliche Zwecke einspannen. Dabei kann er eine völlig andere Absicht verfolgen als der ursprüngliche Erzähler. Sehr viele Geschichten, die Sie in diesem Buch finden, sollten zunächst eine ganz andere Botschaft transportieren, zum Beispiel eine religiöse. Nehmen wir die einprägsamen Geschichten aus der Bibel, die eben auch etwas über Mitarbeiterführung, Projektmanagement oder Unternehmensstrategie aussagen, was die Autoren sicher nicht beabsichtigt haben. So gesehen befinden wir uns ein wenig in derselben Situation wie der Kandidat, der überall nur seine „nackten Frauen" entdeckt, die ihm der Betriebspsychologe gar nicht aufgemalt hat.

Das ganze ist so lange kein Problem, wie es Ihnen gelingt, Ihre Zuhörer von Ihrer Deutung der Geschichte zu überzeugen. Doch kann es eben auch geschehen, dass jemand auf Ihre Geschichte aufspringt und sie gewissermaßen umdreht, sie also benutzt, um das Gegenteil von dem zu vertreten, was Sie sagen wollen. Das ist sicher die eleganteste Art, eine Geschichte auszuhebeln. Ob sie Erfolg hat, hängt davon ab, wer die Geschichte am schlüssigsten zu deuten vermag.

## Wie lassen sich Geschichten einsetzen?

Alle Geschichten, die in diesem Buch versammelt sind, können Sie auf drei Arten nutzen: Entweder helfen sie Ihnen, sich selbst über bestimmte Dinge klar zu werden, das eigene Verhalten zu durchdenken und möglicherweise zu ändern. Oder aber Sie können sie hernehmen, um anderen gegenüber Ihre Position zu verdeutlichen. Oder Sie setzen eine Geschichte ein, um eine Verständigungsgrundlage zu schaffen. Alle drei Arten lassen sich im Idealfall auch verbinden: Eine Geschichte hilft Ihnen, sich über bestimmte Dinge klar zu werden. Ihre Einsicht vermitteln Sie den anderen, indem Sie die Geschichte erzählen. Ihre Zuhörer reagieren auf die Geschichte, bringen neue Gesichtspunkte ins Spiel und sorgen für einen fruchtbaren Austausch.

Natürlich sollten Sie nicht bei der Geschichte stehen bleiben, sondern mehr oder weniger zügig auf Ihr eigentliches Thema (zurück) kommen. Die Geschichte kann Ihnen dann immer noch als Bezugsfläche dienen, mit der Sie Ihre Position veranschaulichen können.

## Welche Geschichten sind geeignet?

Bei der Auswahl Ihrer Geschichte sollten Sie die folgenden Punkte im Auge behalten:

- Die Geschichte sollte Ihre Zuhörer packen. Zum Beispiel, weil sie überraschend, lustig, lehrreich oder anrührend ist.
- Die Geschichte sollte für Ihre Zuhörer unmittelbar verständlich sein. Das verlangt erstens Kürze, zweitens Klarheit, drittens Verzicht auf gelehrte Anspielungen, deren Bedeutung Ihre Zuhörer nur dunkel erahnen.

– Die Geschichte sollte auch tatsächlich das verdeutlichen, was Sie sagen wollen. Eine „knallige" Story, die nur am Rande mit Ihrem Thema zu tun hat, lenkt ab.

Der letzte Hinweis mag selbstverständlich erscheinen, und doch kann man immer wieder erleben, dass Redner auf Abwege geraten, weil sie diese tolle Geschichte noch loswerden wollen. Vielleicht kommt sie sogar gut an. Und niemand bemerkt, oft nicht einmal der Redner, dass die Dinge, die er eigentlich sagen wollte, vollkommen untergegangen sind.

## Exotische Geschichten machen neugierig

Verständlichkeit bedeutet keineswegs, dass Sie auf Geschichten aus exotischen Bereichen verzichten sollten. Im Gegenteil, es kann den Reiz beträchtlich erhöhen, wenn Sie Ihre Zuhörer mit einer Erzählung aus dem alten China überraschen. Nur darf die Geschichte keinerlei Spezialwissen voraussetzen. Im Idealfall sollte sie auch jemand verstehen können, der über China nicht viel mehr weiß, als dass man dort mit Stäbchen isst.

Die Geschichten aus einem fremden Kulturkreis haben noch einen weiteren Vorteil: Sie stellen Ihre Argumentation sozusagen auf ein breiteres Fundament. Wenn schon die alten Griechen, Chinesen, Inder oder Perser so dachten, dann verleiht das Ihrer Erzählung besonderes Gewicht.

Dass ein exotisches Flair die Attraktivität einer Geschichte zu erhöhen scheint, zeigt sich nicht zuletzt auch darin, dass einem altbekannte Fabeln oder sogar Witze im neuen alten Gewand einer persischen Legende oder einer Sufi-Weisheit aus dem geheimnisvollen Orient wieder begegnen. Das tut der Sache keinen Abbruch, denn ohnehin hat es einen Austausch zwischen den Kulturen immer gegeben. Zweitausend Jahre alte Fabeln von Äsop finden sich in Persien wieder und erscheinen schließlich im heimatverbundenen „Schatzkästlein des Rheinländischen Hausfreunds" von Johann Peter Hebel. Nebenbei bemerkt hat es Äsop, den berühmtesten Fabeldichter von allen, vermutlich nie gegeben.

Im Wesentlichen kommt also alles auf die Story an. Haben uns die alten Geschichten heute noch etwas zu sagen? Auf sehr viele trifft das zu, viele Beispiele finden Sie in diesem Buch. Gerade durch ihre Fremdheit, ihre ungewohnte Szenerie tritt uns das Überzeitliche, das Wesentliche, das allgemein Menschliche umso deutlicher entgegen. Genau diesen Effekt können Sie nutzen.

## Geschichten erzählen – wann?

Damit eine Geschichte überhaupt wirken kann, muss der Rahmen stimmen. Das heißt zunächst einmal: Sie brauchen ausreichend Zeit. In einem Meeting, bei dem Sie damit rechnen müssen, nach einer halben Minute ungeduldig unterbrochen zu werden, sollten Sie gar nicht erst damit anfangen. Ihre Geschichte kann noch so gut sein, sie wird gar keinen Platz haben sich zu entfalten.

Auch wenn Ihre Geschichte nur ganz kurz ist, Ihre Zuhörer müssen bereit sein, sich auf sie einzulassen. Dazu müssen sie geistig umschalten. Das wird am ehesten in einer halbwegs entspannten ruhigen Atmosphäre geschehen. Zum Beispiel wenn Sie eine Präsentation halten oder in vergleichbaren Situationen, wo Sie Gelegenheit haben, Ihren Standpunkt etwas ausführlicher darzulegen.

Geschichten eignen sich besonders als Einstieg in ein Thema. Gerade wenn sich Ihre Zuhörer noch gar nicht genauer mit der Sache befasst haben, können Sie die größte Aufmerksamkeit erwarten. Ihre Zuhörer sind unsicher, worauf Sie hinauswollen; gleichzeitig sind sie aber auch neugierig und möchten mehr erfahren. In dieser Situation können Sie den Bogen am weitesten schlagen, um die Spannung zu erhöhen.

Schließlich spricht noch etwas für den Anfang: Mit einer starken Geschichte werden Sie den Verlauf des gesamten Gesprächs beeinflussen. Kommen Sie damit erst gegen Ende, kann die Wirkung vollkommen verpuffen. Vielleicht ist die Diskussion an einem ganz andern Punkt angelangt und Ihre Geschichte wirkt jetzt schwach, angeklatscht, zusammenhangslos. Das wäre schade. Eine Geschichte, die nicht mehr passt, sollten Sie sich lieber verkneifen, auch wenn Sie sie schon vorbereitet haben. Vielleicht ergibt sich später einmal eine bessere Gelegenheit. Wenn Sie die Geschichte aber schon erzählt haben, ohne auf große Zustimmung zu stoßen, werden Sie kaum beim zweiten Mal damit Erfolg haben.

In einzelnen Fällen kann es dennoch sinnvoll sein, sich eine Geschichte bis zum Schluss aufzuheben: Wenn Sie Ihren Zuhörern noch etwas zum Nachdenken mit auf den Weg geben wollen. Für solche Zwecke eignen sich allerdings nur solche Geschichten, die einen zusätzlichen Aspekt mit ins Spiel bringen. Wenn Sie gegen Ende das eigentliche Thema noch einmal neu aufrollen wollen, wirkt das befremdlich.

## Geschichten erzählen — wie?

Auf jeden Fall ist es ratsam, sich gut darauf vorzubereiten, die Geschichte zu erzählen. Wenn Sie plötzlich hängen bleiben, sich verhaspeln, den Clou aus Versehen zu früh bringen oder feststellen, dass Sie etwas Wichtiges vergessen haben, hinterlässt das einen sehr ungünstigen Eindruck. Schon allein deshalb sollten Sie kompliziertere Geschichten meiden.

Die Sache wirkt wesentlich lebendiger, wenn Sie die Geschichte frei erzählen. Dann gehört die Geschichte tatsächlich Ihnen, denn es sind Ihre Worte. Dadurch erscheinen Sie souverän und glaubwürdig. Das freie Erzählen können Sie vorher ganz einfach üben: Erzählen Sie die Geschichte einer befreundeten Person, Ihrem Partner oder sprechen Sie sie einfach auf Band und hören Sie sich das Ganze später noch einmal an.

Wenn Sie die Geschichte ablesen, wirkt das hingegen so, als würden Sie das erzählerische Bremspedal einmal kräftig durchdrücken. Die Geschichte verliert an Schwung. Außerdem gehört sie nicht so ganz zu Ihnen, sie wirkt etwas aufgesetzt. Sie kleben an Formulierungen, die nicht die Ihren sind, und Sie geben zu erkennen: Ich kann mir die Sache nicht so genau merken. Vielleicht habe ich sie gar nicht so ganz verstanden.

## Sind Sie ein Meistererzähler?

Vielleicht sind Sie ein Naturtalent, der geborene Erzähler, dem Geschichten nur so zufliegen. Vielleicht stellen Sie sich die Frage: Wozu brauche ich überhaupt die Geschichten von anderen? Soll ich nicht lieber meine eigenen nehmen? Im Prinzip spricht nichts dagegen, sich aus dem eigenen Fundus zu bedienen. Vor allem wenn es sich um eigene Erlebnisse handelt, kann das einen starken Eindruck hinterlassen (vorausgesetzt natürlich, Sie wandeln nicht in den Spuren des Barons von Münchhausen). Was hingegen die zusammenfabulierten Geschichten betrifft, so verlassen Sie sich besser auf die Kernkompetenz und die dreitausendjährige Erfahrung der besten Geschichtenerzähler der Welt. Sie können (und sollen) dabei die Geschichten beliebig variieren, ausschmücken und straffen, je nachdem, welches Publikum Sie vor sich haben.

Wenn Sie Erfahrung gesammelt haben, werden Sie hoffentlich feststellen: Mit Geschichten können Sie die Menschen dort erreichen, wo sie sonst gar nicht zugänglich sind, sie sind viel eher bereit sich zu öffnen. Mit Geschichten können Sie Gefühle entfachen und Sympathien ernten. Geschichten sind ein ausgezeichnetes Mittel, um andere für sich zu gewinnen. Allerdings eines, das man nicht bei jeder Gelegenheit einsetzen sollte.

### Vermeide überflüssige Worte, wenn du Gehör finden willst

Tsi Qin fragte seinen Lehrer Mo Di: „Meister, ist es gut, wenn man viel spricht?" – „Welchen Sinn soll es haben, viele Worte zu machen?" entgegnete Mo Di. „Schau dir den Frosch im Teich an. Er quakt den ganzen Tag und die ganze Nacht, bis seine Zunge trocken ist. Aber niemand hört ihm zu. Der Hahn im Hühnerstall hingegen kräht nur zwei oder drei Mal bei Tagesanbruch. Aber jeder hört auf ihn, denn jeder weiß, dass jetzt der Tag beginnt. Und so solltest auch du nur dann reden, wenn es einem Ziel dient."

**Themen:** Öffentlichkeitsarbeit, Informationsmanagement, Kommunikation, Rhetorik, Prioritäten

Eine chinesische Geschichte über den Philosophen Mo Di, den „Meister Mo", der zwischen 480 und 380 v. Chr. lebte.

# Anekdoten wirkungsvoll einsetzen

> „Für eine Anekdote braucht man drei Dinge: eine Pointe, einen Erzähler und Menschlichkeit." (Mark Twain, amerikanischer Schriftsteller)

> „Eine Sammlung von Anekdoten und Maximen ist für den Weltmann der größte Schatz, wenn er die Ersten an schicklichen Orten ins Gespräch einzustreuen, der Letzten im treffenden Falle sich zu erinnern weiß." (Johann Wolfgang von Goethe, deutscher Dichter)

Anekdoten sind ein spezieller Fall. Ursprünglich bezeichnete das griechische Wort *Anekdoton* einen Text, der noch nicht veröffentlicht war, die Rohfassung würden wir vielleicht heute sagen. Von dieser Bedeutung ist allerdings nicht mehr viel übrig geblieben. Bei Anekdoten handelt sich um kurze pointierte Geschichten, die von einem kleinen Vorfall aus dem Leben mehr oder minder bedeutender Menschen berichten. Meist handelt es sich um einen treffenden oder wenigstens typischen Ausspruch. Also eine Art Zitat? Nicht ganz, denn vom Zitat unterscheidet sich die Anekdote dadurch, dass bei ihr die Situation entscheidend ist, während Zitate bekanntermaßen immer aus dem Zusammenhang gerissen sind. Oder freundlicher formuliert: Die näheren Umstände, unter denen die Worte fielen, sind nicht weiter wichtig, so wie bei den obigen Zitaten über die Anekdote. Es ist unerheblich, ob Mark Twain gerade in der Badewanne gesessen hat oder am Schreibtisch, oder ob Goethe seinen Satz in einem Brief an Schiller geschrieben hat oder in seinen „Maximen und Reflexionen" – die Worte stehen für sich.

Ganz anders bei der Anekdote. Wenn Sie hier die näheren Umstände unterschlagen, dann wird die Anekdote buchstäblich witzlos. Und um Witz geht es bei vielen Anekdoten, wenn auch nicht bei allen. Es besteht tatsächlich eine enge Verwandtschaft zum Witz; einige Anekdoten waren früher einmal Witze, ehe sie jemandem angedichtet wurden. Und einige Witze waren vorher Anekdoten, ehe die Hauptperson in Vergessenheit geriet und man nicht mehr erzählte: „Der bekannte Lustspielautor Eugène Labiche...", denn der war nicht mehr bekannt, sondern schlicht „ein Mann".

### Nachricht auf dem Sterbebett

Als der bekannte Lustspielautor Eugène Labiche auf dem Sterbebett lag, sagte ein Bekannter zu ihm: „Sie werden jetzt bald im Paradies sein und dort meine Frau sehen. Sagen Sie ihr bitte, dass ich sie noch immer liebe." Labiche blickte den andern an und erwiderte: „Möchten Sie ihr das nicht lieber selbst sagen?"

**Themen:** Delegieren, Briefing

Bei dieser Anekdote kommt es nicht darauf an, ob es sich um den armen Eugène Labiche, um Karl Marx oder den Volksschauspieler Gustav Knuth handelt. Die Person ist austauschbar. Das ist jedoch bei vielen Anekdoten nicht der Fall. Hier ist es ganz entscheidend, wer da spricht.

### Weltmeisterlich

Vor der Fußballweltmeisterschaft 2002 gab man der deutschen Nationalmannschaft wenig Chancen, man hoffte, das Team werde wenigstens die Vorrunde überstehen. Doch wider Erwarten erreichte das Team sogar das Endspiel gegen Brasilien. Vor dem Spiel wurden verschiedene Prominente gefragt, wer Weltmeister werde. Der Rennfahrer Michael Schumacher antwortete: „Ich hoffe, ich." – Drei Wochen später wurde Michael Schumacher tatsächlich zum fünften Mal Weltmeister in der Formel 1.

**Themen:** Erfolg, Erfolgsmensch, Glaube an sich selbst, Siegertyp, Egozentriker, Zielstrebigkeit

## Anekdoten als Würzmittel

Anekdoten sind nicht so sehr dazu gedacht, tiefschürfende Einsichten zu vermitteln. Auch eignen sie sich in aller Regel nicht dazu, Gefühle anzustacheln oder eine Diskussion zu entfachen – wie manche Geschichten. Bei Anekdoten gibt es nicht viel, worüber man streiten kann. Wozu sind sie dann überhaupt nütze? Mit Anekdoten können Sie einen sonst eher spröden Vortrag auflockern, Ihre Zuhörer zum Schmunzeln bringen und Sympathien erwerben (mit schlechten Anekdoten auch verspielen).

Stellen Sie sich vor, Sie müssten über das Thema sprechen, wie man Aufgaben delegieren soll, worauf man dabei achten muss etc. Bei dieser Gelegenheit könnten Sie unsere erste Anekdote einflechten, zum Beispiel um zu erklären, dass es manche Aufgaben gibt, die man niemals delegieren sollte, weil sie die persönliche Anwesenheit erfordern. Oder aber Sie weisen darauf hin, dass wichtige Aufgaben nicht an jemanden delegiert werden sollten, der in Kürze das Unternehmen verlässt.

Mit der Anekdote verankern Sie bestimmte Aussagen bei Ihren Zuhörern. An die „fünf goldenen Regeln des Delegierens" kann sich nach Ihrem Vortrag vielleicht kaum noch jemand erinnern, aber an den armen Mann auf dem Sterbebett ganz gewiss. Und damit bleibt auch Ihre Aussage präsent: „Delegieren Sie niemals eine Aufgabe an jemanden, der das Unternehmen in Kürze verlässt." Dass niemand von Ihren Zuhörern den Lustspieldichter Eugène Labiche kennt, spielt dabei keine Rolle.

## Nutzen Sie den „Promi-Faktor"

Etwas anders funktioniert die Anekdote von Michael Schumacher. Hier nutzen Sie die Bekanntheit des Rennfahrers, um Ihre Zuhörer (hoffentlich) zum Schmunzeln zu bringen. Sie erregen Aufmerksamkeit, Ihr Thema findet Interesse. Eine einzige Anekdote dieser Art kann regelrecht als Initialzündung dienen, die Zuhörer in ein Thema hineinzuziehen. Die – übrigens authentische – Geschichte bietet sich etwa an, wenn Sie über das Thema Erfolg sprechen: Wie stark muss man auf seinen eigenen Erfolg fixiert sein, um schließlich zu triumphieren? Michael Schumacher ist hier ein schlagendes Beispiel, zu dem jeder seine Meinung hat. Wenn Sie allerdings vor einem Publikum sprechen, das den berühmtesten Kerpener nicht kennt, können Sie sich diese Anekdote schenken.

Nachdem wir uns so intensiv um eine Definition der Anekdote gekümmert haben, ist nun eine Anekdote über Definitionen fällig.

**Vorzügliche Definition**

Die Académie française ist das älteste sprachpflegerische Institut der Welt. Seit ihrer Gründung im Jahr 1635 hat sie sich zur Aufgabe gemacht, das Schrifttum zu beobachten, Sprachnormen festzulegen und zu erläutern. Außerdem gibt sie das maßgebliche Wörterbuch der französischen Sprache heraus, das berühmte „Dictionnaire de l'Académie française".

Bei einer Versammlung der Akademiemitglieder Mitte des 19. Jahrhunderts wurde unter anderem über das Wort „Hummer" beraten. Ein Mitglied schlug als Definition vor: „Roter Fisch, der sich rückwärts bewegt." Da meldete sich der französische Schriftsteller Charles Nodier zu Wort, auch er ein Akademiemitglied: „Der Hummer ist nicht rot, er ist kein Fisch, er bewegt sich nur rückwärts, wenn er es gerade aus irgendeinem Grund tun will, sonst läuft er vorwärts. Doch davon abgesehen eine vorzügliche Definition."

Themen: Definition, Normierung, konstruktive Kritik, Irrtum


# Mit Anekdoten können Sie Ihr Publikum „abholen"

Anekdoten sollten angenehm und/oder anregend sein. Damit „holen" Sie Ihr Publikum „ab", wie es bei den Medien heißt. Und die Medien wissen auch: Eine bekannte Persönlichkeit ist ein ausgezeichnetes Mittel, um das Publikum abzuholen – ganz gleich, ob Ihre Zuhörer den Promi nun mögen oder nicht. Ein weiteres Mittel ist die zündende Pointe. Wenn wir lachen, fühlen wir uns gut. Ihr Publikum wird Ihnen mit größerer Sympathie zuhören, wenn Sie ihm zunächst etwas zu lachen geben.

In den USA ist es fast schon eine Konvention, einen Vortrag mit einem Witz zu beginnen. Das mag etwas künstlich und gezwungen wirken, doch die Grundidee weist in die richtige Richtung. Es ist gut, wenn Ihre Zuhörer von Anfang an ein gutes Gefühl haben. Anekdoten können ein geeignetes Mittel sein, Ihr Publikum positiv auf Ihr Thema einzustimmen.

Da gerade von den Medien die Rede war: Nehmen wir an, Sie würden über Macht und Einfluss der Medien sprechen. Warum nicht mit einer Anekdote beginnen?

**Die Macht der Presse**

> Der amerikanische Schriftsteller Mark Twain begann seine berufliche Laufbahn als Redakteur einer kleinen Provinzzeitung. Eines Morgens sagte er zu seiner Wirtin: „Wir werden in diesem Jahr eine schlechte Ernte haben." Sie widersprach: „Ich wohnte seit Jahren in der Gegend und kenne mich aus. Ich sage Ihnen: Die Ernte wird gut." Twain ging die Redaktion und schrieb einen Artikel, in dem er die Prognose stellte, es werde eine schlechte Ernte geben. Am nächsten Tag wollte Twain wieder in die Redaktion gehen. Seine Wirtin hielt ihn auf: „Sie hatten Recht, Mister Twain. Es wird eine schlechte Ernte geben. Heute steht es in der Zeitung."
>
> **Themen:** Presse, Medien, Öffentlichkeitsarbeit, Kommunikation, Glaubwürdigkeit, Manipulation

## Anekdoten sind Beiwerk

So sehr Ihre Zuhörer es zu schätzen wissen, wenn Sie ein sprödes Thema durch die Beigabe von Anekdote etwas bekömmlicher machen, so sollten Sie sich davor hüten, einen Vortrag mit Anekdoten zu überfrachten. Das wirkt unseriös, außerdem verlieren Sie Ihr eigentliches Thema aus den Augen. Ein Vortrag, von dem man sagt, dass er im Anekdotischen bleibt, hat im Allgemeinen wenig Substanz. Seien Sie also eher sparsam mit den Anekdoten und lassen Sie sie nicht ausufern. Gute Anekdoten sind kurz und bündig. Und sie tauchen an den richtigen Stellen auf: Am Anfang, unter Umständen in der Mitte und unter Umständen am Schluss. Keinesfalls mehr. Eine treffende Anekdote ist besser als eine treffende und drei schwache.

Auch ist es im Allgemeinen wenig hilfreich, sich länger mit einer Anekdote aufzuhalten. Lassen Sie sich da auch nicht in eine fruchtlose Diskussion verstricken. Wenn beispielsweise jemand über Michael Schumachers Charakter diskutieren will, weil Sie mit der betreffenden Anekdote gestartet sind, so müssen Sie das einfach abwürgen. Um diesen Punkt geht es nun einmal nicht.

Weil Anekdoten Beiwerk sind, können Sie die Auswahl etwas großzügiger handhaben. Im Unterschied zur knalligen Story, die Ihnen Ihr Thema kaputt machen kann, wenn sie nicht richtig passt, ist es durchaus möglich, eine Anekdote einzuflechten, die Sie nicht ganz ins Zentrum des Themas führt, sondern die hauptsächlich unterhaltsam und witzig ist.

## Müssen Anekdoten wahr sein?

Sehr viele Anekdoten stimmen definitiv *nicht*. Irgendjemand hat sie sich ausgedacht oder zumindest sehr viel hinzuerfunden. Manche Anekdoten wurden auch durch die Jahrhunderte durchgereicht, das sind die so genannten Wanderanekdoten. Zunächst war etwa ein römischer Senator der Held, dann ein florentinischer Baumeister, schließlich ein englischer Handelskaufmann. Auch wurden manche Anekdoten „zurückerfunden". Leonardo da Vinci, Martin Luther oder Johann Sebastian Bach zum Beispiel sind von späteren Jahrhunderten bestimmte Erlebnisse angedichtet worden.

In den meisten Fällen ist das jedoch völlig unerheblich. Es schadet der Anekdote nicht sonderlich, dass sie nicht ganz wahr ist, solange sie nur gut erfunden ist. Sie muss treffend, witzig und pointiert sein (also so, wie das richtige Leben eben meist nicht ist). Und sie muss zu der Persönlichkeit des Protagonisten der Anekdote passen oder zumindest zu dem Bild, das sich die Öffentlichkeit von ihm macht. Anekdoten über Albert Einstein lassen sich nicht plötzlich auf Franz Beckenbauer übertragen. Aber manches, was man zum Beispiel dem Börsenguru André Kostolanyi nachsagte, wurde früher schon über den legendären Bankier Carl Fürstenberg erzählt.

Daraus sollten Sie nicht den Schluss ziehen, dass Sie sich nun selbst die dichterische Freiheit herausnehmen dürfen und Anekdoten munter umstricken können. Damit machen Sie sich unglaubwürdig, ja, Sie riskieren eine Blamage, wenn einer Ihrer Zuhörer die Anekdoten kennt und die Dinge richtig stellt. Davon abgesehen ist es ein höchst fragwürdiges Vorgehen, anderen irgendwelche Erlebnisse anzuhängen, nur weil das so schön in Ihren Vortrag passt. Bei wenig schmeichelhaften Anekdoten grenzt das schon an üble Nachrede.

Selbstverständlich dürfen Sie Ihre Zuhörer niemals belügen. Es geht nur um zwei Dinge:

- Nehmen Sie gerade die feingeschliffenen, zündenden Anekdoten nicht für bare Münze. Behandeln Sie sie mit gesunder Skepsis. Auch Ihren Zuhörern gegenüber.
- Gleichzeitig müssen Sie nicht auf eine zündende Anekdote verzichten, weil sie vermutlich nicht ganz der Wahrheit entspricht.

Voraussetzung ist allerdings, dass nicht Sie die ganze Sache erfunden haben, sondern sich die Geschichte schon ein wenig herumgesprochen hat. Anders gesagt, die Anekdote muss es bereits geben. Und wenn Sie Zweifel an der Authentizität haben, dann brauchen Sie das Ihren Zuhörern gegenüber keineswegs zu verheimlichen. Sagen Sie einfach: „Gerüchten zufolge soll Albert Einstein ..." Oder: „Dem amerikanischen Präsidenten wird nachgesagt, dass er ..."

Ihre Zuhörer stellen sich dann vielleicht die Frage: Wenn die ganze Sache ohnehin erlogen ist, warum erzählt er/sie uns das überhaupt? Die Antwort ist ganz einfach: Weil die Geschichte so gut ist. Weil sie uns etwas klar macht, und zwar auf höchst angenehme Weise. Trifft das nicht zu, dann brauchen wir die Anekdote wirklich nicht zu erzählen.

Schließlich gibt es auch eine Reihe von Anekdoten, die nur dann funktionieren, wenn sie wahr sind. Nehmen wir die Anekdote von Michael Schumacher. Würde sich jetzt herausstellen, dass alles nur erfunden wurde, wäre die Anekdote witzlos (keine Sorge, sie stimmt). Abgesehen davon wäre es dann auch nicht fair, sie zu erzählen.

Fassen wir zusammen: Auch bei den Anekdoten dürfen Sie Ihr Publikum niemals täuschen. Doch dem Bemühen um größtmögliche Wahrhaftigkeit sind hier natürliche Grenzen gesetzt, sonst machen Sie Ihre Anekdote kaputt. Auch dazu gibt es natürlich eine Anekdote.

## Unbezweifelbare Tatsachen

Ganz zu Anfang seiner Karriere arbeitete der amerikanische Schriftsteller Mark Twain als Lokalreporter. Sein Chefredakteur schärfte ihm ein: „In unserer Zeitung dürfen Sie nur Dinge behaupten, von denen Sie sich selbst überzeugt haben, dass es sich um unbezweifelbare Tatsachen handelt. Ich erwarte, dass Sie sich daran halten!" Noch am selben Tag schickte der Redakteur den jungen Reporter zu einer Abendgesellschaft, um darüber zu berichten. Twain schrieb: „Eine Frau, die sich Mildred Taylor nannte, hat, wie es heißt, gestern einen so genannten Gesellschaftsabend für einige Gäste gegeben, von denen behauptet wird, dass sie Damen seien. Über die Gastgeberin wird erzählt, sie sei mit dem Bürgermeister verheiratet."

**Themen:** Presse, Wahrhaftigkeit, Tatsachenbehauptung, Beweiskraft

Fast überflüssig zu sagen, dass auch diese Anekdote nicht über jeden Zweifel erhaben ist. Zumindest kursiert sie in zwei Versionen. In der anderen Fassung heißt die Gastgeberin Mrs. James Jones und ist die Gattin eines bekannten Anwalts. Aber spielt das eine Rolle?

# Wie überzeugen mit Metaphern?

Wenn Sie jemandem etwas begreiflich machen wollen, dann kann eine Metapher ein äußerst nützliches Hilfsmittel sein. Es wird von Führungskräften viel zu selten genutzt, denn sie sind es meist nicht gewohnt, sich metaphorisch mitzuteilen. Es wird auch nicht von ihnen erwartet, im Gegenteil, sie sollen möglichst Klartext reden. Doch was ist das überhaupt, eine Metapher?

Das Wort stammt aus dem Griechischen und bedeutet so viel wie „hinübertragen". Und was da hinübergetragen wird, das ist die Bedeutung, und zwar von einem Begriff zu einem anderen. Das klingt sehr abstrakt, Sie werden es jedoch sofort verstehen. Nehmen Sie irgendeinen Begriff, vorzugsweise einen erklärungsbedürftigen, zum Beispiel den Begriff „Fortschritt". Darunter kann man sich alles Mögliche vorstellen. Sie wollen zum Ausdruck bringen, dass es eine Entwicklung gibt, der man sich nicht entgegenstellen kann, das ist für Sie der Fortschritt.

Wie würden Sie das Ihrem Gegenüber erklären? Sie könnten Beispiele aufzählen, doch das ist langwierig und vielleicht versteht der andere die Beispiele ganz anders als Sie. Daher ist es oftmals besser, Sie verwenden eine Metapher, das bedeutet, Sie beziehen den Begriff auf eine Sache, die Ihr Gesprächspartner ganz gut kennt, unter der er sich etwas vorstellen kann. Das geht am besten über einen Vergleich: Fortschritt ist wie … zum Beispiel wie ein Fluss. Der fließt immer weiter, bleibt nicht stehen, und so verhält es sich auch mit dem Fortschritt. Wenn Sie das so sagen möchten, dann übertragen Sie die Bedeutung des Fortschritts auf den Fluss. Sie beschreiben den Fortschritt als Fluss, der Fluss ist damit Ihre Metapher für den Fortschritt geworden.

Das ist ein so gängiges Verfahren, dass viele unserer Wörter eigentlich Metaphern sind, ohne dass wir es noch bemerken. Das Wort „Fort-Schritt" ist schon eine Metapher, eine technische oder gesellschaftliche Entwicklung wird übertragen auf das Gehen. Wir gehen „vorwärts", schreiten „fort". Der Fortschritt erscheint damit ebenso natürlich wie das Vorwärtsgehen.

## Metaphern bestimmen unser Denken

Es ist erstaunlich, wie verbreitet Metaphern sind. Über die Zeit zum Beispiel äußern wir uns fast nur in Metaphern. Die Zeit „verrinnt" – was tatsächlich verrinnt, ist allenfalls der Sand in einer Sanduhr, mit der man die Zeit misst. Die Zeit wird „knapp" oder „eng" wie ein Kleidungsstück; wir sprechen von einem „Zeitraum" von drei Tagen, wobei die drei Tage mit einem Raum eigentlich gar nichts zu tun haben. Warum tun wir das? Um uns die drei Tage besser vorstellen zu können. Einen Raum, den wir in drei Teile gliedern, können wir uns gut „vorstellen" (eine weitere Metapher). Das hilft uns, die Sache besser zu „überblicken" (und noch eine).

Unser Denken ist von Grund auf metaphorisch „geprägt" (noch eine Metapher). Das sorgt einerseits dafür, dass wir alle möglichen Dinge „begreifen" (wieder eine Metapher) können. Es ist das Erfolgsgeheimnis des menschlichen Denkens. Wir könnten uns sonst gar keine Vorstellungen machen und wären geradezu hilflos. Metaphern sind ein „Wahrnehmungsorgan", wie das der Autor Neil Postman formuliert hat (eine Metapher für Metaphern). Was wir von der Welt wissen, das ist eine Ansammlung von Metaphern, übrigens auch und gerade in der exakten Naturwissenschaft: Atome sind für uns winzigkleine Kügelchen, die einen Kern haben wie ein Pfirsich; wir sprechen von Radio- oder Lichtwellen, die Quantenphysiker manchmal auch von Lichtteilchen, und Albert Einstein bekam die Idee zu seiner Relativitätstheorie, als er sich vorstellte, wie das wohl sei, auf einem Lichtstrahl zu reiten. Wir haben keinen direkten Zugang zu der Welt, sondern müssen uns immer ein Bild machen: „Am farbigen Abglanz haben wir das Leben", lässt Goethe seinen Faust sagen. Der farbige Abglanz, das sind unsere Metaphern.

## Eine neue Metapher eröffnet eine neue Sichtweise

Mit Metaphern können Sie nicht nur anderen begreiflich machen, was Sie meinen. Sie können Ihr eigenes Denken öffnen, zu neuen Sichtweisen gelangen, wenn Sie eine neue Metapher verwenden. Wie würden Sie Ihr Unternehmen beschreiben (oder die Organisation, für die Sie arbeiten)? Als Pyramide, als Ameisenhügel, als Schlingpflanze, als Baum, als Karpfenteich oder als Haifischbecken? Und Ihre eigene Tätigkeit? Gleicht sie eher dem Trainieren einer Fußballmannschaft, dem Knüpfen eines Teppichs, dem Rudern gegen den Strom, einer Expedition in unbekanntes Gelände oder dem Dirigieren eines Orchesters?

Das Bild, das Sie wählen, hat Auswirkungen darauf, wie Sie sich und Ihre Aufgaben wahrnehmen, wie Sie sie bewerten und welche Handlungsmöglichkeiten Sie für sich sehen. Dabei lässt sich eine Metapher ganz unterschiedlich ausdeuten. In diesem Buch finden Sie verschiedene Anregungen, welche Metaphern Sie auf neue Gedanken bringen können.

## Metaphern drücken aus, was sich nicht ausdrücken lässt

Manchmal kommen wir mit sachlichen Erklärungen nicht weiter. Wir reden und reden und merken selbst, es ist nicht das, was wir wirklich meinen. Uns fallen keine geeigneten Formulierungen ein. Oder wir können unseren Standpunkt dem andern einfach nicht begreiflich machen. Für uns ist die Sache sonnenklar, doch er versteht uns nicht.

Dann können uns Metaphern helfen. Sie machen es möglich, dass wir uns dem annähern, worüber man eigentlich gar nicht sprechen kann. Das klingt vielleicht bedeutsamer, als es gemeint ist. Es geht hier weniger um dichterische Höhenflüge als vielmehr um eine ganz pragmatische Annäherung an das, was Sie sagen wollen, aber nicht so recht sagen können. Versuchen Sie einfach eine Metapher dafür zu finden. Vielleicht können Sie sich dadurch eher verständlich machen.

### Ein fliegendes Taschentuch

> Der berühmte Dirigent Arturo Toscanini leitete eine Probe von Debussys „La Mer". Eine Passage wollte und wollte dem Orchester nicht so gelingen, wie sie dem Maestro vorschwebte. Er suchte nach Worten, um zu beschreiben, wie diese Stelle klingen sollte, aber er unterbrach sich selbst und sagte: „Nein, so auch nicht!" Die Musiker waren ein wenig ratlos. Da zog Toscanini ein Seidentaschentuch hervor, warf es hoch in die Luft. Die Musiker verfolgen gebannt, wie das Seidentuch langsam und graziös zu Boden schwebte. Toscanini lächelte und sagte: „Hier, spielt es wie das!"
>
> **Themen:** Metapher, Kommunikation, Anweisungen, Verständlichkeit, Kreativität

## Die unterschiedliche Tiefe von Metaphern

Es gibt Metaphern, die besitzen nur eine oberflächliche Ähnlichkeit mit dem, was sie erklären sollen. Sie reichen nicht sehr tief. Das ist durchaus kein Nachteil, auch solche Metaphern können ihren Zweck erfüllen. Ja, oftmals handelt es sich sogar um besonders originelle und spritzige Metaphern, die bei Ihren Zuhörern gut ankommen, denn sie entstammen häufig einem völlig anderen Bereiche und ähneln dem eigentlich Gemeinten nur von fern. Mit solchen Metaphern können Sie Ihre Zuhörer überraschen, verblüffen oder auch zum Lachen bringen, wenn Sie das wollen. „Ehemänner sind wie Feuer. Sobald sie unbeobachtet sind, gehen sie aus", ließ sich die amerikanische Filmschauspielerin Zsa Zsa Gabor vernehmen und brachte damit umso deutlicher zum Ausdruck, dass Ehemänner und Feuer so gar nichts miteinander zu tun haben.

Andere Metaphern lassen sich tiefer ausdeuten; vor dem geistigen Auge Ihrer Zuhörer entsteht ein komplettes Szenario, das sich mit weiteren Metaphern anreichern lässt. Eine solche Metapher ist zum Beispiel der Fluss für den Fortschritt. Sie können noch viele weitere Entsprechungen finden, mit dem Sie Ihr Bild vom Fortschritt immer detaillierter ausmalen. Die ganze Zeit beschreiben Sie Strömungen und Fische im Fluss, meinen aber die technische Entwicklung. Ein solch komplexes Szenario nennt man Allegorie.

## Metaphern haben eine begrenzte Reichweite

Metaphern sind unverzichtbar. Auf der anderen Seite gibt es jedoch eine große Gefahr, die Sie sich immer vor Augen halten sollten: Die Metapher und das Ding, um das es eigentlich geht, sollten nie verwechselt werden. Sie sind zwar vergleichbar, aber eben nicht identisch. Eine Metapher bildet immer nur einen Aspekt ab. „Wir müssen das Ruder herumreißen", sagt jemand und fordert damit, dass sehr schnell wesentliche Dinge geändert werden müssen. Ein Boot lenken wir augenblicklich in die entgegengesetzte Richtung, wenn wir das Ruder herumreißen. Und so soll es auch in der betreffenden Angelegenheit geschehen: sofortige Änderung der Geschäftspolitik, der Servicestrategie, was auch immer. Alle anderen Aspekte des Ruderns spielen in diesem Zusammenhang keine Rolle.

Und doch neigen wir dazu, auch andere Eigenschaften der Metapher auf die gemeinte Sache zu übertragen. Manchmal kann das auch ganz hilfreich sein, weil es uns nämlich auf neue Gedanken bringt. Doch es kann uns auch in die Irre führen. Ganz platt gesagt: Ein Unternehmen ist kein Ruderboot, auch wenn die Metapher vom Herumreißen des Ruders sehr gut zum Ausdruck bringen kann, was der Redner sagen will.

Wir müssen immer aufpassen, ob wir die Metapher nicht überdehnen, ob die Eigenschaften überhaupt auf unser eigentliches Thema zutreffen. Wenn wir über andere Aspekte reden, brauchen wir womöglich eine ganz andere Metapher. Und aus dem Ruderboot wird ein Öltanker, eine Kuckucksuhr oder ein Luftballon.

Seien Sie also aufmerksam, gerade bei anschaulichen Metaphern, die eine gewisse Tiefe haben. Denn nirgendwo anders sind wir so anfällig für Manipulationen. Wenn sich eine Metapher in unserem Denken so tief eingeprägt hat, dann können wir uns den Sachverhalt gar nicht mehr anders vorstellen und ziehen mitunter völlig unzutreffende Schlussfolgerungen. Ein Geschäftsführer, der sich sein Unternehmen nur als Ruderboot vorstellen könnte, wäre vermutlich nicht sehr erfolgreich.

## Die Überzeugungskraft von Metaphern

Wie stark und überzeugend Metaphern wirken können, dafür gibt es ein klassisches Beispiel, das unerreichte Vorbild jeder Krisenkommunikation.

Die Ausgangslage: Im antiken Rom gab es immer wieder Revolten der Plebejer gegen die Herrschaft der adeligen Patrizier, aus heutiger Sicht nur allzu verständlich. Bei einer dieser Revolten wurde ein gewisser Menenius Agrippa vorgeschickt, um mit den Aufständischen zu reden. Agrippa, selbst kein Patrizier, brachte mit einer überzeugenden Metapher die Aufständischen dazu, ihre Waffen niederzulegen und zu ihrer Arbeit zurückzukehren. Warum? Menenius hatte den Staat einfach nur mit einem Körper verglichen und war zu bemerkenswerten Schlussfolgerungen gelangt.

### Das Gleichnis vom Magen und den Gliedern

Die Rede von Menenius Agrippa nach der Darstellung, die der Geschichtsschreiber Titus Livius gut vierhundert Jahre später gibt:

In früherer Zeit war im Menschen noch nicht wie jetzt alles eine Einheit, sondern jeder einzelne Körperteil hatte seinen eigenen Willen und seine eigene Stimme. Eines Tages beklagten sich die Hände, die Füße, die Zähne, die Arme und die Beine, dass sie sich von morgens bis abends abmühten, um Nahrung herbeizuschaffen, während der Magen nur ruhig in der Körpermitte liege und nichts tue als sich die dargebotenen Genüsse behagen zu lassen. Das wollten die Glieder nicht länger dulden und schlossen folgendes Übereinkommen: Die Hände sollten keine Speise mehr zum Mund führen, der Mund keine dargebotene Nahrung annehmen und die Zähne nichts mehr zermalmen. Doch schon rasch zeigte sich, dass sich die Glieder dadurch selbst schädigten. Der ganze Körper wurde schwach und krank. Da erkannten die Glieder, dass auch der Magen nicht faul und nutzlos war, sondern allen Teilen des Körpers durch die Verdauung der Speisen Leben und Kraft zurückgab.

**Themen:** Krisenkommunikation, gemeinsames Interesse, Symbiose, Abhängigkeit, Teamarbeit, Organisation

## Metaphern können umgedeutet werden

Das Gleichnis vom Magen und den Gliedern ist jedoch nicht nur das Musterbeispiel für geglückte Überzeugungsarbeit mit Metaphern. Achtzehnhundert Jahre später wird es umgedeutet, um das Gegenteil dessen zu fordern, was ursprünglich gemeint war: den Umsturz der Verhältnisse. Der Dichter Heinrich Heine übernimmt das berühmte Gleichnis und wendet es virtuos gegen den herrschenden Adel. In seinem Versepos „Deutschland ein Wintermärchen" verkündet er das folgende Programm:

Wir wollen auf Erden glücklich sein,
Und wollen nicht mehr darben;
Verschlemmen soll nicht der faule Bauch,
Was fleißige Hände erwarben.

Jeder Leser verstand damals die Umdeutung, denn er kannte das Original: Der Adel ist unproduktiv und verzehrt alles, was die fleißigen Kreise der Bevölkerung erwirtschaften. Dadurch, dass Heine das Gleichnis so überzeugend umdeutet, ist es ein für allemal erledigt. Niemand kann mehr so argumentieren wie der selige Menenius Agrippa.

Für Sie heißt das zweierlei:

- Wenn Sie selbst Metaphern einsetzen, achten Sie darauf, ob die sich nicht allzu leicht umdeuten lassen.

- In einer Auseinandersetzung sollten Sie überlegen, ob Sie die Metaphern der Gegenseite nicht umdeuten können.

## Metaphern können verräterisch sein

Greifen Sie nicht allzu unbekümmert in die große Metaphernkiste, denn Metaphern sind immer Ausdruck unserer Denkart. Es kann zum Beispiel sehr verräterisch sein, wenn eine Führungskraft ihr Unternehmen als „Ameisenhaufen" beschreibt (auf die Ausnahmen kommen wir zu sprechen), oder wenn die Mitarbeiter als krabbelnde Käfer, die Führungsebene hingegen als stolze Löwen dargestellt werden.

Sehr heikel sind auch die Kriegsmetaphern, die bei manchen Führungskräften außerordentlich beliebt sind, nicht zuletzt weil sie den Ernst der Lage und die drohenden Gefahren angemessen zu beschreiben scheinen. In einzelnen Fällen kann es zwar durchaus sinnvoll sein, militärische Metaphern zu gebrauchen, doch sollten Sie sich vor Augen führen, welches Bild Sie dadurch von sich selbst vermitteln. Eine Führungskraft, die den „Kriegszustand" ausruft, weil der Wettbewerber im vergangenen Quartal seinen Marktanteil bei der Damenwäsche um 3 % erhöht hat, wirkt eher ein wenig übergeschnappt, als dass er seine Mitarbeiter motivieren dürfte, besonders engagiert anzupacken. Auch werden sich die Mitarbeiter leicht die Frage stellen, wer denn als Kanonenfutter vorgesehen ist. (Näheres zur Militärfrage siehe Seite 230.)

Doch auch manche tierischen Metaphern aus dem Bereich „Lebenshilfe/ Erfolgstraining" haben ihre Tücken, wie das folgende Beispiel zeigt. Sein erklärtes Ziel: Es will zu mehr Eigenverantwortung aufrufen und uns helfen, dass wir alles erreichen.

**Frösche und Adler**

> Frösche sehen das Leben aus der Froschperspektive, von unten, und sie quaken viel, während die Adler den Luftraum beherrschen, von ihrer majestätischen Höhe hinab den Überblick haben und volle Verantwortung für ihr Leben übernehmen. Frösche betrachten sich als Opfer, die anderen sind schuld an ihrem Leiden, ständig beklagen sie ihr Los, darum quaken sie so viel. Adler hingegen quaken nicht, sie handeln.

Zwei heikle Tiermetaphern vom amerikanischen Erfolgstrainer Wayne Dyer, der die Menschen in diese beiden Kategorien einteilt: Frösche oder Adler. Wir können uns entscheiden, Frösche zu bleiben oder Adler zu werden.

Ein dringender Rat: Lassen Sie die Finger von solchen Metaphern. Sie sind nicht nur schwach (dazu kommen wir gleich), sie sind auch verräterisch. Denn jemand, der die Menschen in Frösche und Adler einteilt, offenbart einen eklatanten Mangel an differenziertem Denken. Als Führungskraft sollten Sie sich nicht eine solche Blöße geben. Sie handeln sich allzu leicht den Vorwurf des Schwarz-Weiß-Denkens ein. Und das ist noch nicht alles, denn es ist auch unklug, den Adler als Vorbild hinzustellen. Er ist nicht nur der majestätisch dahingleitende König der Lüfte, im Gegensatz zum Frosch ist er auch ein Einzelgänger – und ein Raubvogel. Es lässt sich immerhin bezweifeln, ob die Menschheit tatsächlich an einem eklatanten Mangel an Raubvogel-Mentalität leidet, oder ob nicht ganz andere Eigenschaften gefragt wären, die in dieser simplen Gegenüberstellung gar nicht auftauchen.

## Starke Metaphern — schwache Metaphern

Was zeichnet eine gute Metapher aus? Es sind drei Punkte, auf die es ankommt:

- In ihr kommt deutlich zum Ausdruck, was Sie sagen wollen. Sie übersetzt es in ein Bild.
- Das Bild ist stimmig und lebendig. Ihre Zuhörer können sich die Sache gut vorstellen.

– Die Metapher ist neu und ungewöhnlich. Dadurch erregt sie mehr Aufmerksamkeit, prägt sich besser ein, wirkt stärker.

Die Adler-Frosch-Metapher versagt in allen drei Punkten. Frösche quaken, wie jeder weiß, Adler fliegen ziemlich hoch und haben scharfe Augen. Frösche gelten als kleine, oft lächerliche Tiere, Adler als majestätisch. Doch das, was mit der Metapher eigentlich transportiert werden soll, ihre Botschaft, ist in dem Bild gar nicht enthalten. Es wird dazugedichtet. Frösche quaken – aber wieso „aus Selbstmitleid"? Und wieso sollen sich Frösche in einer „Opferrolle" befinden? Völlig rätselhaft auch, weshalb ausgerechnet der Adler „Verantwortung" für sein Leben übernimmt. Weil er so hoch fliegen kann? Weil er ein Einzelgänger ist? Weil viele Adler vom Aussterben bedroht sind?

Das Bild ist auch nicht stimmig und lebendig: Die Metaphern stehen isoliert nebeneinander. Frösche und Adler haben nichts miteinander zu tun. Es verbindet sie keine Geschichte, keine Fabel. Warum also ausgerechnet Frosch und Adler? Warum nicht Schreibmaschine und Weihnachtskarpfen?

Neu und ungewöhnlich kann man die Metaphern auch nicht nennen. Wobei das noch ihre geringste Schwäche ist. Aber auf Originalität kommt es ohnehin am wenigsten an, solange sonst alles stimmt. Lieber eine bewährte Metapher, die trifft, als kreativ danebenhauen. Und doch sind starke Metaphern eben alles zugleich: treffend, stimmig und originell.

**Denken wie ein Münzföhn**

> „Ideenfindung ist auch ein bisschen Routine", sagt der Autor Axel Hacke, der pro Woche drei Kolumnen für unterschiedliche Zeitungen zu füllen hat. Der Druck ist groß, zumal man als Kolumnist in Gefahr gerät, „irgendwann nur noch wie ein Münzföhn-Apparat im Schwimmbad zu funktionieren und sozusagen nach 72 Zeilen automatisch das Gehirn abzuschalten." (Aus einem Interview mit der Zeitschrift *Insight*)
>
> **Themen:** Kreativität, Ideenfindung, geistige Routine, Leistungsdruck

Zugegeben, es ist nur eine kleine Metapher, aber eine, die sehr originell und anschaulich ist. Wer die Münzföhn-Apparate kennt, sieht sich augenblicklich mit nassen Haaren unter dem Gerät stehen, spürt den heißen Luftstrom und hört das Fauchen, wenn sich das Gerät abschaltet. Aus, Ende, nichts mehr zu machen. Dieses Bild vergisst man nicht so schnell. Wenn man das nächste

Mal unter dem Münzföhn steht, wird man unweigerlich an den Kolumnisten denken, der unter Aufbietung geballter Denkenergie 72 hocherhitzte Zeilen ausbläst, um danach in einen geistigen Dämmerzustand zu verfallen.

Ungewöhnliche Metaphern prägen sich bei Ihren Zuhörern nicht nur besser ein. Sie bringen dadurch auch zum Ausdruck, dass Sie selbstständig denken und keine vorgefertigten Schablonen übernehmen.

## Meiden Sie Klischees

Es gibt unzählige Metaphern, die durch häufigen Gebrauch so abgenutzt sind, dass ihre ursprüngliche Bedeutung verblasst ist. Wie bei einem Wäschestück, das immer wieder in die Waschmaschine gestopft wird, haben sie alle Farbigkeit verloren. Sie sind zum Klischee geworden: „Das ist nur die Spitze des Eisbergs." – „Wir müssen das Rad nicht neu erfinden." Oder: „Das Kind ist längst in den Brunnen gefallen." Mit solchen Sprachschablonen können Sie „keinen Blumentopf mehr gewinnen", um ein weiteres Klischee zu nennen. Dabei haben diese Formulierungen in einigen Situationen durchaus ihren Sinn. Sie sind unauffällig, stehen Ihnen in großer Zahl zur Verfügung und werden von Ihren Zuhörern auf Anhieb verstanden. Sie eignen sich im Gespräch als „kommunikatives Kleingeld". Wenn Sie jedoch etwas Wesentliches mitzuteilen haben, Ihren Zuhörern einen Kernsatz ins Ohr meißeln wollen oder jemanden überzeugen müssen, dann wirken diese Klischees einfach nur kraftlos und matt.

Stellen Sie sich vor, Sie wollen an Ihre Zuhörer den eindringlichen Appell richten: Ändert euer Verhalten, sonst kommt es zur Katastrophe! Und Sie verkünden mit bebender Stimme: „Meine Damen und Herren, es ist nicht mehr fünf Minuten vor Zwölf, es ist bereits fünf nach Zwölf!" Mit dieser oft gehörten „Zeitansage" werden Sie niemanden mehr aufrütteln können. Eher schaden Sie Ihrer Sache noch. Denn durch altbekannte Klischees erzeugen Sie bei Ihren Zuhörer den Eindruck: Ich weiß schon genau, was der sagt. Klischees töten die Aufmerksamkeit, Ihre Zuhörer schalten geistig ab. Wie der Münzföhn. Sie müssen erst einmal wieder die eine oder andere Formulierungsmünze nachwerfen, damit die Aufmerksamkeit wieder anspringt.

Verzichten Sie lieber von Anfang an auf Klischees und ersetzen Sie die durch aussagekräftige Metaphern. Dafür müssen Sie gar nicht so viel tun. Denn ohne großen Aufwand können Sie ein Klischee in eine passable Metapher verwandeln.

## Wie Sie alte Klischees zu neuem Leben erwecken

Ursprünglich waren die alten Klischees gar nicht so schlecht. Die Uhr, die fünf vor (oder nach) Zwölf anzeigt, die Ratten, die das sinkende Schiff verlassen oder auch das Licht am Ende des Tunnels, das waren früher einmal höchst aussagekräftige Bilder, mit denen sich viele Sachverhalte kurz und verständlich ausdrücken ließen. Doch gerade weil sie so gut und überzeugend erschienen, griffen die Leute immer wieder zu diesen Bildern, zu allen passenden und unpassenden Gelegenheiten, bis sie ihren Zuhörern wieder aus den Ohren herauskamen.

Aus diesem Grund sind diese Formulierungen heute so farblos und nichts sagend geworden. Sie können ihnen aber etwas von ihrer alten Leuchtkraft zurückgeben, wenn Sie das Bild mehr oder weniger stark verfremden. Wenn Sie zum Beispiel unbedingt bei der Uhrenmetapher bleiben wollen, so ändern Sie etwa die Art der Uhr: „Unsere Situation gleicht einer Sanduhr. Es stecken nur noch wenige Körnchen oben im Glas. Wir müssen die Uhr schnellstens umdrehen. Sonst ist unsere Zeit abgelaufen."

Der Grundgedanke: Sie ändern etwas, damit sich Ihre Zuhörer das Bild wieder vorstellen können. Dann ist es auch wieder wirksam. Die unsägliche „Spitze des Eisbergs" ist eigentlich ein phantastisches Bild, wenn Sie es in der Vorstellung Ihrer Zuhörer zum Leben erwecken können. Möchten Sie das tun, sprechen Sie wenigstens von einem „Gletscher, der im Eismeer schwimmt". Oder ziehen Sie das Ganze ein wenig ins Heitere und verkleinern Sie das Bild zum „Eiswürfel, der im Whiskey schwimmt". Oder Sie machen einen Wal daraus, „von dem wir nur die Rückenflosse sehen". Oder Sie verlegen die Angelegenheit aufs Land und erzählen vom unscheinbaren Pilz, dessen Wurzeln kilometerweit durchs Erdreich greifen.

Ihrer Phantasie sind keine Grenzen gesetzt. Und doch sollten Sie bei alledem aufpassen, nicht zu originell sein zu wollen; denn das wirkt aufgesetzt und es verwirrt Ihre Zuhörer. Wählen Sie immer ein Bild, das Ihren Zuhörern unmittelbar zugänglich ist.

## Vorsicht vor schiefen Bildern

Gerade wenn Sie sich um Originalität bemühen, achten Sie darauf, dass Ihre Bilder stimmig sind und nicht schief werden. Ein typischer Fall: Eine Metapher, die oberflächlich halbwegs funktioniert, wird tiefer oder breiter ausgedeutet, als sie es verträgt. Wenden wir uns noch einmal der Metapher von der Zeitansage zu: „Es ist nicht mehr fünf vor Zwölf, es ist bereits fünf nach Zwölf." In aller Regel handelt es sich um eine oberflächliche Metapher, denn es geht schlicht darum zu sagen: Es ist eigentlich schon zu spät. Punktum. Meist schließt sich noch die Aufforderung an: Deswegen muss ganz schnell gehandelt werden. Denn die Sache ist überfällig. (Offenbar weil es bereits zu spät ist, oder gibt es doch noch eine Überziehungsfrist?)

Schon bis hierhin ist die Logik nicht ganz zwingend, doch in eine regelrechte Schieflage kippt das Bild, wenn es weiter vertieft wird und der Redner seine Zuhörer auffordert an der Uhr zu drehen. Etwa: „Wenn wir jetzt alle nötigen Maßnahmen einleiten, dann können wir vielleicht noch einmal die Uhr zurückstellen auf fünf vor Zwölf." Was ist so schief an dem Bild? Ganz einfach, auch durch entschlossenes Handeln lässt sich der *Ablauf* der Zeit nicht verändern. Die Zeit vergeht, so oder so. Es kommt darauf an, die Zeit (die in jedem Fall abläuft) zu nutzen und nicht die Uhrzeit zu verstellen.

## Stellen Sie sich Ihre Metapher bildlich vor

Wie können Sie verhindern, dass Ihre Bilder schief werden? Das beste Gegenmittel: Stellen Sie sich die Sache ganz einfach bildlich vor, visualisieren Sie. Da geht es um längst überfällige Maßnahmen. Die Uhr zeigt an: fünf Minuten über die Zeit. Was hat das für Folgen? Keine? Warum dann überhaupt die Panik? Oder hat es doch Folgen? Die Katastrophe ist schon da – aber es wird alles immer schlimmer, wenn wir nichts tun? So könnte es gehen. Aber die Uhr zurückstellen? Damit ist das Problem ja gar nicht gelöst. Das wäre so, als wollten Sie die Benzinanzeige ausbauen, damit der Treibstoff nicht ausgeht.

Das Visualisieren ist auch ein gutes Gegenmittel gegen eine zweite, weit verbreitete Krankheit unter den Metaphern, die Katachrese. Dabei treffen zwei oder drei Metapher aufeinander, die gar nicht zueinander passen. Das Ergebnis: ein Metaphernbruch (oder eben Katachrese, wie die Sprachwissenschaftler das nennen). „Solange ihm dieser Stachel im Fleisch sitzt, wird nie Gras über die Sache wachsen." Oder: „Wer nicht mitrudert, fällt aufs Glatteis." – „Wenn man ihn jetzt ins kalte Wasser schmeißt, könnte er sich die Finger verbrennen." (Reporter Gerhard Delling bei einem Spiel der Fußball-WM)

Solche Verbindungen wirken ungeschickt oder komisch. Wenn Sie es nicht gerade auf diesen Effekt anlegen, überprüfen Sie Ihre Metaphern auf ihre Stimmigkeit. Meist lauern Katachresen dort, wo sehr gebräuchliche Metaphern bzw. Klischees miteinander verbunden sind. Der Redner greift einfach nach diesen sprachlichen Fertigteilen und denkt gar nicht mehr darüber nach, was sie eigentlich bedeuten. Das passiert sogar den professionellen Wortarbeitern, den Redenschreibern und Journalisten. Rolf Lautenbach, der Vorsitzende des Deutschen Journalistenverbandes, etwa, kommentierte die Insolvenz des Medienkonzerns von Leo Kirch mit den folgenden katachresereichen Worten: „Das Kirch-Imperium liegt in Trümmern und wird von Konkurrenten nach überlebensfähigen Filetstückchen durchsucht. In der oft glorifizierten Medienbranche rappelt es seit langem im Karton. Das Mediensystem ist im Umbruch – aber wohin?" Da möchte man doch zu gerne wissen, wie hoch die Lebenserwartung von Filetstückchen ist und wie sich ein langes Rappeln anhört.

## Wie finden Sie gute Metaphern?

Gute Metaphern wirken unmittelbar überzeugend. Sie sind leicht nachzuvollziehen und machen auf etwas aufmerksam, was wir ohne Metapher nicht sehen würden oder zumindest nicht so klar. Sie verdeutlichen die Sache und machen sie nicht komplizierter. Entnehmen Sie Ihre Metaphern möglichst einem Bereich, der Ihrem Publikum vertraut ist. Das können Metaphern aus dem Sport sein, aus der Tierwelt, dem Verkehr, aus dem Handwerk oder ganz elementare Metaphern wie Wind und Wetter, Sturm und Strömung. In Ihren Zuhörern sollten Sie ein Bild erzeugen. Das geht nur, wenn sie eine Vorstellung von dem haben, worüber Sie reden.

Neue, originelle Metaphern haben den Vorteil, dass sie für höhere Aufmerksamkeit sorgen. Sie sind spannender, erwecken größere Neugier und wirken länger nach. Doch sind sie eben auch ungewohnt, brauchen mehr Zeit, um sich zu entfalten. Manche Zuhörer werden Sie mit einer gewagten Metapher vielleicht auch so überfordern, dass sie Ihnen nicht mehr folgen können. Stimmen Sie Ihre Metaphern daher auf Ihr Publikum ab. Ein anspruchsvolles Publikum schätzt andere Vergleiche als eher schlichte Zuhörer. Ganz allgemein aber gilt: Übertreiben Sie es nicht mit Ihrer Originalität. Gesuchte Metaphern wirken eitel. Und niemand mag es, wenn er jemandem zuhören muss, der ihm zu verstehen gibt: Ich weiß etwas, was du nicht weißt.

# Die Führungspersönlichkeit

Am Anfang beschäftigen wir uns mit der Frage: Was zeichnet eine gute Führungskraft aus? Muss sie über besondere Eigenschaften verfügen? Muss sie ein *Leader* mit Charisma sein und ihre Mitarbeiter begeistern? Was ist damit gemeint, wenn „Führungsqualitäten" verlangt werden? Dass jemand hart und energisch durchgreift? Oder ist nicht vielmehr die sanfte, konsensorientierte Methode zeitgemäßer? Darüber lohnt es sich nachzudenken. Auf den folgenden Seiten finden Sie einige Anregungen und natürlich auch Argumentationshilfen, Geschichten, Anekdoten und Metaphern, mit denen Sie Ihren Standpunkt verdeutlichen können. Denn es ist gewiss nicht schlecht, wenn Sie Ihr Verständnis von Führung anderen gegenüber anschaulich machen können.

## Selbsterkenntnis und Selbstkritik

Wer andere führen will, der sollte zunächst über sich selbst Klarheit gewinnen. Führungskräfte, die sich selbst verkennen, schätzen ihre Fähigkeiten falsch ein und treffen dramatische Fehlentscheidungen. So wird es zumindest in der Überlieferung immer wieder dargestellt. Herrscher, die sich selbst nicht kennen, sind grausame Ungeheuer oder stehen zumindest kurz vor einem dramatischen Scheitern. Die erste Aufgabe für eine Führungskraft heißt daher: Erkenne dich selbst!

**Die Spiegelmetapher**

> jemandem einen Spiegel vorhalten, hinter den Spiegel schauen, Selbstbespiegelung, Spiegelfechterei, Rückspiegel, Zerrspiegel

> Das Gewissen ist ein Spiegel, vor dem ein Affe sich quält; jeder putzt sich wie er kann und geht auf seine eigne Art auf seinen Spaß dabei aus. (Georg Büchner)

> Es gibt Spiegel, welche so verschoben geschliffen sind, dass selbst ein Apoll sich darin als eine Karikatur abspiegeln muss. (Heinrich Heine)

> Was kann peinlicher sein, als zu sehen, dass der Missgestaltete gespreizt wie ein Hahn vor dem Spiegel steht und mit seinem Bilde bewundernde Blicke austauscht. (Friedrich Nietzsche)
>
> **Themen:** Selbstbild, Selbsterkenntnis, Eitelkeit, Beurteilung, Feedback

Der Spiegel ist die zentrale Metapher, wenn es um Selbsterkenntnis geht. Wir können uns nicht selbst sehen, wir sind auf einen Spiegel angewiesen und auf Menschen, „die uns einen Spiegel vorhalten", die uns also Aufschluss darüber geben, wie wir uns verhalten. Damit der Spiegel kein verzerrtes Bild wiedergibt, muss er vollkommen glatt sein, er darf keine eigene Kontur haben. Wir können daraus folgern: Menschen, die in einer Angelegenheit keinerlei eigene Interessen verfolgen, liefern uns das zuverlässigste Spiegelbild.

Da es solche Menschen äußerst selten gibt, sind wir darauf angewiesen, unser Selbstbild aus den vielen verzerrten Spiegelbildern unserer Mitmenschen zusammenzusetzen. Welches Bild jemand von uns widerspiegelt, das hängt auch von ihm und seinen Eigenschaften ab. Missgünstige, neidische Menschen geben immer ein schlechtes Bild ihrer Mitmenschen ab. Wir dürfen dieses Bild niemals mit unserem wahren Gesicht verwechseln. Wenn es uns hässlich erscheint, dann liegt es vielleicht am schlechten Spiegel.

## Ein vollkommenes Geschenk

> Ein Freund kehrte von einer Reise heim und begab sich zu Joseph von Ägypten. Joseph fragte ihn: „Was hast du mir für ein Geschenk mitgebracht?" Der Freund antwortete: „Was könnte ich dir für ein Geschenk bringen, das du nicht schon hast oder das du gar nicht brauchst? Da es nichts Schöneres gibt als dich, habe ich dir einen Spiegel mitgebracht, damit du jeden Augenblick dein Gesicht betrachten kannst."
>
> **Themen:** Selbsterkenntnis, Selbstbezogenheit, Feedback

Ein Gleichnis des persischen Dichters Djalal od-Din Rumi, das sich auf unterschiedliche Weise ausdeuten lässt. Zum Beispiel: Für die Menschen gibt es nichts Schöneres als sich selbst zu betrachten. Oder: Auch ein vollkommener Mensch braucht einen Spiegel, also ein Mittel, das ihm dabei hilft sich selbst zu erkennen.

**Der stolze Hirsch mit den dünnen Beinen**

Ein durstiger Hirsch ging zu einer Quelle. Beim Trinken erblickte er sein Spiegelbild. „Oh, was habe ich nur für ein schönes, starkes Geweih", dachte der Hirsch bei sich. „Aber was habe ich nur für dünne, kraftlose Beine."

Wie er so in Gedanken versunken dastand, näherte sich ihm von hinten ein Löwe. Gerade noch rechtzeitig bemerkte der Hirsch den Feind und sprang davon. Der Löwe jagte hinter ihm her. Der Abstand zwischen den Tieren wurde immer größer, denn die Läufe des Hirschs waren vielleicht dünn, sie waren aber auch schnell. So schnell, dass der Löwe mit seinen muskulösen Beinen kaum hinterherkam.

Das Gelände wurde flacher, da kam der Hirsch noch besser voran. Er rannte in den Wald hinein und glaubte, nun wäre er in Sicherheit. Doch in diesem Augenblick blieb er mit seinem Geweih in ein paar Zweigen hängen. Er schüttelte heftig seinen Kopf, um das Geweih herauszuziehen, doch verfing er sich dadurch nur umso mehr. So hing der Hirsch noch einige Zeit an den Zweigen fest, ehe der Löwe kam und ihn zerriss.

**Themen:** Stärken-Schwächen-Analyse, Selbstbild, Wettbewerb, Benchmarking, Personalauswahl, Karriere

Eine Fabel von Äsop, die uns darauf aufmerksam macht: Wir schätzen uns selbst oft nicht richtig ein. Vermeintliche Stärken entpuppten sich manchmal als schwerer Nachteil, während uns Eigenschaften, die uns als Schwächen erscheinen, nützlich sein können. Das gilt übrigens nicht nur für das Selbstbild, sondern auch für die Einschätzung anderer: Das imposante Hirschgeweih mag für bestimmte Kompetenzen stehen, die uns zunächst stark beeindrucken, die aber in der Praxis überflüssig (oder sogar hinderlich) sind. Ob eine Eigenschaft nützlich oder nachteilig ist, zeigt sich erst, wenn sozusagen der Löwe hinter uns her ist, also in der Praxis.

**Unzulässiger Vergleich**

Victor Hugo gilt als einer der bedeutendsten und populärsten Dichter Frankreichs, ein veritabler Klassiker. Über seinen Rang war sich niemand so sehr im Klaren wie Hugo selbst. So urteilte er über den Dichter Alfred de Musset, der zu seiner Zeit gleichfalls zu den führenden Dichtern gezählt wurde: „Ein guter Kopf, sicher, aber er ist schrecklich eingebildet. Stellen Sie sich nur vor – er vergleicht sich mit mir!"

**Themen:** Selbstbewusstsein, Selbstbild

## Spargel mit Köpfchen

Der französische Staatspräsident Charles de Gaulle war von großer Statur und recht hager. Schon früh bekam er deshalb den Spitznamen „Spargel" verpasst. Als er gefragt wurde, ob er sich dadurch beleidigt fühle, antwortete de Gaulle: „Absolut nicht. Immerhin ist das Wichtigste beim Spargel der Kopf."

**Themen:** Persönlichkeit, Glaube an sich selbst, Umgang mit Kritik, Humor, Spott, positives Denken, Charisma

## Der Fuchs und der Rabe

Ein Rabe saß in einem Baum und hielt ein großes Stück Käse in seinem Schnabel, um es gleich zu verspeisen. Das sah ein Fuchs, der sehr hungrig war und den Käse gerne selbst gegessen hätte. Doch der Baum war viel zu hoch, um hinaufzuklettern. Der Fuchs rief: „Jeder erzählt, wie schön du singen kannst. Sogar die Nachtigall, heißt es, verstummt, wenn du dein Lied anstimmst. Ich habe deinen Gesang leider noch nie gehört. Singst du wirklich so vortrefflich, wie alle sagen? Dann gib mir doch eine Kostprobe deiner Kunst!" Der Rabe fühlte sich so geschmeichelt, dass er den Käse ganz vergaß, seinen Schnabel öffnete und anfing laut zu krächzen. Dabei fiel ihm der Käse aus dem Schnabel – und landete im Maul des Fuchses. „Wirklich vorzüglich", kommentierte der Fuchs kauend. „Du hast wirklich alles, was man braucht, Rabe. Nur der Verstand fehlt dir."

**Themen:** Lob, Feedback, Schmeichelei, Manipulation, Motivation, Eitelkeit, Kernkompetenzen, taktisches Geschick

Eine klassische Fabel von Äsop, die uns darauf hinweist: Schmeicheleien bringen die Menschen dazu, alle möglichen Dummheiten zu begehen. Vor allem wenn sie sich selbst verkennen, denn hätte der Rabe ein angemessenes Selbstbild gehabt, wäre er dem Fuchs nicht auf den Leim gegangen.

**Weltveränderung**

In der Krypta des Westminster Abtei sind auf dem Grabstein eines anglikanischen Bischofs die folgenden Worte zu lesen:

„Als ich jung und frei war und mein Vorstellungsvermögen keine Grenzen hatte, träumte ich davon, die Welt zu verändern. Als ich älter und weiser wurde, entdeckte ich, dass sich die Welt nicht ändern würde. Also schränkte ich mich ein und beschloss, nur mein Land zu verändern. Aber auch das schien nicht möglich.

Als ich in meinen Lebensabend eintrat, versuchte ich in einem letzten verzweifelten Versuch nur meine Familie zu verändern, jene, die mir am nächsten standen. Doch auch sie ließen es nicht zu.

Jetzt, da ich auf dem Sterbebett liege, wird mir klar: Wenn ich mich selbst zuerst geändert hätte, dann hätte ich durch mein Beispiel meine Familie geändert. Durch ihre Ermutigung wäre ich in der Lage gewesen, mein Land zu verbessern und vielleicht hätte ich sogar die Welt verändert."

**Themen:** Macht, Einfluss, Selbstkritik, Change Management

Bevor wir versuchen, möglichst viel zu bewirken, sollten wir erst Klarheit über uns selbst gewinnen und bereit sein, an uns zu arbeiten. Bevor sich die Welt ändern kann, müssen wir uns selbst verändern.

**Der Wanderer**

Ein Wanderer schleppt sich mühsam auf einer langen steinigen Straße vorwärts. Er ist über und über mit Lasten behängt. Jeder Schritt kostet ihn Mühe. Er klagt über sein hartes Schicksal und dass der Weg noch lang sei. Da begegnet ihm ein Bauer. „Was plagst du dich so?", fragte er den Wanderer. „Warum schleppst du diesen schweren Felsbrocken mit dir mit?"

Der Wanderer hält an. „Einen Felsbrocken? Gut, dass du das sagst. Ich habe ihn gar nicht bemerkt!" Er dankt dem Bauern, schleudert den Felsbrocken weit von sich und geht weiter. Er fühlt sich schon etwas leichter und kommt schneller voran. Doch nach einiger Zeit werden seine Schritte wieder schwerer. Da kommt ihm ein zweiter Bauer entgegen. Der sagt kopfschüttelnd: „Wanderer, wieso trägst du einen halbfaulen Kürbis auf deinem Kopf? Was soll er dir nützen? Und wieso ziehst du so schwere Eisengewichte an Ketten hinter dir her?" Der Wanderer greift nach dem Kürbis. „Du hast Recht. Er ist faul geworden. Und die Gewichte will ich auch ablegen." Er legt die Ketten ab und zerschmettert den Kürbis im Straßengraben. Er fühlt sich wieder leichter. Aber es dauert nicht lange, da wird ihm das Weitergehen wieder beschwerlich. Ein Bauer kommt vom Feld, mustert den Wanderer und sagt: „Armer Wanderer, was trägst du so viel Sand in deinem Rucksack? Wo du hingehst, ist mehr Sand, als du jemals tragen könntest. Und warum ist dein Schlauch mit Wasser so riesig? Willst du die Wüste Kawir durchwandern? Neben dir fließt ein klarer Fluss, der deinen Weg noch lang begleitet." Kaum hat der Bauer das gesagt, da leert der Wanderer seinen Rucksack und seinen Wasserschlauch aus. Dabei blickt er an sich herab und entdeckt einen Mühlstein, der die ganze Zeit an seinem Hals gehangen hat und der ihn noch immer gebückt lässt. Er bindet den Stein los, wirft ihn mit ganzer Kraft in den Fluss und geht, befreit von seinen Lasten, in die Abendkühle, um sich eine Unterkunft für die Nacht zu suchen.

**Themen:** Selbsterkenntnis, Vorsorge, Empowerment, Verpflichtungen, Balance, Ziele, Lernfähigkeit, Mentor

Eine persische Geschichte, die der Psychotherapeut Nossrat Peseschkian erzählt. Es geht darum zu überprüfen, welche überflüssigen Lasten wir mit uns herumschleppen. Welche Vorstellungen belasten uns und hindern uns daran voranzukommen? Welche Erwartungen glauben wir erfüllen zu müssen? Die Geschichte empfiehlt uns, dass wir uns von all dem überflüssigen Gepäck frei machen, dass wir darüber nachdenken, ob wir nicht auch auf Dinge verzichten können, die wir vorsichtshalber auf uns geladen haben.

Vielleicht haben wir uns allzu sehr abgesichert, tragen eine überdimensionierte Wasserflasche mit uns herum und bemerken gar nicht, dass wir auch aus dem Fluss neben uns Wasser schöpfen können. Je mehr Ballast wir ablegen, desto mehr Kraft gewinnen wir und desto leichter kommen wir voran. Die Geschichte ist ein Plädoyer, sich auf das Leben einzulassen – und eignet sich deshalb auch vorzüglich, um andere Menschen zu ermutigen.

**Der aufgeblasene Frosch**

Ein dicker, fetter Frosch saß mit seinen Froschkindern am Rande einer Wiese. „Ich bin der Größte", sagte der Frosch und seine Kinder nickten zustimmend. Dann erblickte der Frosch einen Ochsen, der friedlich auf der Wiese graste.

„Der ist ja größer als ich", bemerkte der Frosch neidisch. „Aber wenn ich will, kann ich größer sein als der da." Seine Kinder machten große Augen. „Ihr glaubt mir nicht?", fragte der Frosch. „Dann passt mal auf!" Der Frosch holte tief Luft und blies sich auf. Er wuchs tatsächlich auf die doppelte Größe heran.

„Na, bin ich schon größer als der Ochse?", fragte er seine Kinder. Die antworteten: „Nein, der Ochse ist größer." Der Frosch holte nochmals tief Luft und blies sich weiter auf. So stark, wie er nur konnte. Seine Haut spannte sich schon mächtig. „Nun? Wer ist größer?", fragte er. „Der Ochse", erwiderten die Kinder. Das machte den Frosch wütend. Er pumpte noch einmal so viel Luft in seinen Körper hinein, wie es eben ging.

„Und wer ist jetzt größer?" – „Der Ochse", sagten die Kinder wieder. Dabei hatte sich ihr Vater schon so sehr aufgeblasen, dass er so groß war wie ein Kalb. Mit letzter Anstrengung holte er nochmals Luft, sog sie tief in sich hinein – und zerplatzte mit einem lauten Knall. Der Ochse schaute nicht einmal auf, sondern graste ruhig weiter.

**Themen:** Selbstüberschätzung, Machbarkeitswahn, Image, Neid, Karriere, Vorstellungsgespräch, Benchmarking, Wettbewerb

Eine bekannte, häufig adaptierte Fabel von Äsop, die sich vielfältig einsetzen lässt, zum Beispiel: Mitarbeiter sollten sich nicht größer „aufblasen", als sie sind. Oder: Der Vergleich mit „größeren Tieren" kann sich verhängnisvoll auswirken. Beim Benchmarking ist darauf zu achten, dass man als „Frosch" nicht versucht, die Werte eines „Ochsen" zu erreichen und dabei nur Luft in sich hineinpumpt. Schließlich ist die Fabel auch eine Warnung vor der beliebten Verheißung: Du kannst alles erreichen, du musst nur an dich selber glauben. Diese verbreitete Einstellung eines überstrapazierten positiven Denkens führt nicht selten zu geplatzten Träumen.

**Ein gut gefüllter Ballon**

Alexandre Dumas (der Ältere) war ein ungemein erfolgreicher Schriftsteller. Mehr als 250 Romane soll er geschrieben haben, deren berühmteste „Die drei Musketiere" und „Der Graf von Monte Cristo" sind. Doch ebenso groß wie seine Popularität war offenbar auch seine Selbstherrlichkeit; er stand nicht gerade in dem Ruf, ein besonders umgänglicher Zeitgenosse zu sein. Wegen seiner Eitelkeit wurde er häufig verspottet. Sein Sohn, Alexandre Dumas (der Jüngere), gleichfalls Schriftsteller, nahm seinen Vater in Schutz: „Man muss ihn entschuldigen. Die Eitelkeit ist ein Teil seiner Begabung. Er ist wie ein Ballon, der nur aufsteigen kann, wenn er geschwollen ist."

**Themen:** Eitelkeit, Motivation, Leistungsbereitschaft, Erfolg

Die Verteidigungsrede des Sohns ist alles andere als schmeichelhaft, aber vielleicht gerade deshalb so überzeugend. Der jüngere Dumas deutet die Metapher vom aufgeblasenen Luftballon, in dem nichts steckt als heiße Luft, geschickt um: Die Eitelkeit führt nicht zur Selbstüberschätzung und zur Katastrophe wie beim fetten Frosch in der Fabel von Äsop, sondern sie ist geradezu Voraussetzung für einen Höhenflug. Insoweit eignet sich diese Anekdote immer dann, wenn Sie die nützlichen Aspekte von Eitelkeit hervorheben wollen.

# Helden und Erfolgsmenschen

Nicht jeder ist zum Held geboren. Im Gegenteil: Viele Erfolgsmenschen steckten in ihren Anfängen oft in großen Schwierigkeiten: sie galten als Problemkinder und ihre Eltern machten sich große Sorgen über den weiteren Lebensweg ihrer Sprösslinge. Im Fall von Bill Gates etwa zeigten sich schon früh zwei hervorstechende Eigenschaften: sein Eigensinn und seine Willensstärke.

**Bill Gates beim Psychologen**

Als Bill Gates in der sechsten Klasse war, hatte er große Probleme in der Schule. Außerdem war das Verhältnis zu seiner Mutter nicht ungetrübt – wie auch das Verhältnis zum Leben im Allgemeinen. Seine Eltern hielten es für das Beste, Bill zu einem Psychologen zu schicken. Überraschenderweise fand Gates den Psychologen „echt cool", denn nach jeder Sitzung gab der ihm Bücher mit. „Alles über Freud", wie sich Gates später erinnert. „Ich beschäftigte mich intensiv mit psychologischer Theorie."

Nach einem Jahr stellte der Psychologe die Diagnose. Er erklärte, es wäre völlig nutzlos, Bill zu Gehorsam oder anständigem Benehmen zu bewegen. Er gab den Eltern den guten Rat: „Finden Sie sich damit ab, ihm ist einfach nicht beizukommen."

Themen: Erfolg, Persönlichkeit, Eigensinn, Willensstärke, Konventionen

**George Washington und die Unfähigkeit zur Lüge**

George Washington war gerade sechs Jahre alt. Sein Vater kam bekümmert aus dem Garten. „George", fragte er, „weißt du, wer den schönen kleinen Kirschbaum da drüben gefällt hat?" Das war eine heikle Frage. Und George wankte einen Augenblick lang unter ihrem Gewicht. Doch schnell fand er zu sich selbst zurück. Er blickte seinen Vater in die Augen und rief tapfer: „Ich kann nicht lügen; du weißt, ich kann nicht lügen. Ich habe ihn mit meiner kleinen Axt zerhackt." – „Komm in meine Arme, mein liebster Junge!", rief sein Vater, außer sich vor Rührung. „Komm in meine Arme, George! Ich will mich darüber freuen, dass du den Baum zerstört hast, denn du hast es mir tausendfach wieder gutgemacht. Solches Heldentum in meinem Sohn ist mir mehr wert als tausend Bäume, und wenn sie silberne Blüten trügen und Früchte aus reinem Gold."

Themen: Aufrichtigkeit, Leadership, Image, Wahrheit, Öffentlichkeitsarbeit

Eine der bekanntesten Anekdoten über George Washington. Jeder amerikanische Schüler hat sie schon einmal gehört. Sie entstammt dem einstmals sehr populären Buch „The Life of George Washington" von Mason Locke Weems aus dem Jahre 1806. Die besondere Pointe besteht darin, dass diese Verherrlichung der Aufrichtigkeit selbst eine dicke Lüge ist. Der Autor hatte die Geschichte einer Erzählung entnommen, die sieben Jahre zuvor in London erschienen war: „Die Minnesänger" von James Beattie.

## Jack Welch und der Flugzeug-Test

Der Chef des amerikanischen General-Electric-Konzerns Jack Welch hat in vielerlei Hinsicht Maßstäbe gesetzt; weltweit ist er einer der markantesten Führungspersönlichkeiten, bewundert, oft kopiert und heftig umstritten. Als er den Konzern heftig verschlankte und zahlreiche Arbeitskräfte entließ, verpasste ihm die amerikanische Presse den Namen „Neutron-Jack" und verglich seine Wirkung mit der einer Neutronenbombe: Zerstörerisch nur für die Menschen, während die Gebäude unversehrt blieben.

> Reg Jones, Chef von General Electric, verwandte große Sorgfalt auf die Auswahl seines Nachfolgers. Die Prozedur zog sich über sechs Jahre hin. Jack Welch besaß zunächst nur Außenseiterchancen, doch gelang es ihm, unter die letzten sechs Kandidaten zu kommen. Um ihre Eignung zu überprüfen, teilte Jones das gesamte Unternehmen in sechs so genannte Sektoren auf. Fünf der sechs Kandidaten wurden zu Sektorenchefs ernannt, der sechste blieb in einem Personalplanungsjob. Welch bekam einen vergleichsweise schwerfälligen Sektor zugeteilt – eine geeignete Herausforderung, um zu zeigen, was in ihm steckte. Entschlossen ging er gleich mehrere technologische Innovationen an: eine Waschmaschine mit dem Codenamen L-7, die mit „harmonischen Schwingungen" waschen sollte. Die Sparte „Beleuchtung" sollte durch die so genannte „Halarc-Lampe" einen großen Sprung nach vorne tun. Beide Projekte sollten sich als Fiasko erweisen – doch da war Jack Welch bereits Vorstandsvorsitzender.
>
> Großen Einfluss auf die Kür des Vorsitzenden hatten die „Flugzeuginterviews", mit denen sich Reg Jones Aufschluss über das strategische Denken der Bewerber erhoffte. Jones führte alle Interviews selbst durch.

Ausgangspunkt war die Frage: „Nehmen wir an, Sie und ich sind mit dem firmeneigenen Flugzeug unterwegs. Es stürzt ab, und wir beide sterben. Wer sollte dann Vorsitzender der General Electric werden?" Die Antwort von Jack Welch: „Na, ich natürlich." Jones entgegnete: „Nein, nein, Jack, Sie und ich sind tot." Dieser Umstand brachte Welch allerdings nicht dazu, den Namen eines Konkurrenten zu nennen. Nach dem Interview zeigte sich Jones überzeugt: Welch war der einzige Kandidat, der „tough" genug war, die notwendigen Veränderungen durchzusetzen.

**Themen:** Assessment-Center, Auswahlverfahren, Leadership, Karriere, Selbstbewusstsein, Machtinstinkt, Willensstärke, Unternehmensnachfolge

Diese Anekdote nach der Jack-Welch-Biografie von Thomas O'Boyle erinnert ein wenig an Michael Schumachers Antwort auf die Frage, wer wohl Weltmeister werde (siehe Seite 23). Sie zeigt das überbordende Selbstbewusstsein des späteren Konzernchefs, aber auch seine Fähigkeit, sich über die Regeln einfach hinwegzusetzen.

## Meisterschaft

Niccolò Paganini galt als der größte Geigenvirtuose des 19. Jahrhunderts. Bei seinen Konzerten wurde er als „Teufelsgeiger" gefeiert. Viele Anhänger nannten ihn einen „Zauberer" auf dem Instrument. Das mochte Paganini allerdings gar nicht hören. „Zwölf Stunden täglich üben, manchmal sogar sechzehn, und das zwanzig Jahre lang, bis die Finger wund sind – das ist mein Zauberspruch."

**Themen:** Erfolg, Meisterschaft, Übung, Fleiß, Ausdauer, Disziplin, Realitätssinn

Man kann gar nicht oft genug daran erinnern: Die Grundlage von Erfolg ist harte Arbeit, sogar bei solch genialen Naturen wie Paganini. Auch und gerade wenn alles ganz leicht aussieht, steckt unendlich viel Mühe und Anstrengung dahinter.

## Die Sage von König Midas

Silen war ein Fabelwesen, halb Mensch, halb Pferd. Ehemals war er Erzieher von Dionysos, dem Gott des Weines und der Fruchtbarkeit. Auch Silen sprach oft ausgiebig dem Wein zu, und die Trunkenheit war auch der Grund dafür, dass er sich eines Tages in den Rosengärten des Königs Midas verirrte. Er legte sich nieder, um seinen Rausch auszuschlafen. Da wurde er von einigen Bauern entdeckt und gefangen genommen. Sie brachten Silen zu König Midas, der den wunderlichen Eindringling gleich erkannte und ihn sehr gastfreundlich aufnahm. Er bewirtete ihn zehn Tage und zehn Nächte, dann brachte er ihn zurück zu Dionysos. Der war außer sich vor Freude und versprach Midas, ihm jeden Wunsch zu erfüllen. Midas mochte zwar gastfreundlich gewesen sein, doch war er auch sehr habgierig, und so wünschte er sich, dass alles, was er berührte, zu Gold werden sollte. Dionysos erfüllte ihm den Wunsch. Midas kehrte nach Hause zurück und fing an, all seinen Besitz in Gold zu verwandeln. Er glaubte, der reichste Mensch der Welt zu sein. Doch an eines hatte er nicht gedacht: Alle Nahrungsmittel, die er anfasste, verwandelten sich ebenfalls zu Gold. Midas drohte zu verhungern. Da machte er sich wiederum auf zu Dionysos und flehte ihn an, den ganzen Zauber wieder rückgängig zu machen. Dionysos gab ihm die Anweisung, in dem Fluss Paktolos zu baden. Dann werde alles so sein wie zuvor. Und so geschah es auch. Nur eines änderte sich: Seither soll der Fluss Paktolos reich an Goldstaub sein.

**Themen:** Erfolg, Habgier, Reichtum, Ziele, persönliche Finanzen, Finanzmanagement

Schon in der Antike war man überzeugt: Maßlose Habgier führt ins Verderben. Die Geschichte von König Midas ist da das klassische Beispiel. Aber auch im übertragenen Sinne gilt: Man soll sich gar nicht wünschen, dass einem alles gelingt, dass jedes Projekt ein Erfolg wird, dass alles, was man anpackt, sozusagen zu Gold wird. Ein solches Leben wäre nicht lebenswert.

## Die Gier der Mistkäfer

Mistkäfer tragen gerne Lasten. Sie nehmen alles auf, was auf ihrem Weg liegt. Das schleppen sie dann mit erhobenem Kopf mit sich fort und wollen es nicht loslassen, auch wenn die Last schwer ist und das Tragen sie erschöpft. Durch die schwere Last geraten die Käfer manchmal ins Stolpern und strampeln hilflos mit den Beinen, wenn sie umfallen.

Manche Menschen haben Mitleid mit den Käfern, nehmen ihnen die Ladung ab und stellen sie wieder auf die Beine. Doch sobald die Mistkäfer wieder krabbeln können, nehmen sie ihre Last wieder auf und tragen sie fort.

Ebenso gibt es unter uns Menschen, die wie die Mistkäfer alles haben wollen, was sie kriegen können, und die keine Gelegenheit auslassen, sich zu bereichern. Sie denken nicht daran, dass ihr Reichtum ihnen zur Last werden könnte. Ihre einzige Sorge ist, nicht genug zu besitzen. Wenn sie ins Stolpern geraten, kann ihr Besitz sie erdrücken. Aber kaum haben sie wieder festen Boden unter den Füßen, machen sie so weiter wie zuvor. Ihre Gier bringt sie schließlich an den Rand des Ruins. Doch das durchschauen sie nicht. Diese Leute nennt man „erfolgreiche Menschen". Dabei haben sie nur die Hirne von Mistkäfern!

**Themen:** Erfolgsmensch, Habgier, Preis für Karriere, Leadership, persönliche Finanzen, Eingleisigkeit

Provokante Worte, mit denen sich gewiss eine lebhafte Diskussion über Sinn und Unsinn einer erfolgsorientierten Einstellung anstoßen lässt. Sie sind über tausend Jahre alt und stammen vom chinesischen Schriftsteller Liu Zongyuan (nach anderer Schreibweise Tsung-yüan).

### Gedenktafel

„Was wird wohl einst auf der Tafel stehen, die man Ihnen zu Ehren hier oben anbringen wird?", fragte ein Freund den Komponisten Johannes Brahms, als er mit diesem vor dem Haus Karlsgasse 4 in Wien stand, das der Meister lange Jahre bewohnte. Trocken erwiderte Brahms: „Wohnung zu vermieten!"

**Themen:** Ruhm, Öffentlichkeitsarbeit, Bescheidenheit

## Auf dem Dreirad zum Erfolg

Der irische Schriftsteller und Dramatiker George Bernard Shaw sollte darüber Auskunft geben, welcher der drei Faktoren jemanden am sichersten zum Erfolg führen würde: Arbeit, Geld oder Intelligenz? Shaw antwortete mit einer Gegenfrage: „Welches Rad bei einem Dreirad ist das wichtigste, wenn Sie sich darauf setzen und vorwärtskommen wollen?"

Thema: Erfolgsfaktoren, ganzheitliches Denken

## Bescheidenheit

Der französische Schriftsteller Jules Renard fand zu seiner Zeit nicht die gebührende Anerkennung. Freunde versuchten ihn zu trösten und versicherten ihm, dass alle bedeutenden Schriftsteller zunächst verkannt würden. „Das stimmt", sagte Renard, „aber weil ich kein bedeutender Mann bin, würde ich es vorziehen, berühmt zu sein."

Thema: Erfolg, Anerkennung, Ruhm, Ziele

## Das Stolpern des Eroberers

Wilhelm der Eroberer, König der Normannen, landete 1066 mit seinem Heer an der englischen Küste. Als er von seinem Schiff an Land sprang, geriet er ins Stolpern und stürzte zu Boden. Ein schlechtes Vorzeichen? Sein Gefolge war wie die meisten Menschen in dieser Zeit sehr abergläubisch. Doch Wilhelm rettete die Situation, indem er am Boden knien bleib, mit beiden Händen beherzt in den Sand griff und ausrief: „So ergreife ich dich denn, Land der Angeln und Sachsen." Elf Jahre später hatte er ganz England erobert.

Themen: Vorzeichen, Aberglauben, symbolische Handlung, Ritual, Geistesgegenwart, Flexibilität, Mitarbeiterführung, Projektmanagement

Auch Ereignisse, die gar keinen direkten Einfluss auf das Gelingen einer Aufgabe haben, können als Vorzeichen empfunden werden und damit eine starke psychologische Wirkung auf die Beteiligten haben. Irgendetwas geht schief und alle gehen mit einem schlechten Gefühl an die Sache heran. Auch wenn Sie sich nicht so elegant aus der Affäre ziehen können wie Wilhelm der Eroberer, kann die Anekdote zumindest für eine gewisse Entlastung sorgen.

## Herkules und der Nemeische Löwe

Der antike Halbgott Herkules stand vor der Aufgabe, zwölf Heldentaten zu vollbringen, von denen jede einzelne eigentlich als undurchführbar galt. Heldentat Nummer eins betraf den Nemeischen Löwen, den Herkules besiegen und herbeischaffen sollte. Das Tier besaß ein Fell, das es unverwundbar machte. Herkules überraschte den Löwen aus einem Hinterhalt, jedoch prallten alle seine Pfeile an dem Fell ab. Der Löwe sprang ihn an, doch Herkules wehrte ihn ab und verfiel auf das geeignete Mittel, das unverwundbare Tier zu töten: Mit bloßen Händen erwürgte er den Löwen, den sein Fell nun nicht mehr zu schützen vermochte. Danach häutete er das Tier mit dessen eigenen Krallen, nur so konnte er das Fell ja überhaupt zurechtschneiden. Aus dem Fell machte er sich einen Umhang, aus dem Löwenkopf fertigte er sich einen Helm. So kehrte er zu seinem Auftraggeber zurück, der von seinem Anblick so verängstigt wurde, dass er in einen Bronzekrug sprang und von nun an nur noch über einen Boten mit Herkules verkehrte.

**Themen:** High Performer, Einzelkämpfer, Wettbewerb, unlösbare Aufgabe, Schwachstellen erkennen, Benchmarking, taktisches Geschick, Mut

Die zwölf Herkulesarbeiten sind die antiken Musterbeispiele dafür, wie ein Einzelner eigentlich unlösbare Aufgaben bewältigt. Er darf kein gewöhnlicher Mensch sein, sondern braucht herausragende Fähigkeiten, immerhin ist Herkules ein Halbgott, der schon im Kleinkindalter Schlangen erwürgte. Dann aber kommt auch der antike Supermann oft nicht ohne göttlichen Beistand, sprich ohne Hilfe von anderen, aus, was nur recht und billig ist, denn auf der anderen Seite arbeiten einige Götter auch gegen ihn. Und Herkules nimmt es mit allen auf, schreckt vor keiner Aufgabe zurück. Doch nun zur Problemlösung Nummer eins: Herkules nutzt die einzige Schwäche des Löwen aus – bemerkenswerter Weise in dem Augenblick, da das Tier ihn angreift. Danach setzt er die Waffen seines Gegners ein, um ihn restlos zu besiegen und das Unmögliche zu vollbringen, nämlich dem Löwen das Fell abzuziehen, das er nun für sich nutzt. Aus dem Sieg wachsen Herkules nicht nur neue Kräfte zu, er ist nun für künftige Gegner auch selbst unverwundbar geworden.

## Herkules besiegt Antäus

Der Riese Antäus war ein Sohn der Erdgöttin Gaia und des Meeresgottes Poseidon. Er lebte in Libyen und forderte jeden, der vorbeikam, zum Ringkampf. Antäus galt als unbesiegbar. Durch jede Berührung mit der Erde bekam er neue Kraft. Die Schädel seiner getöteten Gegner verwendete er als Dachziegel für den Tempel seines Vaters. Herkules kam eher zufällig zu Antäus. Er war auf der Suche nach den goldenen Äpfeln der Hesperiden (der elften Aufgabe von zwölfen) und hatte sich verlaufen. Dies hinderte Antäus jedoch nicht, Herkules zum Kampf zu fordern. Er wurde im Kampf getötet, denn Herkules hob ihn vom Erdboden hoch, damit er keine Kraft mehr bekam. Er hielt ihn so in die Luft und erdrückte ihn schließlich.

**Themen:** Bodenhaftung, Rivalen, Wettbewerb, Erfolg, taktisches Geschick, Schwachstellen erkennen

Antäus ist eine Metapher für einen Gegenspieler, der seine ganze Kraft aus seiner Bodenhaftung bezieht. Solange er den Bezug zu seiner vertrauten Umgebung, zu seinem Fachgebiet oder zu seiner Heimat hat, ist er nicht in Verlegenheit zu bringen. Erst wenn es Ihnen gelingt, ihn von diesen Ressourcen abzuschneiden, schwindet seine Kraft.

## Der siegreiche Hahn

Auf einem Misthaufen kämpften zwei Hähne. Der eine war stärker und vertrieb seinen Rivalen vom Haufen. Alle Hennen scharten sich um den Sieger und rühmten seine Kraft und Kampfesstärke. Der Hahn genoss das und wollte, dass sein Ruhm auch auf dem Nachbarhof bekannt werde. Er flatterte nach oben auf die Scheune und krähte laut: „Seht alle her! Ich bin der siegreiche Hahn! Kein anderer Hahn ist so stark wie ich!" Kaum hatte der Hahn zu Ende gekräht, da stieß ein Adler vom Himmel herab, nahm ihn in seine Klauen und tötete ihn.

**Themen:** Selbstdarstellung, Selbstüberschätzung, Karriere, Erfolg, Rivalen, Öffentlichkeitsarbeit

Eine Fabel des russischen Schriftstellers Leo Tolstoi. Es kann gefährlich sein, seine Erfolge allzu sehr herauszustellen, denn dadurch macht man stärkere Rivalen auf sich aufmerksam.

## Führungsqualitäten

Eine beliebte Metapher, um zu beschreiben, was eine Führungskraft eigentlich macht, ist die des Dirigenten:

### Der Dirigent

> Wozu braucht ein Ensemble erstklassiger Musiker überhaupt einen Dirigenten? Ein Dirigent beherrscht kein einziges Instrument, sein Instrument ist das Orchester. Er gibt das Tempo vor, er gibt die Einsätze. Er sorgt für den richtigen Gesamtklang. Er gibt den Instrumentalisten zu verstehen, wie bestimmte Stellen klingen sollen, wie laut oder wie leise und mit welchem Ausdruck. Er formt aus den einzelnen Stimmen und den vielen unterschiedlichen Passagen ein Ganzes. Fragen Sie nach dem Konzert den zweiten Trompeter, was er heute Abend gemacht hat, wird er Ihnen nicht antworten: „Ich habe heute Abend Trompete gespielt", sondern: „Wir haben heute Abend Beethovens dritte Symphonie gespielt."
>
> **Themen:** Führungsverantwortung, ganzheitliche Führung, Koordination, übergeordnetes Ziel, Fachwissen im Team, Projektmanagement

Die Führungskraft koordiniert wie der Dirigent die Arbeit der anderen. Die anderen verfügen über das Fachwissen oder die nötige Qualifikation, um ihre Aufgabe zu erledigen, nicht die Führungskraft. Ein Dirigent muss eben nicht Trompete spielen können, um einen Trompeter zu dirigieren. Der Dirigent hat die Verantwortung für das Ganze, auch wenn der Trompeter schlecht spielt und sich das Werk nachher schrecklich anhört. Um auf den Trompeter in unserem Beispiel zurückzukommen: Seine Antwort haben wir vom Wirtschaftsprofessor und Managementberater Fredmund Malik übernommen, der damit das Wirken einer guten Führungskraft beschreiben will (siehe Literaturverzeichnis, Seite 377).

## Die zwei Flügel einer Führungskraft

Kein Lebewesen kann mit nur einem Flügel fliegen. Wirklich gute Führung ist nur möglich, wenn Herz und Kopf – Fühlen und Denken – zusammenspielen. Das sind die zwei Flügel einer erfolgreichen Führungskraft.

**Themen:** Führung, emotionale Intelligenz, Balance

Eine anschauliche Metapher, die sich in dem Buch „Emotionale Führung" von Daniel Goleman u. a. findet (siehe Literaturverzeichnis, Seite 376).

## Die drei Maurer

Ein Bauherr will einen Maurer beschäftigen. Er geht auf eine riesige Baustelle und schaut den Maurern bei ihrer Arbeit zu. Er entdeckt drei, die sehr fleißig Stein auf Stein schichten. Äußerlich kann er keinen Unterschied zwischen ihnen entdecken. Wer ist der beste von ihnen? Der Bauherr geht zum ersten Maurer und fragt: „Was tun Sie da?" Der Maurer schaut ihn verwundert an und sagt: „Das sehen Sie doch. Ich verdiene hier meinen Lebensunterhalt." Der Bauherr geht zum zweiten Maurer und stellt ihm dieselbe Frage. Der richtet sich auf und verkündet stolz: „Ich mache meine Arbeit. Und zwar perfekt. Ich bin der beste Maurer im Land." Dann geht der Bauherr zum dritten. Dieselbe Frage. Der Maurer denkt kurz nach und sagt: „Ich helfe mit, eine Kathedrale zu bauen."

**Themen:** Verantwortung für das Ganze, Leadership, übergeordnetes Ziel, Vision, Projektmanagement, Personalauswahl, Teamarbeit

Natürlich ist der dritte Maurer der Gesuchte, denn er denkt als Einziger an den Gesamtzusammenhang, das gemeinsame Ziel aller Aktivitäten auf der Baustelle. Und darauf kommt es an. Die beiden anderen verfolgen hingegen ihre eigenen Interessen. Ob die Kathedrale fertig wird, ist für sie zweitrangig. Mit dieser Geschichte, die der Wirtschaftsprofessor und Managementberater Fredmund Malik ohne nähere Quellenangabe mitteilt, können Sie darauf hinweisen, worauf es bei einer Führungskraft ankommt: Sie sollte ihre Arbeit als Beitrag zum Ganzen verstehen. Natürlich lässt sich die Geschichte auch auf die Mitarbeiter beziehen. Wenn sie verstehen, wozu sie ihren Beitrag leisten, ist das gewiss vorteilhaft.

**Das Spielfeld abmessen**

> Der legendäre Chrysler-Manager Lee Iacocca bezeichnete es als wesentlichen Teil seiner Aufgabe „das Spielfeld abzumessen", Grenzen zu ziehen, in denen das „Frontmanagement" relativ selbstständig agieren kann: „Es ist so ähnlich, wie wenn man seinem Kind sagt, im Hof könne es spielen, aber es soll nicht auf die Straße rennen und nicht über den Zaun klettern und auch niemanden reinholen."
>
> Themen: Führung, Delegieren, höheres Management, Richtlinienkompetenz

Eine gute Führungskraft, gerade wenn sie relativ weit oben in der Hierarchie steht, sollte sich nicht überall einmischen, sondern die Leute machen lassen, was Iacoccas Metapher gut zum Ausdruck bringt. Aber Achtung, wenn es jemand darauf anlegt, lässt sich das zweite Bild leicht umdeuten: Die Mitarbeiter als spielende Kinder und der Vorgesetzte als mild nachsichtiger Aufpasser, ein solches Bild zeugt nicht gerade von einer besonders fortschrittlichen Auffassung von Führung. Da ist das Spielfeld dann doch die neutralere Metapher; denn Linien wird man ja wohl noch ziehen dürfen, ohne autoritär oder paternalistisch zu wirken. Die Tore schießen müssen ohnehin die andern.

**Mitreißend**

> Eine gute Führungskraft soll mitreißend sein. So wie ein guter Bergführer seine Gruppe auf den höchsten Gipfel führt; er geht voran und zieht die anderen mit nach oben, denn alle sind mit einem Seil fest verbunden. Verliert der Bergführer allerdings einmal den Boden unter den Füßen und stürzt ab, dann reißt er alle mit sich in die Tiefe.
>
> Themen: Leadership, Führungsverantwortung, Begeisterungsfähigkeit, Motivation, Empowerment, positives Denken

Die Fähigkeit, andere zu begeistern, ist eine zweischneidige Sache, wie diese Metapher anschaulich macht. Solange es stetig nach oben geht, ist alles in Ordnung. Kommt es allerdings zu einem Misserfolg oder gar zu einem Realitätsverlust (der Bergführer verliert den Boden unter den Füßen), dann sind die Folgen häufig verheerend.

## Halbvolle und halbleere Flaschen

Die weit verbreitete Definition von Pessimismus und Optimismus stammt vom irischen Schriftsteller und Dramatiker George Bernard Shaw: „Stellt eine Flasche, die zur Hälfte gefüllt ist, auf den Tisch. Der Optimist wird sagen: ‚Wie schön! Die Flasche ist noch halb voll!' Der Pessimist wird sagen: ‚Schade, die Flasche ist schon halb leer!'"

Themen: Optimismus, Pessimismus, Beurteilung, Perspektive, positives Denken

Führungskräfte sollen optimistisch sein, zumindest die Dinge nicht allzu negativ betrachten, weil das die andern entmutigen könnte. Um die optimistische Grundeinstellung zu beschreiben, gibt es die überaus beliebte Flaschen-Metapher, auch das „halb volle / halb leere Glas" ist sehr verbreitet. Sie werden also keinen Preis für Originalität erwarten dürfen, wenn Sie ein weiteres Mal von ihr Gebrauch machen. Den Ursprung kennt allerdings kaum jemand. Wenn Sie also Ihren Gesprächspartner noch ein wenig beeindrucken wollen, dann nennen Sie zumindest noch den Urheber.

## Tröstende Worte

Als der französische Karikaturist Jean-Louis Forain auf dem Sterbebett lag, wollte ihm sein Arzt etwas Mut zusprechen. „Ihr Puls ist gut, das Herz schlägt tadellos, die Lungen arbeiten zuverlässig, Ihr Fieber sinkt ..." – „Kurz gesagt", unterbrach ihn Forain, „ich sterbe bei bester Gesundheit."

Themen: Glaubwürdigkeit, Optimismus, positives Denken

Wer in jeder Situation nur das Positive, Konstruktive, Mutmachende hervorhebt, um den anderen zu stärken, riskiert in wirklich kritischen Situationen unglaubwürdig zu werden.

## Einer Schlange soll man keine Füße anmalen

Im alten China bot ein Mann seinen Dienern einen Becher Wein an. Die Diener meinten, für alle sei der Wein zu wenig, jedoch für einen sei der Becher gerade richtig, um ihn mit Genuss zu trinken. Also einigten sich

> die Diener auf einen Wettbewerb: Sie wollten auf dem Boden eine Schlange zeichnen, und derjenige, der als erster damit fertig sein würde, sollte den Becher bekommen.
>
> Ein Diener war besonders schnell fertig. Er griff sofort zum Wein und während er mit der linken Hand den Becher hielt, malte er aus Übermut mit seiner rechten der Schlange noch ein paar Füße an. Mittlerweile hatte ein Zweiter seine Schlange fertig gezeichnet. Der nahm dem Ersten den Becher aus der Hand und sagte: „Was hast du da gezeichnet? Es gibt keine Schlangen mit Füßen!" Dann setzte er den Becher an den Mund und trank ihn aus.
>
> **Themen:** Zusatzleistung, Perfektionismus, Konkurrenz, Übermut

Eine bekannte chinesische Fabel aus dem Buch „Die Ränke der Streitenden Reiche", eine Sammlung, die der Gelehrte Liu Hsiang (77–6 v. Chr.) zusammengestellt hat. Daraus ist eine stehende Redewendung geworden: Man soll einer Schlange keine Füße anmalen, bedeutet so viel wie: Tue nicht zu viel des Guten, werde nicht übermütig, sonst gefährdest du deinen Erfolg.

### Schlangen und Reptilien auf dem Rücken

> Man soll keinen zum Leiter einer Gemeinschaft wählen, der auf seinem Rücken nicht einen Haufen Reptilien herunterhängen hat. Wird sein Sinn hochmütig, dann sage man ihm: Drehe dich um!
>
> **Themen:** Perfektionismus, Leadership, Übermut, Verletzung

Eine rätselhafte Metapher aus dem Talmud. Der „Haufen Reptilien" oder auch die „Klumpen des Schlangengezüchts" sind eine Metapher für verborgene Schande, wie der Psychoanalytiker Leon Wurmser meint. Verantwortungsvoll handeln, so sagt uns diese Passage, können wir nur, wenn wir Verletzungen davon getragen haben und weiter verletzbar sind. Nur solche Menschen sollten andere führen. Diese Überzeugung steht in denkbar schärfsten Gegensatz zum Ideal einer makellosen Führungskraft.

### Gilgamesch

> König Gilgamesch von Uruk in Mesopotamien verfügte über ungeheure Macht und sagenhafte Kräfte. Die Götter statteten ihn mit den glän-

zendsten Eigenschaften aus. Und so gab es niemanden, der sich mit ihm messen konnte. Er war einfach übermächtig. Die Folge war nicht etwa eine milde selbstsichere Regierung, sondern eine brutale Willkürherrschaft. Gilgamesch drangsalierte seine Untertanen Tag und Nacht. Die Bewohner von Uruk wandten sich mit ihren Klagen an die Götter. Die erhörten sie und schufen aus Wasser und Lehm den gewaltigen Enkidu, einen wilden unbehausten Kraftmenschen, der es mit Gilgamesch aufnehmen konnte. Die beiden kämpften miteinander, aber weil es keinen Sieger gab, schlossen sie Freundschaft und zogen zusammen aus, um Abenteuer zu bestehen.

**Themen:** Macht, Erfolgsstreben, Führungspersönlichkeit, Konkurrenz, Grenzen

Eines der ältesten schriftlichen Zeugnisse der Menschheit erzählt die Geschichte eines Helden, der zu zwei Dritteln Gott und zu einem Drittel Mensch ist: Es ist das Gilgamesch-Epos, das uns in Keilschrift auf Tontafeln überliefert ist. Gilgamesch ist ein Held, der sich jeder Herausforderung stellt und keiner Gefahr ausweicht. Er erreichte alles, was er sich vornahm. Mit einer Ausnahme: Er wollte unsterblich werden. Und doch endet das Gilgamesch-Epos mit seinem Tod. An diesem mitunter sehr fremdartigen Werk sind zwei Aspekte interessant: Einmal braucht der Held ein Gegengewicht, jemanden, der ihm ebenbürtig ist. Wenn er allen anderen überlegen ist, misshandelt er sie. Das erinnert ein wenig an das vorangegangene Gleichnis aus dem Talmud: Führungskräfte müssen irgendwo ihren Schwachpunkt haben, wo sie verletzbar sind. Nur dann werden sie die anderen verantwortungsvoll führen können. Zum zweiten ist dem Helden das Erreichte nie genug. Er sucht die Erfahrung, die seinen Kräften Grenzen setzt. Er eilt so lange von Erfolg zu Erfolg, bis er die vernichtende Niederlage einstecken muss.

## Die Erziehung der Adler

Man fragte den Adler: „Warum erziehst du deine Jungen so hoch in der Luft, wo es gefährlich ist?" Der Adler antwortete: „Würden sie sich als ausgewachsene Adler so nahe an die Sonne wagen, wenn ich sie am Boden erzogen hätte?"

**Themen:** Ausbildung, Risiko, Sicherheit, fordernder Führungsstil, Mentor

Mit dieser äußerst knappen Fabel von Gotthold Ephraim Lessing können Sie darauf hinweisen: Wer Führungsverantwortung übernehmen soll, muss frühzeitig lernen mit Risiken umzugehen.

Der Held der folgenden Geschichte heißt Nasrudin. Im Orient ist Nasrudin eine Figur, die ebenso bekannt und populär ist wie bei uns Till Eulenspiegel. Und mit Eulenspiegel hat Nasrudin auch manche Ähnlichkeit, weil auch er anderen durch sein scheinbar widersinniges, manchmal närrisches Verhalten den Spiegel vorhält. Allerdings besitzen viele Nasrudin-Geschichten wesentlich mehr Tiefgang. Es sind kleine philosophische Miniaturen, die zentrale Einsichten der Sufi-Lehre vermitteln sollen. Auch im Westen erfreut sich der weise Narr Nasrudin steigender Beliebtheit.

**Fundiertes Urteil**

> Als Nasrudin Friedensrichter war, kam eine Frau mit ihrem Sohn zu ihm. „Mein Sohn isst zu viel Zucker", klagte die Mutter, „ich kann es mir nicht leisten, ihm so viel zu geben. Ich bitte Euch daher, ihm zu verbieten, so viel zu essen. Auf mich hört er nämlich nicht."
>
> Nasrudin sagte: „Komm in sieben Tagen wieder." Nach sieben Tagen erschien die Frau mit ihrem Sohn ein zweites Mal vor Nasrudin. „Ich brauche noch einmal sieben Tage", sagte Nasrudin und schickte die Frau fort. Als sie das dritte Mal zu Nasrudin kam, wandte der sich an den Sohn und erklärte: „Hiermit verbiete ich dir, mehr als zwei Stück Zucker am Tag zu essen." Die Mutter fragte verwundert: „Das hättet Ihr doch schon sagen können, als ich das erste Mal bei Euch war. Warum habt Ihr so lange gebraucht, um ein so einfaches Urteil zu sprechen?" – „Ganz einfach", erklärte Nasrudin, „ehe ich das dem Jungen befehlen konnte, musste ich erst herausfinden, ob ich selbst mit zwei Stück Zucker auskommen kann."
>
> **Themen:** Führung, Gerechtigkeit, Leadership, Vorbildfunktion

Die alte Sufi-Geschichte zeigt: Man kann von einem anderen nicht einfach etwas verlangen, nur weil es einem selbst zweckmäßig erscheint. Man muss es selbst vorleben. Denn es ist leicht, aber nicht gerecht, anderen Einschränkungen abzuverlangen, von denen man selbst nicht betroffen ist.

## Ein Schwindelfall

Der französische Schriftsteller Jules Renard erzählt von einem Gouverneur der Insel Martinique, der eines Tages die Erde zittern sah und schreckliche Angst bekam. Als die Sache vorüber war, bekam er die Meldung, es sei ein Erdbeben gewesen, das ein ganzes Stadtviertel vernichtet hatte. Daraufhin seufzte der Gouverneur erleichtert „Gott sei Dank! Und ich hatte schon gedacht, ich hätte einen Schwindelanfall gehabt!"

Themen: Führungsverantwortung, Egoismus, Eigeninteressen, soziale Verantwortung

Viele Menschen beurteilen die Dinge ausschließlich aus ihrer eigenen Warte und nach eigenen Interessen. Ein Erdbeben erscheint ihnen harmloser als ein Schwindelanfall, solange von dem Erdbeben andere betroffen sind. Ein solcher Standpunkt ist nicht akzeptabel und verantwortungslos.

## Der Habicht und die Nachtigall

Ein Habicht fing eine Nachtigall, packte sie mit seinen Klauen und trug sie hoch in die Wolken empor. Die Nachtigall, die von seinen Fängen verwundet worden war, schrie um Erbarmen. Der Habicht aber sprach: „Was schreist du, du Narr? Ich bin weit stärker als du. Du gehst dorthin, wohin ich dich schleppe. Auch wenn du ein Sänger bist. Das hilft dir nichts. Wenn ich will, fresse ich dich. Wenn es mir gefällt, lass ich dich frei!"

Themen: Macht, Machtmissbrauch, Stärke, Abhängigkeit

Diese etwas deprimierende Geschichte stammt von Hesiod und gilt als eine der beiden ältesten europäischen Fabeln. Dadurch bekommt sie eine gewisse Autorität. Die Botschaft ist unmissverständlich: Der Stärkere bestimmt, nicht derjenige, der schöner singen kann. Der Stärkere braucht keine guten Gründe und keine Rechtfertigung. Wer über die nötigen Machtmittel verfügt, dem sind wir ausgeliefert. Es hat keinen Sinn, an sein Mitgefühl zu appellieren.

Sie können Hesiods Fabel unterschiedlich einsetzen: Als Vertreter der Nachtigall können Sie davor warnen, sich in die Klauen eines Habichts zu begeben,

z. B. bei der Übernahme einer kleineren Firma durch eine größere. Nun unterscheiden sich Nachtigall und Habicht nicht nur durch ihre Stärke, sondern auch durch ihren Gesang. Anders gesagt: Die Nachtigall ist der kreative, künstlerische Vogel, während der Habicht der brutale Machtvogel ist. In der Fabel von Hesiod wird sich der Raubvogel immer durchsetzen. Schließlich können Sie die Fabel noch verwenden, um sich als Führungskraft von der Raubvogel-Logik deutlich abzugrenzen.

**Der Schlupfwespen-Manager**

> Eine Schlupfwespe fliegt zur Zeit der Eiablage los und hält nach Raupen Ausschau. Hat sie eine gefunden, sticht sie die Raupe. Dadurch wird die Raupe gelähmt. Die Wespe bringt ihre Beute an den Eingang ihres Nests. Dort legt sie die Raupe ab, verschwindet kurz in ihrem Bau, um Platz zu schaffen und zu prüfen, ob alles in Ordnung ist. Dann kehrt sie zurück, um die Raupe in ihr Nest zu ziehen. Ein perfekt durchorganisierter Ablauf von bemerkenswerter Effizienz. Doch schieben Sie die Raupe nur ein kleines Stück vom Eingang weg, während die Wespe in ihrem Nest verschwunden ist, so zeigen sich die Grenzen des Managements à la Schlupfwespe. Die Wespe sucht nach der Raupe, legt sie wiederum direkt vor ihrem Nest ab und verschwindet nun abermals darin. Verschieben Sie ein zweites Mal die Raupe, so wiederholt die Schlupfwespe ihr Verhalten auf genau dieselbe Art. Diese Prozedur können Sie endlos wiederholen, die Wespe wird eher vor Erschöpfung sterben, als die Raupe einfach in ihr Nest zu ziehen.
>
> **Themen:** Flexibilität, Kreativität, Mitarbeiterführung, Ablauforganisation

Das Verhalten der Schlupfwespe ist fest programmiert. Solange es zu keiner Störung kommt, funktioniert die Sache einwandfrei. Doch sie ist überfordert, wenn die Dinge ein wenig anders laufen als geplant. Ebenso geht es manchen Mitarbeitern oder Führungskräften: Dass sie auf neue Situationen flexibel reagieren müssen, erkennen sie nicht – solange Sie nicht die Geschichte von der Schlupfwespe erzählen.

## Matsushita lässt ein halbes Steak zurückgehen

Konoskuke Matsushita war eine der bedeutendsten Unternehmerpersönlichkeiten des 20. Jahrhunderts. Nahezu aus dem Nichts baute er einen Weltkonzern auf, die Matsushita Electric Corporation, die als japanisches Gegenstück zu „General Electric" gilt. Der überaus erfolgreiche Geschäftsmann war schon zu seinen Lebzeiten eine Legende. Verschiedene Episoden aus seinem Leben werden wie Volksmärchen weitererzählt. So auch diese:

> 1975 waren sechs Leiter von Geschäftsbereichen zu einem Mittagessen mit dem Gründer ihres Unternehmens eingeladen. Zu diesem Zeitpunkt war Matsushita nicht nur in Japan ein berühmter Mann, das amerikanische *Time-Magazin* hatte ihm eine Titelgeschichte gewidmet. Die Männer trafen sich kurz nach zwölf Uhr. Alle bestellten Steak, Matsushita trank zwei Gläser Bier und erzählte von dem Unternehmen und seiner Geschichte. Als alle den Hauptgang beendet hatten, beugte sich Matsushita zu einem der Bereichsleiter hinüber und bat ihn, den Küchenchef holen zu lassen, der sein Steak zubereitet hatte. Der Unternehmensgründer hatte sein Steak nur zur Hälfte gegessen. Die anderen machten sich auf eine äußerst unangenehme Situation gefasst. Man wollte den Geschäftsführer kommen lassen, doch Matsushita bestand darauf, dass der Küchenchef kommen müsse.
>
> Der erschien und war sehr verlegen, denn er wusste, dass derjenige, der ihn hatte rufen lassen, eine sehr wichtige Persönlichkeit war. „Ist etwas nicht in Ordnung?", fragte er nervös. Matsushita sagte ruhig: „Sie haben sich so viel Mühe mit dem Steak gegeben, aber ich habe es nur zur Hälfte geschafft. Nicht weil es nicht gut wäre. Es schmeckt ganz vorzüglich. Aber Sie müssen verstehen, ich bin 80 Jahre alt, und mein Appetit ist nicht mehr der größte."
>
> Der Küchenchef und die anderen Männer am Tisch wechselten irritierte Blicke. Es dauerte ein wenig, bis sie den Sinn des Gesagten begriffen. Matsushita fuhr fort: „Ich wollte mit Ihnen sprechen, weil ich fürchtete, Sie könnten gekränkt sein, wenn mein Teller mit dem halben Steak in die Küche zurückgebracht wird."

**Themen:** Leadership, Bescheidenheit, Persönlichkeit, Image, Wertschätzung, Lob, Einfühlungsvermögen

Der legendäre Unternehmer war freilich nicht immer so überaus zuvorkommend. Vor allem seine engsten Mitarbeiter pflegte er sehr hart in die Pflicht zu nehmen. Er verlangte von ihnen höchstes Engagement – und er bekam es. Nicht zuletzt weil er das, was er forderte, selbst vorlebte.

**Der Krug mit Nüssen**

Im alten Persien wollte eine Frau ihrem Mann seine Leibspeise bereiten. „Ich brauche dazu noch zwölf Nüsse", sagte sie. „Holst du sie für mich?" Der Mann ging zum Markt, entdeckte einen Händler, der einen großen Krug mit Nüssen hatte. „Ich brauche zwölf Nüsse", sagte der Mann, griff in den Krug und packte eine ganze Handvoll Nüsse. Dann wollte er seine Hand aus dem Krug wieder herausziehen, doch es ging nicht. Er hing fest.

Er zog und zerrte mit aller Kraft, sein Handgelenk war immerhin schon sichtbar. Er klemmte den Krug zwischen seine Füße und versuchte, seine Hand herauszudrehen – seine Hand kam nur wenige Millimeter voran. Der Händler hielt den Krug fest, der Mann stemmte sich dagegen, die Hand schmerzte immer mehr, aber sie hing jetzt vollständig im Hals des Kruges fest. Mittlerweile hatten sich viele Menschen versammelt, um das traurige Schauspiel zu verfolgen und zu kommentieren.

Schließlich trat ein weißhaariger Mann vor und versprach zu helfen. „Du musst nur genau das tun, was ich dir sage." Der Mann mit der eingeklemmten Hand war dazu bereit. „Als erstes", sagte der Weißhaarige, „musst du deinen Arm in den Krug wieder ganz hineinschieben." – „Bist du verrückt?", fragte der Mann. „Ich bin froh, dass ich es so weit geschafft habe." Der Weißhaarige blieb unbeeindruckt: „Tu, was ich dir sage." Widerwillig schob der Mann die Hand zurück in den Krug. „Und jetzt", sagte der Weißhaarige, „öffne deine Hand und lass alle Nüsse fallen." Der Mann seufzte und tat, wie ihm geheißen. „Nun machst du deine Hand ganz schmal und ziehst sie wieder zurück", sagte der Weißhaarige.

Und tatsächlich kam die Hand des Mannes wieder zum Vorschein. Die Hand war gerettet, aber die Nüsse waren noch im Krug. Da drehte der Weißhaarige den Krug um und ließ die Nüsse dem Mann in die Hände rollen.

**Themen:** Habgier, Ungeduld, eigenmächtiges Handeln, Gelassenheit, Loslassen, Ziele, Verhandlungen, Kreativität, Problemlösung

Eine Geschichte aus Persien, die in verschiedenen Variationen immer wieder aufgegriffen wurde, so vom russischen Schriftsteller Leo Tolstoi, bei dem der Krug mit Nüssen als Falle dient, um Affen damit zu fangen. Die Botschaft ist klar: Wenn wir etwas erreichen wollen und unterwegs feststecken, dann hat es keinen Sinn, die Sache erzwingen zu wollen. Statt verkrampft daran festzuhalten, ist es besser sich davon zu lösen, Abstand zu gewinnen, loszulassen. Dabei kann es nötig sein, auch die Dinge, die wir bereits erreicht haben, aufzugeben – wie der Mann die Nüsse loslassen muss, die er schon in der Hand hält.

## Der Traum vom Schmetterling

Einst träumte Dschuang Dsi, dass er ein Schmetterling sei, ein flatternder Schmetterling, der sich glücklich fühlte und nichts wusste von Dschuang Dsi. Dann erwachte er: Er war nun wieder wirklich und wahrhaftig Dschuang Dsi. Doch ich bin nicht sicher, ob Dschuang Dsi geträumt hat, er sei ein Schmetterling, oder ob ein Schmetterling träumt, er sei Dschuang Dsi. Dabei gibt es doch sicher einen Unterschied zwischen Dschuang Dsi und dem Schmetterling. So ist es mit der Wandlung der Dinge.

**Themen:** Identität, Persönlichkeit, Rollen, Flexibilität, Mitarbeiterführung, Change-Management

Ein berühmtes Gleichnis des taoistischen Weisheitslehrers Dschuang Dsi, das darauf aufmerksam macht: Wir haben viele Möglichkeiten in uns. In unterschiedlichen Situationen können wir ganz unterschiedliche Identitäten annehmen und uns von einem Menschen in einen Schmetterling verwandeln. Wir können die Grenzen unserer Identität sprengen. Das Gleichnis ist so beliebt, dass viele es für sich oder auch für andere mehr oder weniger exotische Quellen der Weisheit reklamieren. So ist es auch den australischen Aborigines angedichtet worden.

## Königliches Vorleben

Jean-Baptiste Bernadotte (1763-1844) war französischer General und Marschall, ehe er zum Kronprinz von Schweden gewählt wurde. Später wurde er Regent, schließlich unter dem Namen Carl Johan König von Schweden und Norwegen. Eines Tages erkrankte er schwer; der königliche Leibarzt wollte ihn zur Ader lassen. Doch der König weigerte sich hartnäckig. Als sich sein Zustand allerdings mehr und mehr verschlechterte, gab er schließlich nach. „Also gut", erklärte dem Leibarzt, „dann lassen Sie mich zur Ader. Aber Sie müssen mir schwören, dass Sie keinem Menschen sagen, was Sie gleich sehen werden." Der Arzt schwor es, und als er den Ärmel des Königs hochschob, entdeckte er eine bemerkenswerte Tätowierung: eine Jakobinermütze, das Zeichen der französischen Revolutionäre, und darunter auf Französisch die Worte: „Tod den Königen!"

**Themen:** Gesinnungswandel, Radikalität, revolutionärer Elan, Vorleben, Konsequenz

Eine Anekdote, die schlagend deutlich macht: Jeder kann im Laufe seines Lebens seine Position und seine Überzeugungen stark verändern. Sogar Könige können ihr revolutionäres Vorleben haben. Oder andersherum: Auch aus überzeugten Revolutionären können noch Könige werden.

## Gang- und Haltungsmetaphern

Gebräuchliche Metaphern: Haltung bewahren/zeigen/verlieren, der aufrechte Gang, der gebeugte Gang, das Schleichen, Rückgrat haben/zeigen, sich verbiegen, das Rückgrat brechen, sich nach der Decke strecken

Wer kriecht, kann nicht stolpern.

Gehen ist ein ständig aufgefangener Fall. (Konfuzius)

Nie noch hat einer, der sich willentlich krümmt, andere aufzurichten vermocht. (Meng Dse)

**Themen:** Selbstbewusstsein, Kompromiss, Anpassung, Schwierigkeiten, Hierarchie, Organisation

Gehen und Körperhaltung werden gerne als Metapher für die innere Haltung benutzt. Der aufrechte Gang ist Ausdruck von Ehrlichkeit und Selbstbewusstsein; so jemand taktiert nicht und geht keinen faulen Kompromisse ein. Wer hingegen sein Rückgrat krümmt und verbiegt, der verhält sich nicht so, wie es seinem Wesen entspricht; er schädigt sich damit selbst. Das Rückgrat kann im

Übrigen auch gebrochen werden – und das geschieht vorzugsweise mit Leuten, die vorher Rückgrat gezeigt haben, sich also aus innerer Überzeugung gegen Widerstände behauptet haben, Schließlich gibt es noch das Kriechen, bei dem sich der Betreffende gar nicht aufzurichten wagt. Er tut alles, um demjenigen, vor dem er kriecht, zu gefallen. Der Schleicher hingegen will um keinen Preis auffallen. Er umschleicht sein Opfer, bei dem er sich ebenfalls einschmeicheln will. Eng verwandt mit diesen Metaphern sind die Schrittmetaphern (siehe Seite 259).

## Zwei Fahrer

Ich kenne einen Fahrer, der die Verkehrsregeln gut kennt, innehält und für sich zu nutzen weiß. Er versteht es geschickt, vorzupreschen, dann wieder eine regelmäßige Geschwindigkeit zu halten, seinen Motor zu schonen, und so findet er vorsichtig und kühn seinen Weg zwischen den anderen Fahrzeugen. Ein anderer Fahrer, den ich kenne, geht anders vor. Mehr als an seinem Weg ist er interessiert am gesamten Verkehr und fühlt sich nur als Teilchen davon. Er nimmt nicht seine Rechte wahr und tut sich nicht besonders hervor. Er fährt im Geist mit dem Wagen vor ihm und dem Wagen hinter ihm, mit einem ständigen Vergnügen am Vorwärtskommen aller Wagen und der Fußgänger dazu.

**Themen:** Karriere, ganzheitliches Denken, Leadership, Win-win-Strategie, soziale Verantwortung

Bertolt Brechts Geschichte (aus den „Geschichten vom Herrn Keuner") beschreibt zwei Haltungen von Führungskräften: Die eine ist nur am eigenen Fortkommen interessiert und nutzt alle sich bietenden Vorteile aus, die andere hat das große Ganze im Blick und sorgt mit ihrer Übersicht dafür, dass alle vorankommen. Nur die zweite Haltung entspricht den Grundsätzen zeitgemäßer Führung.

## Die Delfin-Strategie

Delfine sind elegante, gesellige und intelligente Tiere. Sie sind extrem beweglich und extrem schnell. Sie sind offen für alles, was funktioniert. Wenn Delfine nicht erreichen, was sie anstreben, ändern sie ihre Verhaltensweise schnell und präzise. Dabei bleiben sie hartnäckig und überwinden durch ihre Ausdauer fast jeden Widerstand. Delfine sind pragmatisch und nicht ideologisch, Delfine sind, was Delfine tun. Zugleich orientieren sich Delfine immer nach dem großen Ganzen, sind aber auch dazu fähig, sich auf das kleinste Detail zu konzentrieren. Delfine schlagen schnell zurück, wenn es die Situation erfordert, aber sie verzeihen sofort, denn sie wissen, dass Groll kein gutes Mittel ist, um im fließenden Wasser zurechtzukommen.

Die anderen Bewohner des großen Wassers sind Haie und Karpfen. Bekanntlich haben Haie Zähne, sie sind gefährliche Raubfische. Es geht ihnen darum, die anderen zu fressen, sie zu schädigen. Haie sind nur auf ihren eigenen Vorteil bedacht und gehen dabei mitunter sehr geschickt vor. Sie können mit anderen nicht wirklich kooperieren, sie sind Einzelgänger. Haie sind auch untereinander verfeindet, sie jagen sich gegenseitig die Beute ab. Ein Gewässer (oder Unternehmen), in dem die Haie die Herrschaft übernommen haben, herrscht Angst und Schrecken. Es geht nur noch ums Fressen und (möglichst nicht) Gefressen werden.

Karpfen hingegen sind friedliebende Fische, sie schwimmen in Schwärmen und bevorzugen stehende oder langsam fließende Gewässer. Sie sind nicht sehr einfallsreich, passen sich lieber an und wissen sich vor allem kaum zu wehren. Deshalb werden sie leicht gefangen. Wie man weiß, leben Karpfen nur bis Weihnachten.

**Themen:** Change-Management, Führungspersönlichkeit, Win-win-Situation, Konkurrenzdenken, Führungsstil, Wettbewerb, Fusion

Die beiden Trainer und Autoren Dudley Lynch und Paul Kordis haben die so genannte Delfin-Strategie entwickelt, um Menschen und Organisationen den Umgang mit Veränderungen zu erleichtern. Einzig das Verhalten des Delfins ist hier sinnvoll, während die Reaktionsweisen von Karpfen und Haien zu Angst und Stress führen und die Krise nur verschärfen. Kein Zweifel, um bestimmte Verhaltensweisen zu verdeutlichen, hat das Modell durchaus seine Stärken. So lässt sich sehr gut veranschaulichen, dass rücksichtsloses Konkurrenzdenken à la Haifisch zu nichts führt, weder für den Einzelnen noch für die Organisation, also den Teich. Ebenso schädlich ist es, wenn hilflose Karpfen eine Organisation dominieren. Früher oder später wird sie gefressen, weil sie sich dem Wandel nicht stellt; erinnern wir uns noch einmal an das stehende Gewässer, in dem die Karpfen am liebsten herumschwimmen.

Allerdings hat das Modell auch seine Grenzen, die Sie kennen sollten. Das fängt damit an, dass Delfine und Haie im Meer herumschwimmen, der Karpfen hingegen ein Süßwasserfisch ist. Das muss kein Problem sein, doch wenn Sie Ihren Mitarbeitern oder Kollegen gegenüber schildern, wie die gefräßigen Haie die Karpfen auffressen, dann stimmt das Bild nicht mehr. Weit schwerer wiegt allerdings, dass Lynch und Kordis ihre Delfin-Metapher vollkommen überstrapazieren. Sie dichten dem Delfin fabulöse Eigenschaften an, die mit dem real existierenden Meeressäuger aus der Familie der Zahnwale nichts mehr zu tun haben. So schreiben sie, dass Delfine es „lieben zu gewinnen", aber „nicht das Bedürfnis" haben, dass „ein anderer verliert". Auf gute Führungskräfte mag das ja zutreffen, auf Delfine nicht.

**Eine echte Delfin-Strategie**

> Es gibt kaum einen Meeresbewohner, der so gierig und unersättlich ist wie der Delfin. Er hat ein wahrhaft fürchterliches Raubtiergebiss und frisst alles, was ihm zwischen die Zähne kommt. Von der Schnecke bis zum Krebs, vom Hering bis zum Riesenwal, vom Pinguin bis zur Elefantenrobbe ist nichts vor ihm sicher. Delfine schwimmen außerordentlich schnell. Zu mehreren machen sie Jagd auf große Tiere, so ähnlich wie die Hyänen (siehe Seite 240). Sie umkreisen ihre Beutetiere, zerfetzen und zerreißen sie mit einer Heftigkeit, dass wenig von ihren Opfern übrig bleibt. Was irgendwie in ihren Schlund passt, das wird aufgefressen. Allerdings gibt es eine Ausnahme, es gibt ein Wesen, zu dem die Delfine ausgesprochen freundlich sind: Das ist der Mensch. Es gibt zahlreiche durchaus glaubwürdige Berichte, wie Delfine Menschen aus Seenot gerettet oder vor dem Ertrinken bewahrt haben. Wie ließe sich also eine echte Delfin-Strategie beschreiben? Sei grausam und rücksichtslos zu allen Tieren, die du besiegen kannst. Mach kurzen Prozess mit ihnen. Greif aber niemals ein Wesen an, das mächtiger ist als du. Im Gegenteil, hilf ihm und sorge dafür, dass es sich dir verpflichtet fühlt. Umgarne es – wie die Delfine, die als einer der ganz wenigen Meeresbewohner zu einem Schiff hinschwimmen und nicht davon weg. Betreibe Imagepflege. Lege immer ein Lächeln auf – wie der Delfin, der ja auch

immer zu lachen scheint. Dafür werden dich die mächtigen Wesen mögen. Vielleicht werden sie sogar versuchen, dir ähnlich zu werden. Und das nennen sie dann die Delfin-Strategie.

**Themen:** Delfin-Strategie, Change-Management, Egoismus, Konkurrenz, Image, Öffentlichkeitsarbeit, taktisches Geschick

Eine kleine Geschichte, mit der Sie der Delfin-Strategie entgegentreten können. Die biologischen Tatsachen sind durchaus zutreffend. Und die Schlussfolgerungen sind gewiss nicht weiter hergeholt als die der originalen Delfin-Strategie. An diesem Beispiel können Sie auch diskutieren, warum der Delfin ein so beliebtes Tier ist und der Hai so unbeliebt. An ihrem Verhalten kann es nicht liegen. Vielleicht aber daran, dass der Delfin ein so elegantes Design hat und freundlich ausschaut, während der Haifisch ein schiefes Maul hat.

**Neue Managementmethoden**

Vielleicht kennen Sie die Führungstechniken „Management by Objectives" (Führen mit Zielvereinbarungen) oder „Management by Delegation" (Führen durch Delegieren). Es gibt noch weitere so genannte „Management by"-Techniken, die ganz seriös gemeint sind, wenn auch nicht alle restlos zu überzeugen vermögen. Wie etwa das „Management by Crisis", bei dem die Führungskraft bewusst eine Krise herbeiführen soll, weil unter Krisenbedingungen bekanntlich disziplinierter gearbeitet wird. Nicht ganz schlüssig, die einen den Karren in den Dreck fahren zu lassen, damit die anderen ihn rausholen können. Ganz und gar nicht ernst gemeint sind allerdings die folgenden Beispiele aus dem Internet, die alle mit Metaphern arbeiten.

> Management by Helicopter: Über allem schweben, von Zeit zu Zeit auf den Boden kommen, viel Staub aufwirbeln und dann wieder ab in die Wolken.
>
> Management by Nilpferd: Auftauchen, Maul aufreißen, untertauchen!
>
> Management by Känguru: Mit leerem Beutel große Sprünge machen.
>
> Management by Jeans: An allen wichtigen Stellen sitzen Nieten.
>
> Management by Babysitter: Man kümmert sich immer um die Angelegenheit, bei der jemand am lautesten schreit.

Management by Champignon: Die Mitarbeiter im Dunkeln lassen, gelegentlich mit Mist bestreuen und sobald sich ein heller Kopf zeigt: abschneiden!

Management by Sanduhr: Alles durchlassen und warten, bis eine Wende kommt.

Management by Cowboy: Alles abgrasen und dann weiterziehen.

Management by Robinson: Alle warten auf Freitag.

Management by Chromosom: Führungsqualifikation ausschließlich durch Vererbung.

Management by Dübel: Lücke erkennen, schnell reinquetschen und sofort breit machen.

Management by Partisan: Selbst die engsten Mitarbeiter falsch informieren, damit die eigenen Ziele nicht herauskommen.

Management by Surprise: Erst handeln, dann sich von den Folgen überraschen lassen.

**Themen:** Führung, Organisation, Betriebsklima, Unternehmenskultur, Informationsmanagement, Finanzmanagement, Führungsstil, Verantwortung, Kompetenzen, Missstände, Krisen, Aktionismus, Ehrgeiz, Egoismus, Passivität u.v. a.

Mit dem Hinweis auf eine dieser „Techniken" können Sie bestimmte Fehler oder Missstände ein wenig polemisch auf den Punkt bringen. Aufmerksamkeit dürfte Ihnen gewiss sein. Die Liste lässt sich durchaus auch mit eigenen Beispielen fortführen.

## Die Freude der Fische

Dschuang Dsi ging mit Hui Dsi am Ufer eines Flusses spazieren. Er sagte: „Wie lustig die Forellen aus dem Wasser herausspringen! Das ist die Freude der Fische." Hui Dsi erhob Einspruch: „Ihr seid kein Fisch. Wie wollte ihr die Freude der Fische kennen?" Darauf sagte Dschuang Dsi: „Und Ihr seid nicht ich. Wie könnte Ihr da wissen, dass ich die Freude der Fische nicht kenne?" – „Nun", sagte Hi Dsi, „Ihr seid sicher kein Fisch. Also ist es klar, dass Ihr die Freude der Fische nicht kennt." Doch Dschuang Dsi widersprach: „Ich erkenne die Freude der Fische aus meiner Freude beim Wandern am Fluss."

**Themen:** Führung, Empathie, ganzheitliche Betrachtung, emotionale Intelligenz, Einfühlungsvermögen

Eine Geschichte aus dem „wahren Buch vom südlichen Blütenland" des taoistischen Weisheitslehrers Dschuang Dsi, die sich auch auf die Grundsätze guter Führung übertragen lässt. Hi Dsi sind die Fische gleichgültig, er kennt sie nicht, deswegen macht er eine klare Trennung. Für Dschuang Dsi hingegen ist alles eins: seine Freude beim Wandern und die Freude der Fische. Es gibt keine Trennung; die Umgebung ist Teil seiner Freude. Wenn Sie selbst zu solch einer ganzheitlichen Betrachtung neigen, lässt sich mit dieser Geschichte gut das Gespräch darüber eröffnen.

## Der geschickte Koch

Der Fürst Wen Hui hatte einen Koch, der für ihn mit geschickter Hand einen ganzen Ochsen zerteilte. „Wie fängst du es nur an", fragte Wen Hui seinen Koch, „mit so wenig Anstrengung ein so großes Tier zu zerschneiden?" Der Koch legte sein Messer beiseite und antwortete: „Als ich anfing, Rinder zu zerlegen, da sah ich eben nur Rinder vor mir. Nach drei Jahren hatte ich es so weit gebracht, dass ich die Rinder schon zerteilt vor mir sah, noch ehe ich das Messer angesetzt hatte. Heute verlasse ich mich nur noch auf meinen Geist und nicht mehr auf den Augenschein."

Der Fürst wollte mehr wissen: „Du verlässt dich auf deinen Geist? Wie geht das vor sich?" Der Koch erwiderte: „Ein guter Koch wechselt sein Messer einmal im Jahr, weil er schneidet. Ein stümperhafter Koch muss das Messer alle Monate wechseln, weil er hackt. Ich habe mein Messer nun schon neunzehn Jahre und habe schon mehrere tausend Rinder zerlegt, und doch ist seine Schneide wie neu geschliffen. Die Gelenke der Rinder haben Zwischenräume, die Schneide des Messers hat keine Dicke. Was aber keine Dicke hat, dringt in Zwischenräume ein. Und doch heißt es achtsam sein, sobald ich an eine Gelenkverbindung komme. Ich sehe zu, wo ich halt machen muss und bewege das Messer kaum – plötzlich ist das Stück auseinander und fällt wie ein Sandkloß zu Boden. Ich zögere noch einen Augenblick, reinige das Messer und tue es beiseite." – „Vortrefflich!", rief Fürst Wen Hui. „Ich habe die Worte eines Kochs gehört und gelernt, wie ein Fürst leben soll."

**Themen:** Führungskraft, Geduld, Effizienz, Stärke, Fachkönnen, Lernprozess

Eine weitere Geschichte von Dschuang Dsi über die Grundsätze guter Führung: Wer mit seinem Messer hackt, der macht es stumpf und verliert zu viel Kraft. Große Aufgaben lassen sich nur bewältigen, wenn man seine Kräfte schont, geduldig und planvoll vorgeht. Das Messer des Kochs schneidet deshalb so gut, weil es sich dem Ochsen anpasst, der zerlegt werden soll. Es nutzt die Zwischenräume, in die es eindingen kann, weil es keine Dicke hat. Das Messer ist nicht stark, es ist scharf und schneidet wie von selbst. Abwarten, nichts erzwingen heißt also die Devise, dann erreichen Sie Ihr Ziel.

## Der dreiste Tantalos und seine Qualen

Tantalos, ein Sohn von Göttervater Zeus, war ein Herrscher, der vor nichts und niemandem Respekt hatte. Vom Berg Sipylos in Kleinasien regierte er sein Reich, und weil er so vermögend war, durfte er zeitweilig am Tisch der Götter sitzen und mit den Unsterblichen speisen. In einem unbeobachteten Moment ließ er eine erkleckliche Menge Nektar und Ambrosia verschwinden. Von jenen Götterspeisen, die unsterblich machen sollten, gab er seinen irdischen Freunden zu essen. Außerdem plauderte er freimütig aus, was die Götter bei Tisch besprochen hatten. Den Höhepunkt setzte Tantalos allerdings, als er seinerseits die Götter zum Essen einlud. Um ihre Allwissenheit auf die Probe zu stellen, schlachtete er seinen eignen Sohn Pelops und setzte ihn den Göttern vor, die den Frevel durchschauten und keinen Bissen anrührten – bis auf Demeter, die große Erdgöttin, die gerade großen Kummer hatte und geistesabwesend eine Schulter verspeiste.

Nun war es an der Zeit, die Dinge in Ordnung zu bringen: Der Götterbote Hermes holte den armen Pelops aus der Unterwelt, die Götter erweckten ihn wieder zum Leben und ersetzten seine beschädigte Schulter durch eine Prothese aus Elfenbein. Tantalos hingegen wurde in die Unterwelt verbannt, und zwar in den ungemütlichsten Teil, den

Tartaros. Hier musste er schreckliche Qualen leiden: Obwohl er bis zum Kinn im Wasser stand und über seinem Kopf schwere Obstbaumzweige hingen, konnte er weder trinken noch essen. Er kam mit seinem Mund nicht an das Wasser heran, und jedes Mal, wenn er seine Hand nach dem Obst ausstreckte, wichen die Zweige zurück. Außerdem hing über seinem Kopf ein großer Stein an einem Faden, der jederzeit hinabstürzen konnte, um ihn zu erschlagen.

**Themen:** Qual, Mangel im Überfluss, Neid, Herausforderung, Dreistigkeit, Strafe, Gerechtigkeit

Die Qualen des Tantalos sind als Tantalusqualen sprichwörtlich geworden (wobei hier die lateinische Version des Namens Pate stand). Sie gelten vor allem deshalb als besonders peinigend, weil Tantalos das, woran es ihm mangelt, immer direkt vor Augen hat. Diese Tantalusqualen können Sie völlig unabhängig von der Vorgeschichte als Metapher einsetzen, z. B. wenn ein Kollege etwas, was er selbst gerne hätte, tagtäglich vorgeführt bekommt. Darüber hinaus zeigt die Geschichte von Tantalos, wie jemand in seiner Dreistigkeit keine Grenzen kennt und alles tut, um die höheren Mächte herauszufordern.

### Ein dicker Sack

Ein dicker Sack – den Bauer Bolte,
der ihn zur Mühle tragen wollte,
um auszuruhn, mal hingestellt
dicht an ein reifes Ährenfeld –
legt sich in würdevolle Falten
und fängt 'ne Rede an zu halten.

„Ich", sprach er, „bin der volle Sack.
Ihr Ähren seid nur dünnes Pack.
Ich bins, der euch auf dieser Welt
In Einigkeit zusammenhält.
Ich bins, der hoch von Nöten ist,
dass euch das Federvieh nicht frisst;
ich, dessen hohe Fassungskraft
euch schließlich in die Mühle schafft.

> Verneigt euch tief, denn ich bin der!
> Was wäret ihr, wenn ich nicht wär?"
>
> Sanft rauschten die Ähren:
> „Du wärst ein leerer Schlauch,
> wenn wir nicht wären."
>
> **Themen:** Führungsverantwortung, Mitarbeiter, Eitelkeit, Selbstüberschätzung

Ein Gedicht von Wilhelm Busch, mit dem Sie auf scherzhafte und selbstironische Weise das Verhältnis von Führungskraft und Mitarbeitern beleuchten können. Auch wenn das Bild vom „leeren Sack" nun nicht sehr schmeichelhaft ist, so zeigt das Gedicht doch immerhin: Beide Parteien sind aufeinander angewiesen.

## Loyalität

Mit der folgenden Anekdote können Sie deutlich machen: Führungskräfte sollten sich auf eine Sache konzentrieren und dürfen Ihre Loyalität nicht aufteilen.

### Hundert Prozent für Lego

> Mitte der Fünfziger Jahre beginnt langsam der Durchbruch der Firma Lego. Das kleine dänische Unternehmen exportiert seine Spielzeugsteine nach Norwegen und Schweden. Das größte Interesse gilt jetzt Deutschland. Der Juniorchef Godtfred Christiansen reist 1955 nach Nürnberg zur Spielwarenmesse und präsentiert sein Lego-System. Die einhellige Meinung der Experten: Für unseren Markt ist dieses Spielzeug vollkommen ungeeignet.
>
> Kurze Zeit später will Christiansen noch einmal den Markt sondieren und reist nach Hamburg. Auf der Rückfahrt macht er eher zufällig Station bei einem Fabrikanten von Puppenmöbeln, den er flüchtig kennt, Axel Thomsen. Christiansen stellt sein Lego-System vor, Thomsen ist begeistert, er bittet seinen Gast um eine Anstellung als deutschen Generalvertreter. Doch Christiansen lehnt ab: „Du hast deine eigene Firma.

Wir können nur einen Mann gebrauchen, der sich hundertprozentig für uns einsetzt."

Einige Tage später reist Thomsen nach Dänemark zu Lego. Er ist bereit, die eigene Fabrik seinem Sohn zu übertragen, wenn er dafür Lego auf dem deutschen Markt einführen darf. Thomsen wird der erste Geschäftsführer für Lego Deutschland.

**Themen:** Loyalität, Einsatzbereitschaft, Kompromisslosigkeit, Risikobereitschaft, Prognose, Marktchancen

## Image

Die folgende Geschichte aus der Sammlung „Tsurezuregusa" des japanischen Dichters Joschida Kenko ist lehrreich für Imageprobleme und Krisenkommunikation, also die Frage: Wie soll ein Unternehmen reagieren, wenn es negative Schlagzeilen macht?

### Der „Loch-Bischof"

Im alten Japan lebte ein Bischof namens Ryôkaku. Er war ein etwas eitler Mensch, der leicht in Zorn geriet. In der Nähe seines Tempels wuchs ein Enoki-Baum. Die Leute pflegten Ryôkaku daher den „Enoki-Bischof" zu nennen, was er für wenig schmeichelhaft hielt. Daher ließ er den Enoki-Baum eines Tages umhauen. Denn er glaubte: kein Enoki-Baum, kein Enoki-Bischof mehr. Das stimmte zwar, doch war vom Enoki-Baum der Stumpf übrig geblieben. Und die Leute nannten Ryôkaku nun den „Stumpf-Bischof". Das ärgerte ihn noch mehr. Er befahl seinen Dienern den Stumpf mit allen Wurzeln auszugraben, zu zerhacken und fortzuschaffen. So geschah es auch. An der Stelle, an der einstmals der Enoki-Baum gestanden hatte, befand sich nun ein tiefes Loch, das sich bald mit Regenwasser füllte. Und so nannte man den eitlen Ryôkaku nur noch den „Loch-Bischof".

**Themen:** Image, Eitelkeit, Peinlichkeit, Verbesserungsmaßnahmen, Krisen-PR, Gelassenheit

Je angestrengter jemand versucht gegen seinen schlechten Ruf vorzugehen, desto ungünstiger kann die Sache für ihn ausgehen. Imageprobleme lassen sich nicht einfach „umhauen" oder „mit Stumpf und Stiel ausgraben". Im Gegenteil, die Art, wie man mit dem Problem umgeht, wirkt sich wieder auf das Image aus und kann es weiter verschlechtern.

### Zeichen der Popularität

Der französische Dichter Victor Hugo wurde im Alter gefragt: „Wann haben Sie Ihre Popularität am stärksten empfunden?" – „Das kann ich Ihnen genau sagen", entgegnete Hugo: „Ich kam neulich spät abends nach Hause. Mein Wagen setzte mich vor der Tür ab, aber der Concierge öffnete nicht gleich. Da spürte ich ein kleines Bedürfnis, dem ich auch gleich nachgab. Ein Arbeiter ging vorbei und rief mir zu: ‚Altes Schwein! Ausgerechnet vor der Tür von Victor Hugo musst du das tun?' "

**Themen:** Image, Popularität, Anerkennung von außen

Eine Beschimpfung, die zum schönsten Kompliment wird – das ist eine wirkungsvolle Pointe, wenn Sie über Popularität und öffentliche Anerkennung sprechen sollen.

### Ein Junge im Büro von Mister Gates

Ungefähr eine Woche nach ihrer Anstellung bei Bill Gates beobachtete die Chefsekretärin, dass ein Junge in das Büro ihres Vorgesetzten hineinging. Die Sekretärin war sehr beunruhigt, denn wie es hieß, war Mr. Gates nicht in der Stadt. Es war kaum anzunehmen, dass er es schätzte, wenn in seiner Abwesenheit ein Junge in seinem Allerheiligsten herumfuhrwerkte. So eilte die Sekretärin zu Steve Wood, einem Mitarbeiter von Gates, und schilderte ihm den Fall. Mit Erstaunen erfuhr sie, dass „der Junge" im Büro von Mister Gates ihr Chef war.

**Themen:** Image, Auftreten, Unscheinbarkeit

Eine von zahlreichen Anekdoten, die das unscheinbare, etwas linkische Auftreten des Microsoft-Gründers zum Inhalt haben. Gates ist einer der Kronzeugen, wenn die Frage diskutiert wird, ob erfolgreiche Führungskräfte immer als strahlende Siegertypen auftreten müssen.

**Yegong liebt Drachen**

Im ganzen Reich gab es niemanden, der Drachen so sehr mochte wie Yegong. Auf seiner Kleidung waren Drachen eingestickt, auch seinen Hut schmückte ein Drachen. Zu Hause hingen Bilder von Drachen an den Wänden und in die Holzsäulen seines Hauses waren furchterregende Drachen geschnitzt. Sie fletschten ihre Zähne und zeigten ihre Krallen, dass man es mit der Angst bekommen konnte.

Eines Tages hörte der Drache im Himmel, dass auf Erden ein Mensch lebte, der Drachen über alles liebte. Der Himmelsdrachen zögerte nicht lange und flog zur Erde hinunter, um Yegong zu besuchen. Doch kaum hatte er seinen Kopf zum Fenster hineingesteckt, da schrie Yegong laut auf und rannte auf und davon. Es war nämlich so, dass die Drachen, die Yegong liebte, keine wirklichen Drachen waren.

**Themen:** Image, Symbol, Selbstüberschätzung, Stärke, Phantasie

Eine zweitausend Jahre alte Geschichte aus China; geschrieben hat sie der Gelehrte Liu Hsiang. Manche modernen Führungskräfte halten es wie der alte Yegong. Sie legen sich bestimmte Attribute zu, die sie stark erscheinen lassen. Sie pflegen einen aggressiven Stil, der jedoch nichts weiter ist als ein aufgemalter Drache. Image und tatsächliches Verhalten klaffen bisweilen sehr stark auseinander.

**Die „Goldwynismen"**

Samuel Goldwyn, Filmmogul aus Hollywood, wurde als Samuel Gelbfisz in Polen geboren. Als er in die USA auswanderte, änderte er seinen Namen in „Goldfish". Wie kolportiert wird, hielt er das für einen echt amerikanischen Namen. Als ihn jemand darauf aufmerksam machte, dass Goldfisch ähnlich eindrucksvoll klinge wie „Miezekatze", änderte er seinen Namen in „Goldwyn" und wurde mit seinen MGM-Studios zu einem der erfolgreichsten Produzenten Hollywoods. Berühmt geworden ist Goldwyn jedoch nicht nur wegen seiner Filme, sondern vor allem wegen seiner unverwechselbaren Aussprüche höheren Widersinns, die ihn zum Helden zahlreicher Anekdoten gemacht haben. Im Folgenden eine kleine Auswahl echter „Goldwynismen", die sich bequem in jede Rede einflechten lassen.

Als Goldwyn gefragt wurde, ob er nicht seine Lebenserinnerungen schreiben wollte, antwortete er: „Ich glaube, niemand sollte seine Autobiografie schreiben, bevor er nicht tot ist."

Goldwyn stellte einen neuen Mitarbeiter ein. Es wurde auch über dessen Gehalt gesprochen. Anschließend befand Goldwyn: „Wir zahlen ihm zu viel, aber er ist es wert."

Seinen Drehbuchautoren erteilte er den guten Rat: „Einfach mit einem Erdbeben beginnen. Und dann ganz langsam steigern."

Einem Hollywoodagenten gegenüber ließ er sich vernehmen: „Geben Sie mir einige Jahre Zeit und ich mache aus dieser Schauspielerin über Nacht einen Star."

„Ich gebe ja zu, dass ich nicht immer Recht habe. Aber ich habe niemals Unrecht."

„Wenn ich in diesem Geschäft wäre nur wegen des Geschäfts, dann wäre ich nicht in diesem Geschäft."

„Wenn ich Ihre Meinung hören will, dann werde ich sie Ihnen mitteilen."

„Ich dulde keine Jasager um mich herum. Ich möchte, dass alle vollkommen aufrichtig sind – auch wenn es sie ihren Job kostet."

„Sie werden ihn William nennen? Was ist denn das für ein Name! Jeder Tom, Dick oder Harry heißt heute William."

„Ein Krankenhaus ist kein geeigneter Ort, um krank zu sein."

„Jeder, der zu einem Psychiater geht, sollte sich auf seinen Geisteszustand untersuchen lassen."

„Ich habe Ihnen etwas Wichtiges zu sagen. Hören Sie langsam zu."

„Rühren wir die Atombombe nicht an. Sie ist Dynamit."

Seine Sekretärin fragte ihn, ob sie einen Stapel von Akten fortwerfen könne, die mehr als zehn Jahre alt waren. Goldwyn entgegnete: „Natürlich. Aber machen Sie vorher eine Kopie davon."

„Das ist der Ärger mit den Regisseuren. Sie beißen die Hand, die goldene Eier legt."

„Ich bekomme keine Herzattacken, ich verpasse welche!"

„Das Allerwichtigste beim Schauspielern ist die Aufrichtigkeit. Wenn Sie einmal gelernt haben, sie vorzutäuschen, haben Sie es geschafft."

„Das Publikum weiß erst, was es will, wenn es das, was es will, zu sehen bekommt."

„Man darf keine Kosten scheuen, um Geld zu sparen."

**Themen:** Führung, Bezahlung, Aufrichtigkeit, Konformismus, Durchbruch, Dokumentenmanagement, Gesundheit, Image, Kundenorientierung, Manipulation, Kostensenkung u.v. a.

# Die Mitarbeiter

Natürlich: Auf die Mitarbeiter kommt es an. Denn sie sind diejenigen, die eine Führungskraft führen soll. Entsprechend groß ist der Bedarf an Geschichten, Anekdoten und Metaphern, die sich um die Mitarbeiter drehen. In diesem Kapitel finden Sie alte und neue Weisheiten, die sich darauf übertragen lassen, wie man Mitarbeiter führt, sie motiviert, informiert, in Schutz nimmt und miteinander versöhnt.

### Die Frösche bitten um einen König

Die Frösche lebten in Freiheit, doch verloren sie bald die Lust daran. Sie wandten sich an den Göttervater Zeus: „Wir wollen einen König haben!" Zeus zeigte für diesen Wunsch wenig Verständnis, doch die Frösche blieben hartnäckig. So warf er einen hölzernen Klotz zu den Fröschen hinab: „Hier habt ihr euren König!" Wie der Klotz aber so in den Teich fiel, gab es ein mächtiges Platschen, das die Frösche sehr erschreckte. Voll Angst hüpften sie in den nahe gelegenen Sumpf und trauten sich lange nicht mehr an den Teich.

Doch nach einiger Zeit kehrte der erste Frosch zurück, um nachzusehen, was der „König" mittlerweile getan hatte. Der Klotz lag ruhig am Ufer des Teichs. Der Frosch fasste Mut und näherte sich vorsichtig. Als nichts geschah, kletterte er auf den Klotz. Noch immer rührte sich der Klotz nicht. Da fing der Frosch an, auf dem Klotz herumzuhüpfen. Seine Sprünge wurden immer kühner. Und noch immer erfolgte keine Reaktion. Der Frosch kehrte zu den andern zurück und erzählte ihnen, was vorgefallen war. Nun trauten sich alle wieder zum Teich zurück. Sehr schnell fingen sie an, auf dem Klotz herumzuhüpfen und ihn zu verhöhnen. „Wir brauchen einen neuen König!", riefen sie zu Zeus. „Der da ist uns zu still!"

Daraufhin schickte ihnen Zeus einen Storch. „Hier habt ihr einen neuen König!" Der Storch zögerte nicht lange und fraß alle Frösche auf, die ihm in die Quere kamen. Die Überlebenden wandten sich ein drittes Mal an Zeus. „Dieser König frisst ja seine Untertanen! Gib uns bitte einen neuen König!" Zeus schüttelte den Kopf: „Es gibt keinen neuen König mehr." – „Dann stell wenigstens den alten Zustand wieder her, als wir noch keinen König hatten", verlangten die Frösche. Doch auch das lehnte Zeus ab: „Ihr habt euch euer Unglück selbst zugezogen. Nun seht alleine zu, wie ihr da wieder herauskommt."

Themen: Führung, Eigenverantwortung, Hierarchie, Organisation, Team

Eine Fabel nach Äsop, die ganz gut zum Thema Führung und geführt werden passt. Sie können mit ihr darauf hinweisen, wie wichtig es ist, selbst Verantwortung zu übernehmen und nicht um einen „König", also um eine Führungskraft zu bitten, die einem vorschreibt, was man zu tun hat. Wer immer nur darauf wartet, dass ein Zeus ihm eine geeignete Führungskraft verschafft, der muss auch einen „Klotz" oder einen „gefräßigen Storch" in Kauf nehmen.

**Der Wagenlenker**

Dung Ye Dsi wollte dem Herzog Dschuang von Lu seine Kunstfertigkeit vorführen, einen Pferdewagen zu lenken. Er fuhr schnurgerade vorwärts und rückwärts, er drehte mit seinem Wagen einen vollkommenen Kreis, der aussah, als sei er mit einem Zirkel gezogen. Der Herzog war beeindruckt. Er ließ Dung Ye Dsi wieder und wieder herumfahren, im Kreis, geradeaus und rückwärts. Immer zeichneten die Spuren der Wagenräder ein perfektes Muster in den Sand. Schließlich hatte sich der Herzog satt gesehen und kehrte in seinen Palast zurück. Dort traf er auf Yen Ho, dem der Herzog von den Fahrkünsten erzählte. Yen Ho aber sagte: „Die Pferde von Dsi werden zusammenbrechen." Der Herzog schwieg.

Nach ein paar Tagen erreichte den Herzog die Nachricht, dass die Pferde von Dsi tatsächlich zusammengebrochen waren. „Woher wusstet Ihr das?", fragte er Yen Ho. Der entgegnete: „Die Kraft seiner Pferde war erschöpft, und dennoch verlangte er noch mehr von ihnen. Darum sagte ich, sie würden zusammenbrechen."

Themen: Mitarbeiterführung, High Performer, Motivation, Perfektionismus, Balance

Eine Geschichte aus dem „wahren Buch vom südlichen Blütenland" des taoistischen Weisheitslehrers Dschuang Dsi. Sie macht darauf aufmerksam, dass wir gelegentlich die Kräfte derjenigen überschätzen und überbeanspruchen, die eine Sache perfekt beherrschen. Der zuverlässige Mitarbeiter, der alle Aufgaben zügig erledigt, ohne sich zu beklagen, bekommt mehr und mehr aufgeladen – bis er zusammenbricht wie die Pferde des Wagenlenkers.

**Zu viel des Guten**

> Schon mehrere Male hatte ein Offizier Menschenleben gerettet. Dafür war er vom König Friedrich August von Sachsen jedes Mal mit einem Orden ausgezeichnet worden. Nun rettete der wackere Offizier unter Einsatz des eigenen Lebens erneut einen Menschen. Als der König das erfuhr, ließ er den Lebensretter zu sich rufen, heftete ihm einen weiteren Orden an und erklärte im Übrigen: „Nu heern Se aber mal uff!"
>
> **Themen:** Belohnung, High Performer, Auszeichnung, Vorbild, Abnutzungserscheinung

Eine etwas skurrile Anekdote über den beliebten Sachsenkönig, der den Beinamen „der Gerechte" führte. Immerhin geht es ja um die Rettung von Menschenleben; da erscheint es schon etwas befremdlich, wenn der Monarch seinen Offizier auffordert, endlich damit aufzuhören. Und doch enthält die Anekdote eine wichtige Einsicht: Heldentum im Übermaß entwertet jede einzelne Tat und damit auch die Auszeichnung, die man dafür erhält.

**Eine Frage des richtigen Tempos**

> Der antike Maler Zeuxis arbeitete sehr langsam. Seine Freunde machten ihm deswegen Vorwürfe. „Ihr habt Recht", erwiderte Zeuxis, „ich male langsam, aber ich male für die Ewigkeit."
>
> **Themen:** Führung, Arbeitstempo, Druck, Perfektionismus

Diese Anekdote macht darauf aufmerksam, dass alles, was hohen Ansprüchen genügen soll, sein eigenes, nämlich ein gemächliches Tempo hat. Sie können die Anekdote aber auch anders deuten: Wenn es gerade nicht darum geht, wie Zeuxis Werke für die Ewigkeit zu schaffen, erscheint ein höheres Tempo durchaus angebracht.

## Der hilflose Knabe

Einen vor sich hinweinenden Jungen fragte ein Vorübergehender nach dem Grund seines Kummers. „Ich hatte zwei Groschen für das Kino beisammen", sagte der Knabe, „da kam ein Junge und riss mir einen aus der Hand", und er zeigte auf einen Jungen, der in einiger Entfernung zu sehen war. „Hast du denn nicht um Hilfe geschrien?" fragte der Mann. „Doch", sagte der Junge und schluchzte ein wenig stärker. „Hat dich denn niemand gehört?" fragte ihn der Mann weiter, ihn liebevoll streichelnd. „Nein", schluchzte der Junge. „Kannst du denn nicht lauter schreien?" fragte der Mann. „Nein", sagte der Junge und blickte ihn mit neuer Hoffnung an. Denn der Mann lächelte. „Dann gib auch den her", sagte er, nahm ihm den letzten Groschen aus der Hand und ging unbekümmert davon.

**Themen:** Selbstverantwortung, Opferrolle, Konflikte, Empowerment, Vertrauensmissbrauch

Eine Geschichte von Bertolt Brecht aus den „Geschichten vom Herrn Keuner". Man darf sich nicht darauf verlassen, dass andere einem helfen werden, wenn man sich schwach und wehrlos zeigt. Das gilt vor allem für die Mitarbeiter. Die eigenen Interessen muss man selbst vertreten, sonst besteht die Gefahr, dass einen auch die vermeintlichen Helfer noch schädigen.

## Ein Verbotsschild

Ein Mann sitzt im Nichtraucherabteil und raucht. Da kommt der Schaffner, zeigt auf das Schild und raunzt ihn an: „Können Sie nicht lesen? Was steht denn da auf dem Schild?" Der Reisende entgegnet: „Rauchen verboten." Darauf der Schaffner: „Na, sehn Sie. Und was machen Sie?" Der Reisende: „Es heißt aber nicht ‚strengstens'."

**Themen:** Anweisungen, Verbot, Abnutzungseffekt, Kommunikation, Autoritätsverlust, schwierige Mitarbeiter

Die Verständigung mit manchen Mitarbeitern mag ähnlich funktionieren: Es genügt nicht, sie aufzufordern, man muss sie „ausdrücklich" auffordern, ehe sie tätig werden. Sie können die Sache aber auch ganz anders auffassen und erzählen: Dadurch, dass bestimmte Dinge nicht einfach nur „verboten" werden, sondern „strengstens verboten", entsteht der merkwürdige Effekt, dass die „normalen" Verbote nicht mehr ernst genommen werden. Ähnlich funktioniert das Prinzip auch mit den „letzten", „allerletzten" und „absolut allerletzten" Warnungen.

## Spottlieder

Kardinal Jules Mazarin war im absolutistischen Frankreich einer der mächtigsten Staatsmänner. Beim Volk war er allerdings ziemlich unbeliebt. Als er eine neue Steuer eingeführt hatte, wollte er wissen, was das Volk dazu meinte. „Eminenz", sagte sein Sekretär, „überall werden Spottlieder über sie gesungen." – „Gut, gut", erwiderte Mazarin. „Solange sie singen, zahlen sie."

**Themen:** Arbeitsüberlastung, Spott, Betriebsklima, Autorität

So ist es oft auch im Beruf: Solange die Mitarbeiter Scherze über ihren Chef machen, der ihnen sehr viel abverlangt, ist alles in Ordnung. Der Spott ist ein Ventil zu ihrer Entlastung. Ebenso wie das Volk unter Mazarin zahlen sie eben doch, das heißt, sie leisten ihre Arbeit. Erst wenn ihnen das Spotten vergangen ist, wird die Situation ernst.

## Kaufmannsprüfung

Ein Kaufmann wollte auf Reisen gehen. Er nahm sich einen Gehilfen und stellte ihn in den Laden. Er selbst hielt sich meist im Nebenzimmer auf. Von da aus hörte er im ersten Jahr, wie der Gehilfe zu einem Kunden sagte: „So billig kann es mein Herr aber nicht hergeben." Der Kaufmann reiste nicht. Im zweiten Jahr hörte er mitunter von nebenan: „So billig können wir es Ihnen aber nicht hergeben." Der Kaufmann reiste nicht. Im dritten Jahr sagte der Lehrling: „So billig kann ich es aber nicht hergeben." Da trat der Kaufmann seine Reise an.

**Themen:** Eigenverantwortung, Mitarbeiterführung, Ausbildung, Unternehmensnachfolge

In dieser chassidischen Geschichte, die Martin Buber überliefert hat, muss der Lehrling lernen, dass es auf ihn ankommt und er die Verantwortung für sein

Handeln nicht auf andere abwälzen kann. Erst wenn er allein die Verantwortung übernimmt, kann ihm der Kaufmann seinen Laden anvertrauen.

## Bill Gates' Führungsstil

Der Schriftsteller Fred Moody nahm einmal an einer Produktentwicklungskonferenz teil, bei der Bill Gates den Vorsitz führte. „Die Besprechung begann mit einem kurzen Vortrag eines sichtlich nervösen Ingenieurs, der kaum zwanzig Worte gesagt hatte, als Gates explodierte. Eine volle Stunde lang schrie und brüllte er, wedelte mit den Armen, stieß sarkastische Gemeinheiten aus und beschimpfte seine Mitarbeiter, die tapfer versuchten, ihre Position zu vertreten – ohne Gates Anlass zu physischer Gewaltanwendung zu geben. ‚Meine Güte', dachte ich, ‚langsam sollte jemand mal die Polizei rufen.' Schließlich ging die Besprechung zu Ende und Gates saß still in seinem Stuhl, schaukelte rhythmisch vor und zurück und dachte nach. Dann sagte er ruhig: ‚Okay, hört sich gut an, macht weiter.' "

**Themen:** Mitarbeiterführung, Leadership, Besprechungen, Emotionale Intelligenz, Umgangsformen, Willkür, Kritikgespräch

Eine Anekdote aus der Bill-Gates-Biografie von Janet Lowe. Mit ihr können Sie illustrieren, wie Besprechungen besser nicht ablaufen sollten. Ein guter Einstieg, um eine Diskussion über die bessere Gestaltung von Meetings zu eröffnen.

## Der Pächter und seine Hunde

Bei einem Pächter waren nach einem harten Winter fast alle Vorräte aufgebraucht. Es gab kaum noch etwas zu essen. So ging der Pächter daran und schlachtete sein Vieh. Als erstes kamen die Schafe unter das Messer, dann die Ziegen, schließlich die Ochsen. Doch noch immer litt der arme Mann Hunger. Da kamen die Hunde zusammen und dachten darüber nach, was wohl zu tun wäre. Sie kamen überein, den Hof so schnell wie möglich zu verlassen. „Denn", so sagten sie, „wenn der Hausherr schon die anderen Tiere hingeschlachtet hat, die für seine

Arbeit so unentbehrlich waren, so wird er auch uns nicht verschonen." Und die Hunde verließen ihren Herrn.

**Themen:** Mitarbeiterbindung, Loyalität, soziale Verantwortung, Krisenmanagement, Personalabbau

Eine Fabel von Äsop über das Verhalten in Krisenzeiten. Führungskräfte, die ihre Mitarbeiter bedenkenlos über die Klinge springen lassen, erwecken nicht gerade Vertrauen bei den verbliebenen Kollegen. Wer irgendwo anders unterkommen kann, wird das Unternehmen verlassen; und oft sind das gerade diejenigen, die man gerne im Unternehmen gehalten hätte.

## Mitarbeiter fördern

Vom weisen Narren Nasrudin war bereits die Rede (siehe Seite 66). In der folgenden Geschichte, die sich als Parabel für die Förderung einzelner Mitarbeiter lesen lässt, gibt er ausnahmsweise einmal ein schlechtes Beispiel ab.

### Der königliche Falke

Bei Nasrudins Haus saß eines Tages ein Falke des Königs auf dem Fenstersims. Nasrudin hatte noch nie einen Falken gesehen, packte den edlen Raubvogel und trug ihn ins Haus. „Was bist du denn für eine komische Taube?", wunderte sich Nasrudin. „Irgendjemand muss dich schrecklich misshandelt haben. Aber das bringe ich schon wieder in Ordnung." Daraufhin holte er eine Zange und bog dem Falken seinen elegant gebogenen Schnabel gerade. „Und was hast du für schreckliche Taubenfüße?" sagte Nasrudin kopfschüttelnd und stutzte dem Falken sämtliche Krallen. „So", stellte er fest, „jetzt siehst du schon eher nach einem Vogel aus." Nasrudin öffnete das Fenster und der misshandelte Falke flatterte davon.

**Themen:** Mitarbeiterführung, High Potentials, Talente, Ausbildung, Manipulation

Diese alte Sufi-Geschichte schildert, wie ein edler Vogel misshandelt wird, weil jemand sein eigentliches Wesen verkennt. Ebenso können auch manche Führungskräfte in bester Absicht einen hervorragenden Mitarbeiter verbiegen, weil sie seine Talente gar nicht erkennen. Sie treiben sie ihm aus, denn sie wollen mit aller Gewalt erreichen, dass aus einem Falken eine Taube wird. Solchen Führungskräften darf kein „Falke" in die Hände fallen, weil sie den Mitarbeiter sonst kaputtmachen.

**Der große Baum**

> Meister Ki wandelte zwischen den Hügeln von Schang. Da sah er einen Baum, der größer war als alle anderen. In seinem Schatten hätten tausend Kutschen Platz gefunden. Meister Ki sprach zu sich: „Was das für ein Baum ist! Der hat gewiss ein ganz besonderes Holz."
>
> Er richtete seinen Blick nach oben und bemerkte, dass die Zweige des Baumes krumm und knorrig waren, so dass sich keine Balken daraus machen ließen. Dann richtete er seinen Blick nach unten und bemerkte, dass die großen Wurzeln nach allen Seiten auseinander gingen, so dass sich keine Särge daraus machen ließen. Meister Ki leckte an einem der Blätter und spürte einen scharfen, beißenden Geschmack im Mund. Er roch daran und fühlte sich wie betäubt. Daraufhin sprach Meister Ki: „Das ist wirklich ein Baum, aus dem sich nichts machen lässt. Eben dadurch hat er seine Größe erreicht."
>
> **Themen:** Nützlichkeitsdenken, High Potentials, High Performer, Kreativität, Motivation, Potenzial, Portfolio-Management, Shareholder-Value, Balanced Scorecard

Aus dem „wahren Buch vom südlichen Blütenland" des taoistischen Weisheitslehrers Dschuang Dsi. Eigentlich hat Dsi diese Geschichte auf den Weisen gemünzt, den Mann des Geistes, der für das alltägliche Leben anscheinend unbrauchbar ist. Doch lässt sie sich natürlich auch auf alles mögliche andere beziehen, das groß und bedeutend ist bzw. werden soll: außergewöhnliche Leistungen, herausragende Fähigkeiten, die fernab von allen Verwertungsinteressen und Nützlichkeitsüberlegungen heranwachsen müssen.

**Der Sturm stürzt den starken Baum**

Eine andere berühmte Baummetapher hat Heinrich von Kleist geschaffen. Sie findet sich ganz am Schluss des „Seelendramas" Penthesilea, das randvoll ist mit Bildern und Metaphern bedingungsloser Liebe, Demütigung, Unterwerfung und Macht. Am Ende eines beispiellosen Blutrauschs ersticht sich die Amazonenkönigin Penthesilea selbst. Die letzten Worte gehören den Umstehenden.

> Die Oberpriesterin: Ach! Wie gebrechlich ist der Mensch, ihr Götter!/ Wie stolz, die hier geknickt liegt, noch vor kurzem, / Hoch auf des Lebens Gipfeln, rauschte sie!
>
> Amazonenfürstin Prothoe: Sie sank, weil sie zu stolz und kräftig blühte!/ Die abgestorbne Eiche steht im Sturm,/ Doch die gesunde stürzt er schmetternd nieder,/ Weil er in ihre Krone greifen kann.
>
> **Themen:** Stärke, Mitarbeiterführung, High Performer, Krise, Change-Management

Der verkrüppelte Baum, „die abgestorbne Eiche", bleibt im Sturm stehen, weil der Wind durch ihre Zweige hindurchfegt. Es ist der kräftige, gesunde Baum mit vielen Ästen und Blättern, der „schmetternd" niederstürzt, weil der Sturm in seine Baumkrone „greifen kann". Mit diesem Bild lässt sich z. B. anschaulich machen, weshalb in einer Umbruchsituation (Sturm) vermeintlich starke und stabile Mitarbeiter einer größeren Belastung ausgesetzt sind als ihre weniger engagierten Kollegen.

## Der gerechte Gärtner und das Unkraut

> Ein Gärtner sollte einen großen schönen Garten anlegen. Er ging hin und pflanzte allerlei Blumen, Bäume und Sträucher. Jeden Tag ging er durch den Garten und wässerte den Boden schön gleichmäßig, damit keine Pflanze zu viel und keine zu wenig Wasser bekam. Der Gärtner wollte, dass es gerecht in seinem Garten zuging. Doch es dauerte nicht lange, da war der Garten voll Unkraut. „Wie kann das sein?", fragte sich der Gärtner. „Ich habe diese Pflanzen doch gar nicht gesät." Und er ging weiterhin jeden Tag mit seiner Gießkanne durch den Garten und wässerte den Boden schön gleichmäßig, damit keine Pflanze zu viel und keine zu wenig Wasser bekam. Einige Zeit später hatte das Unkraut den ganzen Garten überwuchert. Es gab keine Blumen mehr und keine Sträucher. Und die Bäume waren klein und verkrüppelt. Doch der Gärt-

ner sagte: „Ach, wie ist das alles so schön grün in meinem Garten. Alles wächst und gedeiht." Und er ging jeden Tag mit seiner Gießkanne durch den Garten und wässerte den Boden schön gleichmäßig, damit keine Pflanze zu viel und keine zu wenig Wasser bekam. Nur wunderte er sich manchmal, warum ausgerechnet in seinem Garten nie eine Blume blühte.

**Themen:** Mitarbeiterführung, Personalentwicklung, Gleichbehandlung, Konkurrenz, Verhältnismäßigkeit, Mobbing

Wer Unkraut und Blumen gleich behandelt, der sorgt dafür, dass nur das Unkraut sprießt und die Blumen verdrängt. Wer hingegen möchte, dass in seinem Garten Blumen blühen, der muss das Unkraut herausreißen. Dieses Prinzip gilt auch für die Mitarbeiterführung: Wie die unterschiedlichen Pflanzen, so sollten auch die unterschiedlichen Mitarbeiter nach ihrer Art gefördert werden. Wertvolle, sensible Mitarbeiter, Mitarbeiter, die jung sind und sich nicht so gut behaupten können, bedürfen Ihres besonderen Schutzes. Vor allem müssen sie vor Mobbing geschützt werden, damit sie sich entwickeln können. Rücksichtsloses, aggressives Verhalten unter den Mitarbeitern kann wie Unkraut wirken.

### Disraeli zeigt sich erkenntlich

Der britische Premierminister Benjamin Disraeli wurde von einem Anhänger bestürmt, ihm zu einem Adelstitel zu verhelfen. Disraeli konnte oder wollte das nicht tun, er wollte sich aber irgendwie erkenntlich zeigen und machte ihm das folgende Angebot: „Ich kann Ihnen zwar nicht den Rang eines Baronets verschaffen, aber Sie können Ihren Freunden erzählen, ich hätte es Ihnen angeboten – und Sie hätten abgelehnt. Das ist viel besser."

**Themen:** Auszeichnung, Beförderung, Öffentlichkeitsarbeit, öffentliche Meinung, Image, Karriere, Bescheidenheit, Habgier, Kompromiss

Eine Anekdote zum Thema: Was ist besser als eine Auszeichnung? Eine Auszeichnung ablehnen. Es ist allerdings nicht empfehlenswert, in der Praxis diesem Vorbild zu folgen.

## Gerechter Lohn

Ein junger Mann, der im Geschäft seines Vaters arbeitete, ertappte einen Angestellten beim Stehlen. Er ging zu seinem Vater und fragte: „Was sollen wir mit dem Kerl machen?" Der Vater: „Er bekommt eine Lohnerhöhung." „Eine Lohnerhöhung? Aber wieso denn das?", fragte der Sohn empört. „Wenn er gestohlen hat, heißt das, dass er nicht genug verdient", antwortete der Vater.

**Themen:** Sanktion, Motivation, Mitarbeiterführung, Belohnungssysteme

In dieser kleinen jüdischen Geschichte gibt der Vater ein gutes Beispiel für konstruktive Führung. Damit ist natürlich nicht gemeint, dass Diebstahl belohnt wird. Vielmehr ist der Perspektivenwechsel entscheidend. Der Vater stellt nicht das Fehlverhalten des Angestellten in den Mittelpunkt, sondern er fragt: Was hat es zu bedeuten? Wie können wir dafür sorgen, dass es nicht noch einmal auftritt? Insoweit ist die Lohnerhöhung ein besserer Weg als eine Strafe.

## Der Löwe, der sich eine Katze hielt

Auf dem Berg Arbudasikhara lebte ein Löwe, dem täglich eine Maus an der Mähne nagte, wenn er sich zum Schlafen direkt vor ihr Mauseloch niederlegte. Als der Löwe sah, dass seine Mähne angeknabbert war, wurde er zornig und dachte bei sich: Was soll ich tun? Schon bald merkte er, dass er die Maus in ihrem Loch nicht packen konnte. Der Löwe war einfach zu groß und zu mächtig für die kleine Maus.

„Kleine Feinde fängt man nicht mit Stärke", sagte sich der Löwe. „Man muss ihm einen ebenbürtigen Gegner stellen, wenn man ihn töten will." So begab sich der Löwe in das nächste Dorf, lockte mit Fleisch eine Katze herbei und machte ihr das folgende Angebot: „Willst du für mich eine Maus jagen, so bekommst du von mir jeden Tag Fleisch zu fressen." Die Katze war einverstanden und der Löwe brachte sie in seine Höhle auf dem Berg. Die Maus traute sich nun nicht mehr aus ihrem Loch, weil sie Angst vor der Katze hatte. So konnte der Löwe in aller Ruhe schlafen, ohne dass jemand an seiner Mähne nagte. Und die Katze bekam jeden Tag so viel Fleisch, wie sie fressen konnte.

Eines Tages aber war der Hunger der Maus so groß geworden, dass sie es nicht länger aushielt. Sie schlüpfte aus ihrem Loch heraus. Da packte die Katze zu und verschlang sie. Als der Löwe dies bemerkte und keinen Ton mehr aus dem Mauseloch vernahm, kümmerte er sich mehr um die Katze. Er brauchte sie nicht mehr. Die Katze aber fand nun keine Nahrung mehr und starb.

**Themen:** Mitarbeiterführung, Belohnungssysteme, Motivation, Delegieren, Fürsorgepflicht des Vorgesetzten

Eine altindische Fabel aus der Sammlung „Hipopadesa", die uns den Rat gibt, als „Diener den Herrn nicht sorglos" zu machen; denn sonst würde es uns ergehen wie der Katze. Anders gesagt: Wir sollten darauf achten, uns nicht selbst überflüssig zu machen, indem wir unsere Aufgabe endgültig und unwiderruflich erledigen.

Auf der anderen Seite macht die Fabel darauf aufmerksam, dass Sie als Führungskraft damit rechnen sollten, dass Mitarbeiter, die etwas cleverer vorgehen als die Katze, ihre eigentliche Aufgabe nicht erfüllen – solange sie sich damit selbst schaden. Um in der Fabel zu bleiben: Solche Mitarbeiter würden zwar den Anschein erwecken, die Maus zu jagen, sie aber niemals erlegen. Solange die Maus sich ins Mauseloch jagen lässt, ist alles in Ordnung, denn sie knabbert ja nicht an der Löwenmähne. Die Katze erfüllt also ihre Aufgabe. Gefährlich wird es für die Katze immer dann, wenn die Maus das System durchschaut und die Angst vor der Katze überwindet. Dann kann die Katze nur verlieren: Entweder fängt sie die Maus – und macht sich dadurch überflüssig. Oder sie lässt die Maus gewähren – und macht sich dadurch ebenfalls überflüssig.

Diskussionswürdig ist auch die Rolle des Löwen als Führungskraft. Einerseits erkennt er, dass er selbst nicht geeignet ist, das Problem mit der Maus zu lösen. Geradezu mustergültig delegiert er die Aufgabe an eine kompetentere Mitarbeiterin, die Katze. Andererseits verhält er sich zu ihr nicht gerade fürsorglich. Da ist er alles andere als vorbildlich, denn auch das gehört zu den Aufgaben einer Führungskraft.

### Der Esel, der ein Schoßhund sein wollte

Ein Herr besaß einen Esel und ein Malteser Schoßhündchen. Der Esel musste schwere Lasten schleppen und stand sonst im Stall, ohne dass sich jemand um ihn kümmerte. Mit dem Schoßhund aber spielte der Herr lange herum. Wenn er einmal auswärts speiste, brachte er seinem Hündchen eine Leckerei mit, woraufhin ihn der Hund fröhlich bellend umwedelte. Da packte den Esel der Neid. Er dachte bei sich: Was dieser kleine Köter kann, das kann ich auch. Er lief seinem Herrn entgegen, wieherte fürchterlich und wollte dem Herrn seine Hufen auf den Schoß legen. Da rief der Herr seine Diener herbei und befahl ihnen, den Esel zu verprügeln und ihn im Stall festzubinden.

**Themen:** Mitarbeiterführung, Sympathie, Konkurrenz, Kernkompetenzen, Selbstbild, Verkauf, Wettbewerb

Eine Fabel von Äsop. Wie der Esel versuchen sich manche Mitarbeiter Sympathien zu erwerben, indem sie das Verhalten von anderen kopieren. Dabei liegen ihre Stärken auf einem ganz anderen Feld; durch ihr Verhalten blamieren sie sich und lassen ihre eigentlichen Kompetenzen ungenutzt.

## Mitarbeiter in Schutz nehmen

Die folgenden Anekdoten können Ihnen helfen, wenn Sie Mitarbeiter in Schutz nehmen müssen, ob es um kleinere Querelen im Team geht oder um Mobbing.

### Die Nützlichkeit der Diener

Der Finanzminister legte dem kastilischen König Alfons VI. eine Liste seiner Diener vor. Ihre Namen hatte er in zwei Spalten geordnet. In der einen Spalte hatte er die Diener notiert, die für den König nötig sein sollten, in der anderen diejenigen, die er für „nutzlos" erklärte. Der Minister schlug vor, die Diener der zweiten Gruppe zu entlassen. Darauf erwiderte König Alfons: „Ich werde keinen entlassen. Die von der ersten Gruppe brauche ich. Und die von der zweiten Gruppe, die brauchen mich."

**Themen:** Soziale Verantwortung, Loyalität, Personalabbau

Eine Anekdote aus dem Mittelalter, die der spanische Autor Noel Clarasó mitteilt.

**Wertvolle Seele**

Auf einer Schiffsreise nach Korinth geriet der Philosoph Aristippos in einen mächtigen Sturm. Aristippos zitterte am ganzen Leib und ließ keinen Zweifel daran, dass er sich entsetzlich fürchtete. Ein Mitreisender trat zu ihm und bemerkte mit breitem Grinsen: „Es ist doch zu seltsam, wir Ungebildeten haben keine Angst vor dem Sturm, und du, der Philosoph, zitterst um deine Seele." – „Was soll daran so seltsam sein?", erwiderte Aristippos. „Es ist eben nicht dieselbe Art von Seele, um die wir zittern."

**Themen:** Angst, Risiko, Krise, Krisenmanagement, Mitarbeiterführung

Diese Anekdote des griechischen Philosophen Diogenes Laertios sollten Sie mit ein wenig Fingerspitzengefühl erzählen und sich vor allem nicht selbst in die Position der edlen Philosophenseele begeben. Sonst hält man Sie mit Recht für anmaßend. Die Anekdote bietet sich vielmehr an, wenn Sie jemanden in Schutz nehmen wollen, der sich etwas ängstlich zeigt. Oder wenn jemand Bedenken formuliert, die von einem anderen abgetan werden, der wenig riskiert.


**Der verlorene Sohn**

Ein Mann hatte zwei Söhne. Der jüngere ließ sich sein Erbe auszahlen, verließ das Elternhaus und brachte innerhalb kurzer Zeit das gesamte Geld durch. Weil er nun kein Geld mehr hatte, verdingte er sich als Schweinehirt. Er hatte so großen Hunger, dass er wenigstens mit dem Schweinefutter seinen leeren Magen füllen wollte. Doch das erlaubte man ihm nicht. Da kam der Sohn ins Grübeln: „Mein Vater hat so viele Knechte, und die haben sogar Brot zu essen. Ich habe mich so schändlich ihm gegenüber benommen, dass er mich kaum noch als seinen Sohn betrachten wird. Aber ich will mich bei ihm als Knecht bewerben." So kehrte der Sohn reuig nach Hause zurück. Sein Vater war außer sich vor Freude, er ließ ein Kalb schlachten und machte ein Fest. Der ältere Sohn, der gerade auf dem Feld gearbeitet hatte, hatte dafür wenig Verständnis: „Ich diene dir schon so viele Jahre und habe nie ein Verbot von dir übertreten. Und für mich hast du nicht einmal einen Ziegenbock schlachten lassen, damit ich mit meinen Freunden feiern kann." Der Vater beruhigte ihn: „Mein Sohn, du bist immer bei mir. Und alles, was ich habe, wird einmal dir gehören. Doch jetzt solltest du fröhlich sein, denn dein Bruder war verloren und nun ist er wieder bei uns!"

**Themen:** Mitarbeiterführung, Loyalität, Belohnungssysteme, Leistungsbewertung, zweite Chance, Eigenverantwortung, Verhältnismäßigkeit, Konkurrenz unter Mitarbeitern

Ein Gleichnis aus dem Neuen Testament (Lukas 15), das Sie ummünzen können auf einen verbreiteten Konflikt bei der Mitarbeiterführung: Verdiente Mitarbeiter fühlen sich zurückgesetzt, wenn weniger loyale (oder leistungsfähige) Kollegen mit Anerkennung und Lob überschüttet werden, sobald sie sich nur ein wenig anstrengen und das vollbringen, was eigentlich selbstverständlich sein sollte. Das empfinden die verdienten Mitarbeiter als ungerecht. Eine gefährliche Situation, denn es wäre fatal, wenn der Eindruck entstehen würde, Zuverlässigkeit lohne sich nicht. Der Vater im Gleichnis löst dieses Problem folgendermaßen: Er bringt klar zum Ausdruck, dass er die Loyalität seines Sohnes höher schätzt. Gleichzeitig überträgt er ihm die Verantwortung für das Ganze; er holt ihn sozusagen mit ins Boot. Damit hebt er die Konkurrenzsituation zwischen den Brüdern auf. Er lädt den loyalen Sohn ein, sich mitzufreuen, denn dass der Bruder zurückgekehrt ist, hilft dem Ganzen.

## Mitarbeiter motivieren

Mitarbeiter zu motivieren gehört zu den wichtigsten Aufgaben einer Führungskraft. In vielen Anekdoten oder Geschichten finden sich hierzu Anregungen, teils witzig, teils ernst. Unsere erste Geschichte, eine orientalischen Fabel, stammt aus der Sammlung „Kalila und Dimna" von Abdallah Ibn Al-Muqaffa.

### Die Ente, die keine Fische fing

Eine Ente erblickte einmal bei Nacht einen Stern im Wasser, der sich dort spiegelte. Sie hielt ihn für einen Fisch und wollte ihn fangen. Doch so sehr sie sich auch bemühte, es wollte ihr natürlich nicht gelingen. Allmählich kam sie zu der Überzeugung, dass dieses leuchtende Etwas im Wasser nicht gefangen werden konnte. Und so ließ sie es schließlich bleiben.

> Am nächsten Tag erblickte sie jedoch einen richtigen Fisch im Wasser. Doch die Ente hielt ihn für ebenso unerreichbar wie das leuchtende Ding, das sie in der Nacht zu fangen versucht hatte. Und so bemühte sie sich nie wieder, einen Fisch zu fangen.
>
> **Themen:** Motivation, Ideale, Ziele, Misserfolg

Man darf sich nicht entmutigen lassen, wenn etwas einmal nicht funktioniert hat. Vielleicht sind die Umstände beim nächsten Mal günstiger. Oder wir haben die Situation beim ersten Mal falsch eingeschätzt. Seine Pläne sollte man nach einem Misserfolg nicht leichtfertig aufgeben. Sonst entgeht einem so mancher dicke Fisch.

**Der Schäfer und die Nachtigall**

> An einem milden Frühlingsabend rief der Schäfer der stillen Nachtigall zu: „Ach, sing doch, liebe Nachtigall!" Die Nachtigall entgegnete: „Ach, die Frösche machen so einen Lärm, dass ich alle Lust zum Singen verliere. Hörst du sie nicht?" – „Doch", sagte der Schäfer, „ich höre sie schon, aber nur weil du nicht singst, kann ich sie hören."
>
> **Themen:** Motivation, High Performer, Engagement, Organisation, Zusammenarbeit (in einer Abteilung), Betriebsklima

Eine Fabel nach Gotthold Ephraim Lessing, mit der Sie enttäuschte Mitarbeiter wieder aufbauen können, die als „Nachtigall" in einer Abteilung mit lauter „Fröschen" arbeiten und die Lust verloren haben, sich zu engagieren. Ihre Leistung wird sehr wohl wahrgenommen und wertgeschätzt. Ja, sie sind in der Lage eine ganze Abteilung mit „Fröschen" zeitweilig zu „übertönen". Dazu müssen sie sich nur trauen, von ihren Fähigkeiten Gebrauch zu machen, und die quakenden „Frösche" ignorieren.

**Die Sehnsucht nach dem Meer**

> „Wenn Du ein Schiff bauen willst, so trommle nicht Männer zusammen, um Holz zu beschaffen, Werkzeuge vorzubereiten, Aufgaben zu vergeben und die Arbeit einzuteilen, sondern lehre die Männer die Sehnsucht nach dem weiten endlosen Meer."
>
> **Themen:** Ziele, Vision, Perspektive, Sehnsucht, Motivation, Führung

Eine Metapher aus dem Buch „Citadelle" von Antoine de Saint-Exupéry, die darauf hinweist, welche mobilisierende Kraft Ziele haben können. Man muss den Männern gar nicht mehr sagen, wie sie ihr Holz beschaffen und ihre Werkzeuge gebrauchen sollen, wenn sie selbst den Wunsch haben, aufs Meer hinauszufahren. Das Schiff, das jemand bauen will, ist dabei nur Mittel, dieses visionäre Ziel zu erreichen.

**Vince Lombardis Motto**

In den USA gilt der Football-Trainer Vince Lombardi als sportliche Legende, in Deutschland vielleicht vergleichbar mit dem Bundestrainer Sepp Herberger. Lombardi führte sein Team, die Green Bay Packers, in den 60-er Jahren zu einer ganzen Serie von Erfolgen. Wenn es damals schon den Begriff gegeben hätte, wäre er ein „Motivationskünstler" genannt worden. Er verstand es, aus seinen Spielern die letzten Energien herauszuholen. Dabei zählte für Lombardi nur der Sieg. Wie er errungen wurde, war für ihn zweitrangig. Sein aggressives Motto, auf das sich immer wieder auch gerne Unternehmen berufen: „Gewinnen ist nicht alles, aber es ist das Einzige, worauf es ankommt."

**Themen:** Erfolg, Motivation, Teamführung

**Die Frösche im Milchtopf**

Zwei Frösche waren in einen Milchtopf gehüpft und ließen es sich schmecken. Als sie wieder heraus wollten, schafften sie es nicht, über den Topfrand, denn die Wand war zu glatt und zu steil. Die Frösche fingen an zu strampeln. Der eine gab schließlich auf und ertrank in der Milch. Der andere strampelte weiter. So lange, bis er plötzlich etwas Festes unter seinen Füßen spürte. Durch sein unentwegtes Strampeln war die Milch zu Butter geworden. Der Frosch stieß sich mit letzter Kraft ab und war im Freien.

**Themen:** Motivation, Ausdauer, Aktivismus, Krise, Missstände, Resignation, positives Denken

Eine Fabel von Äsop, mit der Sie deutlich machen können, dass es immer sinnvoll ist, etwas gegen einen Missstand zu unternehmen und die Krise offensiv anzugehen – auch wenn sich zunächst noch keine Besserung abzeichnet. Irgendetwas zu tun erscheint auf jeden Fall sinnvoller als zu resignieren, denn das führt in den sicheren Untergang. Durchhalten und weiterstrampeln ist auch in hoffnungslosen Situationen weit besser als abzusaufen. Möglicherweise eröffnet sich ja noch im letzten Moment eine Lösung.

**Der Hund mit dem Glöckchen**

Ein Wachhund war eher schwach bei Stimme; sein Bellen jagte niemandem Angst ein. Auch zog er es vor, lieber nicht seinen Rachen Furcht erregend aufzureißen und seine Zähne zu fletschen. Viel lieber zog er den Schwanz ein und verkroch sich dort, wo ihn niemand finden konnte. Eines Tages jedoch drang ein Einbrecher in das Haus ein. Obwohl er sehr behutsam vorging, hörten ihn die Wachhunde, gaben Laut und jagten hinter ihm her. Der Einbrecher versteckte sich in einem Korb, in dem sich niemand anderes verkrochen hatte als unser ängstlicher Wachhund. Vor Schreck biss er zu und sorgte so dafür, dass der Einbrecher ergriffen werden konnte. Der Hausherr ließ ihm daraufhin ein Glöckchen umhängen. Das machte den Wachhund so stolz, dass er von nun an mit geschwellter Brust herumlief und sich für etwas ganz Besonderes hielt. Ein alter erfahrenen Wachhund nahm ihn beiseite und sagte zu ihm: „Du Armer! Wie kannst du glauben, dass die Glocke um deinen Hals eine Belohnung für deine treuen Dienste sein soll? Wenn die Glocke klingelt, so heißt das: Hier kommt der feige Hund!"

**Themen:** Motivation, Beurteilung, Belohnungssysteme, Incentives, Lob, Feedback

Fabel nach dem römischen Fabeldichter Avianus. Es gibt Belohnungen, Titel und Preise, die alles andere als ehrenhaft sind. Wenn etwa Auszeichnungen an Mitarbeiter vergeben werden, die durch höchst gewöhnliche Leistungen glänzen, dann wird das verwendete Motivationsinstrument äußerst stumpf.

**Ein eigennütziger Bauer**

Eine gute Fee blieb eines Tages mit ihrem langen Feenschleier in einer dichten Hecke am Rande eines Ackers hängen. So sehr sie sich auch bemühte, sie konnte sich nicht selbst daraus befreien. Da kam ein Bauer mit seiner Sense vorbei. Die Fee flehte ihn an: „Ach bitte, lieber Bauer, hilf mir!" Der Bauer dachte kurz nach: Helfen? Und dann? Dann fliegt die Fee einfach auf und davon. Und ich? Habe gar nichts davon. Nein, so uneigennützig war der Bauer nicht. Und so erkundigte er sich bei der armen Fee: „Was bekomme ich denn dafür, wenn ich dich da raushole?" Die Fee erwiderte: „Du hast einen Wunsch frei. Ich erfülle dir alles, was du willst."

Wie sich denken lässt, zögerte der Bauer nicht lange und befreite die Fee aus der Hecke. „So, und jetzt erfüllst du mir jeden Wunsch...", stellte der Bauer fest. „Ja", erwiderte die Fee, die den Bauer für seine Habgier strafen wollte. „Ich erfülle dir jeden Wunsch. Aber alle deine Nachbarn sollen alles, was du dir wünschst, doppelt bekommen."

Damit hatte der Bauer natürlich nicht gerechnet. Er kratzte sich nachdenklich am Kopf. Was sollte er sich denn nun wünschen? Schließlich sagte er: „Ich wünsche mir, dass die Hälfte meiner Ernte vernichtet wird."

**Themen:** Motivation, Belohnung, Belohnungssystem, Neid, Kollegen, Konkurrenz

Diese Geschichte existiert in vielen Variationen. In einer jüdischen Geschichte wünscht sich jemand, ihm möge ein Auge ausgestochen werden, damit der andere vollkommen blind wird. Die Botschaft bleibt gleich: Dem Menschen geht es oft gar nicht so sehr darum, seinen eigenen Zustand zu verbessern. Wünschenswerter ist es, gegenüber den anderen im Vorteil zu sein – auch wenn das auf Kosten eigener Vorteile geht. Dieser Effekt ist sogar wissenschaftlich nachgewiesen worden. Er hat Konsequenzen für Belohnungssysteme und die Motivation von Mitarbeitern.

## Noch erfolgreicher

Der Komponist Igor Strawinski lebte ab 1939 in den USA, wo er sehr erfolgreich war. Für eine Broadway-Produktion hatte er „Ballett-Szenen" geschrieben. Kurz nach der Uraufführung telegrafierte ihm der Impresario: „Ihre Musik großer Erfolg stop Könnte sensationeller Erfolg werden, wenn Instrumentationsänderungen vorgenommen werden." Strawinski telegrafierte zurück: „Bin mit großem Erfolg bereits zufrieden". Es gab keine Änderungen.

**Themen:** Anerkennung, Motivation, konstruktive Kritik

### Wie man Rinder in den Stall treibt — erste Methode

David Packard und William Hewlett, die legendären Unternehmensgründer von Hewlett-Packard, betätigten sich in späteren Jahren als Viehzüchter. In seinen Lebenserinnerungen schreibt Packard, dadurch hätten sie „manches dazugelernt. Jedes Jahr mussten wir die Rinder vom Weideland in den Stall treiben. Dabei kam es vor allem darauf an, sie zum Passieren der Gatter zu bewegen, ohne eine Panik auszulösen. Nach vielen Versuchen hat es sich als beste Methode erwiesen, von hinten kontinuierlich sanften Druck auszuüben. Früher oder später entschied sich dann ein Tier, durchs Gatter zu gehen. Die anderen folgten bald nach. Wenn man sie zu stark bedrängte, gerieten sie in Panik und zerstreuten sich in alle Richtungen. Wenn man gar keinen Druck mehr ausübte, wanderten sie einfach zu ihren Weideplätzen zurück. Diese Erkenntnis hat mir im Laufe meiner Managementkarriere immer wieder große Dienste erwiesen."

**Themen:** Motivation, Führung, Führungsstil, Druck, Leistungsdruck, Richtung vorgeben, Strategie

Natürlich ist es ein wenig riskant, seine Mitarbeiter allzu offensichtlich mit dem Rindvieh zu vergleichen. Und dennoch lässt sich aus dem Rindertreiben eine überzeugende Schlussfolgerung ziehen: Zu starkes Drängen kann nämlich nicht nur bei Rindern Panik oder Fluchtgedanken auslösen. Und ebenso scheint es nicht nur für Rinder zu gelten, dass sie nicht in die gewünschte Richtung laufen, wenn gar kein Druck mehr da ist.

### Wie man ein Kalb in den Stall treibt — zweite Methode

Der amerikanische Dichter und Philosoph Ralph Waldo Emerson versuchte zusammen mit seinem Sohn ein Kalb in den Stall zu bringen. Sie begingen aber den Fehler, dass sie nur daran dachten, was sie wollten.

> Der Junge zerrte das Tier am Strick nach vorn, Emerson stemmte sich von hinten gegen das Kalb. Doch das wollte etwas anderes. Und so machte es seine Beine steif und ging keinen Schritt vorwärts. Das irische Dienstmädchen kam hinzu und wusste sofort, was zu tun war. Sie steckte dem Kalb die Finger ins Maul und ließ es daran lutschen, was es sehr gern hatte. So führte sie das Kalb sanft in den Stall.
>
> **Themen:** Motivation, schwierige Mitarbeiter, Führung, Druck, Anweisungen

So geht es natürlich auch. Ganz ohne sanften Druck von hinten wie bei Hewlett und Packard. Vor allem wenn Ihr Mitarbeiter auf stur schaltet, lohnt es sich darüber nachzudenken, was ihn vielleicht motivieren könnte, das zu tun, was Sie wollen – und seien es ganz ungewöhnliche Motive.

# Betriebsklima

Schon vor tausenden von Jahren wussten die Gelehrten einiges zum Zusammenleben in Gemeinschaften zu sagen, was sich leicht auf das Zusammenleben in Organisationen übertragen lässt.

### Der Nordwind und die Sonne

> Der Nordwind und die Sonne stritten sich, wer der Stärkere sei. Schließlich einigten sie sich darauf, ihre Kräfte daran zu messen, wem es eher gelänge, einem Wanderer das Gewand herunter zu ziehen. Der Nordwind begann und blies mit aller Kraft. Der Wanderer wickelte sich immer fester in sein Gewand. Als der Nordwind noch stärker blies, holte er aus seinem Wandersack noch einen Umhang heraus und zog den über. Da gab der Nordwind auf. „Nun bist du an der Reihe", sagte er zur Sonne. Die schien milde auf den eingemummten Wanderer, der schon bald seinen Umhang wieder ablegte. Dann stieg die Sonne höher, streichelte den Wanderer mit ihren Strahlen und wärmte ihn immer mehr. Schließlich wurde es dem Wanderer zu heiß, er legte alle Gewänder ab und stürzte sich in einen kühlenden Bach.
>
> **Themen:** Motivation, schwierige Mitarbeiter, Führung, Führungsstil, Betriebsklima, Überzeugen

Mit der Fabel von Äsop können Sie darauf aufmerksam machen, dass man mit harten Gegenmaßnahmen oder Strafen wenig erreicht, wenn es darum geht, das Verhalten eines anderen zu verändern. Vielmehr führt Härte meist dazu, dass sich der Betreffende nur noch stärker verschließt. Mit Freundlichkeit und Wärme hingegen erreichen wir mehr.

**Die Ratten von Yongzhou**

Ein Hausbesitzer in Yongzhou war sehr abergläubisch. Er war im Jahr der Ratte geboren und hielt darum die Ratte für heilig. Er hielt keine Hunde oder Katzen im seinem Haus und verbot auch seinen Dienern Ratten zu fangen. Unbehelligt konnten daher die Ratten in die Küche oder die Vorratsräume gelangen. Es war ein wahres Paradies für sie, was sich schnell unter den Ratten herumsprach. Immer mehr kamen in das Haus und fraßen alles, was sie bekommen konnten. Sogar in die Kleider, die in den Schränken lagen, nagten sie große Löcher. Die Menschen mussten sich mit dem begnügen, was die Ratten übrig ließen.

Nach einigen Jahren musste der Hausbesitzer mit den Seinen das Haus verlassen. Es zog ein neuer Eigentümer ein. Der war über das Treiben der Ratten entsetzt. „Sonst kommen sie nur zur Nacht, doch die spielen am helllichten Tag verrückt. Wir müssen dem ein Ende setzen", entschied er. Er lieh sich von den Nachbarn sechs Katzen, schloss alle Türen und Fenster, ließ Wasser in alle Löcher fließen. Außerdem stellte er ein paar Männer ein, die die Ratten erschlagen sollten. Es dauerte keinen Tag, da war ein riesiger Haufen toter Ratten vor dem Haus aufgestapelt. Keine einzige Ratte blieb am Leben.

**Themen:** Mitarbeiterführung, Betriebsklima, Konflikte, Eskalation, Unternehmenskultur, Unternehmensnachfolge

Die folgende, zwölfhundert Jahre alte Geschichte vom chinesischen Schriftsteller Liu Zongyuan, lässt sich auch auf die Situation in manchen Abteilungen übertragen: Haben sich bestimmte Missstände erst einmal eingebürgert (die „Ratten"), dann ist es äußerst schwer, sie wieder rückgängig zu machen. Mitarbeiter, die gewohnt waren über die Stränge zu schlagen, sind kaum zu einem konstruktiven Verhalten zu bewegen. Gelingt es nicht, gemeinsam reinen Tisch zu machen, kommt es zur Eskalation. Doch eigentlich ist die

Geschichte an die Mitarbeiter gerichtet, die die Missstände ausnutzen. Sie will sie davor warnen, eine vorteilhafte Situation als gegeben zu betrachten und sie auch noch weiter zu treiben. Denn früher oder später wird sich die Situation ändern. Und dann müssen diese Mitarbeiter als erste damit rechnen, Schwierigkeiten zu bekommen.

**Der zahme Hirsch von Linjiang**

Ein Mann aus Linjiang fing einen jungen Hirsch ein und wollte ihn bei sich aufnehmen. Als er ihn nach Hause brachte, stürzten seine Hunde hervor, kläfften und fletschten die Zähne. Der Mann rief die Hunde zu sich und versetzte ihnen einen Schlag. Von nun an brachte er jeden Tag den jungen Hirsch zu den Hunden, die sich an ihn gewöhnen sollten. Nach einiger Zeit ließ er den Hirsch und die Hunde miteinander spielen.

Die Hunde gehorchten ihrem Herrn, der junge Hirsch wuchs heran und vergaß, dass er ein Hirsch war. Er dachte, dass Hunde seine besten Freunde wären. Er tollte mit ihnen herum und stupste sie mit seinem Hinterteil an. Aus Angst vor ihrem Herrn machten die Hunde das Spiel mit. Nur hin und wieder fuhren sie sich mit der Zunge über das Maul. Nach drei Jahren verließ der Hirsch das Gehege. Als er von Ferne Hunde sah, lief er auf sie zu, um mit ihnen zu spielen. Da fielen die fremden Hunde über ihn her und rissen ihn in Stücke. Bis zuletzt wusste der Hirsch nicht, warum.

**Themen:** Betriebsklima, Konflikte, Mobbing, Schlichtung, Feindschaft, Vertrauen, soziale Kompetenz

Eine weitere bittere Fabel von Liu Zongyuan, die davor warnt, Konflikte einfach so unter den Tisch zu kehren oder gar gewaltsam zu unterdrücken. Man muss nicht das düstere Menschenbild des chinesischen Dichters teilen (einmal verfeindet, immer verfeindet), um aus der Geschichte die Lehre zu ziehen: Es kann verhängnisvoll sein, über schwelende Konflikte den Mantel der Harmonie zu breiten. Ein gutes Betriebsklima ist nicht eines, in dem Konflikte grundsätzlich ausgeschlossen sind. Vielmehr geht es darum, sie in geeignete Bahnen zu lenken. Auch gilt es aufmerksam zu sein: Wenn man als Führungskraft einen eher schwachen Mitarbeiter in Schutz genommen hat, könnten sich die anderen herausgefordert fühlen, ihm zu schaden, wenn Sie abwesend sind.

## Mitarbeiter informieren

Mit der ersten kleinen Geschichte können Sie illustrieren, dass unvollständige Informationen in die falsche Richtung führen können:

**In Fahrtrichtung**

Ein Mann wandert mit schwerem Gepäck beladen auf einer Landstraße. Da kommt ihm ein Bauer mit seinem Pferdewagen entgegen. Der Wanderer hält ihn an: „Wie weit ist es von hier nach Steinberg?" Der Bauer kratzt sich hinterm Ohr und brummelt: „Na ja, mit dem Pferdewagen wohl so eine halbe Stunde." Der Wanderer: „Darf ich mitfahren?" – „Bitte, steigen Sie auf", sagt der Bauer. Sie fahren eine halbe Stunde. Noch keine Häuser in Sicht. Langsam wird der Wanderer unruhig. „Sagen Sie", ruft er dem Bauern von hinten zu, „wie weit ist es denn noch bis Steinberg?" Der Bauer kratzt sich wieder hinterm Ohr und brummelt: „Na ja, mit dem Pferdewagen wohl so eine gute Stunde." Der Wanderer ist entsetzt: „Wie kann denn das sein?! Vorhin haben Sie mir noch erzählt, wir wären eine halbe Stunde von Steinberg entfernt. Und jetzt fahren wir schon eine halbe Stunde!" – „Ja", brummelt der Bauer, „aber in die entgegengesetzte Richtung."

**Themen:** Kommunikation, Informationslücken, Informationsmanagement, Missverständnisse, Briefing, Besprechungen, Anweisungen

**Der perfekte Bericht**

Der amerikanische Außenminister Henry Kissinger hatte einen gewissenhaften Mitarbeiter, Winston Lord, der sollte für ihn einen wichtigen Bericht schreiben. Lord arbeitete mehrere Tage an dem Bericht und übergab ihn seinem Dienstherrn. Kurze Zeit später bekam er das Schriftstück zurück. Darunter stand nur der Kommentar: „Besser können Sie das nicht machen?" Lord schluckte trocken und machte sich gleich wieder an die Arbeit. Er überarbeitete das Manuskript, feilte an einzelnen Formulierungen und gab den Bericht ein paar Tage später wieder ab. Doch erneut bekam er die Mappe zurück und musste den gleichen Kommentar lesen. Also setzte sich Lord ein drittes Mal hin und formulierte den Bericht erneut um. Wieder die gleiche Reaktion. Da platzte Lord der Kragen, er marschierte zu Kissinger, knallte ihm den Bericht auf den Schreibtisch und rief: „Verdammt noch mal, ich kann es nicht besser machen!" Darauf lehnte sich Kissinger entspannt zurück und antwortete: „Fein. Wenn das so ist, kann ich Ihren Bericht jetzt wohl lesen."

**Themen:** Leistungskontrolle, Perfektionismus, Eigenverantwortung, Motivation, Briefing, Selbsteinschätzung, Kommunikation

Eine gern erzählte Anekdote über Henry Kissinger. Auch wenn die Authentizität nicht verbürgt ist, sitzt die Pointe. Der Vorgesetzte fordert von seinem Mitarbeiter ein optimales Ergebnis. Das erreicht er, indem er ihn dazu veranlasst, alles von sich selbst zu verlangen. Er lässt seinen Mitarbeiter im Unklaren und gibt ihm nur das unbestimmte Gefühl, es noch besser machen zu müssen. Dahinter steht die Vorstellung, dass der Mitarbeiter selbst am besten weiß, wie er das Ergebnis noch verbessern kann. Der Vorgesetzte vertraut ihm letztlich und schont seine Ressourcen.

## Mitarbeiter beurteilen

Viele Fabeln und Geschichten beschäftigen sich damit, wie sich die Menschen gegenseitig einschätzen und wie sie beurteilen, was sie wahrnehmen, so auch die folgende aus dem alten China:

### Die verschwundene Axt

Ein Bauer suchte seine Axt. Doch er konnte sie nicht finden. Er war sich ganz sicher, dass er sie gestern im Schuppen abgelegt hatte. Er überlegte, wer sie genommen haben konnte. Ihm fiel nur der Sohn eines Nachbarn ein. Der musste die Axt genommen haben. Sonst kam kein einziger in Frage. Und so begann der Bauer den Sohn seines Nachbarn zu beobachten. Schon bald bemerkte er: Der Sohn ging anders als die anderen, er sprach anders als anderen. Jede seine Bewegungen war die Bewegung eines Diebes.

Doch als er in das Tal hinabstieg, in dem er Bäume gefällt hatte, fand der Bauer seine Axt wieder. Am nächsten Tag begegnete ihm der Sohn seines Nachbarn. Und der Bauer bemerkte: Er ging nicht anders als die anderen, er sprach nicht anders als die anderen. Keine seiner Bewegungen war die Bewegung eines Diebes.

**Themen:** Mitarbeiterbeurteilung, Objektivität, Wahrnehmung, Vorurteile

Neben der schönen Parabel über Vorurteile und Vorverurteilung ist das Bemerkenswerte an dieser chinesischen Geschichte ihr ehrwürdiges Alter; sie stammt aus der Sammlung „Lie Zi", was so viel bedeutet wie „Meister Li" und wird dem Gelehrten Lie Yukou zugeschrieben, der zwischen dem 5. und 4. Jahrhundert v. Chr. lebte.

## Keine falsche Bescheidenheit

In den vierziger Jahren musste der amerikanische Footballspieler Franz Szymanski als Zeuge vor Gericht aussagen. Szymanski war Mittelfeldspieler, ein zurückhaltender, bescheidener Footballprofi, der bei seinen Mitspielern sehr beliebt war.

„Sie sind dieses Jahr beim Notre-Dame-Footballteam?", fragte ihn der Richter. „Ja, Euer Ehren", nickte Szymanski. „Auf welcher Position?", wollte der Richter wissen. „Mittelfeld, Euer Ehren." – „Aha", sagte der Richter, „und wie gut sind Sie im Mittelfeld?" Szymanski antwortete nicht gleich, sondern rutschte ein wenig auf seinem Stuhl herum. Doch dann verkündete er mit fester Stimme: „Sir, ich bin der beste Mittelfeldspieler, den Notre Dame je hatte."

Sein Trainer, der auch im Gerichtssaal saß, war überrascht. Sonst war Szymanski doch nicht so ein Angeber. Als die Verhandlung vorüber war, nahm er den Spieler beiseite und fragte ihn, warum er so eine Aussage gemacht hatte. Szymanski wurde rot. „Ich fand es grauenhaft. Aber was sollte ich denn machen? Ich stand doch unter Eid!"

**Themen:** Mitarbeiterbeurteilung, Selbsteinschätzung, Selbstbewusstsein, Bescheidenheit, Image, Aufrichtigkeit

Häufig gibt es einen Widerspruch zwischen dem Bild, das wir von uns vermitteln möchten, und unserem Selbstbild. Die Anekdote um den Footballprofi gibt einen interessanten Einblick. Denn sein zurückhaltendes Auftreten macht ihn beliebt und erleichtert die Zusammenarbeit mit anderen. Doch tief in seinem Innern ist er von seiner Vortrefflichkeit überzeugt, was er aber nicht zeigen darf, außer bei solch seltenen Gelegenheiten, bei denen er gezwungen ist, Farbe zu bekennen.

**Der Fuchs und die Pauke**

Ein Fuchs kam in einen Wald, in dem eine Pauke an einem Baum aufgehängt war. Immer wenn der Wind wehte, schlugen die Zweige auf die Pauke und es erklang ein tiefer mächtiger Ton. Der Fuchs ging dem Ton nach, bis er zu dem Baum kam, an dem die Pauke hing. Er fand sie sehr dick und dachte, es müsste viel Fett und Fleisch darinnen sein. Also machte er sich daran, die Pauke aufzubrechen. Zu seiner Verwunderung war sie vollkommen hohl. Da sagte der Fuchs: „Wie kann es denn sein, dass dieses Ding, das den lautesten Ton von sich gibt und den größten Körperumfang hat, zugleich am allerwenigsten enthält?"

**Themen:** Mitarbeiterbeurteilung, Qualität, Schein und Sein, Präsentation, Öffentlichkeitsarbeit

Eine indische Fabel aus dem Buch „Kalila und Dimna" von Abdallah Ibn Al-Muqaffa mit einer eindeutigen Botschaft, die natürlich nicht nur bei der Beurteilung von Mitarbeitern zum Tragen kommen kann.

**Drei Finger einer Hand**

Wenn wir mit dem Finger auf jemanden zeigen, so weisen drei Finger auf uns zurück. Unsere Kritik sagt dreimal mehr über uns selbst aus als über den, den wir angreifen.

**Themen:** Kritik, Mitarbeiterbeurteilung, Fehler, Selbstkritik

Eine sinnfällige Metapher, mit der sich heftiger Kritik begegnen lässt. Sie sollte uns aber auch veranlassen darüber nachzudenken, was wir mit unserer Kritik von uns selbst preisgeben.

## Dialektik

Als der Dichter Bertolt Brecht noch zur Schule ging, hing seine Versetzung von einer Klassenarbeit in Französisch ab. Die Arbeit ging daneben. Einem Mitschüler geschah dasselbe in Latein. Dieser radierte einige Fehler aus, ging zum Lehrer und verlangte eine bessere Note. Er bekam eine schlechtere, denn der Lehrer merkte am dünneren Papier, dass da jemand radiert hatte. Brecht erkannte die Nachteile dieser Methode und beschloss, sich anders zu helfen. Er nahm rote Tinte, strich in seiner Arbeit mehrere Stellen als Fehler an, wo keine zu finden waren. Damit ging er zum Lehrer und fragte, was hier denn falsch sei. Der Lehrer erklärte bestürzt, da wären gar keine Fehler, und strich die Fehler aus. Daraufhin verlangte Brecht, dass auch seine Note heraufgesetzt werden müsste. Der Lehrer folgte seiner Logik und Bertolt Brecht wurde versetzt.

**Themen:** Fehler, Leistungskontrolle, Beurteilungskompetenz, Kritik, Testurteil, Öffentlichkeitsarbeit

Eine gern zitierte Anekdote über den taktisch versierten Dichter und Dramatiker, die uns darauf aufmerksam macht: Gegen eine negative Beurteilung kann man sich manchmal besser wehren, wenn man nicht versucht seine eigene Kompetenz zu beweisen, sondern die Inkompetenz des Beurteilenden. Dies gilt natürlich nicht nur für die Leistungsbeurteilung von Mitarbeitern, sondern ganz allgemein, also auch wenn jemand Ihr Produkt abqualifizieren will.

## Der kleine Krebs und seine Mutter

„Nicht schief gehen!", ermahnte die Krebsmutter ihren Sohn. „Und du sollst auch nicht dein Bein am feuchten Felsen quer schleifen!" Der Sohn entgegnete: „Frau Lehrerin und Mutter, erst gehe selbst gerade. Wenn ich das gesehen habe, will ich es gerne nachmachen!"

**Themen:** Kritik, Vorbild, Anforderungen, Perfektionismus, Anweisungen

Eine Fabel von Äsop, die davor warnt, nicht zu viel zu verlangen. Perfekte Leistung lässt sich leicht einfordern. Umso unglaubwürdiger wirkt es da, wenn man an das eigene Handeln weniger strenge Maßstäbe anlegt.

**Der verbesserte Brief**

Vor langer Zeit war ein etwas schwerfälliger Mann namens Giannozzo Stadthauptmann im norditalienischen Vicenza. Der rief sehr oft seinen Geheimschreiber zu sich und beauftragte ihn, Briefe an den alten Herzog von Mailand zu schreiben. Dabei gab der Hauptmann nur sehr ungefähre Anweisungen, was zu schreiben war. Er begann jedes Mal mit der Anrede, dann verließen ihn seine Formulierungskünste. Er erklärte stockend, worum es ungefähr ging. Dann bemerkte er: „Na ja, Sie wissen schon, was ich sagen will!", und ließ den Schreiber gehen. Der verfasste den Brief und legte ihn wieder vor. Der Hauptmann konnte jedoch nur recht langsam lesen; doch wollte er sich das nicht anmerken lassen. Er legte seine Stirn in Falten und schüttelte den Kopf: „Nein, nein! So geht das nicht! Das ist alles viel zu ungeschickt! Bitte, schreib den Brief noch mal! Aber mit etwas mehr Stil und Eleganz!" Der Schreiber kehrte in seine Stube zurück, legte den Brief auf sein Pult und tat im Übrigen gar nichts. So ließ er eine gewisse Zeit verstreichen und kehrte zum Hauptmann zurück. „Hier ist der Brief", sagte der Schreiber. „Ich habe ihn noch einmal geschrieben und nach Ihren Wünschen verbessert." Der Hauptmann ergriff das Schriftstück, tat so, als würde er ihn lesen, seine Miene hellte auf und er erklärte: „Ja, sieh mal, so ist es gut. Jetzt geh und setze das Siegel darunter. Dann schicke einen Boten an den Herzog." So machte es der Hauptmann mit allen seinen Briefen.

**Themen:** Mitarbeiterbeurteilung, Kompetenzen, Beanstandung, Bequemlichkeit, Verdrängung, Verantwortung, Führungsstil, Unternehmenskultur

Eine altehrwürdige Geschichte, die uns der italienische Humanist Poggio Bracciolini überliefert hat. Von ihr existieren mehrere Varianten mit anderen Personen, etwa mit dem Dichter Alexander Pope, der einem gewissen Lord Halifax seine Homer-Übersetzung vorliest. Für uns entscheidend ist, dass solche Spielchen zwischen Vorgesetzten und Mitarbeitern bis heute weit verbreitet sind: Der Vorgesetzte hat zu wenig Zeit (oder ist nicht kompetent genug), die Arbeit angemessen zu beurteilen. Also findet er irgendetwas, was es zu beanstanden gibt. Damit will er dem andern nur signalisieren: Gib dir Mühe, ich passe auf, Schlampereien haben bei mir keine Chance durchzukommen.

Der Mitarbeiter durchschaut diese Strategie nach einiger Zeit und spielt auf seine Weise mit. Das ist der bequemste Weg für beide Seiten.

### Die bemalten Wandschirme

Der große japanische Maler Kano Tannyu wurde einmal gebeten, zwei große goldene Wandschirme zu bemalen. Er sah sie sich an, dachte lange nach und begab sich schließlich nach Hause, um zu ruhen. Am nächsten Morgen kam er mit einem Hufeisen, mehreren Pinseln und einem großen Gefäß Tusche wieder zurück. Das Hufeisen tauchte er in die Tusche und verteilte die Abdrücke überall auf einem der Wandschirme. Dann malte er mit einem dicken Pinsel einige Linien darüber. Unterdessen war sein Auftraggeber Masamune eingetreten. Als er den Maler so herumfuhrwerken sah, war er schockiert. „Was für ein entsetzliches Durcheinander", murmelte er und zog sich in seine Gemächer zurück. Tannyu hatte das gar nicht bemerkt, erst ein Diener machte ihn darauf aufmerksam, dass Masamune sehr verärgert über seine Arbeit gewesen sei. „Warum sieht er mir auch bei der Arbeit zu?", bemerkte Tannyu, „er soll warten, bis ich fertig bin." Dann nahm er einen feinen Pinsel und zeichnete einzelne Striche ein. Aus den Abdrücken der Hufeisen wurden Krabben und die breiten Striche verwandelte er in Pflanzen. Daraufhin spritzte er Tuschetropfen auf den zweiten Wandschirm. Und als er die feinen Pinselstriche hinzufügte, wurden Schwalben daraus, die über Weidenbäume flogen. Als Masamune die fertigen Wandschirme erblickte, war er entzückt und bewunderte die Fertigkeiten des großen Künstlers.

**Themen:** Leistungsbeurteilung, Controlling, Projektmanagement, Ergebnisorientierung, Zielvereinbarung, Kreativität, Problemlösungswege, Fachwissen

Eine Geschichte aus Japan, die daran erinnert, dass wir ein Werk nicht danach beurteilen sollten, wie es im unfertigen Zustand erscheint. Eine lückenlose Kontrolle über den Projektfortschritt hat daher ihre Tücken. Oftmals sollte man sich als Führungskraft aus der Sache heraushalten, solange noch kein Ergebnis vorliegt. Denn es ist das Ergebnis, das zählt, und dafür sind die Mitarbeiter verantwortlich. Allerdings ist nicht jeder Mitarbeiter ein großer

Künstler wie Tannyu, der genau wusste, was er tat. Sie sollten also nicht abwarten, bis ein Projekt vollkommen aus dem Ruder läuft.

**Die Gans und das Pferd**

> Eine Gans watschelte auf einer Wiese, um Grashalme zu zupfen. Da traf sie auf ein Pferd. Sie zischte das Pferd an, es solle doch Platz machen: „Ich bin ein edleres und wertvolleres Tier als du. Du kannst nur auf der Erde laufen und sonst gar nichts. Ich hingegen komme auf der Erde voran wie du. Außerdem habe ich Flügel und kann mich in die Luft erheben. Und wenn es mir gefällt, dann kann ich auch ins Wasser gehen und schwimmen. Ich bin in drei Elementen zu Hause, ich bin so gut wie ein Vogel, ein Fisch und ein Pferd."
>
> Das Pferd schnaubte nur verächtlich und sagte: „Du hast schon recht, du kannst dich in drei Elementen bewegen. Doch in keinem machst du eine gute Figur. Du kannst zwar fliegen, doch bist du unbeholfen und kommst viel langsamer voran als die Lerche oder die Schwalbe. Du kannst zwar auf dem Wasser schwimmen, aber du kannst nicht im Wasser leben wie der Fisch. Und wenn du mit deinen breiten Füßen auf der Erde herumwatschelst, dann machst du eine lächerliche Figur. Ich kann zwar nur auf der Erde laufen, aber schau dir nur an, wie elegant ich das mache. Mit welcher Kraft und Schnelligkeit ich mich fortbewege. Ich bleibe lieber auf ein Element beschränkt und lasse mich bewundern, als dass ich in dreien eine so lächerliche Figur abgebe wie eine Gans!"
>
> **Themen:** Kernkompetenzen, Portfolio-Management, Mitarbeiterbeurteilung, USP, (Produkt-)Image

Eine Fabel aus der Renaissance. Schon damals erschien es nicht als Erfolgsmodell, sich in allen Elementen zu tummeln. Man gibt eine bessere Figur ab, wenn man sich auf seine Stärken und Fähigkeiten besinnt und diese ausbaut. Die Geschichte lässt sich auch auf die Beurteilung von Mitarbeitern beziehen: Sie sollten nicht über eine beeindruckende Vielzahl von Fähigkeiten verfügen (so dass sie bei allem nur Mittelmaß erreichen), sondern das, was sie können, möglichst gut können.

**Mehr Feuer**

> Ein junger unbekannter Autor las dem italienischen Dichter Giovanni Pascoli seine Verse vor. Anschließend wollte er dessen Meinung hören. „Nun ja", bemerkte Pascoli, „Ihren Versen fehlt es an Feuer." – „Aha", sagte der junge Mann eifrig, „Sie raten mir also, mehr Feuer in meine Verse zu tun." – „Keineswegs", erwiderte Pascoli, „ich rate Ihnen, Ihre Verse ins Feuer zu tun."
>
> **Themen:** Kritikgespräch, Mentor, Qualitätsurteil

Viele Anekdoten berichten, wie arrivierte Schriftsteller, Künstler und Komponisten von jungen Talenten bestürmt werden, ihre Werke zu kommentieren, die immer ganz schrecklich sind. Die Antwort der Meister fällt in aller Regel vernichtend aus, was Sie nicht daran hindert, mit dieser Anekdote die Stimmung aufzulockern, wenn Sie jemanden loben möchten oder, besser noch, jemanden gerade gelobt haben.

**Der Musiker und der Ochse**

> Vor langer Zeit lebte ein berühmter Musiker, der wie kein Zweiter auf der Laute spielen konnte. Wenn das Wetter schön war, begab er sich mit seiner Laute ins Freie, um dort zu spielen. Eines Tages ließ er sich in der Nähe eines Ochsen nieder, der in aller Ruhe sein Gras fraß. Der Musiker freute sich sehr und begann sogleich für den Ochsen ein Lied zu spielen. Er bot all seine Kunst auf, doch der Ochse fuhr ungerührt damit fort, das Gras auszurupfen.
>
> Der Musiker ärgerte sich sehr und fing an zu schimpfen. Ein Mann, der das mit angehört hatte, versuchte ihn zu beruhigen: „Du hast keinen Grund, ärgerlich zu sein. Es ist nicht so, dass dein Lied nicht schön wäre. Aber es geht einfach nicht in die Ohren des Ochsen hinein."
>
> **Themen:** Mitarbeiterbeurteilung, Leistung, Lob, Publikum, Ehrgeiz, Öffentlichkeitsarbeit, Marketing, Zielgruppen

Eine buddhistische Geschichte aus dem alten China. Man kann nicht erwarten, dass jeder eine gute Leistung zu schätzen weiß. Und nicht jeder wird sich dafür interessieren. Noch drastischer, als es in der chinesischen Geschichte zum Ausdruck kommt, warnt Jesus davor, „Perlen vor die Säue" zu werfen.

Gemeint ist in etwa das Gleiche, wenn auch der Musiker, der dem Ochsen vorsingt, gewiss komischer wirkt.

**Fink und Frosch**

> Im Apfelbaume pfeift der Fink
> Sein pinkepink!
> Ein Laubfrosch klettert mühsam nach
> Bis auf des Baumes Blätterdach
> Und bläht sich auf und quakt: „Ja, ja!
> Herr Nachbar, ik bin ok noch da!"
> Und wie der Vogel frisch und süß
> Sein Frühlingslied erklingen ließ
> Gleich muss der Frosch in rauen Tönen
> Den Schusterbass dazwischen dröhnen.
> „Juchheija, heija!" spricht der Fink,
> „Fort flieg ich flink!"
> Und schwingt sich in die Lüfte hoch.
> „Wat!" ruft der Frosch, „dat kann ik och!"
> Macht einen ungeschickten Satz,
> Fällt auf den harten Gartenplatz,
> Ist platt, wie man die Kuchen backt,
> Und hat für ewig ausgequakt.
>
> Wenn einer, der mit Mühe kaum
> Geklettert ist auf einen Baum,
> Schon meint, dass er ein Vogel wär,
> So irrt sich der.
>
> **Themen:** Selbstüberschätzung, Vorbild, Kernkompetenzen, Nachahmung, Persönlichkeit, Bewerbung, Marketing, (Produkt-)Image, Wettbewerb

Ein gern zitiertes Gedicht von Wilhelm Busch, vor allem die letzten vier Zeilen sind zum geflügelten Wort geworden. Wer seine eigenen Grenzen nicht kennt, der landet oftmals auf der Nase. Und nicht alles, was bei andern so leicht aussieht, ist auch leicht zu kopieren.

**Das schwarze Schaf**

Der Pastor Asmus aus einem kleinen Marktflecken bei Memel wusste aus zuverlässiger Quelle, dass es in seiner Gemeinde einen Ehebrecher gab. An einem Sonntag mahnte er daher in seiner Predigt: „Es befindet sich unter euch ein Ehebrecher, der von seinen Sünden nicht lassen will. Darum ermahne ich ihn, reumütig in sich zu gehen und damit aufzuhören. Sonst will ich seinen Namen hier von der Kanzel bekannt geben."

Von diesen starken Worten ließ sich der Sünder aber nicht beeindrucken. Daher wiederholte Pater Asmus seine Warnung am nächsten Sonntag und fügte hinzu, dies sei die letzte Gelegenheit, um eine öffentliche Bloßstellung herumzukommen. Aber auch das zeigte nicht die erhoffte Wirkung. Daher erklärte Pater Asmus in seiner Sonntagspredigt: „Ihr wisst, meine lieben Zuhörer, dass ich einen unter euch zweimal ernstlich ermahnt und zur Buße aufgefordert habe. Aber damit bin ich nur auf taube Ohren gestoßen. Darum soll jetzt jeder sehen, wer das schwarze Schaf unter euch ist. Ich will ihm von der Kanzel herab diesen Stein hier an den Kopf werfen."

Mit diesen Worten zog der schlaue Pastor einen Kiesel aus seinem Talar und hob seinen Arm, als wollte er damit werfen. Sofort ging nicht nur einer, sondern es gingen ein gutes Dutzend Köpfe in Deckung. „Wehe", rief der Pastor, „dreimal wehe! Ich dachte, ich hätte nur ein schwarzes Schaf in meiner Herde, aber nun muss ich sehen, dass die Finger meiner beiden Hände nicht ausreichen, um sie alle zu zählen!" Mit diesen Worten stieg er betrübt von seiner Kanzel.

**Themen:** Fehler, Vergehen, Verdacht, schwierige Mitarbeiter

Eine Geschichte aus dem 17. Jahrhundert, die Johann Peter de Memel mitteilt. Sie erzählt uns nicht nur, dass wir alle etwas auf dem Kerbholz haben, sondern berichtet auch von einer eleganten Methode, das herauszufinden. Dadurch dass der Pastor die Illusion erzeugt, er wüsste Bescheid, bringt er die Schuldigen dazu, sich zu verraten.

**Der Hahn und die Schneegans**

> Tien Jao, der in Diensten des Herrschers Ai stand, war mit seiner Position unzufrieden. Er sagte zu seinem Herrn: „Ich werde es halten wie die Schneegans." – „Was willst du damit sagen?", fragte der Herrscher. Tien Jao wies nach draußen. „Seht ihr den Hahn auf dem Hof? Er trägt einen Kamm, als Zeichen seiner Höflichkeit. Seine Krallen sind stark. Er ist bereit, gegen jeden Feind zu kämpfen. Sein Fressen teilt er mit andern, er ist großmütig. Und schließlich vergisst er über Nacht niemals, uns pünktlich zu wecken. Er ist ein Muster an Zuverlässigkeit. Und doch wird trotz seiner Vorzüge jeden Tag ein Hahn getötet und für Eure Tafel hergerichtet. Warum nur? Weil er sich immer in Eurer Reichweite befindet. Die Schneegans dagegen kommt aus der Ferne und bleibt nicht lange an einem Ort. Wenn sie sich in Eurem Garten aufhält, fängt sie Eure Fische und Schildkröten und zerstört einen Teil Eurer Beete. Obwohl die Schneegans keinen der Vorzüge des Hahns besitzt, schätzt Ihr sie höher. Denn sie ist so selten Euer Gast. Also will auch ich so weit fliegen wie eine Schneegans."
>
> **Themen:** Mitarbeiterbeurteilung, Verfügbarkeit, interne und externe Mitarbeiter, Anerkennung im Arbeitsalltag

Eine Fabel aus dem alten China von Ju Xiu Sen, die auf ein weit verbreitetes Phänomen aufmerksam macht: Wir tendieren dazu, Leistungen, die für uns ständig verfügbar sind, zu gering zu schätzen. Vor allem im Vergleich zu solchen, über die wir kaum selbst verfügen können. Wer sich rar macht, der erhöht seine Wertschätzung.

# Konflikte verstehen

Wenn sich Konflikte zwischen Mitarbeitern entwickeln, sind Sie als Führungskraft besonders gefordert. Denn Konflikte zwischen einzelnen Kollegen haben nicht selten schädliche Folgen für die ganze Abteilung oder das gesamte Team. Hier können Sie sich Anregungen holen, ob Sie nun als Moderator oder Mediator auftreten oder selbst einen Konflikt angehen müssen.

## Wie zwei Bauern zwei Frösche aßen

Zwei Bauern treiben eine Kuh, die ihnen gemeinsam gehört, zum Viehmarkt. Als sie an einem Teich vorbeikommen, sagt der eine: „Schau mal, da ist ein Frosch. Wenn du den fängst und lebendig aufisst, soll die Kuh dir alleine gehören." Der andere überlegt nicht lange, fängt den Frosch und würgt ihn lebendig hinunter. Die beiden gehen weiter. Der erste ärgert sich im Stillen, dass er aus einer dummen Laune heraus seinen Anteil an der Kuh verloren hat. Was wird wohl seine Frau dazu sagen? Was bin ich nur für ein Dummkopf, sagt er sich. Der zweite fühlt sich hundeelend und denkt sich: Was habe ich mich hier zum Narren gemacht und den Frosch in mich reingestopft? Was wird wohl meine Frau dazu sagen, wenn ich ihr das erzähle? Na warte, das zahl ich dir heim.

Nach einer halben Stunde kommen die beiden wieder an einem Teich vorbei. Der Bauer, der vorhin den Frosch gegessen hat, sagt zu seinem Gefährten: „Da ist noch ein Frosch. Wenn du den lebendig aufisst, soll die Hälfte der Kuh wieder dir gehören." Der erste schnappt sich den Frosch und schluckt ihn hinunter. Der schmeckt zwar furchtbar, aber immerhin hat er seinen Anteil zurück. Die beiden gehen zum Markt verkaufen ihre Kuh, teilen sich die Einnahmen. Auf dem Heimweg kommen sie wieder am Froschteich vorbei. Sagt der erste Bauer zum zweiten: „Du, warum haben wir eigentlich die Frösche gefressen?"

**Themen:** Konfliktmanagement, Revanche, Wettbewerb, Schlichtung, Ausgleichsmaßnahmen

## Der Dornbusch

„Sage mir", fragte die Weide den Dornbusch, „warum bist du so gierig nach den Kleidern der Menschen, die an dir vorüber gehen? Was willst du damit? Was kannst du mit ihnen anfangen?" – „Nichts", antwortete der Dornbusch. „Ich will sie ja auch gar nicht nehmen. Ich will sie nur zerreißen."

**Themen:** Konflikte, Destruktivität, Mitarbeiterführung, Motive

Ein Gleichnis vom Fabeldichter Äsop. Wir tendieren dazu, hinter jedem destruktiven Akt ein Motiv zu vermuten. Wir fragen uns, was will der andere damit erreichen? Dabei geht es ihm manchmal um nichts anderes als um die Zerstörung selbst.

## Warum es die Götter nicht geben kann

Bevor sich der griechische Dichter Diagoras zum überzeugten Atheisten wandelte, war er durchaus geneigt die Vorsehung zu preisen. So schrieb er einen flammenden Hymnus an den Gott Apoll. Das Gedicht war so eindrucksvoll, dass es ein anderer Dichter abschrieb und für sein eigenes Werk ausgab. Diagoras strengte einen Prozess gegen den Plagiator an. Doch der andere Dichter leugnete alles und schwor bei den Göttern, das Gedicht sei von ihm. Da wurde er freigesprochen. Diagoras war darüber sehr verärgert und zog daraus den Schluss, dass es die Götter nicht geben könne, wenn sie so etwas zuließen.

**Themen:** Konflikte, Gerechtigkeit, Fairness, Motivation

Diese Anekdote ist vom griechischen Geschichtsschreiber Sextus Empiricus überliefert. Sie weist darauf hin, welche einschneidenden Konsequenzen es für die persönliche Einstellung hat, wenn sich jemand nicht fair behandelt fühlt.

## Die Hausschlange und der Bauer

Ein Bauer hatte in seinem Gehöft eine Schlange, die er als Schutzgeist des Hauses verehrte und der er täglich etwas zu essen gab. Eines Tages aber quälte der Sohn des Bauern die Schlange so sehr, dass sie zubiss und den Jungen tödlich verwundete. Da wurde der Bauer zornig und beschloss die Schlange zu töten. Er nahm eine Axt, stellte sich vor das Loch, in dem die Schlange wohnte, um sie zu erschlagen, sobald sie herauskäme. Als die Schlange schließlich ihren Kopf herausstreckte, schlug der Bauer zu. Aber die Schlange fuhr sofort zurück und der Hieb spaltete nur den Stein über dem Loch der Schlangenhöhle. Nach einiger Zeit ging der Bauer noch mal in sich und beschloss, sich mit der Schlange wieder zu versöhnen. Er stellte Milch und Honig vor den Eingang und bat die Schlange herauszukommen, um den Streit beizulegen. Aber die Schlange sagte: „Zwischen uns kann es keinen Frieden und keine Freundschaft geben, solange ich den gespaltenen Stein sehe und du das Grab deines Sohnes."

**Themen:** Konflikte, Eskalation, Konfliktfolgen, Vertrauensmissbrauch, Mitarbeiterführung

Eine Fabel von Äsop. Die Vergangenheit lässt sich nicht einfach durch eine versöhnliche Geste wegwischen; sie wirkt weiter fort und kann die Gegenwart stark belasten. Die Schlange ist diejenige, die sich in dieser Frage keine Illusionen macht. In einer solchen Situation ist es tatsächlich das Beste, wenn sich die streitenden Parteien aus dem Wege gehen.

**Das Ferkel und die Schafe**

Ein Ferkel begab sich zu einer Schafherde auf die Weide und fraß dort mit den anderen Gras. Nach einiger Zeit erschien der Hirte und wollte das Ferkel einfangen. Das aber wehrte sich und quiekte laut. Die Schafe schüttelten nur den Kopf und fragten: „Was quiekst du so? Uns fängt er Hirte oft ein. Und wir schreien dann auch nicht herum." Darauf sagte das Ferkel: „Das ist ja auch etwas anderes. Wenn der Hirte euch einfängt, so will er eure Wolle und eure Milch. Wenn er mich fängt, dann will er mein Fleisch."

**Themen:** Konflikte, emotionale Reaktion, Überreaktion, Mitarbeiterführung

Eine Fabel nach Äsop, mit der Sie verdeutlichen können, dass in einer bestimmten Situation die Beteiligten unterschiedlich betroffen sind und daher höchst unterschiedlich reagieren. Eine Maßnahme berührt den einen Mitarbeiter vielleicht existenziell, während der andere überhaupt nicht verstehen kann, warum der erste sich so aufregt.

**Der Kampf zwischen Schnepfe und Auster**

Eine Auster stieg aus dem Wasser, öffnete ihre Schale und ließ sich am Meeresufer von der Sonne bescheinen. Da kam eine Schnepfe daher. Sie streckte ihren langen Schnabel aus, um das Fleisch der Auster aus der

Schale zu picken. Doch die Auster bemerkte das, schloss schnell ihre Schale und klemmte den Schnabel der Schnepfe ein.

Die Schnepfe bemühte sich mit ganzer Kraft, ihren Schnabel wieder aus der Muschel herauszuziehen. Doch so sehr sie auch zog und zerrte, sie bekam den Schnabel einfach nicht frei. Da sagte die Schnepfe: „Lass mich los. Denn wenn du mich nicht loslässt, so bleibst du hier auf dem Trockenen und musst sterben." Diese Worte versetzten die Auster in Wut. „Ich kann dich zwei, drei Tage festhalten. Solange kannst du nichts essen und musst verhungern. Bring mich also ins Wasser!" Dazu war die Schnepfe nicht bereit. „Erst musst du meinen Schnabel freigeben", sagte sie. Die Auster lehnte ab und klemmte den Schnabel noch ein wenig fester. So blieben sie am Ufer liegen, bis es Nacht wurde. Am nächsten Morgen kam ein Fischer vorbei, packte die Schnepfe und die Auster, nahm sie mit nach Hause und bereitete sich aus den beiden ein Mittagessen.

**Themen:** Konflikte, Kompromiss, Verhärtung, der lachende Dritte, Mitarbeiterführung

Eine zweitausend Jahre alte chinesische Fabel aus dem Buch „Die Ränke der Streitenden Reiche" vom Gelehrten Liu Hsiang. Wenn die Konfliktparteien keinen Kompromiss schließen, schaden sie sich selbst und ein Dritter zieht den Nutzen daraus.

## Herkules findet einen Klumpen

Eines Tages ging der starke Herkules durch eine enge Gasse. Auf dem Pflaster lag ein kleiner Klumpen, der etwa so groß war wie ein Apfel. Herkules hob ihn auf und versuchte ihn mit einer Hand zu zerdrücken. Das gelang ihm jedoch nicht. Im Gegenteil, je mehr er auf dem Klumpen herumdrückte, desto größer wurde dieser. Nun war er schon fast auf die doppelte Größe angewachsen.

Da wurde Herkules ärgerlich. Er nahm den Klumpen zwischen beide Hände und wollte ihn zerquetschen. Der Effekt war der gleiche: Der Klumpen wurde nicht kleiner, sondern größer. Herkules warf ihn auf den Boden und drosch mit seiner Keule auf ihn ein. Doch mit jedem

Keulenschlag wurde er noch ein kleines bisschen größer. Am Ende war er so groß geworden, dass er die gesamte Gasse versperrte. Herkules warf die Keule fort und war ratlos.

In diesem Moment erschien die Göttin Athene und sprach: „Rühr es lieber nicht noch einmal an! Der Klumpen, auf dem du herumgeschlagen hast, ist der Streit. Wenn du ihn in Ruhe lässt, bleibt er so, wie er ist. Wenn du ihn aber bekämpfst, wird er immer größer."

**Themen:** Konflikte, Eskalation, Mitarbeiterführung

Für Ihr Konfliktmanagement eine Fabel nach Äsop, die Sie folgendermaßen ausdeuten können. Manche Konflikte lassen sich nicht lösen, indem man dagegen angeht, sie zu „zerdrücken" versucht wie Herkules seinen Klumpen. Das lässt sie nur noch schlimmer werden. Es ist besser, solche Konflikte einfach auf sich beruhen zu lassen, als alte Wunden immer wieder aufzureißen. Wie der Streit aus der Welt zu schaffen ist, darüber berichtet die Fabel nichts. Aber vielleicht haben Sie ja eine Idee?

**Messer und Brot**

Es war einmal ein Mann aus der Stadt, der hatte ein Messer, und ein Mann vom Lande, der hatte ein Brot. „Gib mir ein Stück Brot", sprach der Stadtmann, „so will ich dir mein Messer leihen, und du kannst dir selbst ein Stück herunterschneiden." – „Leihen?" sprach der Mann vom Lande, „du musst es mir ganz geben!" – „Für ein Stück Brot das Messer hergeben", zürnte der andere und sie stritten bis zum Abend weiter. Da begann sie der Hunger zu plagen. „Ich will dir ein Stück Brot geben", sprach der Landmann, „leih mir dein Messer." – „Nein", entgegnete jetzt der andre, „gib mir das ganze Brot, und du erhältst das Messer." Das taten sie; und wieder hatte jetzt einer das Brot und der andere das Messer.

**Themen:** Konflikte, Verhandlungen, Kompromiss, Vorleistung

Eine Geschichte von Friedrich Wolf, die manche Verhandlungen zwischen zwei Konfliktparteien zum Ausdruck bringt. Jeder schaut, dass der andere bloß nicht zu einem Vorteil gelangt. Vereinbarungen werden geschlossen, die nur dazu führen, dass sich beide Seiten weiterhin lahm legen.

## Kräht der Hahn früh am Morgen

Eine Frau hatte einen Bauernhof, den sie sehr gut in Schuss hielt. Frühmorgens, wenn der Hahn krähte, pflegte sie ihre Knechte und Dienerinnen aufzuwecken, damit sie sich gleich an die Arbeit machten. Doch dem Personal behagte das frühe Aufstehen überhaupt nicht. Daher einigten sie sich, dem Hahn, der immer so früh krähte, den Hals umzudrehen.

Kaum hatten sie das getan, so erging es ihnen schlechter als vorher. Von nun an scheuchte sie die Hausherrin noch früher aus ihren Betten und schickte sie mitten in der Nacht an die Arbeit, denn weil kein Hahn mehr da war, hatte sie ihr Zeitgefühl verloren.

**Themen:** Verantwortung, Mitarbeiterführung, Konflikte, Mobbing, Missstände, Ursachenanalyse

Eine Fabel von Äsop, die sich gut auf Konflikte im Beruf anwenden lässt: Häufig werden Probleme personalisiert, ein bestimmter Missstand wird einem Vorgesetzten oder einem Kollegen angelastet. Der angeblich Verantwortliche soll dann das Feld räumen. Wenn das geschehen ist, erweist sich oft, dass die Ursache des Problems woanders lag. Die Situation ist unter Umständen noch ungünstiger als zuvor.

## Die Leberpastete

Nasrudin will sich eine Leberpastete machen. Er kauft sich ein Stück Leber und bekommt ein Rezept für die Pastete. Auf dem Heimweg wird er von einem Raubvogel angegriffen. Der Vogel stößt herab, reißt ihm das Fleisch aus den Händen und fliegt davon. Nasrudin ruft ihm nach: „Oh, du dummer Vogel! Na schön, die Leber hast du mir abgenommen. Aber was machst du ohne das Rezept?"

**Themen:** Konflikte, Konkurrenz, Ziele, Motive, Unterstellung, Wettbewerb

Eine Sufi-Geschichte mit dem weisen Narren Nasrudin, die darauf hinweist: Wir beurteilen die Handlungen der anderen bevorzugt aus unserer Perspektive und unterstellen ihnen unsere Motive. Dadurch gelangen wir zu falschen

Schlussfolgerungen, denn der Raubvogel will natürlich keine Leberpastete zubereiten, schon gar nicht nach Rezept.

## Kooperation und Teamarbeit

Ein wichtiges Thema für alle Führungskräfte: Wie motiviert man die Mitarbeiter zu guter Zusammenarbeit? Wie fördert man den Zusammenhalt in einer Gruppe? Zu Beginn ein berühmtes Gleichnis von Äsop, das Sie besonders gut als Einstieg in die Team- oder Projektarbeit verwenden können, Vor allem, wenn die Projektgruppe gegen Widerstände von außen kämpfen muss, denn es vermittelt sehr anschaulich: Einigkeit macht stark.

### Die Kraft der Stäbe

> Vor langer Zeit lebte ein Mann, der schon sehr alt war und viele Kinder hatte. Als er sein Ende herannahen fühlte, ließ er ein Bündel dünner Stäbe holen und rief seine Kinder herbei. Er reichte ihnen das Bündel und forderte jeden Einzelnen auf, es auseinander zu brechen. Keinem gelang es. Dann band er Bündel auf und sagte: „Jetzt versucht die Stäbe einzeln zu zerbrechen." Das gelang jedem von ihnen. Daraufhin sagte der Mann: „Kinder, wenn ihr alle einträchtig zusammenhaltet, wird euch kein Mensch jemals brechen können – und wenn er auch noch so viel Macht hätte. Doch wenn jeder von euch einen anderen Sinn hegt und seinen eigenen Interessen folgt, dann wird es euch ergehen wie dem einzelnen Stab: Ohne viel Kraft kann man euch brechen."
>
> **Themen:** Zusammenhalt, Solidarität, Kooperation, Vorteil eines Teams

### Der Tempelpage und die Reisklößchen

> In einem japanischen Kloster auf dem Berg Hiei wohnte ein junger Tempelpage. Eines Abends dachten die Mönche darüber nach, was sie tun sollten. „Lasst uns doch ein paar süße Reisklößchen machen!", schlug einer der Mönche vor und alle waren einverstanden. Das freute den Tempelpagen, der Reisklößchen sehr gerne aß. Doch dachte er, es sei unschicklich, wenn er wegen der Reisklößchen aufbleibe. So zog er

sich in eine Ecke zurück und stellte sich schlafend. Er wartete darauf, dass die Klößchen fertig waren. Die Mönche würden ihn sicher wecken. Und tatsächlich fingen sie schon bald an zu lärmen. Einer rief dem Pagen zu: „Hallo, steh auf!" Wenn ich schon nach dem ersten Mal antworte, dann glauben sie, ich hätte nur darauf gewartet, dachte der Page. Ich werde noch ein wenig warten. Und wenn sie mich das nächste Mal rufen, dann werde ich mich melden. Weil er aber gar nichts von sich hören ließ, bemerkte ein Mönch: „Weckt den Kleinen nicht auf. Er schläft doch schon tief." Der Page ärgerte sich. Ach, wenn sie mich doch noch einmal rufen würden, dachte er. Aber er hörte nur noch das Kauen und Schmatzen der Mönche. Da hielt er es nicht länger aus, bäumte sich auf und sagte viel zu spät und viel zu laut: „Ja!" Die Mönche bemerkten das und lachten ihn aus.

**Themen:** Egoismus, Eigeninteressen, verdeckte Ziele, Täuschung, Gemeinschaft, Außenseiter

Eine altjapanische Geschichte aus dem 13. Jahrhundert; sie entstammt der Sammlung „Ujishui monogatari". Es ist besser, seine eigennützigen Motive einzugestehen als sie vor den anderen zu verbergen. Wer darauf spekuliert, dass sich die anderen so verhalten werden, wie er es erwartet, sieht sich oft getäuscht. Wenn er dann noch versucht seine Interessen irgendwie zu wahren, entlarvt er sich. Die andern erkennen seine eigennützigen Motive und seine Absicht, sie darüber zu täuschen.

**Der Esel und das Pferd**

Ein Markthändler hatte ein Pferd und einen Esel. Er belud beide Tiere mit Waren, denn am Tage darauf sollte Markttag sein. Den Esel hatte der Händler zu schwer beladen, er ging immer langsamer und sagte schließlich schwer schnaufend zum Pferd: „Ich kann einfach nicht mehr. Die Last ist zu schwer! Wenn du mich retten willst, nimm mir etwas von meiner Last ab." Das Pferd schüttelte den Kopf: „Du bist selber Schuld, wenn du so erbärmlich schwach bist! Außerdem habe ich ja auch meine Last zu tragen."

Es dauerte nicht lange, da brach der Esel unter seiner Last tot zusammen. Der Händler nahm die Ladung von seinem Rücken und zog ihm das Fell ab. Beides packte er auf das Pferd, das anfing zu klagen: „Ich armes Pferd! Hätte ich geahnt, dass der Esel seine Last nicht tragen kann, dann hätte ich ihm einen Teil abgenommen. So muss ich die doppelte Ladung tragen und sein Fell noch dazu."

**Themen:** Teamführung, Kooperation, Arbeitsbelastung, Vertretung, Solidarität

Eine Fabel nach Äsop, die zeigt: Wenn die Großen den Kleinen helfen, haben am Ende beide etwas davon.

## Die pestkranken Tiere

Eines Tages schickte der Himmel die Pest zur Erde. Viele Tiere wurden krank, manche starben, es herrschten entsetzliche Zustände. Da sprach der Löwe als König der Tiere: „Liebe Freunde, ich glaube, der Himmel hat uns die Pest geschickt, um uns für unsere Sünden zu bestrafen. Wie können wir nun seine Milde wiedererlangen? Ich meine, derjenige von uns, der die größte Schuld auf sich geladen hat, sollte sich opfern. Dann werden die anderen wieder gesund werden. Ich selbst will den Anfang machen. Offen will ich bekennen, dass ich aus reiner Gefräßigkeit so manches brave Schaf gerissen habe. Was hatten sie für Schuld? Gar keine! Und auch so manchen braven Schäfer habe ich angefallen. Wenn es sein muss, will ich mich opfern. Aber jetzt seid ihr erst mal dran und berichtet, was ihr ausgefressen habt."

„Sire", sagte der Fuchs, „Ihr seid zu großmütig. Was werft Ihr Euch selbst vor, Schafe zu fressen? Dieses dumme Pack hat es doch nicht besser verdient. Das ist nun wirklich keine Sünde. Im Gegenteil, es ist für die Schafe noch eine Ehre von Euch gefressen zu werden. Na ja, und den Schäfern geschieht es nur recht, wenn sie auch etwas bestraft werden. Immerhin maßen sie sich an, über uns Tiere zu herrschen." Nach dieser klugen Schmeichelrede des Fuchses ergriffen Tiger und Bär das Wort und schilderten ihre Gefräßigkeit in ähnlich tugendhaften Farben. Dann war der Esel an der Reihe: „Mein größtes Vergehen war, dass ich von einer Klosterwiese das frische Gras abgefressen habe, weil ich so hungrig war. Und das durfte ich nicht." Die anderen Tiere waren empört. „Fremdes Gras zu fressen! Das ist ein Verbrechen!", schrie der Wolf. „Du bist allein Schuld an der Pest." Die anderen Tiere stimmten zu und vollstreckten sofort ihr Urteil an dem armen Esel. Denn es kommt nur auf eine Sache an: Ob du stark bist oder schwach, danach allein wird das Urteil gesprochen.

**Themen:** Teamführung, Gruppendynamik, Sündenbock, Mobbing, Mitarbeiterbeurteilung

Eine altehrwürdige Fabel nach Jean de La Fontaine, das Original ist in Versen abgefasst. Mit dieser Geschichte können Sie für einen schwachen Mitarbeiter Partei ergreifen, wenn Sie den Eindruck haben, er solle zum Sündenbock gemacht werden.

## Teamwork und Siegeswille

In der Highschool war David Packard, einer der Gründer von Hewlett-Packard, ein ausgezeichneter Sportler. In einem Leichtathletikwettbewerb stellte er einen neuen Landesrekord auf und wurde bei einem Basketballturnier zum besten „Center" gewählt. Ein Lehrer sagte ihm, dass im Endspiel einer Meisterschaft oft zwei Mannschaften aufeinander treffen, die über gleich gute Spieler verfügen. In so einem Fall hänge alles vom Teamwork ab, vor allem in den spielentscheidenden Sekunden. Und wenn in beiden Mannschaften nicht nur die Qualität der Spieler, sondern auch die des Zusammenspiels gleich ist, dann setzt sich die Mannschaft mit dem stärkeren Siegeswillen durch.

Packard hat sich diese Aussage tief eingeprägt. Sie sei zum „Leitprinzip für die Entwicklung und Führung von Hewlett-Packard" geworden: „Finde die besten Mitarbeiter, betone die Bedeutung von Teamwork und bringe sie dazu, das Spiel zu gewinnen."

**Themen:** Teamarbeit, Erfolg, Zusammenspiel, Siegeswille

Packard ist mit seinem Leitprinzip nicht allein: Metaphern aus dem Mannschaftssport sind außerordentlich beliebt, wenn es um Teamarbeit geht. Schließlich stammt auch der Begriff aus dem Sport.

## Sport-Metaphern zur Zusammenarbeit

Ein Eigentor schießen, die gelbe (oder rote) Karte zeigen, auf der Ersatzbank sitzen, Standardsituationen, den Ball laufen lassen, Doppelpass spielen, den Ball zurückspielen, immer anspielbar sein, den Ball flach halten, Fairplay, Foulspiel, ein böses Foul, Dreamteam

Wir haben einige Flanken in den freien Raum geschlagen. Jetzt hoffen wir, dass jemand den Ball aufnimmt. (Das Mitglied einer Kommission kommentiert den Abschlussbericht.)

Wir müssen uns schneller die Bälle zuspielen und dürfen nicht zu lange den Ball halten.

Das nächste Spiel ist immer das schwerste. (Alte Fußballweisheit von Bundestrainer Sepp Herberger)

**Themen:** Teamarbeit, Kooperation, Motivation, Fairness, Fehler, Koordination, Strategie

Nicht umsonst bietet sich Fußball an, wenn Sie nach griffigen Metaphern für die Zusammenarbeit suchen, ist es doch die beherrschende Mannschaftssportart bei uns. Fußballspiele sind einerseits sehr gut geeignet, um das, was sie über die Zusammenarbeit sagen wollen, anschaulich werden zu lassen. Andererseits gibt es eine Gefahr, wenn Sie zu konkret werden: Über Fußballspiele haben viele Menschen eine sehr dezidierte eigene Meinung, und die kann beträchtlich von dem abweichen, was Sie sagen. In bester Absicht spielen Sie auf das Pokalspiel am letzten Wochenende an, wollen Mut machen und haben plötzlich und unnötigerweise drei Ihrer Zuhörer gegen sich, weil die für die Gegenmannschaft den Daumen gehalten haben. Bleiben Sie also lieber ganz allgemein.

## Die Laus und der Floh

Eine Laus hatte sich vor langer Zeit in dem Teppich eines reichen Mannes angesiedelt. Sie lebte von seinem Blut, das sie ihm nachts behutsam aussog, wenn er schlief. Der reiche Mann merkte davon nichts und so lebte sie dahin. Eines Nachts aber erschien ein Floh als Gast bei ihr. Die Laus sagte zu ihm: „Bleib diese Nacht bei mir. Du hast es warm im weichen Bett und kannst von dem Blut des reichen Mannes trinken."

Der Floh nahm die Einladung an. Als sich der Mann hingelegt hatte und eingeschlafen war, hüpfte der Floh auf ihn und biss so stark zu, dass der Mann erwachte. Er drehte sich herum, um wieder einzuschlafen, doch der Biss schmerzte ihn so sehr, dass nicht daran zu denken war. So stand der Mann auf, um seine Decke zu untersuchen. Er entdeckte die Laus, ergriff und zerdrückte sie. Denn der Floh war längst verschwunden.

**Themen:** Teamarbeit, Kooperation, Engagement für andere, Gutmütigkeit, Ausnutzung

Eine Fabel aus der Sammlung „Kalila und Dimna" von Abdallah Ibn Al-Muqaffa. Nicht immer hat es segensreiche Folgen, sich mit einem anderen zusammenzutun, vor allem wenn der nur seinen eigenen Vorteil im Blick hat.

## Die Stachelschweine

Eine Gesellschaft Stachelschweine drängte sich an einem kalten Wintertag recht nahe zusammen, um durch gegenseitige Wärme sich vor dem Erfrieren zu schützen. Jedoch bald empfanden sie die gegenseitigen Stacheln; welches sie dann wieder voneinander entfernte. Wenn nun das Bedürfnis der Erwärmung sie wieder näher zusammen brachte, wiederholte sich jenes zweite Übel, so dass sie zwischen beiden Übeln hin und her geworfen wurden, bis sie eine mäßige Entfernung von einander herausgefunden hatten, in der sie es am besten aushalten konnten.

**Themen:** Teamarbeit, Kooperation, Distanz

Ein Gleichnis, das vom Philosophen Artur Schopenhauer stammt. Gelungene Teamarbeit ist demnach auch immer eine Frage des richtigen Abstands der Teammitglieder.

## Die Äpfel und die Pferdeäpfel

Nach einem starken Regenguss fielen einige Äpfel in den Bach, in dem schon ein großer Haufen Pferdeäpfel herumschwamm. Sie schwammen eine ganze Zeit nebeneinander her. Und die Pferdeäpfel riefen ständig: „Schaut mal her! Wie schön wir Äpfel schwimmen!"

**Themen:** Anbiederei, Selbstüberschätzung, Trittbrettfahrer, Teamarbeit

*Die Mitarbeiter*

Ein Gleichnis vom Fabeldichter Äsop, das anschaulich beschreibt, wie sich manche Menschen selbst aufzuwerten versuchen. Sie stellen irgendeine Gemeinsamkeit heraus, die sie mit anderen, irgendwelchen herausragenden Leuten verbindet. Dabei unterscheiden sie sich von denen wie die Pferdeäpfel von den Speiseäpfeln. Auch in manchen Teams kommt es vor, dass Mitarbeiter die gemeinsame Leistung besonders herausstreichen, zu der sie jedoch kaum beigetragen haben.

**Der Hirsch. Der Hase. Der Esel**

> Ein Hirsch mit prächtigem Geweih
> Von achtzehn Enden ging spazieren.
> Ein Hase lief vorbei;
> Sah ihn und stutzte.
>
> Starr auf allen Vieren
> Steht er und gafft ihn an,
> Macht Männchen, geht heran,
> Und sagt:
>
> Sieh mich doch an!
> Ich bin ein kleiner Hirsch;
> Denn spitz ich meine Ohren
> So hab ich solch Geweih wie du!
>
> Ein Esel hörte zu,
> Und sagte: Du hast recht,
> Wir sind von einerlei Geschlecht,
> Der Hirsch und ich und du.
>
> Der Hirsch tat einen Seitenblick
> Und ging in dicken Wald zurück.
>
> **Themen:** Selbstüberschätzung, Trittbrettfahrer

Ein Gedicht von Johann Wilhelm Ludwig Gleim, das stark an die Pferdeäpfel von Äsop erinnert. Doch hier sind es zwei kleine Tiere, die sich gegenseitig ihre Großartigkeit bestätigen, indem sie sich zum Hirsch erklären.

# Aus- und Weiterbildung

Die folgende Geschichte aus dem Buch „Kian Shu" des chinesischen Philosophen Tang Zhen handelt nicht nur von Ausbildung, sondern auch von Ausdauer. Sie lässt sich etwa einsetzen, wenn Sie Mitarbeiter motivieren müssen, etwas Neues zu lernen, was sie nicht sofort mit links beherrschen.

### Wie man aus einer Eisenkeule eine Nadel machen kann

Als der chinesische Dichter Li Bai noch ein Kind war, wurde er auf eine Schule geschickt, um die Dichtkunst zu erlernen. Doch die Bücher erschienen Li Bai zu schwierig, er verstand sie nicht und schwänzte oft den Unterricht, um auf der Straße zu spielen. Eines Tages sah er am Straßenrand eine alte Frau auf einem niedrigen Hocker sitzen, die geduldig eine eiserne Keule mit einem Schleifstein bearbeitete. „Was tust du da?", fragte er die Alte. Die blickte kurz auf und sagte: „Ich mache mir eine Nadel zum Stricken." Der kleine Li Bai war verblüfft. „Wie kann das sein, dass du aus so einem großen Stück Eisen eine Nadel machst?" Die alte Frau wandte sich ihm zu: „Das weißt du nicht? Diese Eisenkeule ist zwar groß, aber ich schleife sie jeden Tag. Muss sie dann nicht irgendwann zu einer Nadel werden?"

Li Bai kam ins Nachdenken. „Die alte Frau hat Recht", sagte er sich. „Wenn man geduldig und ausdauernd ist, wenn man jeden Tag an seiner Aufgabe sitzt, dann kann man alles schaffen." Er wandte sich um, kehrte in die Schule zurück und fing an, die Bücher, die er nicht verstehen konnte, zu studieren.

**Themen:** Ausdauer, Selbstdisziplin, Lernen, Vorbild, Ziele, Herausforderung

Die Geschichte lässt anschaulich werden: Mit ausreichender Selbstdisziplin und Ausdauer bringen wir auch Dinge fertig, die uns vorher völlig unmöglich erschienen sind.

### Konfuzius und die Strafen

Der sittenstrenge Konfuzius war eine Zeitlang oberster Richter in der Provinz Lu. Einmal kamen Vater und Sohn zu ihm, die sich gegenseitig verklagten. Anstatt in der Sache zu entscheiden, sperrte er beide miteinander ein, obwohl nach damaligem Verständnis der Vater im Recht war. Da bat der Vater um Einstellung des Verfahrens. Daraufhin ließ Konfuzius die beiden frei.

Sein Vorgehen stieß auf Unverständnis. Der Herr von Gi-sun beklagte, warum er nicht nach den Gesetzen den ungehorsamen Sohn verurteilt habe. Konfuzius erwiderte, bevor man strafen könne, müsse man belehren. „Wenn man ohne Warnung Strafen vollzieht, dann bedeutet dies Härte. Wenn man ohne Belehrung Vollendung verlangt, so ist das Grausamkeit." Zur Verdeutlichung gab Konfuzius das folgende Beispiel: „Über eine drei Fuß hohe Schranke kann auch ein leerer Wagen nicht hinüberfahren. Warum das? Weil sie zu steil ist. Einen Berg, der hundert Klafter hoch ist, kann hingegen auch ein voll beladener Wagen überwinden. Warum das? Weil die Wege allmählich ansteigen."

**Themen:** Personalentwicklung, Mitarbeiterbeurteilung, Abmahnung, Konsequenz, Ausbildung, Lernen, Motivation

Aus den Schulgesprächen von Konfuzius. Das Beispiel des Konfuzius können Sie überall dort einsetzen, wo immer Sie veranschaulichen wollen, dass eine allmähliche Steigerung/Anpassung/Erhöhung der Anforderungen effektiver ist als ein starres Ziel oder ein objektiver Maßstab. Die Geschichte eignet sich besonders gut für Fragen der Aus- und Weiterbildung, da unmittelbar einsichtig ist, dass bereits eine gar nicht so hohe Überforderung den anderen zum Stillstand zwingen kann (Schranke).

### Der Meisterringer

Im Orient gab es einen Meisterringer, von dem man sagte, dass er 360 Griffe beherrsche. Dieser Mann hatte einen Schüler, den er sehr mochte und dem er 359 Griffe beibrachte. Das reichte aus, um den Schüler so stark zu machen, dass er jeden besiegte, der sich ihm in den Ring stellte. Er war sehr stolz auf seine Siege und prahlte gegenüber dem Sultan damit, dass er nun auch seinen Meister schlagen könnte. „Doch aus Respekt gegen ihn würde ich ihn nie herausfordern." Da befahl der Sultan unverzüglich den Kampf in seiner Gegenwart. Kaum war der Gongschlag zur Eröffnung des Kampfes ertönt, da packte der Meister seinen

Schüler mit dem 360. Griff, hob ihn in die Luft und ließ ihn auf die Matte krachen. Der Sultan und sein Gefolge klatschten Beifall und wollten von ihm wissen: „Sag uns, Meister, wie ist es dir gelungen, diesen starken Gegner zu besiegen, der einst dein Schüler war?" – „Nun, ich habe ihm den letzten Geheimgriff nicht beigebracht. Denn ich wusste, eines Tages würde er mich zum Kampf fordern. Ich habe mich an einen Meister des Bogenschießens erinnert, der einmal gesagt hat: Keiner hat das Bogenschießen bei mir gelernt, der nicht hinterher versucht hätte, aus mir einen Idioten zu machen."

**Themen:** Wissensmanagement, Ausbildung, Karriere, Konkurrenz, Lernen

Eine Geschichte des persischen Dichters Moscharref od-Din ibn Saadi aus dem 13. Jahrhundert. Die Meister von heute müssen damit rechnen, dass sie morgen von ihren Schülern überrundet werden. Sofern sie dann noch selbst im Ring stehen (wie der persische Meisterringer), ist es für die Meister riskant ihren Schülern alles anzuvertrauen. Das eigene Wissen kehrt sich dann gegen sie und trägt zu ihrer Niederlage bei. Sie sollten zumindest den letzten Griff noch für sich behalten, mit dem sie ihren Herausforderer auf die Matte zwingen. Übertragen auf das Wissensmanagement bedeutet das: Von keinem „Meister" kann erwartet werden, dass er sein ganzes Wissen preisgibt.

### Die Jagd auf das Rotwild

Rotwildjäger gehen in den Wald, schießen einen Hirsch oder ein Reh und tragen es nach Hause. Das heißt, sei tragen nur den toten Körper nach Hause, denn das, was eigentlich das Rotwild ausmacht, das bleibt im Wald zurück. Die Jäger können es nicht mit Hause nehmen und sich als Trophäe an die Wand hängen. Ebenso geht es vielen Führungskräften, die auf der Suche sind nach dem richtigen Konzept zur Veränderung ihrer Organisation. Sie „erjagen" ein schlüssiges Konzept, aber „zu Hause" siegt die Alltagsroutine, die „Umsetzung" bringt enttäuschende Ergebnisse. Das Wesentliche des Konzepts, seine „Seele", ist verloren gegangen.

**Themen:** Veränderungskonzept, Theorie und Praxis, Umsetzung, „Spirit", Strategie, Weiterbildung, Zertifizierung

Die Metapher von der Rotwildjagd stammt von dem amerikanischen Autor Lin Ward. Sie lässt sich nicht nur auf Veränderungskonzepte anwenden, die von außen eingekauft werden, sondern auch auf Weiterbildungsmaßnahmen. Im Seminar erscheint noch alles so einfach und einleuchtend; doch im Arbeitsalltag stellt man fest, dass etwas Wesentliches fehlt.

**Mangelnde Begabung**

Ein junger Mann stellte sich bei Beethoven vor, um sein Schüler zu werden. Er spielte ihm ein Stück vor. Beethoven bemerkte verdrießlich: „Sie werden noch lange spielen müssen, bevor Sie einsehen, dass Sie völlig unbegabt sind."

**Themen:** Selbsteinschätzung, Begabung, Ausbildung, Lernprozess

Eine ziemlich boshafte Anekdote, die jedoch eine zutreffende Botschaft enthält, die man natürlich auch freundlich wenden kann: Am Anfang wissen wir oft nicht so genau, wie gut uns eine Aufgabe liegt, ebenso wie derjenige, der mit dem Klavierspiel beginnt, seine Fähigkeiten noch nicht einschätzen kann. Zugespitzt formuliert: Zu Anfang sind wir alle Stümper. Erst wenn wir eine gewisse Erfahrung gesammelt haben, kommen wir zu einem realistischen Urteil über unsere Fähigkeiten.

**Wie man ein Genie unterrichtet**

Ein Freund wollte den Komponisten Hanns Eisler in den zwanziger Jahren mit Albert Einstein bekannt machen. Er lud beide zum Abendessen in seine Wohnung ein. Als Eisler in die Diele kam, sah er dort einen Geigenkasten liegen. Sofort erinnerte er sich, dass Einstein gern Geige spielte, und er ahnte bereits, wer den berühmten Physiker wohl am Klavier begleiten sollte. Nach dem Essen war es soweit. Einstein kämpfte an der Violine tapfer gegen die rhythmischen Tücken des Stücks an. Schließlich fragte ihn Eisler: „Herr Professor, Sie werden doch bis drei zählen können!" Mit Mühe brachte man das Stück zu Ende. Seit diesem Abend behauptete Eisler, einer der Mathematiklehrer Einsteins gewesen zu sein.

**Themen:** Weiterbildung, Qualität der Dozenten, Referenzen, Image, Öffentlichkeitsarbeit

Eine Anekdote, mit der Sie leicht ironisch auf die etwas zweifelhafte Qualifikation mancher Seminarleiter anspielen können, die in einigen Fällen ähnlich beeindruckende Referenzen vorweisen können.

### Das echte Hornberger Schießen

„Das ging aus wie das Hornberger Schießen." So sagt man, wenn eine Angelegenheit ohne Ergebnis endet. Diese Redensart geht auf eine Anekdote aus dem 16. Jahrhundert zurück:

> In dem badischen Städtchen Hornberg kam der Herzog zu Besuch und sollte feierlich empfangen werden. Um ihre Sache möglichst gut zu machen, übten die Hornberger ausgiebig die Salutschüsse. Nur übertrieben sie es ein wenig damit, denn sie übten so lange, bis sie kein Pulver mehr hatten. Um den Landesherrn jedoch nicht völlig ohne Salut ins schöne Hornberg einziehen zu lassen, sollen einige Hornberger versucht haben, die Böllerschüsse durch lautes Brüllen nachzuahmen.
>
> **Themen:** Übung, Training, Vorbereitung, Weiterbildung, Simulation, Präsentation

Die Redensart passt eigentlich nicht so ganz zur Anekdote. Denn das hervorstechende Eigenschaft des Hornberger Schießens ist ja nicht seine Ergebnislosigkeit, sondern dass die Hornberger ihr Pulver zu früh verschossen haben, weil sie zu ausgiebig geübt haben. Und das lässt sich eben auch als die eigentliche Moral der Anekdote übermitteln: Bei der Vorbereitung, beim Training sollte es nicht zu perfekt zugehen, es sollten noch nicht alle Kräfte mobilisiert werden, weil sie einem dann später fehlen.

### Herkules und sein Musiklehrer

> Der griechische Musiker Linos sollte dem jungen Herkules das Spiel mit der Leier beibringen. Herkules zeigte jedoch wenig Interesse und wenig Begabung. Sein Spiel war so unsauber, dass es Linos eines Tages zu viel wurde und er seinem Schüler eine Ohrfeige verpasste. Das hätte er nicht tun sollen, denn Herkules nahm daraufhin die Leier und schlug Linos damit den Schädel ein. Dafür wurde er angeklagt. Weil er sich jedoch so

geschickt verteidigte, sprachen ihn die Richter frei und erkannten auf Notwehr.

**Themen:** Ausbildung, Weiterbildung, Begabung, Stärken/Schwächen

Eine finstere Geschichte, die unterschiedliche Deutungen zulässt. Beispielsweise können Sie damit illustrieren, wie überaus schädlich es ist, jemanden etwas erlernen zu lassen, wenn seine Begabungen erkennbar auf einem anderen Gebiet liegen. Linos zwingt Herkules das Leierspiel auf, er beurteilt sein Spiel nach falschen Maßstäben. Angemessener wäre es, von den vorhandenen Begabungen des jungen Helden auszugehen, anstatt ihn dafür zu strafen, dass er eine bestimmte Begabung nicht hat. Selbstverständlich können Sie die Geschichte auch als leicht ironischen Beitrag zum Thema erzählen, wie man mit seinen Lehrern nicht umgehen sollte.

# Die Organisation

Führungskräfte arbeiten in einem Unternehmen oder in der Verwaltung, mit einem Wort: in einer Organisation. Nun bestehen erhebliche Unterschiede zwischen verschiedenen Organisationen, ein mittelständischer Betrieb funktioniert anders als die öffentliche Verwaltung oder ein multinationaler Konzern.

Um die manchmal recht komplexen Strukturen und Abläufe einer Organisation zu beschreiben, bieten sich Metaphern besonders an. Mit ihnen können Sie sich und anderen verdeutlichen, wie Ihre Organisation aufgebaut ist – und wie sie sich verändern sollte.

**Die Topfpflanze**

> Eine Pflanze wächst niemals nur in eine Richtung. Je mehr sie in die Höhe wächst, umso tiefer müssen ihre Wurzeln reichen. Wie hoch eine gesunde Pflanze wachsen kann, entscheidet sich daher durch die Größe des Topfs. Soll die Pflanze weiter wachsen, braucht man einen größeren Topf. Allerdings vertragen es viele Pflanzen nicht, wenn man sie aus ihrer vertrauten Erde reißt und woanders wieder einpflanzt. Außerdem sind große, neue Töpfe teuer.
>
> Was also tun? Manche gießen die Pflanze einfach nicht mehr, damit sie nicht mehr so schnell wächst. Dadurch sparen sie sogar noch eine Menge Wasser. Doch verwundert stellen sie dann fest, dass die ganze Pflanze eingeht. Andere schneiden aus der Pflanze ein paar Triebe heraus und pflanzen sie in einen Nachbartopf. Keine schlechte Idee, doch dadurch wird ihre Pflanze niemals groß. Die dritten wollen mehr Platz für die Wurzeln schaffen und bohren daher viele kleine Löcher in den Topf. Doch dabei rieselt nur die Blumenerde raus. Es bleibt dabei: Wer eine gut wachsende Pflanze in seinem Blumenfenster hat, muss sie ab und zu umtopfen.
>
> **Themen:** Organisation, Wandel, Wachstum

Pflanzen sind eine beliebte Metapher für Organisationen, denn sie sind etwas Lebendiges, Organisches. Das kann ein wichtiger Vorteil gegenüber anderen, künstlichen oder gar mechanischen Metaphern sein, die auf manche Menschen bedrohlich oder gar lebensfeindlich wirken. Ein Unternehmen, das wie eine Pflanze wächst, erweckt eher Vertrauen als eines, das nach den Prinzipien des Verbrennungsmotors zu arbeiten scheint. Wenn Sie sich metaphorisch ins Reich der Pflanzen begeben, sollten Sie sich allerdings über eines klar sein: Durchgreifende Änderungen und Umstrukturierungen sind in dieser Metaphernwelt kaum zu vermitteln, denn eine Pflanze kann man nicht umbauen, sondern allenfalls umtopfen.

**Das Wachstum der Spinnenpflanze**

Wenn ihr der Topf zu klein wird, bildet die Spinnenpflanze neue Ableger, die in einen neuen Topf eingepflanzt werden müssen, um dort Wurzeln zu bilden. Aber die Ableger behalten die Verbindung zur Mutterpflanze. Nach und nach entsteht so eine riesige Pflanze, die in vielen Töpfen ihre Wurzeln hat.

Ebenso könnten Organisationen wachsen. Sie brauchen keinen „größeren Topf", denn Umtopfen ist aufwändig und Größe macht unflexibel. Gerade in Zeiten rascher Veränderung kann dies eine große Belastung bedeuten. Macht sie es hingegen wie die Spinnenpflanze, kann eine Organisation groß werden und dabei klein bleiben. Die Ableger bilden selbst neue Triebe aus und wachsen weiter. Wenn die Zeit reif ist, lassen sich einzelne Stängel kappen.

Zwischen den Töpfen der Spinnenpflanze fliegen Hummeln hin und her, „Organisationshummeln", die für einen lebhaften Austausch sorgen und Blütenstaub von einem Topf zum andern tragen. Dabei können in den unterschiedlichen Töpfen ganz verschiedene Blüten blühen, die jeweils andere Anforderungen stellen (im Unterschied zur echten Spinnenpflanze); jeder Topf ist selbstständig und gehört doch zu einer einzigen großen Pflanze. Wenn die Pflanze wächst und gedeiht, lässt sich von einem Beobachter bald nicht mehr sagen, in welchem der Töpfe eigentlich die Mutterpflanze steckt.

**Themen:** Organisation, Dezentralisierung, Vernetzung, Wachstum, Profit Center

Eine Metapher, die der Organisationstheoretiker Gareth Morgan entwickelt hat, um damit ein anschauliches Bild für vernetzte, dezentrale Organisationen zu finden. Es lässt sich vielfältig einsetzen: Sie können damit Abteilungen, Unternehmen oder Projektteams beschreiben, die miteinander vernetzt sind. Auch der Begriff der „Organisationshummeln" lässt sich unterschiedlich füllen: Es können abteilungsübergreifende Teams sein oder einzelne Mitarbeiter, die für produktive Unruhe sorgen sollen.

**Der Supertanker**

> Große Unternehmen sind schwerfällige Gebilde. Sie lassen sich nur langsam und mit großem Aufwand manövrieren, so wie die riesigen Öltanker, die auf den Meeren unterwegs sind. Befindet sich so ein Supertanker erst einmal auf einem bestimmten Kurs, dann behält er ihn bei. Kursänderungen sind nicht vorgesehen und müssten im Übrigen mit dem Kapitän, den Offizieren und dem Aufsichtsrat der Reederei abgesprochen werden.
>
> Wenn der Steuermann feststellt, dass sich der Tanker auf Kollisionskurs befindet, könnte er natürlich das Steuerrad in Panik herumreißen. Doch das hätte zunächst kaum Auswirkungen. Kann das andere Schiff nicht ausweichen, kommt es zur Kollision. Dann gibt es einen dumpfen Knall, vielleicht werden ein paar Rettungsboote zu Wasser gelassen, aber die meisten an Bord des Supertankers bemerken den Zusammenstoß nicht einmal. Darum würde ein erfahrener Steuermann auch niemals auf die Idee kommen, das Steuerrad herumzureißen, um einen Unfall zu verhindern. Eher steigt er vorher auf ein kleines Motorboot und rast davon.
>
> **Themen:** große Organisation, Flexibilität, Robustheit, Wandel

Eine weit verbreitete Metapher für die großen Organisationen. Mit ihr wird vor allem die Schwerfälligkeit hervorgehoben, bei gleichzeitiger Robustheit. So ein Supertanker lässt sich eben nicht so schnell umwerfen. Und doch können natürlich auch Supertanker kentern, sogar auseinander brechen. Die Folgen sind im Allgemeinen katastrophal. Das Bild des Supertankers wird auch gerne hergenommen, um zu überlegen, ob die Zeit der Supertanker nicht überhaupt vorbei sei und man beim gegenwärtigen Seegang nicht viele kleine wendige Schnellboote bräuchte.

**Der Schneemann in der Sonne**

Veränderungsbesessene Organisationen sind bestrebt, ein Höchstmaß an Flexibilität zu erreichen. Starre Strukturen sollen aufgeweicht werden, besser noch völlig verschwinden. Damit befinden sich die Organisationen in einem „chronisch aufgetauten" Zustand. Sie verlieren ihre Kontur, zerfließen wie ein Schneemann in der Sonne. Und es bildet sich keine neue Form. Wo sich vorher noch ein dicker weißer Mann uns in den Weg stellte, finden wir jetzt nur noch – Wasser.

**Themen:** Organisation, Wandel, Umstrukturierung, Flexibilität

Die Metapher von der „aufgetauten" Organisation geht auf die beiden Organisationstheoretiker Karl E. Weick und Kurt Lewin zurück. Die „Verflüssigungsmetapher" eignet sich sehr gut, um Umstrukturierungen anschaulich zu machen.

**Das starke Wasser**

Nichts in der Welt ist so weich wie das Wasser. Und doch gibt es nichts, das wie Wasser Starres und Hartes bezwingt. Unablässig strömt es nach seiner Art. Dass Schwaches über Starkes siegt, dass Starres Geschmeidigem unterliegt – wer wüsste das nicht? Und doch zieht keiner Nutzen daraus!

**Themen:** Wandel, Strategie, Ausdauer, Flexibilität, Kompromiss, Schwächen zu Stärken machen, Mitarbeiterführung, Persönlichkeit

Eine berühmte Metapher aus dem Buch Tao-te-king des chinesischen Gelehrten Laotse. Sie könnte überall in diesem Buch stehen, denn es ist eine universelle Metapher. In dem Bild des Wassers verdichtet sich eine ganze Philosophie. Nicht durch Unnachgiebigkeit und Härte setzt man sich durch, sondern durch eine Art des Nachgebens, des Zurückweichens. Dabei kommt es aber darauf an, dass das Wasser „unablässig strömt". Nur durch seine Beharrlichkeit und seine Beweglichkeit kann das Weiche das Harte überwinden. Kompromisse können Sie Ihrem Ziel näher bringen, jedoch nur, wenn Sie einen langen Atem haben. Das gilt für Einzelpersonen ebenso wie für Teams oder Organisationen.

## Die Jazzband

> Eine Jazzband braucht keinen Dirigenten. Im Zusammenspiel hat jeder seine Aufgabe. Wie er sie im Einzelnen löst, bleibt weitgehend ihm überlassen. Niemand sagt dem Bassisten, wie er seine Basslinien zu spielen hat. Natürlich müssen sie passen und gut klingen. Das erreicht der Bassist, weil er sein Instrument beherrscht, doch vor allem, weil er auf seine Mitspieler hört.
>
> Bei jedem Stück gibt es mehr oder weniger ausgedehnte Improvisationsteile, die niemals gleich klingen und die je nach Situation verlängert oder verkürzt werden können. Das Stück entsteht beim Spielen.
>
> Im Vergleich zum klassischen Orchester ist die Jazzband wesentlich flexibler und weniger anfällig gegenüber Störungen. Wenn bei einem klassischen Konzert dem Solisten eine Saite reißt, kommt dies einer Katastrophe gleich. Eine gut eingespielte Jazzband würde so etwas nicht in Verlegenheit bringen. Wenn dem Saxophonisten bei seinem Solo plötzlich die Puste ausgeht, löst ihn jemand ab, der Trompeter oder der Gitarrist oder der Bassist oder der Schlagzeuger.
>
> **Themen:** Organisationsform, Strukturen, Flexibilität, Kreativität, Spontaneität, Team

Gerade im amerikanischen Raum gilt die Jazzband als ein besonders viel versprechendes Organisationsmodell, wenigstens für kleinere Organisationen. Denn die Jazzband hat eine feste Form und bringt klare „Ergebnisse" hervor, besitzt aber gleichzeitig ein hohes Maß an Flexibilität und Improvisationstalent. Das Beste aber ist: Beide Seiten bedingen einander; es gibt keine Improvisation ohne feste Form. Und die feste Form lebt erst durch die Abweichung davon. Hinzu kommt die eminente Bedeutung des einander Zuhörens. Wenn Sie diese schöne Metapher verwenden, sollten Sie sich allerdings vorher vergewissern, dass Ihre Zuhörer Jazz auch mögen.

## Wenn der Schwanz mit dem Hund wedelt

Der Schwanz wedelt mit dem Hund.

Die Affen übernehmen den Zoo.

Der Kanarienvogel versucht die Katze zu fressen.

**Themen:** Organisation, Hierarchie, Dominanz, Merger

Gerade die erste ist eine beliebte und sehr anschauliche Metapher für den häufigen Fall, dass ein kleiner oder nachgeordneter, womöglich gar schwacher oder inkompetenter Teil der Organisation den übrigen vorschreiben will, was sie zu tun haben – ein recht unpassendes Verhalten, das nicht für Beliebtheit sorgt.

## Opposition muss sein

Der König von Ghargaroo, der die Regierungskunst studiert hatte, benannte einhundert seiner fettesten Untertanen, dass sie für ihn ein Parlament bildeten. Vierzig von diesen Einhundert sollten die Opposition bilden und jede Gesetzesvorlage ablehnen. Denn so funktioniert ein Parlament, hatte der kluge König gelernt. Als aber das erste Gesetz beschlossen wurde, gab es von der Opposition keinen Widerspruch. Daraufhin knöpfte sich der König die Abgeordneten vor: Sollte so etwas noch einmal vorkommen, werde er jeden Einzelnen enthaupten lassen. Die Opposition reagierte umgehend und schlitzte sich selbst den Bauch auf. Das gefiel dem klugen König von Ghargaroo nun gar nicht, denn eine Opposition war unbedingt nötig, für ein funktionierendes Staatswesen geradezu unabdingbar. Und so ließ der König alle Abgeordneten der Opposition ausstopfen und auf ihren Bänken festnageln.

**Themen:** Widerspruch, Opposition, Streitkultur, Gedankenfreiheit, Querdenker, Unternehmenskultur

Eine satirische Kurzgeschichte nach Ambrose Bierce, die nicht nur auf Staatswesen, sondern auch auf viele Unternehmen zutrifft: Opposition, Querdenken, kreative Unruhe sollen schon sein, aber ja ohne Einfluss bleiben. Mitarbeiter werden auf Kreativitätsworkshops geschickt, aber im Unternehmen bleiben sie genauso an ihren Bänken festgenagelt wie die Opposition in Ghargaroo.

**Ein Ring aus Raupen**

Die Raupen des Prozessionsspinners haben eine eigentümliche Art sich fortzubewegen. Sie bilden eine Kette, die erste Raupe kriecht voran, die zweite Raupe schließt sich ihr an, berührt mit ihrem Kopf das Hinterteil der vor ihr kriechenden Raupe, während sich an ihrem Hinterteil eine dritte Raupe orientiert, an deren Hinterteil wiederum eine weitere Raupe hängt und so geht es weiter bis zur letzten Raupe. Daraus entsteht eine Prozession von mehreren hundert Raupen, die durch den Wald kriecht und nach Nahrung sucht, und zwar bevorzugt Eichblätter.

Ein Wissenschaftler setzte eine solche Raupenprozession einmal in einen runden Blumentopf und legte ein frisches Eichblatt in die Mitte. Dabei fügte er die beiden Enden der Prozession zusammen. Es entstand also ein geschlossener Ring, jede Raupe hatte ein Vordertier und ein Hintertier und die Prozession bewegte sich nur noch im Kreis. Die Tiere krochen rund um den Blumentopf, immer wieder und immer wieder – bis sie verhungerten. Dabei befand sich ihre Lieblingsspeise direkt in ihrer Nähe. Sie hätten nur aufhören müssen, blind ihrem Vordertier zu folgen.

**Themen:** Organisation, Eigenverantwortung, Hierarchie, Routine, Konformismus

Diese Organisationsmetapher stammt von Lawrence J. Peter. Solange jeder nur blind seinem Vorgesetzten oder auch den Kollegen folgt, entsteht Leerlauf. Für eine erfolgreiche Organisation käme es darauf an, dass ihre Mitglieder danach schauen, wo ihre „Eichblätter" liegen und nicht, was die anderen Raupen machen.

# Unternehmensethik

Es gibt zahlreiche Geschichten, in denen das Fehlverhalten eines Einzelnen dazu führt, dass sich die gesamte Gemeinschaft ruiniert, weil alle es dem ersten gleichtun. Diesen Dominoeffekt schildert auch die folgende Geschichte.

**Die 101. Kuh**

In einem Dorf lebten hundert Bauern. Es gab dort eine große Gemeindewiese, die jeder von ihnen nutzen durfte. Dabei waren die Bauern übereingekommen, dass jeder von ihnen täglich eine seiner Kühe auf die Gemeinschaftsweide treiben durfte. Lange Zeit ging die Sache gut, doch eines Tages sah ein Bauer, wie sein Nachbar nicht nur eine Kuh, sondern zwei auf die Weide ließ. Der Bauer war empört. Am nächsten Morgen stellt er seinen Nachbarn zur Rede. „Was regst du dich so auf?", gibt dieser zurück. „Ich mache das schon eine Weile, ohne dass es irgendjemand gemerkt hat. Und keiner hat einen Schaden davon. Alle Kühe bekommen genug zu fressen. Die Wiese ist groß genug. Eine Kuh von dir hätte da sicher auch noch Platz." Da musste der Bauer seinem Nachbarn Recht geben. Am nächsten Tag grasten 102 Kühe auf der Weide. Das bemerkte ein dritter Bauer, der nun ebenfalls zwei Kühe auf die Weide trieb. Und so ging es fort. Jede Woche grasten mehr Kühe auf der Gemeindewiese, die hundert Kühen reichlich Nahrung gegeben hatte, doch von 120, 130 und schließlich 150 Kühen schnell abgeweidet war. Eines Tages war die Weide vollkommen kahl gefressen. Es war nicht einmal mehr genügend Gras für eine einzige Kuh vorhanden.

„Es waren einfach zu viele Kühe auf der Weide", erklärte einer der Bauern. „Oh, nein", erwiderte ein anderer. „Nicht die Menge der Kühe war die Ursache, dass unsere Gemeindewiese jetzt zerstört ist. Es war die 101. Kuh."

Themen: Wirtschaftsethik, Loyalität, schlechtes Vorbild, Lawineneffekt, Unternehmenskultur, Vertrauen, Ehrlichkeit, Dominoeffekt

Diese Version geht auf die Unternehmensberaterin und Autorin Monique R. Siegel zurück, die eine ganz ähnliche Variante auf ihrer Homepage mitteilt.

**Den Teich leer fischen**

Es ist nicht so, dass man keinen guten Fang macht, wenn man einen Fischteich leer fischt. Nur gibt es dann im nächsten Jahr dort keine Fische mehr. Es ist nicht so, dass man keine reiche Beute macht, wenn man das Buschwerk niederbrennt, um besser zu jagen. Nur gibt es dann im nächsten Jahr kein Wild mehr. Ein heimtückischer und betrügerischer Plan mag zwar für den Augenblick Erfolg bringen. Nur lässt er sich eben nicht wiederholen. Deshalb eignet er sich nicht als Plan für längere Zeit.

**Themen:** Wirtschaftsethik, Nachhaltigkeit, Strategie

Mahnende Worte aus dem altchinesischen Buch „Frühling und Herbst des Lü Bu-we". Es geht dabei nicht um ökologische Verantwortung oder den maßvollen Umgang mit den natürlichen Ressourcen, sondern um den Effekt, dass unmoralisches Verhalten gewissermaßen verbrannte Erde hinterlässt und auf Dauer keinen Erfolg verspricht.

# Flexibilität

Mit der folgenden Anekdote können Sie darauf aufmerksam machen, dass schon in der Vergangenheit manche Unternehmen ihren Erfolg ihrer ungemeinen Flexibilität verdankten und der Bereitschaft, sich von ursprünglichen Konzepten und Traditionen zu verabschieden.

### Seife, Kaugummi und Backpulver

Mit einem Startkapital von 32 Dollar gründet William Wrigley im Jahr 1891 ein Unternehmen, das Seifen an Großhändler liefert. Um sein Produkt attraktiver zu machen, legt er jeder Packung Gratisproben bei, eine damals völlig unbekannte Methode der Verkaufsförderung. Als Wrigley hört, dass sein Backpulver mehr Anklang findet als seine Seife, beschließt er, das Seifengeschäft aufzugeben und nur noch mit Backpulver zu handeln. Doch auch dem Backpulver legt er wieder Gratisproben bei. Diesmal handelte es sich um zwei Packungen Kaugummi. Und der Kaugummi kommt noch besser an als das Backpulver. Erneut trifft Wrigley eine folgenschwere Entscheidung: Die Zukunft gehört dem Kaugummi und nicht dem Backpulver. Abermals gibt er sein eigentliches Produkt auf und bietet nur noch Kaugummi an. Im Jahr 1893 kommen Juicy Fruit und Wrigley's Spearmint auf den Markt, zwei Klassiker, die sich bis heute gehalten haben. Innerhalb von 18 Jahren steigt Wrigley zur erfolgreichsten amerikanischen Kaugummimarke auf. Da überrascht das Unternehmen seine Kunden mit der nächsten Neuerung: Die Kaugummi werden nicht mehr lose in einer Schachtel angeboten, sondern einzeln in einer Schutzhülle verpackt.

**Themen:** Strategie, Innovation, Flexibilität, Kreativität, Sortiment, Kundenorientierung

Immerhin haben Seife, Backpulver und Kaugummi auf den ersten Blick sehr wenig miteinander zu tun. Stellen Sie auch das Selbstverständliche in Frage, und es erschließen sich Ihnen neue Möglichkeiten.

## Managementmethoden

### Der Regenmacher-Effekt

Kaum jemand in Europa zweifelt daran, dass die in Teilen Afrikas verbreiteten Regenmacher keinen Regen produzieren. Dennoch wäre es problematisch, wenn die traditionellen Kulturen ihre Regenmacher abschaffen würden. Denn ihr Nutzen besteht nicht darin, dass sie für Regen sorgen, sondern vielmehr den Zusammenhalt der Gemeinschaft stärken. Der Regenmacher bietet den Menschen die Möglichkeit, anhand der Frage von Regen oder Nichtregen darüber zu reden, ob ihnen die Götter und Geister wohl gesinnt sind. Der Regenmacher-Effekt beschreibt die Einsicht, dass auch bei uns viele Einrichtungen und Managementmethoden zwar nicht das erreichen, was sie versprechen, dafür aber andere nützliche, nicht sofort sichtbare Funktionen haben.

**Themen:** Managementmethoden, Führungswerkzeuge, Trends, Innovation, Unternehmensberatung, Wirksamkeit, Strategie, Motivation, Manipulation

Eine bemerkenswerte Metapher, die der Unternehmensberater Stefan Kühl geprägt hat und die sich auf unterschiedliche Aspekte im Unternehmen anwenden lässt: So könnten Sie eine bestimmte Managementmethode daraufhin betrachten, ob sie nicht wie ein „Regentanz" funktioniert: Sie bewirkt nicht das, was sie zu leisten verspricht, aber sie ist dennoch nützlich, denn sie stärkt den Zusammenhalt, sie schiebt Veränderungsprozesse im Unternehmen an und sie mobilisiert die Mitarbeiter (die annehmen, jetzt werde es endlich

„regnen"). Die Metapher mag provokant, ja zynisch wirken, dennoch kann sie sehr hilfreich sein, denn sie lässt sich ebenso als „Regentanz" nutzen: Sie macht es möglich, dass Sie über Managementmethoden oder auch Einrichtungen in Ihrer Organisation diskutieren können.

**Die Kutsche im Schlamm**

> Eine einspännige Kutsche bleibt im Schlamm stecken. Der Kutscher schwingt die Peitsche, aber das Pferd kommt nicht vom Fleck. Was tun? Die traditionelle Methode: Es wird ein zweites Pferd eingespannt, um die Kutsche aus dem Schlamm zu ziehen. Die Management-Methode: Es wird ein zweiter Kutscher auf den Kutschbock gesetzt. Die Shareholder-Value-Methode: Der Kutscher wird abgeschafft, das Pferd wird abgeschafft. An der Kutsche wird ein Schild befestigt: „Kutsche zu verkaufen."
>
> **Themen:** Management-Konzepte, Kernkompetenzen, Mitarbeiterführung, Shareholder-Value

Dieses Bild können Sie ganz nach Ihren Wünschen und Absichten ausschmücken und variieren, um unterschiedliche Management-Ansätze zu charakterisieren.

# Hierarchie

**Das Peter-Prinzip**

> In den 70er Jahren des vergangenen Jahrhunderts untersuchte Lawrence J. Peter Organisationen, ihre hierarchische Gliederung und die Prinzipien der Beförderung der Angestellten. Daraufhin formulierte er sein Prinzip:
>
> In einer Hierarchie neigt jeder Beschäftigte dazu, bis zu der Stufe seiner Unfähigkeit aufzusteigen.
>
> **Themen:** Hierarchie, Organisation, Beförderung, Karriere, Inkompetenz

Das bedeutet: Die Angestellten werden also so lange befördert, bis sie eine Stelle erreicht haben, für die sie nicht kompetent sind.

**Treppen, Leitern und Stühle**

Ihre Karriereleiter hat nur eine Sprosse. Und auf der stehen Sie bereits.

Er ist eine Karrierestufe nach der anderen hinaufgefallen.

Ihm ging es wie bei der Apfelernte: Er ist die Karriereleiter sehr schnell hinaufgestiegen. Doch dann hat er gemerkt, dass sie am falschen Baum steht.

Gebräuchliche Metaphern: die nächste Karrierestufe ist zu steil, das große Stühlerücken, einen Stuhl aufrücken, seinen Stuhl räumen, die Stelle ist ein Schleudersitz.

**Themen:** Karriere, Hierarchie, Konkurrenten

Alles Treppen- und Leiternartige, was man irgendwie hinaufsteigen kann, ist die zentrale Metapher, um den Weg durch die Hierarchie zu beschreiben. Im Zeitalter flacher Hierarchien sind auch die Stühle sehr beliebt, die sich ja auf einer Ebene befinden und die man auch ganz wegstellen kann, vor die Tür zumeist. Stühle werden vornehmlich gerückt oder gewechselt. In diesem Zusammenhang tauchen auch immer wieder Anspielungen auf das beliebte Kindergeburtstagsspiel „Die Reise nach Jerusalem" auf: Für die Teilnehmer gibt es immer einen Stuhl zu wenig, nach einem vereinbarten Signal es kommt darauf an, sich so schnell wie möglich auf einen freien Platz zu setzen.

**Die gläserne Decke**

Wenn Sie über eine bestimmte Karrierestufe nicht hinauskommen, weil Sie einer bestimmten Gruppe angehören, dann spricht man von einer „gläsernen Decke". Man kann diese Decke nicht sehen, aber auch nicht durchdringen.

**Themen:** Karriere, Hierarchie, Frauen, Karrierehindernis

Meist wird von der gläsernen Decke gesprochen, wenn es um die Karrierechancen von Frauen geht. Entweder soll die gläserne Decke durchbrochen werden oder sie ist bereits durchbrochen, dann nämlich, wenn sich in der Organisation bereits hinlänglich viele Frauen in Führungspositionen befinden.

**Brennholz stapeln**

> Dschi Yän war ein Mann, der sich nicht scheute, jedem rundheraus seine Meinung zu sagen. Sogar dem Kaiser gegenüber äußerte er sich freimütig: „Majestät pflegen seine Staatsbeamten so einzusetzen, wie man Brennholz stapelt: Wer zuletzt kommt, wird am höchsten platziert."
>
> **Themen:** Hierarchie, neue Führungskräfte, Konkurrenz, Loyalität

Eine Anekdote aus dem alten China, die der Schriftsteller Ban Gu überliefert hat. Die Metapher können Sie übernehmen, wenn Sie darauf hinweisen wollen, dass neuen Mitarbeitern in Ihrer Organisation bessere Bedingungen geboten werden als den altgedienten.

**Die Trompete, die Pyramide und die Zwiebel**

Um Hierarchien zu beschreiben, gibt es eine ganze Reihe von Metaphern:

> *Trompete*: eine schlanke Führungsspitze, ein schlanker Mittelbau und ein großer Trichter, der die Basis der Organisation bildet.
>
> *Pyramide*: Einer steht an der Spitze, je tiefer wir die Hierarchie herabsteigen, desto breiter wird die personelle Basis. Dabei handelt es sich um die traditionelle Form der Hierarchie. Weil sie als zu starr und zu fern von der Praxis kritisiert wurde, entwickelte man die *Dienstleistungspyramide*: eine Pyramide, die auf dem Kopf steht. Die traditionelle Führungsspitze befindet sich in dieser Hierarchie ganz unten. Ganz oben stehen hingegen die zahlreichen Kunden. Sie erteilen die Anweisungen; jede Hierarchieebene richtet sich nach der nächst niederen und nicht nach der höheren. Durch diese konsequente Kundenorientierung steht die Pyramide auf dem Kopf. Und doch bleiben die alten Ebenen erhalten. Sie aufzubrechen, ist die Idee der
>
> *Hierarchiezwiebel*: Hier gibt es eine Vielzahl von höher qualifizierten Arbeitsplätzen, die gar nicht so genau einer bestimmten Aufgabe und Ebene zugeordnet werden können. Wie bei einer Zwiebel gibt es nicht nur ein Oben und Unten, sondern auch ein Innen und Außen.

> Es lassen sich noch zahlreiche andere Metaphern finden als diese drei Klassiker. Der Organisationstheoretiker Gareth Morgan schlägt vor: *Pizza Quattro Stagione* (flache Hierarchie, mit diversen Beilagen belegt), *Spaghetti* (Nudeln kleben zeitweilig aneinander) oder *Joghurt* (wenn man alte und neue Kultur mixt, kommt nach kurzer Zeit eine einheitliche Joghurtkultur heraus).
>
> **Themen:** Hierarchie, Organisation, Flexibilität, Unternehmenskultur

**Parkinsons Gesetz**

Der britische Historiker und Publizist Cyril Northcote Parkinson nahm Mitte des vergangenen Jahrhunderts die Arbeit in der öffentlichen Verwaltung unter die Lupe und stellte fest, dass sich die Beamten vorwiegend mit sich selbst beschäftigten und sich gegenseitig die Arbeit zuschoben. Daraus leitete er folgendes Gesetz ab, das auch auf andere Organisationen angewendet werden kann:

> Jede Arbeit wird genau in dem Maße ausgedehnt, wie Zeit für ihre Erledigung zu Verfügung steht.
>
> **Themen:** Hierarchie, Organisation, Fristen, Projektmanagement

Aus Parkinsons Gesetz sollte man allerdings nicht den Fehlschluss ziehen, die Termine nun besonders eng zu setzen. Aber es stimmt schon: Auch sehr großzügig kalkulierte Fristen werden im Allgemeinen voll ausgeschöpft – oder auch überschritten. Übrigens trifft Parkinsons Gesetz nicht nur auf Organisationen und ihre Bürokratie zu. Auch Einzelkämpfer oder Projektteams machen meist die Erfahrung, dass sie für einen Auftrag genau so lange brauchen, wie der Kunde ihnen Zeit einräumt.

## Der Firmenname

**Ein Wunschname**

> Im Jahre 1924 wurde der Kaufmann Thomas Watson Präsident bei der Firma Computing Tabulating Recording Company, die alle möglichen Geräte herstellte, von Fleischwaagen bis zu Rechenmaschinen mit

Lochkarten. Zehn Jahre später änderte Watson den Namen der Firma in International Business Machines (IBM), obwohl das Unternehmen damals keineswegs international agierte. Auch der Ausdruck „Business Machines" war keine vollkommen zutreffende Beschreibung der aktuellen Produktpalette. Doch die neue Benennung sollte sich als außerordentlich glücklich erweisen, denn das Unternehmen entwickelte sich genau in diese Richtung: Es wurde international und es wurde zum Inbegriff für hochinnovative „Business Machines". Der Name ging der tatsächlichen Entwicklung voraus, es handelte sich um einen regelrechten Wunschnamen, wobei der Wunsch schon bald in Erfüllung gehen sollte.

**Themen:** Firmenname, Namensfindung, Strategie

Eine Anekdote, mit der sich illustrieren lässt: Man kann mit der Benennung der Firma ihre Richtung bestimmen und die Bezeichnung eine Nummer zu groß wählen, vorausgesetzt natürlich, es besteht begründete Aussicht, dass die Firma in diesen Namen hineinwächst.

### Wie die Firma Lego zu ihrem Namen kam

Bevor die Firma Lego mit den bunten Kunststoffsteinen zu Europas größtem Spielzeughersteller wurde, war sie eine kleine Tischlerei, ein unscheinbarer Familienbetrieb im dänischen Jütland. In seiner Freizeit hatte der Vater Ole Kirk Christiansen damit angefangen, aus dem Abfallholz Minitrittleitern und Bügelbretter für Puppenstuben zu basteln. Mitte der Dreißiger machte die Tischlerei das Holzspielzeug zu ihrem Geschäft, das zunächst noch wenig einträglich war. Immerhin sollte jedes Spielzeug der Familie Christiansen wieder zu erkennen sein und so sollte es gestempelt werden, bevor es die Werkstatt verließ. Doch der Aufdruck „Spielzeug aus der Tischlerei Christiansen in Billund" erschien etwas zu lang. Also suchte Ole Christiansen einen Firmennamen und lobte eine Flasche hausgemachten Rhabarberweins aus, die derjenige erhalten sollte, der einen griffigen Namen fand. Ob es daran lag, dass der Wein nicht so recht mundete, wissen wir nicht, auf jeden Fall ging kein einziger Vorschlag bei der Familie Christiansen ein. Also wurde Ole selbst kreativ und schuf den Namen „Lego" – als Abkürzung für das dänische „Leg godt" – auf Deutsch: „Spiel gut". Dass der Name auf Lateinisch so viel wie „ich sammle" oder „ich setze zusammen" bedeutet, wusste Christiansen nicht.

**Themen:** Firmenname, Markenname, Kundenbeteiligung, Kreativität, Zufall

## Die Geburtsstätte des Silicon Valley

Im Jahr 1938 ziehen David und Lucille Packard in ein Haus nach Palo Alto in Kalifornien. Hinter dem Haus steht eine Hütte, die Davids Kompagnon William Hewlett mietet. Hewlett und Packard arbeiten in der Garage. Hewlett und Packard haben ein Startkapital von 538 Dollar und noch keine klare Vorstellung, welche Produkte sie entwickeln und herstellen sollten. Ein Jahr später gründen die beiden eine Firma. Sie können sich nicht einigen, wie sie heißen soll: Hewlett-Packard oder Packard-Hewlett. Ein Münzwurf muss entscheiden. Das Ergebnis ist bekannt. Heute ist Hewlett-Packard einer der größten Computerhersteller der Welt. Vierzig Jahre später übrigens wird die improvisierte Werkstatt vom Staat Kalifornien als „Geburtsstätte des Silicon Valley" unter Denkmalschutz gestellt und ist noch heute zu besichtigen.

**Themen:** Firmenname, Markenname, Unternehmensgründung

# Problemlösung

„Alles Denken ist Problemlösen", behauptet der Philosoph Karl Raimund Popper. In der Tat verbringen wir einen großen Teil unseres Lebens damit Probleme zu lösen. Nicht selten übrigens Probleme, die vorangegangene Problemlösungen verursacht haben. In aller Regel müssen wir uns mit anderen über die Problemlösung verständigen, wir müssen Absprachen treffen, über Lösungswege reden und anderen erklären, wie wir zu einer bestimmten Lösung gelangt sind. Vor allem diejenigen, die dann die Lösung umsetzen sollen, haben ein berechtigtes Interesse daran zu erfahren, was hinter der ganzen Sache steckt.

Geschichten, Anekdoten und Metaphern sind da ein exzellentes Hilfsmittel. Mit ihnen können Sie nicht nur den Sachverhalt anschaulich machen, um den es geht, sondern auch Ihr Vorgehen plausibel machen. Und Sie können begründen, warum Sie die Methode, die ein anderer vorschlägt, für wenig hilfreich halten.

**Die Suche nach dem Schlüssel**

> Ein Mann kriecht neben einer Straßenlaterne auf dem Boden herum. Ein Polizist kommt vorbei. „Was machen Sie denn da?", fragt er den Mann. Der entgegnet: „Ich suche meinen Schlüssel." Der Polizist beugt sich zu ihm herunter und fängt ebenfalls an, den Boden nach dem Schlüssel abzusuchen. Doch auch der Polizist kann ihn nicht entdecken. „Und Sie sind sicher, dass Sie ihn hier unter der Laterne verloren haben?", fragt er noch einmal nach. „Nein", erwidert der Mann, „verloren habe ich ihn dahinten. Aber da ist es viel zu dunkel zum Suchen."
>
> **Themen:** Problemlösung, Wunschdenken, Ignorieren widriger Umstände

Ein beliebter Witz, den es in vielen Varianten gibt. Mit ihm können Sie darauf aufmerksam machen, dass eine bestimmte Maßnahme nicht geeignet ist, das Problem zu lösen, wenn die (unbequeme) Wirklichkeit ignoriert wird. Man manipuliert das Problem so, dass es lösbar erscheint. Doch damit verschwendet man nur seine Zeit. Es ist sicher schwieriger, einen Schlüssel im Dunkeln zu suchen als im hellen Schein einer Laterne; vielleicht entdecken wir ihn nicht. Aber wir haben einfach keine Wahl: Den Schlüssel müssen wir immer dort suchen, wo wir ihn verloren haben – auch wenn wir dafür im Dunkeln tappen müssen.

## Hammermetaphern

Das Gesetz der Stärke: Wenn du es nicht schaffst, versuche es nicht mit mehr Kraft, sondern hole dir einen größeren Hammer.

Wer nur einen Hammer hat, für den sieht jedes Problem wie ein Nagel aus. (Metapher aus den USA)

Wer einen Hammer hat, braucht Nägel.

Der Hammer muss nur für drei Schläge treffen, der Nagel muss für immer halten.

Sobald sich jemand hervortut, wird er wieder auf Linie gebracht. Wie man mit dem Hammer einen Nagel ins Brett einschlägt, solange noch der Kopf herausschaut. (Metapher aus Japan)

Gebräuchliche Metaphern: Holzhammer-Methode, mit dem Holzhammer, das trifft den Nagel auf den Kopf

**Themen:** Effizienz, Werkzeug, Problemlösung, Kreativität, Präzision, Verhältnismäßigkeit

Der Hammer ist eine vielseitige Werkzeugmetapher. Er ist stark und effizient, muss mit einer gewissen Präzision gehandhabt werden; wer daneben schlägt, verletzt sich selbst oder schlägt den Nagel krumm. Allerdings gilt der Hammer auch als grobes, undifferenziertes Instrument. Wer seine Probleme mit dem Hammer bearbeitet, der neigt zu schnellen, brutalen Lösungen. Unbarmherzig schlägt er den Nagel ein – und dann ist Ruhe. Die Arbeit mit dem Hammer ist gleichförmig, produziert auch immer das gleiche Ergebnis, sie gilt daher als unkreativ. Man spricht dann auch von der „Holzhammer-Methode"; die ist immer abwertend gemeint: man macht es sich zu einfach, geht ganz primitiv an die Sache heran. Wesentlich positiver erscheint der Hammer, wenn er als ein Werkzeug unter mehreren vorgestellt wird. Damit können Sie zum Ausdruck bringen: Ich verfüge über viele Instrumente; aber wenn es drauf ankommt, kann ich hart und präzise den Nagel einschlagen.

## Weitere Werkzeuge

Man kann mit einer Kneifzange keine Schrauben festdrehen.

Kein Messer hat an beiden Seiten eine Klinge. (Sprichwort aus China)

Der edle Mensch ist kein Instrument, das nur einem Zweck dient. (Konfuzius)

**Themen:** Methode, Problemlösung, Werkzeuge, Zweckentfremdung, Verhältnismäßigkeit der Mittel

Werkzeuge sind eine vielseitige Metapher, wenn es darum geht, ein bestimmtes Vorgehen, eine Methode zu beschreiben oder zu kritisieren. Jedes Werkzeug eignet sich nur für einen bestimmten Zweck. Wird es zweckentfremdet, dann ergeben sich wirkungsvolle Kontraste. Wenn Sie zum Beispiel bemängeln möchten, dass jemand allzu akribisch an eine bestimmte Aufgabe herangeht, dann lassen Sie ihn „mit einem Haarpinsel den Hof fegen", „mit einer Nagelschere den Rasen schneiden" oder „mit einer Pipette Löschwasser schöpfen". Auch lässt sich ein übertrieben aufwändiges Vorgehen beschreiben als der Versuch, „mit einer Bohrmaschine eine Briefmarke am Umschlag zu befestigen".

## Herkules und die Ställe des Augias

Augias war ein Sohn des Sonnengottes Helios und besaß wie sein Vater riesige Rinderherden. Die Ställe waren so verschmutzt, dass sie unbrauchbar geworden waren. Herkules sollte die dreckigen Ställe an einem einzigen Tag reinigen. Das war sein Auftrag. Zusätzlich verhandelte er mit Augias und verlangte für seine Dienste ein Zehntel der Herde. Augias war einverstanden. Herkules schlug Löcher in die Stallmauern und leitete den Fluss Alpheios durch die Stallungen. Noch vor Einbruch der Nacht verschloss er die Löcher wieder. Die Stallungen waren sauber. Herkules bekam für seine Arbeit allerdings keinen Lohn. Denn Augias weigerte sich, ihm seine Rinder zu geben. Immerhin habe Herkules ja im Auftrag gehandelt und sei deswegen gar nicht berechtigt, dafür noch eine Belohnung zu verlangen. Aber auch sein Auftraggeber Eurystheus wollte ihm diese Arbeit nicht anrechnen, weil er sich dafür entlohnen lassen wollte.

**Themen:** Lösungssuche, Kampf gegen unsaubere Verhältnisse, Großprojekt, Business Reengineering, Zusatzvereinbarung, Abzocken, technische Hilfsmittel

Überall, wo „unsaubere" Verhältnisse herrschen (in welchem Sinne auch immer), wird gerne die Metapher vom „Augiasstall" gebraucht, den man „entmisten" muss. Vielleicht bringt Sie ja die Lösung von Herkules (siehe Seite 58) auf Ideen, wie das zu schaffen wäre: Eine ziemlich drastische Maßnahme wie das Umleiten eines Flusses, die jedoch zeitlich begrenzt bleibt und die noch einen weiteren Vorteil hat – der Held muss sich nicht selbst die Hände schmutzig machen, sondern kann sich ganz auf die Kraft der Elemente verlassen. In diesem Sinne verwendet die Unternehmensberaterin Eileen C. Shapiro die Augias-Geschichte, um die Prinzipien des Business Reengineering zu erläutern: Einfach Löcher in die Stallwände schlagen und den ganzen Mist wegspülen. Darüber hinaus bietet die Augias-Geschichte noch eine weitere Einsicht an: Wer versucht noch zusätzlich für sich etwas herauszuschlagen, der gefährdet damit auch seinen ursprünglichen Auftrag. Ganz plakativ formuliert: Abzocken lohnt nicht, davon war man bereits in der Antike überzeugt.

## Die Eingeschlossenen

In London wollten einige Teenager eine Fete feiern. Vier hatten sich vorher getroffen, um alles vorzubereiten, die Musikanlage aufzubauen, die Möbel umzustellen sowie Bier und Snacks vom Dachboden zu holen. Dort hatten die Freunde nämlich die feste und flüssige Nahrung versteckt, denn die Eltern des Gastgebers waren am Vortag in den Urlaub gefahren und sollten möglichst nichts von der Fete mitbekommen.

Die vier stiegen auf den Speicher, und zwar alle gemeinsam, denn es gab ja viel zu tragen. Mit einem großen Knall fiel plötzlich die Dachbodenluke zu. Die Freunde zuckten vor Schreck zusammen. Stephen, einer der Jugendlichen, drückte gegen die Luke. Sie ließ sich nicht mehr öffnen. Allgemeines Entsetzen. Der nächste drückte gegen die Luke. Vergeblich. Nacheinander versuchten es alle, mal mit mehr, mal mit weniger Kraft. Doch die Luke ging einfach nicht mehr auf. Die vier mussten sich an den Gedanken gewöhnen, dass sie hier aus eigener Kraft nicht mehr herauskamen. Immerhin hatte einer ein Handy dabei. Die Rettung, dachten sie. Sie versuchten ihre Eltern anzurufen. Doch es klappte nicht. Egal, welche Nummer sie eingaben, sie bekamen keinen Funkkontakt. „Das gibt es doch gar nicht!", rief Ali, einer der Freunde. „Wir sitzen hier mitten in London auf einem Dachboden und sind von der Umwelt abgeschnitten!" Irgendwann klingelten die Gäste. Weil sich in dem Haus nichts rührte, dachten sie, die Fete falle wohl aus, und zogen wieder ab. Die vier auf dem Dachboden begannen sich über die Vorräte herzumachen. Immerhin gab es reichlich Bier, Wurstbrote und Chips. Nach ein paar Stunden bereiteten sie sich ein improvisiertes Nachtlager und schliefen ein.

Am nächsten Morgen mussten sie feststellen, dass all das kein böser Traum war – sie saßen immer noch auf dem Dachboden fest. Die Stunden dehnten sich. Sie versuchten es noch einmal mit dem Handy. Doch auch diesmal bekamen sie keinen Funkkontakt. So langsam machte sich Verzweiflung breit. Wie lange würden sie es hier aushalten? Wann würde man sie entdecken? Ob die Polizei schon nach ihnen suchte? Immerhin waren ja drei der vier in der Nacht nicht nach Hause gekommen. Aber nichts geschah. Irgendwann wurde es wieder Abend, die Nacht brach herein. Da erhob sich Stephen und sagte: „Diese verdammte Luke muss sich doch irgendwie öffnen lassen." Er ging zur Luke, fasste den Griff und anstatt dagegen zu drücken zog er daran. Und siehe da: Ohne Schwierigkeit ließ sich die Luke öffnen. Insgesamt 27 Stunden hatten die vier auf dem Dachboden verbracht.

**Themen:** Problemlösung, Kreativität, Offenheit, einfache Lösung, Notlage, Versuche

Ein authentischer Fall, der im August 2002 durch die Presse ging. Die Geschichte illustriert, wie blind wir manchmal für ganz nahe liegende Lösungen sind. Wenn etwas nicht gleich klappt, wie wir es uns vorstellen, dann haken wir die Sache ab, anstatt es auf andere Art und Weise zu versuchen (ziehen statt drücken). Wir suchen dann eher nach anderen Lösungen (mit dem Handy Hilfe rufen, auf die Polizei hoffen), wodurch wir die Sache immer komplizierter machen und dennoch nicht weiter kommen. Doch manchmal ist die Lösung eines Problems verblüffend einfach.

Nebenbei bemerkt: In Zeitungsmeldungen können Sie immer wieder solche kleinen aufschlussreichen Geschichten entdecken, die sich sehr gut in eine Argumentation, in eine Rede oder ein Gespräch einbauen lassen. Sie müssen nur aufmerksam dafür sein.

**Die Ameise und die Feder**

Eine Ameise verirrte sich eines Tages auf ein Blatt Papier und sah eine Feder, die schwarze Striche schrieb.

„Wie wunderbar das ist!", sagte die Ameise. „Dieses bemerkenswerte Ding mit einem eigenen Leben macht Schnörkel auf diese schöne Fläche, in einem solchen Ausmaß und mit solcher Energie, die den Anstrengungen aller Ameisen der Welt gleichkommt. Und die Schnörkel, die es macht! Sie sehen aus wie Ameisen, nicht wie eine, sondern Millionen, die alle zusammenlaufen."

Sie gab ihre Vorstellungen an eine andere Ameise weiter, die gleichermaßen interessiert war. Sie lobte die erste Ameise dafür, dass sie so gut beobachtet und nachgedacht hatte.

Doch eine dritte Ameise sagte: „Ich gebe zu, deine Bemühungen sind mir zugute gekommen, als ich dieses seltsame Ding beobachtete. Doch ich habe festgestellt, dass es nicht Herr seiner eigenen Arbeit ist. Du hast übersehen, dass diese Feder noch mit anderen Dingen verbunden ist, die ihm die Richtung weisen. Diese sind die treibende Kraft." So entdeckten die Ameisen die Finger.

Etliche Zeit später krabbelte die Ameise über die Finger und entdeckte, dass sie eine Hand bildeten. Sie machte sich gleich daran, die Hand gründlich zu erforschen, indem sie ausgiebig auf ihr herumkrabbelte.

Sie kehrte zu ihren Artgenossinnen zurück. „Ameisen!" rief sie, „ich habe eine wichtige Neuigkeit für euch. Die Finger gehören zu einem großen Ding. Das große Ding steuert die Finger und sorgt somit für die schönen Schnörkel."

Aber auch das war noch nicht die letzte Erklärung. Die Ameisen entdeckten nach und nach, dass die Hand mit einem Arm verbunden war und der Arm mit einem Körper. Sie fanden den Kopf, den Bauch, die Füße.

Was die Buchstaben allerdings bedeuten, das haben die Ameisen bis auf den heutigen Tag nicht herausgebracht.

**Themen:** Problembeschreibung, Erklärung, Wahrheit, Erkenntnis, Sinn, Ursachenanalyse

Eine Sufi-Geschichte, die illustriert, wie wir nach und nach ein Problem durchdringen. Unser Bild wird immer präziser und vollständiger, je mehr über die Sache in Erfahrung bringen. Wir können immer mehr „erklären" und das ist auch ganz hilfreich. Doch der „eigentliche" Sinn, die Bedeutung der Buchstaben, bleibt uns vielleicht für immer verborgen. Auf die Problemlösung übertragen heißt das: Auch plausible Erklärungen sind niemals das letzte Wort. In ähnlicher Weise lässt sich die Geschichte auf die Ursachenanalyse übertragen.

## Der kleine Kratzer am Knie

Bei einem Spaziergang blieb ein Edelmann kurz in einem Dornbusch hängen. Es tat nicht weiter weh und weil er es eilig hatte, setzte er schnell seinen Weg fort, ohne weiter darüber nachzudenken. Doch als er am Abend sein Knie besah, entdeckte er einen Kratzer. Der war zwar klein, doch immerhin, es war ein wenig Blut geflossen. „Da muss Salbe drauf", sagte sich der Edelmann und ließ seinen Diener kommen. Es war zwar nur ein kleiner Kratzer, aber wenn man mit dem Finger drüberstrich, tat es sogar ein bisschen weh. In der Nacht wachte der Edelmann auf. Er fasste an sein Knie. Der Kratzer war immer noch da. Ja, er juckte sogar ein wenig. Er sah hässlich aus, dieser Kratzer. Der Kratzer fing an ihn zu stören. Der Kratzer sollte weg. Er strich mit dem Finger über den Kratzer. Der Schorf löste sich schon etwas. Den Rest der Nacht verbrachte der Edelmann damit immer wieder an seinem Kratzer herumzupulen. Am nächsten Morgen hatte sich sein Zustand verschlechtert. Er ließ einen Arzt rufen. Der besah sich den Kratzer genau und verschrieb eine Medizin. Um kein Risiko einzugehen, sollte der Edelmann lieber im Bett bleiben. Da lag er nun und dachte ständig nur an diesen Kratzer. Immer wieder musste er sich den Kratzer anschauen und obwohl er wusste, dass das gar nicht gut war, fasste er immer wieder mit den Fingern an den Kratzer. Nach drei Tagen hatte sich der Kratzer entzündet. Das Knie war angeschwollen. Der Arzt verkündete mit sorgenvoller Miene: „Wir müssen das Bein amputieren."

**Themen:** Problemlösung, Eskalation, Konflikte, Gelassenheit, Überbewertung

Harmlose Probleme können sich zu schweren Belastungen auswachsen, wenn man ihnen zu viel Aufmerksamkeit schenkt. Manches Problem gibt sich einfach irgendwann von selbst wieder, ohne dass Sie sich darum kümmern müssen. Wenn Sie hingegen daran herumdoktern, die Sache immer wieder durchdenken und durchgrübeln, machen Sie es immer schlimmer. Kleinere Kratzer lassen sich nun mal nicht vermeiden, wenn man im Gelände unterwegs ist. Nehmen Sie sie einfach hin.

## Das achtzehnte Kamel

Ein Mullah ritt auf seinem Kamel nach Medina. Unterwegs stieß er auf drei Männer, die neben einer Gruppe von Kamelen standen und niedergeschlagen auf die Erde starrten. „Was ist mit euch?", fragte der Mullah, „warum seid ihr so traurig?" „Ach, unser Vater ist gestorben", entgegnete der älteste der drei. „Allah möge ihn segnen", sagte der Mullah, „das tut mir Leid für euch. Aber er hat euch doch bestimmt etwas hinterlassen?" – „Das ist es ja", sagte der zweite, „unser Vater hatte diese siebzehn Kamele. Das ist alles, was er hatte." – „Siebzehn Kamele? Das ist doch nicht wenig! Da braucht ihr doch nicht so trübsinnig zu sein!" – „Wir haben aber ein Problem", sagte der älteste. „Unser Vater hat verfügt, dass ich als der älteste die Hälfte seines Besitzes bekomme, mein jüngerer Bruder ein Drittel und der jüngste von uns ein Neuntel. Wir haben schon alles versucht, die Kamele aufzuteilen, aber es geht einfach nicht. Wir können sie ja nicht in der Mitte durchschneiden."

Der Mullah überlegte einen Augenblick, dann hellte sich seine Miene auf und er sagte: „Ich glaube, ich weiß, wie ich euch helfen kann. Nehmt für einen Augenblick mein Kamel und lasst uns sehen, was geschieht."

Nun waren es achtzehn Kamele. Die Hälfte davon, also neun, bekam der Älteste. Neun Tiere blieben übrig. Ein Drittel von achtzehn sollte der Zweitälteste bekommen, an ihn gingen sechs. Da blieben noch drei Tiere übrig. Ein Neuntel war für den Jüngsten, das waren zwei Kamele. Es blieb ein Kamel übrig, das Kamel vom Mullah. Er stieg wieder auf, ritt weiter und winkte den Brüdern zum Abschied zu.

**Themen:** Problemlösung, Bezugsrahmen, Katalysator, Mitarbeiterführung, Unternehmensberatung, Mediator

Eine beliebte Sufi-Geschichte, die darauf hinweist: Manchmal müssen wir unseren Bezugsrahmen einfach nur erweitern, um ein Problem zu lösen. Wir müssen etwas hinzufügen, einen Katalysator, der die Dinge so verändert, dass wir ihnen besser beikommen. Aber die Geschichte kann auch anders gedeutet werden. In dem Wirtschaftsfachbuch „Oszillodox" von Peter Littmann und Stephan A. Jansen etwa wird der Ratschlag erteilt: „Seien Sie das achtzehnte Kamel!" Gemeint ist: Tragen Sie als eine Art Katalysator dazu bei, dass die anderen ihr Problem lösen. Wenn das geschehen ist, begeben Sie sich zu einer anderen Karawane. So ähnlich wie eine „Organisationshummel" (siehe Seite 142).

## Guter Rat mit Salat

Ein Student suchte tagelang eines seiner Bücher und konnte es nicht finden. Nun aß er zufällig einmal Salat, drehte sich um und entdeckte mit einem Mal das gesuchte Buch in der Ecke. Später traf er einen Freund, der sich beklagte: „Ich habe alle meine Kleider verloren." Da gab der Student den Rat: „Sei doch nicht traurig. Du musst einfach nur einen Salat kaufen, ihn aufessen und in die Ecke schauen. Dort wirst du deine Kleider dann finden."

**Themen:** Ratschläge, Problemlösung, Zufall, Irrtum

Eine kleine Geschichte aus dem „Philogelos", einer Sammlung antiker und mittelalterlicher Scherzgeschichten. Ähnliche Problemlösungsmethoden sind bis heute in Gebrauch. Eine Sache klappt unter bestimmten Umständen, die mit der Sache an sich gar nichts zu tun haben. Tritt das nächste Mal ein ähnliches Problem auf, wird versucht, die damaligen Umstände herbeizuführen.

Vor allem bei Softwareproblemen ist dieses Vorgehen sehr verbreitet, zumal man als Laie die wahren Ursachen ohnehin nicht kennt.

### Der Cargo-Kult

> Während des Zweiten Weltkriegs entstand unter den Ureinwohnern von Papua-Neuguinea ein so genannter „Cargo-Kult" – benannt nach der Luftfracht, die von Flugzeugen der Amerikaner auf die Inseln gebracht wurde. Die Eingeborenen hatten beobachtet, wie große Silbervögel (nämlich die Flugzeuge) vom Himmel donnerten, um nützliche und wertvolle Güter zu bringen. Die Eingeborenen sahen sich genau an, wie das vor sich ging. Später bauten einige von ihnen Nachbildungen von Landebahnen, errichteten aus Holz Attrappen von Funktürmen – und warteten geduldig darauf, dass nun ihre eigenen Silbervögel landen würden.
>
> **Themen:** Weltbild, Zusammenhänge, Kausalität, Problemlösung, Nachahmung

Vor allem im anglo-amerikanischen Raum ist diese Geschichte recht beliebt. Sie wird oft dann ins Spiel gebracht, wenn die Grenzen unserer eigenen Erkenntnis aufgezeigt werden sollen: Möglicherweise verhalten wir uns genauso wie die Ureinwohner von Papua-Neuguinea, die innerhalb ihres eigenen Weltbildes ja vollkommen konsequent handeln. Die Geschichte lässt sich übertragen auf Managementmethoden, Marktforschung oder auch die Gesetze des Marktes. Sie können sie als selbstironischen Einschub erzählen oder eine allzu selbstsichere, in Ihren Augen borniert Haltung Ihres Gegenübers angreifen. Noch etwas sollten Sie wissen: Die Geschichte gilt zwar durchaus als glaubhaft. Doch ist Skepsis angebracht. Vermutlich hat sie der Physiker Richard Feynman in die Welt gesetzt, und es liegt nahe, dass er sie sich ausgedacht hat.

### Entschädigung

> Christoph Willibald Gluck war zu seiner Zeit ein Star, wenn auch ein heftig umstrittener. Mit seinen „Reformopern" hat er auf das Musikdrama einen ähnlich starken Einfluss ausgeübt wie hundert Jahre später Richard Wagner. Eines Nachts spazierte der Komponist durch die Stra-

ßen von Paris. Er summte eine Melodie vor sich hin und schwenkte dabei übermütig seinen Stock. Doch aus Versehen traf er dabei eine Fensterscheibe und zerschlug sie. Der Wohnungsinhaber kam sofort heraus und verlangte 30 Sous Schadensersatz. Da der Komponist nur ein großes Geldstück bei sich hatte, gab er dies dem Geschädigten. Auf dessen Einwand, dass er nicht herausgeben könne, schlug Gluck mit dem Stock noch weitere Scheiben ein und beschied dem Bewohner: „Jetzt sind wir quitt!"

**Themen:** Schadensersatz, Gerechtigkeit, Preispolitik

Eine beliebte Anekdote, die auch mit anderen „Fenstereinwerfern" erzählt wird. Die etwas rabiate Problemlösung macht darauf aufmerksam, dass man zwischen ungewollter und willentlicher Schädigung sehr wohl unterscheiden muss. Man könnte die Anekdote auch in einer etwas anderen Lesart auf einen ganz anderen Bereich übertragen, nämlich die Produktvermarktung: Ein Produkt wird mit unnötigen Zusatzfunktionen oder einer überteuerten Verpackung ausgestattet, damit der Kunde einen höheren Preis bezahlt. Doch wird der Kunde den Preis kaum als „gerecht" empfinden, wenn der den ganzen Schnickschnack nicht braucht.

### Zwei Männer im Kamin

Ein Mann kommt zum Rabbi: „Rabbi, was ist Talmud?" – „Nun, ich werde Ihnen vier Fragen stellen, um es Ihnen zu erklären", sagt der Rabbi. Der Mann wundert sich ein wenig, doch will er es natürlich wissen: „Wie lautet die erste Frage?"
„Zwei Männer rutschen einen Kamin herunter. Der eine kommt mit einem sauberen Gesicht heraus, der andere mit einem schmutzigen. Wer von beiden wäscht sich das Gesicht?"
„Natürlich der mit dem schmutzigen Gesicht."
„Falsch. Es ist doch so: Der mit dem schmutzigen Gesicht sieht den mit dem sauberen Gesicht und glaubt, sein Gesicht sei auch sauber. Der mit dem sauberen Gesicht sieht den mit dem schmutzigen Gesicht und meint, seines sei auch schmutzig. Also wäscht er sich sein Gesicht."
„Aha. Und wie lautet die nächste Frage?"
„Zwei Männer rutschen einen Kamin herunter. Der eine kommt mit

einem sauberen Gesicht heraus, der andere mit einem schmutzigen. Wer von beiden wäscht sich das Gesicht?"
„Das hatten wir doch eben schon. Der mit dem sauberen Gesicht."
„Falsch. Es ist doch so: Der mit dem sauberen Gesicht wäscht sich das Gesicht. Das sieht der mit dem schmutzigen Gesicht und fragt sich: Wieso wäscht der sich das Gesicht? Natürlich weil er gesehen hat, dass ich ein schmutziges Gesicht habe. Also merkt der mit dem schmutzigen Gesicht, dass er sich waschen muss. Also waschen sich beide das Gesicht."
„In Ordnung. Und wie lautet die dritte Frage?"
„Zwei Männer rutschen einen Kamin herunter. Der eine kommt mit einem sauberen Gesicht heraus, der andere mit einem schmutzigen. Wer von beiden wäscht sich das Gesicht?"
„Beide waschen sich das Gesicht."
„Falsch. Es ist doch so: Der mit dem schmutzigen Gesicht sieht den mit dem sauberen und denkt: Mein Gesicht ist sauber, ich brauche mich nicht zu waschen. Der mit dem sauberen Gesicht sieht den mit dem schmutzigen Gesicht und er sieht, dass er sich nicht wäscht. Da denkt er: Na, wenn der sich nicht mal wäscht, dann brauche ich mich auch nicht zu waschen. Also wäscht sich keiner von beiden."
„Gut, gut, ich habe verstanden. Dann stellen Sie mal die letzte Frage!"
„Zwei Männer rutschen einen Kamin herunter. Der eine kommt mit einem sauberen Gesicht heraus, der andere mit einem schmutzigen. Wer von beiden wäscht sich das Gesicht?"
„Keiner."
„Falsch. Es ist doch so: Wie soll es möglich sein, dass zwei Männer denselben Kamin herunterrutschen – und der eine kommt mit einem sauberen und der andere mit einem schmutzigen Gesicht heraus? Sehen Sie – das ist Talmud."

**Themen:** Problemlösung, Erklärungsversuche, Fragestellung, Plausibilität, Ursachenanalyse, Abweichungen

Eine bekannte jüdische Geschichte, die in mehreren Versionen kursiert. Das Entscheidende ist: Eine Frage – vier plausible Antworten, die immer tiefer in das Problem eindringen. Zuletzt wird die Frage selbst als unsinnig zurückgewiesen. Damit ist die Geschichte ein Musterfall für Problemlösungen. Es gibt mehrere Antworten. Doch kommt es darauf an, sich nicht mit der erstbesten

Lösung zufrieden zu geben, die einem plausibel erscheint, sondern weiterzufragen. Jede Antwort ist Anlass, den Dingen noch tiefer auf den Grund zu gehen. Und am Ende gelangen wir vielleicht zu der Erkenntnis, dass wir unsere Problemstellung neu formulieren müssen.

## Das Glas Milch

Nasrudin und ein Freund wanderten eine staubige Straße entlang. Sie kamen an einen Laden. „Lass uns hier etwas zu trinken kaufen", schlug Nasrudin vor. Die beiden Freunde leerten ihre Taschen aus und stellten fest, dass ihr Geld gerade ausreichte, um gemeinsam ein Glas Milch zu kaufen. Das taten sie auch. Der Freund sagte: „Trink du deinen Anteil zuerst. Ich habe noch eine kleine Prise Zucker bei mir. Die will ich in meinen Anteil hineintun." – „Tu ihn doch gleich hinein", schlug Nasrudin vor, „dann haben wir beide etwas davon." Der Freund schüttelte den Kopf: „Nein, es ist nicht genug Zucker, um das ganze Glas zu süßen." Nasrudin ging noch einmal in den Laden und kam mit einem Salzstreuer zurück. „Ich habe die Lösung, mein Freund. Ich trinke *meine* Hälfte mit Salz. Und es ist genug für das ganze Glas da."

**Themen:** Kooperation, Einzelkämpfer, Problemlösung, Problemdefinition, Egoismus

Eine Sufi-Geschichte mit dem weisen Narren Nasrudin (siehe Seite 66). Der Freund will nicht kooperieren, sondern seinen Zucker ganz allein genießen. Nasrudin findet eine Lösung, ihm dieses Vorhaben buchstäblich zu versalzen – indem er nämlich kooperiert. Abgesehen von dieser Nachhilfe in Sachen Kooperation ist die Geschichte auch als Problemlösung interessant. Nasrudin definiert das Problem neu. Er betrachtet das Glas Milch nicht als Behälter von zwei Anteilen, sondern als ganzes. Dadurch verhindert er, dass der Freund seinen gesüßten Anteil herauslösen kann.

## Herkules und die Hydra

Herkules' Aufgabe Nummer zwei (siehe Seite 58): Er sollte die Lernäische Hydra töten, eine Wasserschlange mit Hundekörper und vielen, vielen Köpfen, die eine unangenehme Eigenschaft besaßen: Schlug man einen Kopf ab, wuchsen zwei neue nach. Obendrein besaß die Hydra neben ihren zahlreichen „sterblichen" Köpfen noch einen „unsterblichen". Herkules löste das Problem, indem er seinen Neffen Iolaos zur Hilfe rief. Immer wenn Herkules einen Hydrakopf mit dem Schwert abgeschlagen hatte, sollte Iolaos den Halsstumpf mit einer Feuerfackel ausbrennen. Nachdem alle sterblichen Köpfe abgeschlagen waren, blieb nur noch der unsterbliche übrig. Den hieb Herkules mit einem mächtigen Schlag ab und begrub ihn unter einem Felsen. Anschließend schnitt er den Körper der Hydra auf und entnahm ihm sein Gift, um seine Pfeile hineinzutauchen. Die Arbeit wurde Herkules aber nicht angerechnet, weil er sich von einem anderen dabei hatte helfen lassen.

**Themen:** Problemlösung, isolierte Gegenmaßnahmen, Teilprobleme, Ideenfindung, Teamarbeit

Die Hydra ist eine weit verbreitete Metapher für alle Probleme, die nicht geringer werden, wenn man isolierte Gegenmaßnahmen ergreift, sondern die sich sogar noch verschlimmern. Man glaubt ein Teilproblem gelöst zu haben, hat gewissermaßen der Hydra einen Kopf abgeschlagen, doch es wachsen zwei neue Probleme nach. Je nach Problemfall lassen sich daraus unterschiedliche Konsequenzen ziehen. Nicht immer kommt die „Herkules-Methode" in Betracht, nämlich das Problem mit Stumpf und Stil „auszubrennen", also entsprechend rücksichtslos vorzugehen. Gerade wenn Sie es mit menschlichen Problemen zu tun haben, dürfte eine andere Art der Problemlösung vielversprechender sein: Entweder lösen Sie das „Hydraproblem" als Ganzes (und nicht als die Summe lauter kleiner Teilprobleme). Oder Sie lernen „mit der Hydra zu leben", d. h. Sie arrangieren sich mit kleinen Missständen, weil Sie einsehen, dass der Kampf dagegen die Lage nur verschlimmern würde.

## Furcht und Glauben

Im Salon der Schriftstellerin Marquise Marie du Deffand trafen sich im 18. Jahrhundert zahlreiche Größen des Geistes und der Politik. Es war das Zeitalter der Aufklärung und der Vernunft, gleichzeitig kamen aber auch spiritistische Sitzungen und allerlei Geisterbeschwörungen sehr in

Mode. Und so wollte man eines Tages von der Marquise wissen, ob sie an Geister glaube. „Nein, ich glaube nicht an Geister", erwiderte die Gastgeberin. „Aber ich habe Angst vor ihnen."

**Themen:** Irrationalität, Angst, Entscheidungen

Eine Anekdote, die darauf aufmerksam macht, dass irrationale Motive immer eine Rolle spielen können, auch bei Menschen, die durchaus erkennen, dass sie sich vernünftigerweise anders verhalten müssten.

## Individuelle Kochrezepte

Rezepte sind zwar hilfreich, jedoch nur bis zu einem gewissen Punkt. Wer wirklich gut kochen will, für den können Kochrezepte regelrecht ein Hindernis darstellen. Wie Bill Backer, leitender Kreativdirektor einer Werbeagentur, ausführt: „Bei allem Respekt für die Meisterköche, die uns ihre Rezepte verraten, – sie können einem nur beibringen, wie man *ihr* Soufflé macht. Wenn Sie Ihr eigenes Soufflé zubereiten wollen, müssen Sie zunächst einmal verstehen, warum Eier und Mehl zu einer lockeren Masse aufgehen oder nicht, wenn man damit bestimmte Dinge anstellt. Und dann müssen Sie Ihre eigenen Theorien entwickeln. Auf dieser Grundlage können Sie dann Ihre eigenen Gerichte zubereiten."

**Themen:** Patentrezepte, *Best practices*, vorgefertigte Lösungen, Problemanalyse, tieferes Verständnis, Experimentieren

Es ist nicht sinnvoll, eine erfolgreiche Lösung einfach zu übernehmen, ohne sich um die Hintergründe zu kümmern. Vielmehr brauchen Sie ein tieferes Verständnis der Problemlage, um zu eigenen Lösungen zu kommen, die vermutlich auch Ihrem Problem viel eher entsprechen.

## Die Jagd auf den gefesselten Hasen

Der französischer Schriftsteller Henri Murger, Autor der „Bohème", war ein leidenschaftlicher, aber nicht sich sehr erfolgreicher Jäger. Oftmals ging er bei den Jagden leer aus. Ein Bauer hatte deshalb Mitleid und schenkte ihm einen lebenden Hasen, der in einem Käfig saß. Den sollte Murger totschießen und als Jagdtrophäe seinen Freunden präsentieren.

Murger holte den Hasen aus dem Käfig, band ihn an einem Baum fest, lud sein Gewehr durch und schoss. Doch traf er nicht den Hasen, sondern zerschoss die Schnur. Der befreite Hase lief davon.

**Themen:** Misserfolg, Hilfestellung, leichte Aufgabe, Inkompetenz

Es gibt Situationen, da bringen wir auch mit tätiger Mithilfe von anderen einfach nichts zuwege. Wir schaffen es nicht einmal, einen „gefesselten Hasen" aus nächster Nähe zu treffen. Ja, die vermeintliche Hilfestellung macht das Scheitern nur umso schmerzlicher.

**Der Mann mit der Laterne**

Ein Mann verirrt sich im Wald. Es dämmert schon und mit zunehmender Dunkelheit wird er immer nervöser. Schließlich sieht er in der Ferne ein Licht und geht darauf zu. Das Licht gehört einem Mann, der eine Laterne hochhält. Der Verirrte sagt: „Da bin ich aber froh, dass ich Sie gefunden habe. Ich habe mich nämlich verirrt und hatte schon Sorge, dass ich mich in der Dunkelheit gar nicht mehr zurechtfinden würde. Aber jetzt ist ja alles in Ordnung, denn Sie können mir ja zeigen, wie ich wieder aus dem Wald herauskomme." – „Es tut mir leid", erwidert der Mann mit der Laterne, „aber ich habe mich auch verirrt." Der erste Mann seufzt: „Na ja, dann lassen Sie uns gemeinsam weitergehen. Ich glaube, wir gehen am besten in diese Richtung!" Der Mann will losgehen, doch der andere hält ihn fest. „Warten Sie", sagt er. „Ich kann nicht so schnell. Ich bin blind." Der andere schüttelt verständnislos den Kopf: „Wieso haben Sie dann eine Laterne – wenn Sie gar nichts sehen können?!" Der Mann mit der Laterne erwidert: „Ganz einfach. Damit *Sie mich* sehen können."

**Themen:** Perspektivenwechsel, Wahrnehmung, Problemdefinition, Kreativität, Teamarbeit, Kooperation

Nach einer chassidischen Erzählung, die uns daran erinnert, dass die Dinge für unterschiedliche Menschen verschiedene Bedeutungen haben können. Ein Sehender braucht die Laterne zum Sehen, ein Blinder zum Gesehenwerden. Sehr wichtig ist bei der Geschichte auch der Perspektivenwechsel, der Blinde versetzt sich in die Lage desjenigen, der ihm helfen soll. Das verändert seine

Fragestellung. Es geht nicht länger darum: Wie finde ich als Blinder aus dem Wald heraus? Sondern: Wie schaffe ich es, dass mich jemand aus dem Wald herausführt? Das führt schließlich zur Lösung.

## Kettenreaktion

> Der Mathematiker David Hilbert hatte abends Gäste im Haus. Als die Abendgesellschaft begann, kam Hilbert die Treppe herunter, jedoch ohne Krawatte. Seine Frau bemerkte es gerade noch rechtzeitig und schickte ihn sofort wieder ein Stockwerk höher, um sich einen Schlips umzubinden. Sie wartete, die Gäste warteten, doch wer nicht kam, war David Hilbert. Nach einer Dreiviertelstunde ging sie schließlich ins Obergeschoss und sah ins Schlafzimmer. Da lag Hilbert seelenruhig im Bett und schlief.
>
> Was war geschehen? Hilbert war die Treppe hinaufgestiegen, ins Schlafzimmer gegangen, und hatte begonnen, sich die Jacke auszuziehen. Ganz in Gedanken hatte er sich dann immer weiter ausgezogen, den Pyjama angezogen, und war – nichts natürlicher als das – ins Bett gegangen. Gäste und Abendgesellschaft hatte er vollkommen vergessen.
>
> **Themen:** Problemlösung, Entscheidungen, Zerstreutheit, Automatismus, Routine

Hilbert gilt als einer der bedeutendsten Mathematiker überhaupt. Dass er sich so zerstreut verhielt, lag daran, dass bei ihm ein festes Verhaltensprogramm abgespult wurde, kaum dass er sich im Schlafzimmer befand. Ein solcher Effekt begegnet uns auch manchmal bei der Problemlösung. Kaum haben wir vertrautes Gelände in Sicht, besteht die Gefahr, dass wir in ein routiniertes Verhalten verfallen, das der Situation gar nicht angemessen ist. Nicht immer ist das so schnell zu erkennen wie bei dem vorzeitig zu Bett gegangenen Hilbert.

## Vor dem Gesetz

> Vor dem Gesetz steht ein Türhüter. Zu diesem Türhüter kommt ein Mann vom Lande und bittet um Eintritt in das Gesetz. Aber der Türhü-

ter sagt, dass er ihm jetzt den Eintritt nicht gewähren könne. Der Mann überlegt und fragt dann, ob er also später werde eintreten dürfen. „Es ist möglich", sagt der Türhüter, „jetzt aber nicht." Da das Tor zum Gesetz offen steht wie immer und der Türhüter beiseite tritt, bückt sich der Mann, um durch das Tor in das Innere zu sehn. Als der Türhüter das merkt, lacht er und sagt: „Wenn es dich so lockt, versuche es doch, trotz meines Verbotes hineinzugehn. Merke aber: Ich bin mächtig. Und ich bin nur der unterste Türhüter. Von Saal zu Saal stehn aber Türhüter, einer mächtiger als der andere. Schon den Anblick des dritten kann nicht einmal ich mehr ertragen."

Solche Schwierigkeiten hat der Mann vom Lande nicht erwartet; das Gesetz soll doch jedem und immer zugänglich sein, denkt er, aber als er jetzt den Türhüter in seinem Pelzmantel genauer ansieht, seine große Spitznase, den langen, dünnen, schwarzen, tatarischen Bart, entschließt er sich, doch lieber zu warten, bis er die Erlaubnis zum Eintritt bekommt. Der Türhüter gibt ihm einen Schemel und lässt ihn seitwärts von der Tür sich niedersetzen. Dort sitzt er Tage und Jahre. Er macht viele Versuche, eingelassen zu werden, und ermüdet durch seine Bitten. Der Türhüter stellt öfters kleine Verhöre mit ihm an, fragt ihn über seine Heimat aus und nach vielem andern. Es sind aber teilnahmslose Frage, wie sie große Herren stellen, und zum Schlusse sagt er ihm immer wieder, dass er ihn noch nicht einlassen könne.

Der Mann, der sich für seine Reise mit vielem ausgerüstet hat, verwendet alles, und sei es noch so wertvoll, um den Türhüter zu bestechen. Dieser nimmt zwar alles an, aber sagt dabei: „Ich nehme es nur an, damit du nicht glaubst, etwas versäumt zu haben."

Während der vielen Jahre beobachtet der Mann den Türhüter fast ununterbrochen. Er wird kindisch, und, da er in dem jahrelangen Studium des Türhüters auch die Flöhe in seinem Pelzkragen erkannt hat, bittet er auch die Flöhe, ihm zu helfen und den Türhüter umzustimmen.

Vor seinem Tode sammeln sich in seinem Kopfe alle Erfahrungen der ganzen Zeit zu einer Frage, die er bisher an den Türhüter noch nicht gestellt hat. Er winkt ihm zu, da er seinen erstarrenden Körper nicht mehr aufrichten kann. „Was willst du denn jetzt noch wissen?", fragt der Türhüter, „du bist unersättlich." – „Alle streben doch nach dem

Gesetz", sagt der Mann, „ wieso kommt es, dass in den vielen Jahren niemand außer mir Einlass verlangt hat?"

Der Türhüter erkennt, dass der Mann schon an seinem Ende ist, und, um sein vergehendes Gehör noch zu erreichen, brüllt er ihn an: „Hier konnte niemand sonst Einlass erhalten, denn dieser Eingang war nur für dich bestimmt. Ich gehe jetzt und schließe ihn."

**Themen:** Problemlösung, Lebensaufgabe, Gehorsamkeit, Autorität

Eine Parabel von Franz Kafka, die viele Literaturwissenschaftler stark beschäftigt hat. Ihre eigentümliche Faszination bezieht die Geschichte aus einem starken Spannungsverhältnis: Einerseits erscheint die Aufgabe, der sich der Mann gegenüber sieht, unlösbar. Gleichzeitig ist aber alles nur für ihn arrangiert. Der Eingang ist ausschließlich für ihn bestimmt, der Türhüter steht nur um seinetwillen vor dem Tor. Es gibt niemanden sonst, der diese Aufgabe zu erfüllen hätte. Sollte ihm das nicht Ansporn sein, das scheinbar Unlösbare mit aller Kraft doch zu versuchen?

## Wiederholung

Der Dirigent Hans von Bülow setzte sich sehr stark für den Komponisten Johannes Brahms ein. Eines Abends dirigierte er dessen Erste Symphonie. Danach peinliche Stille. Niemand klatschte. Bülow wandte sich um und erklärte dem Publikum: „Meine Damen und Herren, ich habe diese Symphonie auch nicht beim ersten Mal verstanden, ich musste sie zweimal spielen, um sie zu genießen. Und nun erlauben Sie mir, dass ich sie auch Ihnen noch einmal vorspiele." Damit erhob Bülow den Taktstock und dirigierte die gesamte Symphonie noch einmal. Danach tosender Beifall. Ein zynischer Zuhörer meinte jedoch: „Die Leute applaudieren nur, damit er sie ihnen am Ende nicht noch ein drittes Mal vorspielt."

**Themen:** Wiederholung, Erklärung, Verständnis, Überforderung

Eine Anekdote, die Sie ermutigen sollte, es noch einmal zu versuchen, wenn etwas nicht auf Anhieb funktioniert hat. Überfordern Sie Ihre Zuhörer nicht, wenn eine Sache für sie neu ist oder kompliziert zu verstehen. Erklären Sie die Sache in aller Ruhe doch noch einmal.

## Prioritäten setzen

### Der Löwe geht jagen

Ein Löwe ging auf die Jagd. Da überraschte er einen Hasen im Schlaf. Als er ihn gerade verschlingen wollte, lief ein Reh an ihm vorbei. „Was gebe ich mich hier mit dem Hasen ab?", dachte der Löwe und jagte dem Reh nach. Doch das Reh war schnell, der Löwe musste seine ganzen Kräfte aufbieten, um hinter ihm herzukommen. Da entdeckte der Löwe einen Hirsch. Sofort ließ er von dem Reh ab, das sofort im dichten Wald verschwand, und verfolgte den Hirschen. Der Hirsch war jedoch zu schnell für den abgehetzten Löwen. Er lief ihm davon. Da dachte der Löwe wieder an seinen Hasen und kehrte an die Stelle zurück, wo er ihn hatte schlafen sehen. Doch der Hase war verschwunden. So blieb dem Löwen keine Beute mehr.

**Themen:** Ziele, Prioritäten, Erreichbarkeit von Zielen, Verzetteln, Konzentration auf das Wesentliche

Eine Fabel von Äsop mit einer klaren Botschaft: Konzentrieren Sie sich auf eine Aufgabe und jagen Sie nicht neuen Projekten hinterher, die vielversprechender zu sein scheinen.

Zum gleichen Thema gibt es noch zwei recht anschauliche Metaphern:

### Kräfte bündeln

Mit einem Pfeil kann man nicht zwei Ziele treffen.

Sie können nicht mit einem Hintern auf zwei Pferden reiten.

**Themen:** Konzentration, Prioritäten, Entscheidungsmanagement

### Der Affe und die Erbsen

Ein Affe hatte beide Hände voller Erbsen. Da fiel ihm eine kleine Erbse herunter. Er beugte sich nieder, um sie aufzuheben. Dabei ließ er zwanzig Erbsen zu Boden fallen. Da versuchte er, die zwanzig Erbsen aufzuheben. Als er sie greifen wollte, entglitten ihm alle Erbsen. Da wurde der Affe so wütend, dass er die Erbsen in alle Richtungen warf und davonrannte.

**Themen:** Problemlösung, Prioritäten, Multitasking, Perfektionismus, Fehler, Überlastung, Entscheidungsmanagement

Eine Fabel des russischen Schriftstellers Leo Tolstoi. Man muss in Kauf nehmen, dass die eine oder andere Sache schief geht. Übertriebener Ehrgeiz, alles im Griff zu haben, führt dazu, dass uns andere Dinge entgleiten.

## Kreativität

### Guter Wurf

Ein berühmter griechischer Maler wollte ein Pferd darstellen, wie es abgehetzt von der Rennbahn kommt. Er hatte das Bild fast vollendet, es fehlte nur noch der Schaum an den Nüstern des Pferdes. Doch so sehr sich der Maler auch bemühte, es wollte ihm einfach nicht gelingen, diesen Schaum so darzustellen, dass es lebendig gewirkt hätte. Das machte den Maler so wütend, dass er zu dem Schwamm griff, der neben ihm lag, und ihn voller Zorn auf sein Werk schleuderte, so als wollte er es vernichten. Doch der Schwamm, der mit den unterschiedlichsten Farben getränkt war, die der Maler vorher von der Bildtafel abgewaschen hatte, landete geradewegs auf der Nase des Pferds und hinterließ dort einen Farbfleck, der genauso aussah wie der Schaum, den der Maler zuvor hatte pinseln wollen.

**Themen:** Problemlösung, Zufall, Kreativität, Durchbruch, Erfindung

Eine Anekdote des altrömischen Geschichtsschreibers Valerius Maximus. Manchmal kommen wir mit gewissenhafter Detailarbeit (dem genauen Pinseln) nicht weiter. Wir brauchen einen Befreiungsschlag, die Unterstützung des Zufalls, um bei einer Problemlösung weiterzukommen. Manchmal müssen wir einfach den Mut aufbringen, einen „Schwamm" auf unsere sorgfältig ausgetüftelten Pläne zu werfen.

## Vertrauen in Unsinn

Der amerikanische Flugzeugkonstrukteur Burt Rutan entwickelte mit einem Team von Ingenieuren den „Voyager", ein Flugzeug, das einmal nonstop um die Welt fliegen kann, ohne aufzutanken. Viele Experten hatten vorher starke Zweifel an dem Projekt geäußert. So ein Flugzeug, hatten sie erklärt, könne es gar nicht geben. Als das Entwicklungsteam zusammenkam, erklärte Rutan den Ingenieuren: „Vertrauen in Unsinn ist verlangt."

**Themen:** Kreativität, Innovation, Unsinn, Durchbruch

## Kalbskotelett à la Poscharskij

Zar Alexander II war in seiner Kutsche unterwegs. Als er Appetit bekam, ließ er am nächsten Gasthof halten. Er trat mit seinem Gefolge ein und verlangte ein Kalbskotelett. Der Gastwirt, ein Mann namens Poscharskij, war bestürzt, denn er hatte kein Kalbfleisch mehr in seiner Küche. Doch als kreativer Koch wusste er sich zu helfen. Er drehte einem Huhn den Hals um, hackte das Fleisch in Stücke, briet es und garnierte es raffiniert mit einem Kotelettknochen, den ein Gast übrig gelassen hatte. Das Ergebnis servierte er dem Zaren und wartete ab, was geschehen mochte. Das Essen mundete Alexander vorzüglich, ja, er war regelrecht begeistert von dieser ungewöhnlichen Art, ein Kalbskotelett zuzubereiten. Da wagte es der Koch, seinen Schwindel zu gestehen, was aber den Enthusiasmus des Zaren keineswegs bremste. Vielmehr engagierte er Poscharskij als Hofkoch.

**Themen:** Kreativität, Mangel, Original und Ersatz, Erfindungsreichtum, Mut

Eine Anekdote, die der Moskauer Korrespondent der Süddeutschen Zeitung, Tomas Avenarius, mitteilt und die illustriert, dass kreative Ideen oft unter schwierigen Umständen entstehen, als Verlegenheitslösung, die sich dann als besser erweist als das Original. Das Poscharskij-Kotelett gilt heute als Klassiker der feinen russischen Küche.

## Aufforderung zum Ungehorsam

Die amerikanische Firma 3M gilt als kreatives Vorzeigeunternehmen. So gibt es eine Regelung, dass die Angestellten 15 % ihrer Zeit an neuen Projekten arbeiten sollen, über die sie keinerlei Rechenschaft geben müssen. Vielleicht erklärt sich diese Regelung aus der Firmengeschichte. Ein junger Angestellter, Richard Drew, arbeitete an einem Projekt, das nicht so recht vorwärts zu gehen schien. Der damalige Chef von 3M, William McKnight, forderte Drew auf, das Projekt abzubrechen. Drew setzte sich einfach darüber hinweg und blieb bei seinem Projekt: ein durchsichtiges Klebeband zu entwickeln. Drews Ungehorsam sollte sich auszahlen. Aus seiner Arbeit entstand „Scotch Tape", eines der erfolgreichsten Produkte vom 3M.

**Themen:** Kreativität, Eigensinn, Ausdauer und Fleiß, Risikobereitschaft, Forschung und Entwicklung

Eine der zahlreichen Heldengeschichten über die kreativen Köpfe, die durch ihre Hartnäckigkeit und ihre Unangepasstheit doch noch zum großen Durchbruch gelangt sind. Und in der Tat lässt sich nicht bestreiten, dass sich viele Neuerer erst einmal eine Menge Ärger einhandelten, was sie allerdings nicht davon abhielt, ihren Weg fortzusetzen.

## Die sauren Früchte der Beharrlichkeit

Thomas Alva Edison gilt als einer größten Erfinder aller Zeiten. Auf den unterschiedlichsten Gebieten hat er Pionierarbeit geleistet. Über 1.000 Patente hat er angemeldet. Die Erfindung der Glühbirne mit dem Kohlefaden gehört zu den gefeierten Heldentaten menschlicher Kreativität. Sie war nur möglich, weil Edison mit atemberaubender Besessenheit die unterschiedlichsten Materialien durchprobierte und sich auch von anhaltender Erfolglosigkeit nicht entmutigen ließ. Schließlich waren seine Anstrengungen doch noch von Erfolg gekrönt.

Doch das war nicht immer der Fall. So versuchte Edison aus minderwertigem Erz Eisen zu gewinnen und verfolgte die Idee bis zu ihrem bitteren Ende. Er steckte sehr viel Geld in das Projekt und erkannte nicht, dass er sich in dieser Sache auf dem Holzweg befand. Als es dann noch zu einem Preisverfall für Eisenerz kam, war die hochfliegende Idee endgültig erledigt. Für Edison auch ein finanzielles Desaster.

**Themen:** Forschung und Entwicklung, Kreativität, Ausdauer, Innovation, Betriebsblindheit, Irrweg

Diese Anekdote können Sie immer dann anbringen, wenn das Hohelied der beharrlichen kreativen Köpfe gesungen wird. Nichts gegen Kreativität und Innovationsfreude, nur ist eine Erfindung nicht schon deshalb großartig, weil sie neu ist und mit großem Aufwand entwickelt wurde. Ja, nicht einmal ein unbestritten genialer Kopf wie Thomas Alva Edison ist eine Garantie dafür, dass die Sache gut geht. Ein gewisses Risiko zu scheitern muss man immer eingehen, doch ist es vernünftig, die Innovationen daraufhin zu prüfen, wie praktikabel die Sache überhaupt ist. Auch Erfinder können einer gewissen Betriebsblindheit unterliegen.

**Suche das Selbstverständliche und ziehe es in Zweifel**

Rodney Brooks, Direktor des Artificial Intelligence Lab am renommierten Massachusetts Institute of Technology (MIT), ist weltweit einer der führenden Experten bei der Entwicklung intelligenter Roboter. Seine Erfindungen gelten als bahnbrechend. Brooks beschreibt sein Vorgehen folgendermaßen: „Während meiner Jahre als Forscher am MIT und als Fakultätsmitglied der Universität Stanford hatte ich meine eigene Problemlösungstechnik entwickelt. Ich sah mir an, wie alle anderen ein bestimmtes Problem angingen, und suchte nach der Kernannahme, in der alle so sehr übereinstimmten, dass sie nicht einmal darüber sprachen. Dann stellte ich mir vor, dass diese Kernannahme falsch wäre, und schaute, wo dieser Gedankengang hinführte. Häufig erwies sich dies als sehr nützlich."

**Themen:** Kreativität, Innovation, Fortschritt, *common sense*, Zweifel, Skepsis

**Die Erfindung der Polaroid-Kamera**

Der Physiker Edwin Land gründete 1937 ein Unternehmen, das polarisierenden Kunststoff herstellte. Diesem Material gab Land den Namen Polaroid. Das Unternehmen wuchs schnell. 1943 fuhr Land mit seiner

Familie nach Santa Fe in die Ferien. Er fotografierte viel und schickte die Filme gleich zum Entwickeln. Doch das dauerte seinem dreijährigen Töchterchen viel zu lange. Sie konnte es kaum erwarten die Fotos zu sehen. Edwin Land beschloss, einen längeren Spaziergang zu unternehmen und über die Sache nachzudenken. Er dachte darüber nach, wie es möglich sein könnte, die Polarisationstechnologie für die Filmentwicklung nutzbar zu machen. Während er durch die Straßen von Santa Fe wanderte, entwickelte er nach und nach das Konzept für eine Sofortbildkamera, die Polaroidkamera.

Bis die Kamera auf den Markt kam, dauerte es allerdings noch einige Zeit. Sieben Jahre später war Land technisch in der Lage, nach dem neuen Verfahren Schwarzweißbilder zu entwickeln, weitere neun Jahre brauchte er für eine Farbversion. Dennoch lag das Konzept in seinen Grundzügen seit dem Ferienspaziergang fest. Und es war zeitweilig ungemein erfolgreich. Ende der 60er Jahre befand sich, so wurde geschätzt, in jedem zweiten Haushalt in den USA eine Polaroidkamera.

**Themen:** Kreativität, Ideenfindung, Produktentwicklung, langer Atem, Distanz, Auszeit, Vision

Die Anekdote zeigt, dass sehr erfolgreiche Ideen häufig fast zufällig angestoßen werden. Es kommt nur darauf an, sie hartnäckig zu verfolgen. So wie Edwin Land, der davon überzeugt war, dass es eine technische Lösung für sein Problem geben müsse, und der mit einer gewissen „Besessenheit" daran festhielt. „Was wert ist, getan zu werden, ist auch wert, bis zum Exzess getan zu werden", lautet ein Ausspruch von ihm. Und der Erfolg gab ihm Recht. Auf seinem Gebiet war einer der kreativsten Köpfe, der über 530 Patente anmeldete. Sie können mit dieser Anekdote auch die Bedeutung von Auszeiten und Pausen hervorheben. Wie auch die neuere Kreativitätsforschung zeigt, kommen wir auf die besten Ideen, wenn wir etwas Abstand zum Problem haben. Wie Edwin Land, der sich im Urlaub ein neues Produkt ausdachte.

### Wie man eine Zauberperle wiederfindet

Der Herr der gelben Erde wandelte jenseits der Grenzen der Welt. Da kam er auf einen sehr hohen Berg und erblickte den Kreislauf der Wiederkehr. In diesem Moment verlor er seine Zauberperle. Er sandte

*Problemlösung*

Erkenntnis aus, sie zu suchen, aber er bekam sie nicht wieder. Er sandte Scharfblick aus, sie zu suchen, aber er bekam sie nicht wieder. Er sandte Denken aus, sie zu suchen, aber er bekam sie nicht wieder. Da sandte er Selbstvergessenheit aus. Selbstvergessen fand er die Perle.

**Themen:** Kreativität, Ergebnisorientierung, Problemlösung, Zweckhandeln, Gelassenheit, Aha-Erlebnis

Eine mehr als zweitausend Jahre alte Geschichte vom taoistischen Weisheitslehrer Dschuang Dsi. Um manche Probleme zu lösen, müssen wir Abstand gewinnen, auch zu uns selbst. Wir können die Lösung nicht erzwingen. Manchmal ist es ein regelrecht magischer Akt: Wie die Zauberperle, so finden wir die Lösung, indem wir nicht bewusst danach suchen.

**Die Erfindung der Registrierkasse**

Mitte des 19. Jahrhunderts, in der aufblühenden Handelsstadt Dayton im US-Bundesstaat Ohio führte James Ritty ein beliebtes Lokal. Zwar liefen die Geschäfte gut, doch war Ritty verärgert, denn es schien ihm regelmäßig zu wenig Geld in seiner Kasse zu sein. Seine Angestellten beklauten ihn, da war er sich sicher, doch er konnte ihnen nichts nachweisen. Eines Tages unternahm er eine Schiffsreise. Da entdeckte er eine Vorrichtung am Rumpf des Schiffs, die die Umdrehung der Schiffsschraube maß. Das brachte Ritty zum Nachdenken. Daheim machte er sich daran, eine Kasse zu konstruieren, die sich nur öffnen ließ, wenn man einen Zahlungsvorgang abrechnete: Die Registrierkasse war erfunden.

**Themen:** Kreativität, Problemlösung, Durchbruch, Innovation, Erfindung, Distanz, Transferleistung

Eine brillante Idee wird oftmals aus einer Notlage heraus geboren. Ritty wollte sich nicht damit abfinden, von seinen Angestellten bestohlen zu werden und machte eine bahnbrechende Erfindung. Sie auf dem Markt durchzusetzen, überließ er allerdings einem anderen. Er verkaufte seine Maschinen an John Henry Patterson, der ein sehr einträgliches Geschäft daraus machte. Er gründete die Firma National Cash Register Company, kurz NCR, die bis heute besteht. Außerdem bemerkenswert: Auf die Idee mit der Registrierkasse kam Ritty nicht, als er noch im Laden stand und sich mit seinen Angestellten herumärgerte, sondern erst, als er beträchtlichen Abstand zu seinem Problem hatte, es aber innerlich immer noch in ihm arbeitete.

**Das Ei des Kolumbus von Brunelleschi**

Das berühmte Ei des Kolumbus hat einen Vorläufer: Als im 15. Jahrhundert die berühmte Kuppel des Florentiner Doms gebaut werden sollte, suchten die Stadträte nach einem geeigneten Baumeister. Zahlreiche Künstler wurden nach Florenz geladen und angehört. Die Stadträte konnten sich nicht entscheiden. Da schlug der Florentiner Baumeister Filippo Brunelleschi vor, derjenige sollte die Kuppel bauen, dem es gelänge, ein Ei auf einer Marmortafel aufzustellen. Alle versuchten das, doch niemand schaffte es. Bis Brunelleschi an die Reihe kam. Er drückte das Ei an der Spitze ein und stellte es auf. Die anderen waren empört. „Auf die Art können wir das auch." Doch Brunelleschi sagte: „Ihr wüsstet auch, wie die große Kuppel zu bauen wäre, wenn ihr meine Zeichnungen und mein Modell angeschaut hättet. Auf die Art könntet ihr das auch." Das überzeugte die Florentiner Stadträte und Brunelleschi bekam den Auftrag.

**Themen:** Kreativität, unkonventionelle Lösungen, Innovation, Selbstbewusstsein, Konkurrenz, Wettbewerb

Das Musterbeispiel für eine verblüffende unkonventionelle Lösung eines scheinbar unlösbaren Problems. Der Baumeister hält sich nicht an die Regeln, und eben das ist ein Teil seiner originellen, kreativen Lösung. Ob diese Anekdote halbwegs authentisch ist, mag man bezweifeln; schließlich kursierte die Geschichte mit dem eingedrückten Ei in zahlreichen Versionen, berühmt geworden ist sie als das „Ei des Kolumbus". Doch als Kolumbus zu seiner ersten Fahrt aufbrach, war Brunelleschi bereits 46 Jahre tot.

**Der Traum des Herrn Kekulé**

Der Chemiker August Kekulé von Stradonitz beschäftigte sich mit dem molekularen Aufbau von Benzol. Er saß auf einem Stuhl vor einem prasselnden Kamin und versank in einen Dämmerschlaf. Vor seinen Augen tanzten Gruppen von Atomen. Sie waren ständig in Bewegung und wirbelten wild umher. Sie wanden und drehten sich wie Schlangen. Eine dieser Schlangen erfasste ihren eigenen Schwanz und wirbelte höhnisch vor Kekulés innerem Auge. Da durchfuhr es ihn: der Benzolring! Das war die Lösung! Wie durch einen Blitzschlag gerührt wachte er auf. Er hatte die ringförmige Struktur des Benzolmoleküls gefunden, während er vorher nur an Kohlenstoffketten gedacht hatte. „Lassen Sie uns lernen zu träumen", empfahl Kekulé seinen Wissenschaftskollegen.

Ein Erlebnis, von dem Kekulé selbst berichtet hat und das für viele Entdeckungen typisch ist: Schlagartig überkommt einen die Erleuchtung, der rettende Einfall. Und zwar bevorzugt, wenn man nicht konzentriert an dem Problem selbst arbeitet, sondern etwas anderes tut. Das vorausgehende oftmals langwierige Umkreisen des Problems ist dabei keineswegs überflüssig, sondern die notwendige Vorbereitung, damit es überhaupt zum Durchbruch kommen kann. Ohne langwierige, scheinbar ergebnislose Suche gibt es keine Entdeckung.

**Themen:** Kreativität, Idee, Entdeckung, Innovation, Traum, Problemlösung, erfinderische Vision, Distanz, Aha-Erlebnis

**Ideen reifen lassen**

William Coyne, der ehemalige Chef der Entwicklungsabteilung von 3M, warnt davor, bei kreativen Tätigkeiten zu schnell erste Ergebnisse zu erwarten: „Wer einen Samen einpflanzt, gräbt ihn auch nicht jeden Tag aus, um zu sehen, wie er sich entwickelt."

**Themen:** Kreativität, Forschung und Entwicklung, Controlling, Geduld

**Wasser holen mit Ohrfeige**

Nasrudin drückte einem Jungen einen Krug in die Hand: „Geh und hol aus dem Brunnen ein Krug voll Wasser." Daraufhin versetzte er dem Jungen eine schallende Ohrfeige. „Und pass bloß auf, dass du ihn nicht fallen lässt!", schrie er den Jungen an. Ein Freund hatte die Sache mit angesehen und schüttelte nur verständnislos den Kopf. „Wieso schlägst du den Jungen, der doch gar nichts falsch gemacht hat?" – „Dir wäre es wohl lieber", erwiderte Nasrudin, „wenn ich dem Junge die Ohrfeige gegeben hätte, *nachdem* er den Krug zerbrochen hat! Dann wären Krug und Wasser verloren. Wenn ich ihm *vorher* die Ohrfeige gebe, vergisst der Junge seine Aufgabe nicht, und Krug und Wasser kommen wohlbehalten bei mir an."

Eine Sufi-Geschichte mit dem weisen Narren Nasrudin (siehe Seite 66), bei der es sich nicht um die etwas fragwürdige Erziehungsmaßnahme dreht, sondern um die dazugehörige „Denkfigur": Nasrudin dreht die übliche Reihenfolge der Handlungen um. Üblicherweise würde der Junge die Ohrfeige bekommen, nachdem er den Krug fallen lässt. Nasrudin ohrfeigt ihn vorher, damit er ihn nicht fallen lässt. Die Ohrfeige bekommt so einen neuen Sinn. Sie ist nicht mehr Strafe, sondern Prävention. Allgemein gesprochen: Spielen Sie die üblichen Abläufe einmal in einer anderen Reihenfolge durch. Ergeben sie einen neuen Sinn? Lassen sich dadurch Ihre Ziele vielleicht besser erreichen?

**Themen:** Abläufe, Routine, Reihenfolge ändern, neue Lösung, Kreativität, unkonventionelles Handeln

## Schmuggelware

Nasrudin behauptete von sich, er sei der größte Schmuggler des Landes. Jeden Tag ging mit seinem Esel über die Grenze, seine Lastkörbe waren hoch mit Stroh beladen. Da die Grenzwachen wussten, was Nasrudin über sich sagte, durchsuchten sie ihn jedes Mal von oben bis unten. Sie durchsuchten seine Kleider, durchsiebten das Stroh, tauchten es in Wasser, um es unbrauchbar zu machen, manchmal nahmen sie es ihm auch einfach weg und verbrannten es. Sie konnten nichts finden. Doch rätselhafterweise wurde Nasrudin immer wohlhabender. Eines Tages setzte er sich zur Ruhe. Da traf ihn ein Zollbeamter, der ebenfalls mittlerweile im Ruhestand war. „Jetzt kannst du es mir ja sagen, Nasrudin", sagte der Zollbeamte, „was hast du damals bloß geschmuggelt, dass wir dir nie irgendetwas nachweisen konnten?" Nasrudin antwortete: „Esel."

**Themen:** Tarnung, Täuschung, Erwartungen, Kreativität, Transparenz, Fokussierung

Eine weitere, recht beliebte Sufi-Geschichte. Nasrudin gelingt die perfekte Täuschung, weil er die Erwartungen auf den Kopf stellt. Wo kann er seine

Schmuggelware verstecken? Dort wo kein Zöllner suchen würde. Was würde kein Zöllner suchen? Das, was er mit eigenen Augen vor sich sieht. Die Zöllner gehen von der festen Annahme aus, Schmuggelware müsste verborgen sein. Genau diese Annahme nutzt Nasrudin für seinen Trick aus.

## Spontane Lösungen

### Trallala

> Der Wiener Komiker Karl Blasel stand bis ins hohe Alter auf der Bühne. Eines Abends aber ließ ihn sein Gedächtnis im Stich, er hatte ein Couplet zu singen und den Text komplett vergessen. Da fasste sich Blasel ein Herz, ließ den Text sein und sang einfach: „Trallala, trallala!" In den Kulissen standen Regisseur, Inspizient und Kollegen und waren entsetzt. Als Blasel fertig war, kamen sie auf ihn zu, um ihn zu trösten. Doch der bemerkte gar nicht ihre besorgten Gesichter, sondern verkündete stolz: „Was sagt ihr bloß zu meiner Geistesgegenwart? Wann mir jetzt so das Trallala ned eingfalln wär!"
>
> **Themen:** Unbekümmertheit, Improvisation, Spontaneität

Manchmal würden wir uns sicher die Unbekümmertheit von Blasel wünschen. In manchen Fällen tut es tatsächlich ein „Trallala" auch. Man muss sich nur trauen.

### Improvisationstalent

> Der französische Erziehungsminister Fallières tauchte eines Tages mit einigen Professoren und Studenten beim großen Dichter Victor Hugo auf. Die Abordnung wollte dem Meister ihre Verehrung bekunden. Hugo dankte in einer kleinen, improvisierten Ansprache, die wegen ihrer geschliffenen Formulierungen und kühnen Bilder die Zuhörer stark beeindruckte. Die Herren nahmen tief ergriffen Abschied. Da flüsterte der Dichter dem Minister ins Ohr: „Glauben Sie nicht, dass man den Zeitungen einen kurzen Bericht über die kleine Feierlichkeit geben sollte?" – „Sie haben Recht", entgegnete Fallières, der gar nicht daran gedacht hatte. „Sobald ich im Ministerium bin, werde ich einige Zeilen

aufsetzen." – „Nicht nötig", sagte Hugo und händigte ihm ein Blatt Papier aus. „Hier ist der Bericht."

**Themen:** Improvisation, Vorbereitung, Spontaneität, Imagepflege

Eine Anekdote, die uns darauf aufmerksam macht: Improvisation ist oftmals eine Frage gründlicher Vorbereitung. Und was so frisch und spontan wirkt, ist häufig das Ergebnis vorausschauender Planung.

## Warren Buffetts Dartscheibe

Im Vorzimmer des amerikanischen Multimilliardärs Warren Buffett hing eine Dartscheibe. Angeblich wählte er mit ihrer Hilfe seine Aktien aus. Dank seiner zielsicheren Wertpapierkäufe wurde er zum reichsten Mann der USA. Als Buffett 1994 von Bill Gates von seiner Spitzenposition verdrängt wurde, äußerte Buffett: „Die Dartscheibe funktioniert nicht mehr. Also werde ich sie Bill Gates schenken. Er soll sie behalten, dann komme ich wieder auf Platz eins."

**Themen:** Erfolg, Zufall, Aktien, Aberglaube

# Kommunikation und Verständigung

## Die Blinden und der Elefant

Vier Blinde wollten wissen, was ein Elefant sei. Also führte man sie zu einem. Der eine Blinde bekam den Rüssel des Elefanten in die Hände. Er meinte, der Elefant sei so ähnlich wie eine Wasserpfeife. Der zweite ertastete ein Ohr und widersprach: „Nein, ein Elefant ist so ähnlich wie ein Fächer." Der dritte erwischte ein Bein und bemerkte: „Auch das stimmt nicht, ein Elefant ist so ähnlich wie eine Säule. Der vierte schließlich hatte seine Hände auf den Rücken des Elefanten gelegt und meinte: „Ihr habt alle Unrecht. Ein Elefant ist so ähnlich wie ein Thron." Keiner von ihnen kannte die ganze Wahrheit, sondern nur einen Teil davon. Und doch war jeder überzeugt, dass er allein Recht hatte.

**Themen:** Verständigung, Konfliktmanagement, interkulturelle Kommunikation, Objektivität, Detailwissen, Wahrnehmung

Eine alte Sufi-Geschichte, die uns in verschiedenen Abwandlungen in vielen Kulturen begegnet. Es gibt nicht eine Wahrheit, sondern jeder urteilt von seinem Standpunkt aus. Darüber hinaus können sich die Blinden den Teil der Wahrheit, den sie sozusagen in den Händen halten, nur dadurch begreiflich machen, dass sie ihn auf etwas beziehen, das sie schon kennen. Mit dieser Fabel lässt sich sehr gut deutlich machen, warum bei strittigen Themen eine Verständigung so schwer möglich ist. Jeder ist überzeugt, er sei im Besitz der Wahrheit und die anderen müssten die Dinge ebenso sehen. Solange jeder auf seiner Sichtweise beharrt, ist eine Verständigung unmöglich. Und es ist unmöglich, dem Wesen es „ganzen Elefanten" auf die Spur zu kommen.

**Die Ringparabel**

Ein Sultan war in Geldnöten. Seine Berater sagten ihm, er sollte sich einen Vorwand suchen, um einem reichen Juden sein Geld abzunehmen. Der Sultan ließ den Juden holen und stellte ihm eine heikle Aufgabe. Er solle ihm sagen, welches die beste Religion sei. Der Sultan dachte sich: „Wenn er den jüdischen Glauben nennt, sage ich ihm, dass er gegen meinen Glauben sündigt – und nehme ihm das Geld ab. Wenn er den muslimischen Glauben nennt, sage ich ihm, dass er ein Heuchler ist, weil er den jüdischen Glauben nicht aufgibt – und nehme ihm das Geld ab. Wenn er gar keine Antwort gibt, zeigt er sich ungehorsam – und ich nehme ihm das Geld ab."

Der Jude überlegte eine Weile und gab dann die folgende Antwort: „Herr, es gab einmal einen alten Mann, der hatte drei Söhne. Und er hatte einen Ring mit dem kostbarsten Stein, dem besten von der Welt. Jeder der Söhne bat den Vater, ihm den Ring zu hinterlassen. Da ließ der Vater einen Goldschmied kommen und sagte zu ihm: „Meister, mach mir zwei Ringe, die diesem hier genau gleichen. Und fasse in jeden Ring einen Edelstein, der diesem Edelstein genau gleicht." Der Schmied fertigte die Ringe so an, wie der Mann es ihm gesagt hatte. Keiner konnte die Ringe noch unterscheiden, nur der alte Mann. Er ließ seine Söhne, einen nach dem andern, kommen und gab jedem einen Ring. Jeder der Söhne war überzeugt, den echten Ring zu haben. Doch nur der Vater wusste, wer ihn besaß. Und so ist es auch mit den drei Religionen. Nur der Vater im Himmel kennt den wahren Glauben. Und wir als seine Söhne sind überzeugt, wir müssten ihn besitzen." Als der Sultan das gehört hatte, wusste er nicht mehr, wie er den Juden anklagen sollte, und so ließ er ihn gehen.

**Themen:** Grundüberzeugungen, Meinungsverschiedenheiten, Toleranz, Respekt, Wahrheit, Perspektivenwechsel

Eine Geschichte aus dem späten 13. Jahrhundert, sie entstammt der italienischen Sammlung „Novellino". Bekannt geworden ist sie in einer etwas abgewandelten Version durch das Theaterstück „Nathan der Weise" von Gotthold Ephraim Lessing. Die Botschaft der Ringparabel ist ein Plädoyer für Toleranz und gegenseitigen Respekt, auch wenn man unterschiedliche Grundüberzeugungen hat. Jeder meint, im Besitz der alleinigen Wahrheit zu sein. Dabei handelt es sich nur um seine Wahrheit. Die anderen haben ebenso viel Grund, ihre Überzeugungen für zutreffend zu halten. Es geht nun nicht darum, die eigenen Überzeugungen aufzugeben, sondern die anderen zu respektieren. Sie mögen ihre Gründe haben, von anderen Dingen überzeugt zu sein als wir.

## Vom zahmen Tiger und dem gefährlichen Schaf

Auf einer grüne Wiese am Rande einer Weide krabbeln zwei Käfer. Sie erklimmen die Spitze der Gräser und sehen sich um. Der jüngere fragt den älteren Käfer: „Was liegt denn da für ein Tier?" Der ältere erklärt ihm: „Das ist ein Tiger. Weißt du, was ein Tiger ist? Er ist das sanftmütigste aller Tiere. Nie hat er uns etwas Böses getan." Der junge Käfer nickt. Da kommt ein Schaf auf die Wiese. Augenblicklich ist der Tiger wie verwandelt. Er duckt sich im Gras und beobachtet das Schaf genau. „Oh, schau nur", sagt der ältere Käfer, „da kommt ein Schaf. Weißt du, was ein Schaf ist? Es ist eine reißende Bestie. Es frisst uns mitsamt dem Gras, das uns Unterschlupf bietet. Aber der Tiger ist gerecht. Siehst du, er bereitet sich schon darauf vor, uns zu rächen."

**Themen:** Interessenunterschiede, Mitarbeiterbeurteilung, Konkurrenzbeobachtung, Motive, Ignoranz, Egozentrik

Diese kleine Fabel des polnischen Historikers und Schriftstellers Jan Graf Potocki macht darauf aufmerksam, dass unsere Urteile sehr stark von unserer Perspektive abhängen. Wir bewerten das Verhalten der anderen danach, inwieweit es unseren Interessen dient, und neigen dazu, ihnen Motive zu unterstellen, die sie gar nicht haben, so wie die Käfer glauben, der Tiger falle über das Schaf her, um sie zu rächen.

**Eine Holzstatue für ein Linsengericht**

Im antiken Athen machte der Dichter Diagoras von Melos (ca. 465–415 v. Chr.) von sich reden, weil er die Existenz der Götter leugnete. Er trug den Beinamen „der Atheist" und musste fluchtartig die Stadt verlassen, nachdem sein respektloses Verhalten gegenüber der Religion nicht länger geduldet wurde.

> Diagoras war bei einem Philosophen zum Essen eingeladen. Der bat ihn, er sollte auf den Kochtopf aufpassen, der auf dem Herd stand und in dem Linsen vor sich hinköchelten. Nun wurde das Herdfeuer aber immer schwächer. Diagoras wollte etwas Holz nachlegen. Doch er konnte kein Brennholz finden. So nahm er kurzerhand eine Herkulesstatue aus Holz, schlug sie in Stücke und fachte damit das Feuer neu an.
>
> **Themen:** Interkulturelle Kommunikation, Materialismus, Traditionen, Umgangsformen, Respekt

Für den Gastgeber, dessen Entsetzen man sich vorstellen kann, hat die Statue eine völlig andere Bedeutung als für den Gast. Während es Diagoras nur um den materiellen „Brennwert" geht, ist für den Philosophen die Statue ein Zeichen seiner Verehrung für Herkules. Die Anekdote passt, wenn jemand den immateriellen Wert einer Sache nicht sieht, wenn er seine Sicht der Dinge rücksichtslos durchsetzen will und sich nicht darum kümmert, welche Bedeutung die Dinge für den anderen haben. Sie eignet sich auch für den Fall, dass eine Neuerung eingeführt werden soll und dabei nur auf Kosten und Effizienz geschaut wird und die „kulturellen Faktoren" unberücksichtigt bleiben. In bester Absicht wirft man dann eine Götterstatue in die Flammen, um das Feuer am Brennen zu halten.

**Vom Kopf auf die Füße stellen**

> Von Karl Marx wird gesagt, er habe die Hegelsche Philosophie „vom Kopf auf die Füße gestellt". Aus der idealistischen Philosophie von Hegel hat Marx seinen dialektischen Materialismus abgeleitet. Nicht

das Bewusstsein bestimmt das Sein, sondern das Sein bestimmt das Bewusstsein.

**Themen:** Diskussion, abstrakte Vorschläge/ theorielastige Konzepte

Auch wenn es nicht im Geringsten um Marx oder Hegel geht, ist die Kopf-Fuß-Metapher außerordentlich hilfreich und wird auch gerne verwendet. Nehmen wir an, Ihr Gegenüber konfrontiert Sie mit Vorschlägen, die Ihnen zu abgehoben, zu wenig praxistauglich erscheinen. Wenn Sie anregen, diese Vorschläge „vom Kopf auf die Füße" zu stellen, signalisieren Sie eine pragmatische Herangehensweise. Sie nehmen einen Teil der Vorschläge auf, kehren die Sache aber um, damit sie in der Praxis funktioniert. Die Metapher ist auch deswegen so überzeugend, weil es ja nicht sein darf, dass irgendetwas „auf dem Kopf" steht. Wenn Sie die Absicht äußern, es auf die Füße zu drehen, so stellen Sie im Grunde nur die natürliche Ordnung wieder her.

## Eine Handvoll Bohnen

Eine Frau liegt auf dem Sterbebett. Ihr Mann muss ihr versprechen, sich nie wieder mit einer anderen einzulassen: „Sonst werde ich dir jede Nacht als Geist erscheinen und keine Ruhe geben." Der Mann verspricht es ihr. Doch ein paar Monate nach ihrem Tod lernt er eine andere Frau kennen und verliebt sich in sie. Jede Nacht erscheint ihm nun der Geist seiner verstorbenen Frau und erinnert ihn an sein gebrochenes Versprechen. Der Geist weiß alles über ihn. Nicht nur was zwischen ihm und der anderen Frau vorgefallen ist, sondern er kennt auch seine Gedanken und Gefühle ganz genau.

Verzweifelt begibt sich der Mann zu einem Zen-Meister und bittet ihn um Rat. „Eure erste Frau ist zu einem Geist geworden", erklärt der Meister. „Sie ist ein kluger Geist, Ihr solltet sie für ihren Scharfsinn bewundern. Wenn sie das nächste Mal erscheint, macht einen Handel mit ihr aus. Sagt ihr, dass Ihr die neue Frau sofort verlassen werdet, wenn sie Euch eine Frage beantworten kann." – „Was soll ich sie denn fragen?" wollte der Mann wissen. „Nehmt eine Handvoll Bohnen in die Faust und fragt sie, wie viel Bohnen in Eurer Hand sind. Wenn sie Euch das nicht sagen kann, dann wisst Ihr, dass sie Eurer Phantasie entsprungen ist."

> In der nächsten Nacht erscheint wieder der Geist. Der Mann schmeichelt ihm, dass er alles wisse. „Allerdings" sagt er Geist, „ich weiß auch, dass du heute beim Zen-Meister warst, um mich los zu werden." Der Mann sagte: „Weil du alles weißt, sage mir doch: Wie viel Bohnen halte ich in meiner Hand." Der Geist gab keine Antwort, denn es gab keinen Geist mehr, der hätte antworten können.
>
> **Themen:** Kommunikation, Wirklichkeit, Bestätigung, Überzeugungen, *selffullfilling prophecy*

Eine moderne Zen-Geschichte, die Paul Watzlawick wiedergibt und die uns in anderer Verkleidung auch in anderen Kulturkreisen begegnet. Der Mann muss sich selbst überlisten, um zu erkennen, dass der Geist seiner eigenen Vorstellung entstammt. Die Geschichte ist hilfreich, wenn wir es mit Überzeugungen zu tun haben, die sich selbst bestätigen. Jemand hat Angst vor einem Publikum frei zu sprechen. Dass er Angst hat, nimmt er als Indiz dafür, dass es auch einen Grund dafür gibt, Angst zu haben. Also hat er noch mehr Angst. Davon kann er sich nur befreien, wenn er aus seinem Vorstellungssystem „herausspringt" wie der Mann mit seinen Bohnen.

**Pferdebeine zählen**

> Der amerikanische Präsident Abraham Lincoln fragte einmal seine Freunde: „Wie viel Beine wird ein Pferd haben, wenn man seinen Schweif Bein nennt?" – „Fünf", erwiderten die Freunde übereinstimmend. „Ihr irrt euch", sagte Lincoln, „denn auch wenn man ein Schweif Bein nennt, so wird noch immer kein Bein daraus."
>
> **Themen:** Bezeichnung, Diskussion, Definition, Verständigung, Täuschung, Sachlichkeit, Skepsis

Eine klassische Anekdote mit einer überzeugenden Botschaft: Auch wenn man einer Sache einen neuen Namen gibt, verändert sie dadurch nicht ihr Wesen. Auf der anderen Seite zeigt die Antwort der Freunde Lincolns, wie leicht wir in die Irre zu führen sind, wenn Benennungen ausgetauscht werden.

## Wer Wasser trinken will

Die Herrscher machen einen Fehler. Sie möchten hören, was falsch gemacht wird. Offenherzige Worte jedoch wollen sie nicht dulden. Sie wollen Wasser trinken, aber die Quellen verstopfen sie. Die schlimmsten Niederlagen erleidet man durch eigene Unkenntnis.

**Themen:** Transparenz, Aufrichtigkeit, Informationsmanagement, Management-Informations-System, Fehlermeldung

Eine altchinesische Metapher aus dem Buch „Frühling und Herbst des Lü Bu-we". Heute so aktuell wie vor zweitausend Jahren.

## Die Sandalen

Einige Kinder wollten Nasrudin einen Streich spielen und ihm seine Sandalen wegnehmen. Als er die Straße entlang kam, liefen sie auf ihn zu und riefen: „Schaut einmal, Mullah, dieser Baum ist so hoch. Auf den kann niemand klettern." Nasrudin erwiderte: „Natürlich kann man da raufsteigen. Soll ich euch zeigen, wie das geht?" Die Kinder nickten eifrig. Nasrudin zog sich die Sandalen aus und wollte mit dem Klettern beginnen, da warnte ihn eine innere Stimme vorsichtig zu sein. Und so steckte er sich die Sandalen unter den Gürtel und fing an, auf den Baum zu steigen. „Warum nimmst du denn deine Sandalen mit?" fragten die Kinder enttäuscht. Da antwortete Nasrudin: „Wenn noch niemand auf diesen Baum geklettert ist, dann kann man auch nicht wissen, ob es da oben nicht vielleicht eine Straße gibt."

**Themen:** Begründung, Intuition, Entscheidung, Motive, Projektmanagement

Diese Sufi-Geschichte können Sie erzählen, wenn Sie intuitiv spüren, das Richtige zu tun, aber keine stichhaltigen Gründe dafür anführen können. Die Begründung von Nasrudin ist natürlich absurd, dennoch tut er genau das Richtige.

## Das Universum im Sandkorn

Es übersteigt bei weitem unsere Vorstellungskraft, wenn wir versuchen, uns die Größe des Universums vorzustellen. Als größte Maßeinheit kennen wir vielleicht das Lichtjahr – jene ungeheure Strecke, die ein Lichtstrahl innerhalb eines Jahres zurücklegt. Zum Vergleich: Die Entfernung zur Sonne beträgt acht Lichtminuten. Wenn wir uns Lichtstrahlen vorstellen, die zum Zeitpunkt unserer Geburt ins All gestartet sind, so sind die noch nicht weit gekommen. Nach 50 Jahren haben sie einen Bereich durchmessen, in dem sich etwas über 1.000 Sterne befinden. Nehmen wir zum Vergleich die Geburt Jesu, die schon ein wenig länger her ist. Der Bereich, den die Lichtstrahlen seitdem zurückgelegt haben, umfasst nicht einmal ein Zweihundertmillionenmillionstel aller Sterne im Universum.

Zwischen den Sternhaufen und Galaxien liegt ein unermesslich großer leerer Raum. Isaac Asimov hat dafür einen eindrucksvollen Vergleich gefunden: Nehmen wir an, die gesamte Materie des Universums wäre ein einziges Sandkorn. Dann würde sich dieses eine Sandkorn in der Mitte eines Würfels von 30 Kilometern Länge, 30 Kilometern Breite und 30 Kilometern Höhe befinden.

**Themen:** Dimensionen, Vergleiche, Maßstab, Absolutheitsanspruch, Relevanz

Manchmal kann es außerordentlich hilfreich sein, an die Größenverhältnisse zu erinnern: von dem, was wir wissen, und welchen Platz wir im Universum einnehmen.

# Strategie und Planung

Zu den Kernkompetenzen einer Führungskraft gehören Planung und strategisches Denken. Das war vor dreitausend Jahren nicht anders als heute, wie wir den Schriften der chinesischen Gelehrten oder dem Alten Testament entnehmen können. Noah zum Beispiel war nicht nur ein frommer Mann ohne Tadel, der mit Gott wandelte, sondern er war auch ein ausgezeichneter Projektmanager (siehe Seite 220). Und von den Termiten (siehe Seite 197) lässt sich lernen, wie man ohne „Masterplan" ein Bauwerk hinstellt, das wir uns in menschliche Maßstäbe übersetzt so hoch vorstellen müssen wie den Turm zu Babel, den die Menschen ja nicht hinbekommen haben. Außerdem beschäftigen uns Fragen der Zielfindung, der Ressourcenplanung, der Prognose und der Vision, der man folgt.

### Planung mit zwei Füßen

> Wenn Sie einen Plan machen, dann sollten Sie sich für Schwarz oder Weiß entscheiden. Ein Manager, der vorsichtshalber einen „grauen" Plan macht, ähnelt einer Person, die mit einem Halbschuh und einem Gummistiefel an den Füßen das Haus verlässt. „Warum trägst du einen Gummistiefel?", wundern sich ihre Freunde. „Vielleicht regnet es", sagt die Person. „Aber warum trägst du dann nicht zwei Gummistiefel?", wollen die Freunde wissen. Die Person antwortet: „Vielleicht regnet es auch nicht."
>
> **Themen:** Entscheidungsfindung, Planung, Kompromiss, Risiko, Sicherheitsdenken, Klarheit, Selbstmanagement

In vielen Fällen müssen Sie als Führungskraft eine eindeutige Entscheidung herbeiführen: entweder – oder. Mit dieser kleinen Geschichte, die der Wirtschaftsprofessor Jorge Vasconcellos e Sá mitteilt, können Sie darauf hinweisen, dass es besser ist sich klar festzulegen als einen halbgaren Kompromiss zusammenzuflicken. Vielleicht sollte die Person Halbschuhe anziehen, vielleicht auch Gummistiefel; das hängt davon ab, wie stark sie mit Regen rechnet. Wer sich für beides entscheidet, wird anfangen zu humpeln.

**Die Landkarte**

> Eine Gruppe von Wanderern geriet in den Schweizer Alpen in einen schweren Schneesturm. Sie kamen vom Weg ab und verirrten sich. Schließlich hatten sie sich so verlaufen, dass die ersten die Hoffnung bereits aufgaben. Sie hielten an, stellten ihr schweres Gepäck ab und beratschlagten, was zu tun sei. Niemand wusste eine Antwort. Da entdeckte einer der Wanderer eine Karte in seinem Rucksack. Die Wanderer schöpften neuen Mut. Sie überlegten, wo sie sich jetzt befanden und wie sie am schnellsten ins nächste Dorf gelangen konnten. Sie machten sich auf den Weg, der Wanderer mit der Karte ging voran, die andern folgten. So erreichten sie nach zwei, drei Stunden ein kleines Bergdorf. Sie waren gerettet. Ein Bauer nahm sie auf. Die Wanderer erzählten ihm von ihrem Abenteuer und was für ein Glück sie gehabt hatten, dass einer von ihnen gerade noch rechtzeitig die lebensrettende Karte entdeckt hatte. Da sah sich der Bauer die Karte genauer an und brach in Gelächter aus: „Das ist gar keine Karte von den Schweizer Alpen, das ist eine Karte von den Pyrenäen!"
>
> **Themen:** Strategie, Leadership, Motivation, Irrtum, Führung, Team

Eine Geschichte, die der Organisationsexperte Karl Weick überliefert hat und die ein wenig an die Metapher von den „Regenmachern" erinnert (siehe Seite 150). Sie veranschaulicht die mobilisierende Kraft einer überzeugenden Idee, eines Konzepts. Die Karte muss gar nicht stimmen, um die Wanderer den Weg finden zu lassen. Ebenso können Konzepte wirken, die nicht vollkommen durchdacht und logisch sind. Ihre Grundannahmen können sogar falsch sein, und dennoch können sie Menschen ermutigen und zum richtigen Handeln führen. Das gilt natürlich nicht für bewusste Täuschung: Mit gefälschten Landkarten lassen sich verirrte Wanderer (oder orientierungslose Mitarbeiter) eher restlos entmutigen.

**Fabel vom hungrigen Fuchs**

> „Ich bin zu einer unglücklichen Stunde geboren!", klagte ein junger Fuchs gegenüber einem alten. „Fast keiner von meinen Beutezügen will mir gelingen." Da wandte der alte Fuchs ein: „Nun, dann wird es an deinen Beutezügen liegen. Sag doch, wann machst du dich auf die Jagd?" – „Wann? Wieso wann? Natürlich wenn ich Hunger habe!", antwortete

der junge Fuchs. „Wenn du Hunger hast!", sprach der alte Fuchs. „Da haben wir es! Hunger und Geschick beim Jagen schließen sich aus. Mache deine Beutezüge, wenn du keinen Hunger hast. Du wirst sehen, dass sie dann besser gelingen."

**Themen:** Antizyklisches Handeln, Strategie, Verhandlungen, Einkauf, Rendite, Personalsuche, Gehaltsverhandlung

Die Fabel von Äsop passt auf alle Situationen, bei denen in irgendeiner Weise „Beute" gemacht werden soll: bei Verhandlungen (z. B. um Gehalt, um Rabatte, um vertragliche Vereinbarungen), beim Einkauf, bei der Personalsuche. Die eigene Position ist wesentlich stärker, wenn man dabei „keinen Hunger" hat, also nicht dringend darauf angewiesen ist, dass es zu einer Vereinbarung kommt. Man kann abwarten und Alternativen in Erwägung ziehen. Wer weniger unter Druck steht, wird womöglich auch souveräner auftreten.

**Wie Termiten ihre Hügelnester bauen**

Die Tiere suchen eine geeignete Stelle, dort sollte es eher trocken und der Boden ziemlich eben sein. Fast ein wenig wahllos tragen die Termiten Erdklümpchen herbei. So als hätte jemand zu ihnen gesagt: „Fangt einfach mal an. Nehmt, was da ist. Irgendetwas wird schon daraus werden." Allmählich entstehen mehrere Erdhügel. Das Bauprinzip ist einfach: Wo schon was ist, da wird noch mehr draufgepackt. Verklebt wird das Ganze durch Kot und Speichel. Auf diese Art und Weise werden aus den flachen Hügeln hohe Türme. Haben die Türme eine bestimmte Höhe erreicht, hören die Termiten auf daran zu bauen.

Kein Termitenbau gleicht dem andern. Zwischen den Türmen ist mal mehr, mal weniger Abstand. Stehen zwei nahe genug beisammen, dann verbinden die Termiten sie an der Spitze durch einen runden Bogen. Nach und nach entsteht so ein hochkomplexer, verschachtelter Bau mit einem Höhlensystem und Gängen, die belüftet und feuchtigkeitskontrolliert sind. Manche Hügelnester sind sechs Meter hoch und dreißig Meter breit. Eine kolossale Größe für die winzigen Termiten. Wollte man das Hügelnest auf Menschenmaß umrechnen, ergäbe sich ein gigantischer Bau von 2.000 Meter Höhe.

**Themen:** Strategie, Ziele, Projektmanagement, Selbstmanagement, Improvisation, Führung, flache Hierarchie, Changemanagement, Teamarbeit, Hidden Champions

Der Biologe Lewis Thomas hat das faszinierende Leben in den Ameisenhaufen, Bienenstöcken und Termitenkolonien beschrieben und mit der menschlichen Gesellschaft verglichen. Der Autor Gareth Morgan hat das aufgegriffen und eine „Termitenstrategie" daraus abgeleitet. Ihre Kernpunkte: Termiten machen keine Pläne, sondern fangen einfach an. Es gibt ein starkes Gefühl für das, was man fertig bringen will. Die Strategie entsteht und nimmt Gestalt an, während die Arbeit voranschreitet. Termiten arbeiten im Stillen und ohne Aufsehen. Die Führungskraft bleibt völlig unsichtbar und verlässt sich auf die Beweglichkeit der Gruppe. Gerade in Zeiten rasanten Wandels kann die Termitenstrategie angemessen sein, meint Morgan.

**Der Bauer und der Baumstumpf**

Ein junger Bauer arbeitete gerade auf dem Feld, als ein Hase angelaufen kam Kopf voran gegen einen Baumstumpf rannte, der am Rande des Feldes stand. Der Hase war sofort tot. Hocherfreut hob der Bauer den Hasen auf, nahm ihn mit nach Hause und bereitete sich ein köstliches Essen. Am nächsten Tag legte er seine Feldhacke beiseite und hockte sich neben den Baumstumpf. Er hoffte, dass noch ein Hase kommen und ebenfalls gegen den Baumstumpf rennen würde. Vergebens. Und so saß er Tag für Tag am Rande des Feldes und wartete auf einen Hasen. Unterdessen wurde sein Feld vom Unkraut überwuchert.

**Themen:** Glück, Verallgemeinerung, Zufall, Trend, Erfolg, Kernkompetenzen

Diese zweitausend Jahre alte Geschichte des chinesischen Philosophen Han Fei Zi weist auf ein verbreitetes Fehlverhalten hin. Nach einem Zufallstreffer wird alles daran gesetzt, diesen Erfolg zu wiederholen. Dabei werden die eigentlichen Aufgaben vernachlässigt und die tatsächlich vorhandenen Kompetenzen nicht genutzt.

**Zwei Frösche am Brunnen**

Während eines heißen Sommers trocknete ein See aus. Zwei Frösche, die an dem See gewohnt hatten, mussten anderswo nach Wasser suchen. Da kamen sie an einen tiefen Brunnen. „Was sollen wir weiter suchen?", sprach der eine Frosch, „Komm, lass uns hier hineinspringen.

Da haben wir Wasser!" – „Das stimmt schon", versetzte der andere Frosch. „Aber wenn das Wasser auch hier austrocknet – wie sollen wieder aus dem Brunnenloch herauskommen?"

**Themen:** Planungshorizont, Fehleinschätzung, schnelle Lösungen, Risikoanalyse, Wahrnehmung, Weitblick

Eine Fabel von Äsop mit der Botschaft: Was kurzfristig einen Vorteil verspricht, kann sich langfristig als nachteilig erweisen, ja als „tödliche Falle", aus der man nicht mehr herauskommt wie die Frösche aus dem tiefen Brunnen. Es handelt sich um einen häufigen Planungsfehler: Man sieht nur das kurzfristige Ergebnis und denkt nicht an mittel- oder langfristige Risiken, die damit verbunden sind.

### Sai Weng hat ein Pferd verloren

Einem alten Mann namens Sai Weng lief eines Tages sein Pferd davon. Daraufhin besuchten ihn seine Nachbarn, um ihn zu trösten. Doch zu ihrer Verwunderung war Sai Weng keineswegs niedergeschlagen. Er sagte nur: „Man kann nicht wissen, was das bedeutet. Vielleicht ist es ja ein Vorteil, dass mir mein Pferd weggelaufen ist."

Wenige Tage später kehrte das Pferd von allein zurück und brachte noch ein prächtiges zweites Pferd mit. Als die Nachbarn davon hörten, dachten sie: „Wer hätte das gedacht? Der alte Sei Weng hat Recht behalten!" Und sie liefen zu ihm, um ihm zu gratulieren. Doch Sai Weng war gar nicht fröhlich, sondern sagte: „Es ist nicht unbedingt eine gute Sache, so ein prächtiges Pferd zu bekommen, ohne dafür zu bezahlen. Vielleicht bringt es sogar Unglück."

Sai Weng hatte einen Sohn, der ein begeisterter Reiter war. Der setzte sich eines Tages auf das prächtige Pferd, um auszureiten. Kaum hatte er den Hof verlassen, da rannte das Pferd schnell wie ein Pfeil davon. Sai Wengs Sohn fiel herunter und brach sich das Bein.

Die Nachbarn kamen wieder, um Sai Weng zu trösten. Doch war dieser vollkommen ruhig. „Man kann nicht wissen, was das bedeutet. Dass der Junge sich das Bein gebrochen hat, muss nicht unbedingt schlecht sein."

Ein paar Wochen später brach ein Krieg aus. Sehr viele junge Männer wurden zum Militär eingezogen, und viele kehrten nicht zurück. Sai Wengs Sohn jedoch konnte wegen des gebrochenen Beins zu Hause bleiben.

**Themen:** Ganzheitliches Denken, Vorteile und Nachteile, Planung, Gelassenheit, Zufall, Risikoanalyse

Eine bekannte chinesische Geschichte aus der Han-Zeit (260 v. Chr. – 25 n. Chr.). In China ist sie sogar zu einer stehenden Redewendung geworden. „Sai Weng hat ein Pferd verloren" bedeutet so viel wie: Aus einem Verlust kann auch ein späterer Gewinn werden. Gleichzeitig gilt es aber auch als Warnung, dass ein vermeintlicher Vorteil zu einem Verlust führen kann.

**Pläne eines Mönchs**

Zu einem Mönch kam jeden Tag ein Kaufmann, der eine Schüssel mit Honig verzehrte – in jenen Tagen ein recht kostbares Nahrungsmittel. Der Kaufmann aß jedoch die Schüssel niemals vollständig leer, sondern ließ immer etwas übrig und füllte den Rest in ein Gefäß, das er an einem Nagel an der Hüttenwand aufhängte.

Wie der Mönch nun eines Tages so dalag und seinen Mönchsstab in der Hand hielt, sah er den Topf mit Honig an der Seite hängen und dachte bei sich: Ich will verkaufen, was in diesem Gefäß ist. Dafür werde ich gut und gerne einen Denar bekommen. Von diesem Geld werde ich mir zehn Ziegen kaufen. Es wird nicht lange dauern, dann werden die Ziegen trächtig. Alle fünf Monate bringen sie Nachwuchs zur Welt, kleine Zicklein, die schnell größer werden und dann selbst Zicklein bekommen. Auf diese Weise habe ich in kurzer Zeit eine richtig große Herde beisammen.

Der Mönch rechnete das auf einige Jahre genau aus und kam darauf, dass er es in dieser Zeit auf vierhundert Ziegen bringen konnte. Dann spann er die Idee weiter: Bei den Ziegen werde ich nicht bleiben. Ich werde sie gegen Rinder eintauschen. Je vier Ziegen gegen eine Kuh oder einen Stier. Das sind hundert Rinder. Dazu werde ich mir Land und Samen kaufen und einen Brunnen mieten. Mit den Stieren werde ich das Feld bebauen und von den Kühen werde ich Milch und Butter nehmen. Durch meinen Landbau werde ich nach fünf Jahren ein großes Vermögen erworben haben. Damit baue ich mir ein prächtiges Haus, stelle Knechte und Mägde an und nehme mir eine schöne Frau. Die wird mir einen edelmütigen Knaben gebären. Ich werde für ihn den schönsten Namen aussuchen. Wenn er etwas herangewachsen ist, werde ich ihn unterrichten. In diesem Punkt will ich streng sein. Nimmt er meine Lehren an, dann ist es gut. Nimmt er sie nicht an, dann schlage ich ihn mit diesem Stab.

Bei dieser Vorstellung holte er mit seinem Stab weit aus und traf genau das Gefäß mit dem Honig, woraufhin es herabfiel und zersprang.

**Themen:** Träume, Strategie, langfristige Planung, Vision, Prognose, Voraussetzungen

Eine orientalische Fabel aus der Sammlung „Kalila und Dimna" von Abdallah Ibn Al-Muqaffa. Es ist nicht sinnvoll, schon weit reichende Pläne zu schmieden, noch ehe die ersten Voraussetzungen erfüllt sind. Eine entsprechende Geschichte findet sich auch beim Fabeldichter La Fontaine: Da ist es eine Melkerin, die ähnlich hochfliegende Pläne schmiedet und am Ende aus Unachtsamkeit die Milchkanne umstößt.

## Der Überfall des Herzogs Wu

In alten Tagen dachte Herzog Wu von Zheng daran, das Reich Hu zu erobern. Er verheiratete seine Tochter mit dem Herrscher von Hu. Dadurch wollte er diesen in Sicherheit wiegen. Eines Tages rief Wu seine Minister zusammen und sagte ihnen: „Ich möchte meine Ländereien erweitern. Welches Land sollen wir angreifen?" Ein hoher Offizier antwortete: „Wir sollten Hu angreifen." Da wurde Herzog Wu zornig. „Wie kannst du es wagen?", empörte er sich. „Hu ist ein befreundetes Land!" Daraufhin ließ er den Offizier hinrichten. Davon erfuhr der Herrscher von Hu. Er glaubte, dies sei ein sicheres Zeichen dafür, dass Herzog Wu ihm freundlich gesonnen sei. Er traf keine Maßnahmen gegen einen Angriff. Doch da griff Herzog Wu das Land an und besetzte es ohne Mühe.

**Themen:** Strategie, Täuschung, Vertrauen, Risikovorsorge, Wettbewerb

Eine kriegerische Geschichte des chinesischen Philosophen Han Fei Zi, der dazu rät, bei seinen Planungen immer ein gesundes Misstrauen walten zu lassen. Nicht die freundschaftliche Geste ist entscheidend, sondern die Strategie, die dahinter steckt. Natürlich lässt sich die Geschichte auch zynisch umkehren. Dann heißt die „Moral": Opfere eine Kleinigkeit, um Großes zu gewinnen. Gewinne das Vertrauen deines Gegners, um ihn auszuschalten. Als Empfehlung wollen wir das aber nicht stehen lassen, darum lesen Sie als „Gegengift" gleich die nächste Geschichte, die auch aus China stammt.

**Die Grundlagen einer guten Regierung**

Konfuzius wurde gefragt: „Was sind die Grundlagen einer guten Regierung?" Der Meister antwortete: „Genügend Nahrung, eine ausreichend starke Armee und Vertrauen in den Herrscher." – „Wenn aber eine dieser Grundlagen aufgegeben werden müsste", fragte sein Gegenüber weiter, „welche würdet Ihr als erste opfern?" – „Die Armee", erwiderte Konfuzius. „Und wenn ihr noch eine Grundlage aufgeben müsstet, welche wäre es dann?" – „Die Nahrung", erklärte Konfuzius, „denn seit jeher müssen alle Menschen sterben. Doch ohne das Vertrauen des Volkes kann keine Regierung bestehen."

**Themen:** Vertrauen, Führung

Wahrhaft große Worte des chinesischen Gelehrten, die sich nicht nur Regierungen, sondern auch Organisationen zu Herzen nehmen sollten. Das Vertrauen der andern ist ein hohes Gut, das man sich erst einmal verdienen muss. Wenn man es enttäuscht, gräbt man sich selbst das Wasser ab, denn man ist auf das Vertrauen der andern angewiesen. Ohne Vertrauen kann man nicht führen, so gesehen ist dies die „wichtigste Ressource".

**Tiger oder Kaninchen jagen**

Wer im Land der Tiger Kaninchen jagen will, muss auch die Tiger im Auge behalten. Wer hingegen auf die Tiger Jagd macht, braucht sich um die Kaninchen nicht weiter zu kümmern.

**Themen:** Konkurrenz, Produktstrategie, Kundengewinnung

Eine chinesische Weisheit über verschiedene „Jagdstrategien": Wer sich auf die vermeintlich „leichte Beute" konzentriert, muss mit starker Konkurrenz rechnen. Fordert jemand hingegen einen starken Konkurrenten heraus, so kann er sich ganz auf ihn allein konzentrieren.

**Einzelteile**

> Nasrudin betrat den Laden eines Mannes, der allen möglichen Kram verkaufte. „Haben Sie Leder?", fragte er. „Ja, habe ich", erwiderte der Mann. „Und Nägel?" Der Mann nickte. „Und Farbe?" – „Auch Farbe", erwiderte der Mann. „Warum machen Sie sich dann nicht selbst ein Paar Schuhe?", fragte Nasrudin.
>
> **Themen:** Synergie-Effekte, Wissensmanagement, Organisation, Innovation

Eine Sufi-Geschichte mit dem weisen Narren Nasrudin (siehe Seite 66). Wir sollten die Dinge nicht sorgsam voneinander getrennt betrachten, sondern in unserer Vorstellung zusammenfügen und uns fragen: Was kann man daraus machen? Wie können wir Elemente, die in der Organisation getrennt sind, zusammenbringen? Ergibt sich etwas Neues daraus?

**Der Rabe bebrütet seine Eier**

> Der Rabe bemerkte, dass der Adler für das Ausbrüten seiner Eier ganze dreißig Tage brauchte. Da sagte der Rabe zu sich: Das ist ja interessant. Zweifellos ist das der Grund, warum die Jungen des Adlers so stark werden und so ausgezeichnet sehen. Genauso werde ich es auch machen. Und seitdem brütet der Rabe wirklich dreißig Tage lang seine Eier aus. Aber noch hat er nichts anderes ausgebrütet als – elende Raben.
>
> **Themen:** Vorbild, Positionierung im Markt, Benchmarking, *best practice*, Mitarbeiterführung

Eine Fabel von Gotthold Ephraim Lessing. Als „Rabe" hat es keinen Sinn, leuchtenden Vorbildern nachzueifern, indem man ihr Verhalten kopiert. Man erzielt dadurch keine besseren Resultate. Es ist angemessener, die eigenen Möglichkeiten und Grenzen zu erkennen. Auf Ihre Marktstrategie übertragen bedeutet das: Konzentrieren Sie sich nicht auf ein Ziel, das sich mit den Mitteln, die Ihrer Organisation zur Verfügung stehen, einfach nicht erreichen lässt. Im Benchmarking bedeutet die Botschaft: Grenzen erkennen! Und auf die Mitarbeiterführung angewandt: Versuchen Sie nicht einem „Raben" einzureden, er müsste es so machen wie ein „Adler". Beide haben ihre individuellen Verhaltensweisen und ihre eigenen *best practices*.

**Transparenz als Tarnung**

> Wenn sich Bewohner des offenen Meers vor Feinden schützen wollen, dann können sie das auf unterschiedliche Art und Weise tun: sie können sich mit Zähnen oder Gift wehren, sie können fliehen, eine extrem kleine Gestalt annehmen, so dass sie übersehen werden, oder sie können sich tarnen. Doch wie soll man sich unter Wasser tarnen? Verstecke gibt es ja nicht. Die Lösung heißt: Transparenz. Wer durchsichtig ist, den sieht man nicht. Tatsächlich sind fast alle Meerestiere, die nicht schnell flüchten oder sich wehren können, mehr oder weniger durchsichtig, vor allem die Quallen, aber auch manche Schnecken, Krebse und Kraken. Transparent erscheinen diese Tiere allerdings nur, solange sie sich wohl fühlen. Wenn sie sterben, wird ihr Körper schnell milchig.
>
> **Themen:** Unternehmensstrategie, Mitarbeiter, Transparenz, Tarnung, Konkurrenz

Um es unmissverständlich zu sagen, die Quallen-Strategie, die der Meeresbiologe Sönke Johnsen beschrieben hat, ist eine Strategie der Tarnung. Sie lässt sich auch auf andere Bereiche übertragen: von Mitarbeitern, die sich ganz „durchschaubar" verhalten, um ihre eigentlichen Absichten zu tarnen, über Abteilungen, die nur schwer zu greifen sind, weil sie so transparent erscheinen, bis hin zur Geschäftsstrategie – verhalte dich „durchsichtig", um von deinen wahren Plänen abzulenken. Mit der Metapher der Quallen-Strategie können Sie dieses Vorgehen entlarven, Sie können es aber auch zur Nachahmung empfehlen. Denn wie das Leben unter Wasser zeigt, ist dieses Vorgehen außerordentlich erfolgreich.

### Donald Sutherlands Prinzip

Der amerikanische Filmschauspieler Donald Sutherland hatte es sich zum Prinzip gemacht, keine Autogramme zu geben. Er hielt das für anmaßend und für den Ausdruck schlechten Geschmacks, denn er wollte als ganz normaler Mensch wie jeder andere erscheinen. Eines Tages bekam er einen Brief, in dem ihn ein Elternpaar um ein Autogramm für ihren Sohn bat, der bald Geburtstag hatte. Sutherland setzte sich hin und verfasste einen dreiseitigen Brief, in dem er freundlich und ausführlich darlegte, warum er grundsätzlich keine Autogramme gebe. Zwei Wochen später bekam er die Antwort der Eltern. Sie bedankten sich für das Schreiben, ließen ihn aber wissen, dass sie noch nie einen so lächerlichen Brief bekommen hätten. „Wir haben Ihre Unterschrift unter dem Brief ausgeschnitten und unserem Sohn gegeben. Sie hätten sich die ganze Sache also einfacher machen können."

**Themen:** Rechtfertigung, Einfachheit, unbeabsichtigte Folgen

Eine Anekdote, mit der Jorge Vasconcellos e Sá, international tätiger Wirtschaftsprofessor, darauf hinweisen möchte, wie wichtig Einfachheit bei der strategischen Planung ist. Machen Sie nicht viele Worte, die das Wesentliche nur verdecken. Beschränken Sie sich auf das Notwendigste. Die eigentliche Pointe der Anekdote liegt jedoch in der Tatsache, dass Sutherland vor lauter Erklärungen genau das tut, wozu er eigentlich gar nicht bereit ist: nämlich ein Autogramm zu geben. Seine Unterschrift unter dem Brief wird zweckentfremdet. Und weil er das nicht vorausgesehen hat, stellt er sich selbst ein Bein. Die zweite Lektion lautet daher: Strategie und operatives Handeln müssen in sich stimmig sein, sonst haben Gegner der Strategie ein leichtes Spiel.

# Perfektionismus

### Der kunstreiche Bogen

Ein Jäger hatte einen sehr guten Bogen aus Ebenholz, mit dem er seine Pfeile sehr weit und sehr sicher schießen konnte. Diesen Bogen schätzte der Jäger über alles. Als er ihn aufmerksam betrachtete, dachte er bei sich: So gut wie ich mit ihm schießen kann, so plump sieht er doch aus.

Er ist vollkommen glatt, man sieht ihm gar nicht an, was für ein großartiger Bogen er ist. Aber das lässt sich ja ändern.

Und so suchte der Jäger den besten Künstler der Stadt auf und bat ihn, Bilder in den Bogen zu schnitzen. Der Künstler betrachtete den Bogen und sagte, das ließe sich wohl machen. Und tatsächlich dauerte es keine sieben Tage, da hatte der Künstler eine ganze Jagd in den Bogen hineingeschnitzt, mit Rehen und Hasen und Jägern, die den Bogen spannten. Der Bogen war wirklich sehr schön anzuschauen.

Der Jäger war überglücklich, bezahlte den Künstler und ging wieder auf die Jagd. „Du hast diese Verzierung wirklich verdient, mein lieber Bogen", sagte er. Doch als er ihn zu spannen versuchte, zerbrach der Bogen. Durch die Schnitzereien hatte das Holz seine Stärke eingebüßt.

**Themen:** Perfektionismus, Verbesserung, Overengineering, Mitarbeiterführung

Eine Fabel von Gotthold Ephraim Lessing, die anschaulich macht, dass manche Verbesserungen eine gute Sache ruinieren können. Dies gilt nicht nur für grundsolide Produkte, die durch „Overengineering" an Gebrauchswert verlieren. Auch gute Mitarbeiter, die ständig angetrieben werden noch besser zu werden, können irgendwann zerbrechen wie der kunstvoll geschnitzte Bogen.

## Das vollkommene Kamel

Vier Gelehrte zogen mit einer Karawane durch die Wüste. Als sie am Abend zusammensaßen, lobten sie die Genügsamkeit ihrer Kamele, ihre Zuverlässigkeit und ihre Kraft. Aus Dankbarkeit wollte jeder von ihnen ein Werk schaffen, um die Kamele zu preisen. Der erste Gelehrte ging in sein Zelt. Nach kurzer Zeit kam er heraus. Er hatte ein Kamel gezeichnet. Die Zeichnung war sehr gut getroffen. Der nächste ging in sein Zelt. Er blieb ein wenig länger als der erste und kam mit einer Abhandlung über den Nutzen der Kamele wieder heraus. Der dritte schrieb ein feierliches Gedicht. Dann verschwand der vierte in seinem Zelt. Die anderen drei warteten und warteten. Schließlich legten sie sich schlafen. Am nächsten Tag fanden sie das Zelt noch immer verschlossen, ihr Gefährte ließ sich den ganzen Tag nicht sehen und erschien auch am nachfolgenden nicht. Erst am fünften Tag öffnete sich sein Zelt und heraustrat ein ausgemergelter, völlig übermüdeter Mann. Mürrisch warf er ein Bündel Pergamentrollen auf den Teppich. Auf der ersten Rolle war mit großen Buchstaben geschrieben: „Das vollkommene Kamel. Oder: Wie ein Kamel sein sollte".

**Themen:** Perfektionismus, Verbesserung, Ideal, Vision, Unzufriedenheit, Qualitätszirkel, Pragmatismus

Die leicht gekürzte Fassung einer Geschichte des Neurologen und Psychotherapeuten Nossrat Peseschkian. Nichts auf dieser Welt ist vollkommen. Alles lässt sich noch besser machen. Doch es führt zu nichts, sich darüber den Kopf zu zerbrechen, wie die Dinge im Idealfall sein sollten. Eine solche Einstellung blockiert uns und macht uns unzufrieden. Wir sollten gute Leistungen anerkennen, Mitarbeiter für ihren Einsatz loben oder qualitativ hochwertige Produkte auch entsprechend verkaufen, anstatt überall noch ein Haar in der Suppe zu finden und uns darüber den Kopf zu zerbrechen, wie man es noch besser machen könnte.

### Die besten Knopflöcher von Manhattan

Auch die unscheinbarste Tätigkeit kann mit höchster Meisterschaft betrieben werden – wie zum Beispiel das Verfertigen von Knopflöchern. In der New York Times erschien kürzlich ein Bericht über Melvin Reich, den führenden Knopflochhersteller Manhattans. Zu ihm kommen viele Modedesigner, die sich Knopflöcher für ihre Vorführmodelle fertigen lassen. „Wir machen Knopflöcher und Knopflöcher und Knopflöcher", sagte Reich der Zeitung. „Man denkt, das ist nichts, nur ein Knopfloch. Aber es ist etwas. Ich bin ein Fachmann wie ein Arzt." Auf die Frage, ob er sich auch mit Reißverschlüssen beschäftige, entgegnete Reich: „Reißverschlüsse sind doch etwas völlig anderes. Eine ganz andere Branche."

**Themen:** Perfektionismus, Ehrgeiz, Kernkompetenz, Meisterschaft, Mitarbeiterführung

Von diesem Knopflochhersteller berichtet der Managementtrainer und Autor Tom Peters. Es gibt zahlreiche Beispiele von perfekten Straßenfegern, „Einparkern", Tüteneinpackern oder Hemdenbüglern, die eine unauffällige Tätigkeit enorm aufwerten, indem sie sie perfektionieren oder irgendwie veredeln. Manche dieser Erfolgsstorys schießen etwas über das Ziel hinaus und wirken dann nur noch verlogen. Doch am Beispiel des Knopflochmachers lässt sich verdeutlichen: Wenn man eine unscheinbare Sache mit der nötigen Ernsthaftigkeit bis zur Meisterschaft betreibt, ergeben sich möglicherweise ungeahnte Chancen. Und für das Selbstbewusstsein ist es auch noch gut.

## Vorsorge

### Die Grille und die Ameise

> Im Winter holte die Ameise einen Haufen Körner aus ihrem Bau heraus, um sie zu trocknen. Da kam eine Grille des Weges und sprach verwundert: „Wo hast du das ganze Korn her? Es ist doch Winter und es wächst schon lange nichts mehr auf dem Feld." Die Ameise entgegnete: „Ich habe das Korn im Sommer gesammelt." Die Grille nickte. Die Ameise schichtete weiter ihr Korn auf. Die Grille wurde deutlicher: „Ich bin so hungrig, liebe Ameise. Ich habe nichts zu essen. Gib mir etwas von deinem Korn. Sonst muss ich sterben." Die Ameise fragte: „Warum hast du kein Korn? Was hast du denn den ganzen Sommer über getan?" Die Grille antwortete: „Ich bin auch nicht faul gewesen. Ich habe den ganzen Sommer über gesungen." Die Ameise lachte und sagte ungerührt: „Nun, wenn du im Sommer gesungen hast, dann kannst du im Winter dazu tanzen." Daraufhin räumte sie das Getreide wieder in ihren Ameisenbau.
>
> **Themen:** Vorsorge, Finanzmanagement, Rücklagen, Fleiß, produktive Arbeit, Verschwendung, Akquise

Eine Fabel von Äsop, die uns darauf aufmerksam macht: Günstige Zeiten sollten wir dazu nutzen, Rücklagen zu bilden, um für weniger ertragreiche Phasen vorzusorgen.

### Der Apfelbaum und die Tanne

> Hinter einem in seiner vollen Blütenpracht ausgebreiteten Apfelbaum erhob eine gerade Tanne ihren spitzen dunklen Gipfel. Zu dieser sprach jener: „Siehe, die Tausende meiner schönen muntern Blüten, die mich ganz bedecken! Was hast du dagegen aufzuweisen? Schwarzgrüne

Nadeln!" – "Wohl wahr", erwiderte die Tanne, "aber wenn der Winter kommt, wirst du entlaubt dastehen; ich aber werde sein, was ich jetzt bin."

**Themen:** Imagepflege, Identität, Werbung, Corporate Identity, New Economy, Beständigkeit

Eine Fabel von Arthur Schopenhauer. Die Pracht des Apfelbaums geht auf Kosten seines künftigen Erscheinungsbildes. Wer „blühen" will, muss in Kauf nehmen, später „entlaubt" dazustehen". Die unauffällige Tanne hingegen bleibt sich treu. Das Bild lässt sich übertragen auf Organisationen, die nach außen hin Pracht und Prunk entfalten, aber auch auf Kollegen, Konkurrenten, Mitarbeiter. Nicht selten geben diejenigen, die heute so prächtig „blühen", morgen ein eher trauriges Bild ab, während die „aufrechten" Tannen unverändert bleiben.

# Prognosen

### Experten stellen Prognosen

„Prognosen sind mit einer großen Unsicherheit behaftet, vor allem wenn sie die Zukunft betreffen." Mit dieser ironischen Bemerkung soll der deutsche Physiker Max Planck seine Skepsis gegenüber der Aussagekraft von Voraussagen zum Ausdruck gebracht haben. Und tatsächlich lagen die Experten mit ihren Urteilen und Prognosen häufig völlig falsch. So äußerte sich IBM-Chef Thomas J. Watson 1943: „Ich glaube, es gibt einen Weltmarkt für ungefähr fünf Computer." William J. Thompson, der erste Lord Kelvin, galt im 19. Jahrhundert als der angesehenste und einflussreichste britische Physiker. Ihm verdanken wir gleich drei denkwürdige Voraussagen: „Das Radio hat keine Zukunft." – „Flugmaschinen, die schwerer sind als Luft, sind unmöglich." – „Die Röntgenstrahlen werden sich als Betrug erweisen."

**Themen:** Zukunft, Prognose, Experten, Marktchancen, technische Machbarkeit

### Die Expertenkommission und der elektrische Strom

Nicht nur der einzelne Experte schätzt die Sachlage oft falsch ein, auch der geballte Sachverstand einer ganzen Kommission kann sich täuschen. Als Thomas Alva Edison 1874 bekannt gab, er entwickle elektrisches Licht, berief das Parlament in Großbritannien ein Expertengremium, das der Sache auf den Grund gehen sollte. Die Fachleute waren sich einig, dass es sich um eine Art Hirngespinst handeln musste, das „für unsere Freunde jenseits des Atlantiks gut genug" sei, jedoch „die Aufmerksamkeit von Männern der Praxis und der Wissenschaft" nicht verdiene.

Themen: Prognose, Gremium, Experten, Innovation, Erfinder

### Der texanische Kunstschütze

In der guten alten Zeit, als es noch echte Revolverhelden gab, die schneller schießen konnten als ihr Schatten, kam ein Mann in eine kleine Stadt in Texas. Er ritt an den Häusern vorbei und entdeckte überall an den Wänden kleine Zielscheiben. Das Verblüffendste aber war, dass sie nur Volltreffer aufwiesen; der Schuss hatte jedes Mal genau in der Mitte eingeschlagen. Als der Mann weiterritt, stieß er auf einen Cowboy, der mit seinem Revolver herumhantierte. Der Mann stoppte sein Pferd und fragte: „Sagen Sie mal, wer hat denn da auf die ganzen Zielscheiben geschossen?" Der Cowboy schaute kurz hoch und antwortete: „Nun, das war ich." Der Mann war beeindruckt: „Alle Schüsse sind von Ihnen?" – „Ja, alle", sagte der Cowboy. „Wie schaffen Sie das nur, dass jeder Schuss genau in die Mitte trifft?", fragte der Mann. „Ganz einfach", sagte der Cowboy. „Zuerst schieße ich. Dann male ich die Zielscheibe."

Themen: Prognose, Experten, Statistik, Manipulation, Betrug

Eine überaus beliebte Geschichte, die in zahlreichen Varianten existiert. Der Trick, den der texanische Kunstschütze anwendet, ist nur allzu verbreitet: In der Statistik, in Argumentationen oder bei Prognosen wird oftmals erst „geschossen" und dann das Ergebnis zum Ziel erklärt, das man anvisiert hatte.

Leider wirkt der Trick häufig sehr überzeugend – die Geschichte vom texanischen Kunstschützen allerdings auch.

**Die Entdeckung des Treibhauseffekts**

> Eines der schwerwiegendsten Umweltprobleme ist die globale Klimaveränderung infolge des so genannten Treibhauseffekts. Kohlenwasserstoff und andere Treibhausgase in der Erdatmosphäre wirken wie ein Deckel und verhindern, dass die Wärme abgegeben werden kann. Die Atmosphäre heizt sich auf, mit dramatischen Folgen für das Weltklima und die Umwelt. Dieser Treibhauseffekt ist schon lange bekannt. Vor über hundert Jahren, 1897 wurde er von dem schwedischen Chemiker und späteren Nobelpreisträger Svante Arrhenius entdeckt. Arrhenius rechnete damit, dass sich die globale Temperatur um 5 °C erhöhen könnte, wenn die Konzentration von Kohlenwasserstoff in der Atmosphäre entsprechend zunehmen würde. Diese Einschätzung erscheint nach heutigem Kenntnisstand durchaus nicht unrealistisch. Allerdings hielt Arrhenius diesen Effekt für eine segensreiche Sache. Er regte sogar an, ihn durch entsprechende Maßnahmen herbeizuführen, also Kohlendioxid in die Atmosphäre zu blasen. Mediterranes Klima bis nach Schweden, Olivenbäume an der Nordsee, mildes Sonnenwetter, wo heute kalte Stürme brausen, das war für Arrhenius ein verlockendes Szenario.
>
> **Themen:** Prognose, Experten, Kompetenz, Szenariomanagement, Technikfolgen, Ursachenanalyse, Risikoanalyse

Dieses Beispiel macht auf eine weit verbreitete Illusion aufmerksam: Jemand hat eine Sache zutreffend erklärt (oder sogar entdeckt) und müsste nun in der Lage sein, die Konsequenzen abzuschätzen. Nach dem Motto: „Wer genau weiß, wie es ist, muss wissen, wie es wird." Das ist jedoch ein Irrtum. Zu verstehen, wie etwas funktioniert, heißt noch lange nicht, dass man auch die Folgen richtig einschätzen kann.

## Zukunftspläne 1

Bevor Dwight D. Eisenhower zum amerikanischen Präsidenten gewählt wurde, hatte er sich im Zweiten Weltkrieg als Oberbefehlshaber der Alliierten ausgezeichnet. Als er 1948 als Vorsitzender der Alliierten Streitkräfte zurücktrat, fragte ihn ein Reporter nach seinen Zukunftsplänen. „Nun, ich werde einen Schaukelstuhl auf die Veranda stellen", antwortete Eisenhower. „Dann werde ich sechs Monate sitzen. Und dann werde ich ganz langsam anfangen zu schaukeln." Vier Jahre später wurde er zum 34. Präsidenten der USA gewählt.

**Themen:** (persönliche) Zukunftsplanung, Perspektiven, Optionen, Wettbewerb, Konkurrenzbeobachtung, Karriere

Eine Anekdote, die sich vielfältig einsetzen lässt, wenn Sie zu vermeintlichen Zukunftsplänen und Perspektiven Stellung nehmen sollen. Dabei weiß man oft nicht, wohin einen die künftige Entwicklung bringen wird. Möglicherweise ergeben sich morgen Optionen, mit denen man heute gar nicht rechnet. Sogar wenn man so wenig ambitionierte Pläne äußert wie Eisenhower, kann man noch das höchste Amt im Staat erreichen. Sie können die Anekdote aber auch mit einer ganz anderen Botschaft verbinden: Wer sich heute demonstrativ zurückzieht, kann sich dadurch für morgen in eine günstige Position bringen. Wenn sich ein Konkurrent aus dem Wettbewerb verabschiedet, kann es sein, dass er demnächst gut gerüstet wieder zurückkehrt.

## Zukunftspläne 2

Der dreiundachtzigjährige Komponist Richard Strauss wurde von einem Zeitungsreporter zum Abschluss eines Interviews gefragt: „Und was sind Ihre Pläne für die Zukunft?" Strauss entgegnete mit einem milden Lächeln: „Na, sterben halt!"

**Themen:** Alter, Zukunftsplanung, Tod

Mit dieser Anekdote können Sie darauf hinweisen, dass es nicht immer angebracht ist, auf die nächsten Projekte und Herausforderungen zu schauen. Alles ist begrenzt, das gilt auch für unser eigenes Leben.

### Weitblick

Ein amerikanischer Journalist fragte Winston Churchill, über welche Eigenschaften ein Politiker verfügen sollte. Churchill antwortete: „Er muss voraussehen können, was morgen geschehen wird, was in einem Monat geschehen wird und was in einem Jahr geschehen wird. Und dann muss er die Gabe haben, überzeugend zu erklären, warum alles ganz anders gekommen ist."

**Themen:** Vision, Prognose, Überzeugen, Abweichungen, Controlling

## Vision

### Perlensuche

Jemand kommt ans Meer, sieht nichts als Salzwasser, Krokodile und Fische und sagt: „Wo ist denn hier eine Perle? Wahrscheinlich gibt es keine Perlen." Er wendet sich um und geht. Doch wie könnte er eine Perle finden, wenn er nur aufs Meer blickt? Sogar wenn er hunderttausend Mal das Meer Tasse um Tasse ausschöpft, wird er die Perle nicht finden. Denn sie steckt in der Tiefe in einer Muschel. Man braucht einen Taucher, um die Perle zu entdecken, aber nicht einen beliebigen Taucher, sondern einen, der geschickt genug ist und das Glück hat, eine Muschel mit Perle nach oben zu holen.

**Themen:** Ziele, Strategie, Vision, Geduld, Optimismus, positives Denken

Mit diesem Gleichnis des persischen Dichters Djalal od-Din Rumi können Sie darauf hinweisen, dass das Wesentliche oftmals verborgen ist. Man muss es erst hervorholen, und das kann ein schwieriger, langwieriger Prozess sein. Was wir allerdings brauchen, ist die Überzeugung, dass es in dem Meer vor uns eine Perle gibt – unser Ziel. Sonst fangen wir gar nicht erst an und werden niemals das erreichen, was wir wünschen. Manche Ziele erreichen wir aber nicht durch eine Gewaltanstrengung, wir müssen uns dabei auf unser Geschick und unser Glück verlassen.

**Der Nutzen der Leere**

> Dreißig Speichen umringen die Radnabe. Wo nichts ist, liegt der Nutzen des Rads. Aus Ton formt der Töpfer den Topf. Wo er hohl ist, liegt der Nutzen des Topfs. Tür und Fenster höhlen die Wände. Wo sie leer bleiben, liegt der Nutzen des Hauses.
>
> **Themen:** Nutzen, Sinn, Begründung

Ein Bild aus dem Tao-te-king des chinesischen Gelehrten Laotse. Mit ihm lässt sich anschaulich machen, dass der Nutzen einer Sache nichts ist, was sich unmittelbar greifen ließe. Wir können nicht alles mit Erklärungen ausfüllen. Das Rad dreht sich dann besonders „effizient", wenn sich alles um „nichts" dreht.

**Vorbild Leitungswasser**

> Die japanische Unternehmerlegende Konosuke Matsushita (Seite 69) begriff wirtschaftliches Handeln als gesellschaftliche und ethische Aufgabe. Unternehmen sollten für Wohlstand sorgen – und damit meinte Matsushita Wohlstand für alle. „Die Aufgabe eines Industriellen", verkündete er seinen Mitarbeitern bei einer Betriebsversammlung, „besteht darin, die Armut zu beseitigen, die Gesellschaft insgesamt vom Elend zu befreien und sie in den Wohlstand zu führen. Die Unternehmer und Hersteller sollten es sich zum Ziel setzen, alle Produkte so unerschöpflich und billig wie Leitungswasser anbieten zu können. Wenn das verwirklicht ist, wird die Armut aus der Welt verschwinden."
>
> **Themen:** Unternehmensethik, Leadership, Leitbild, Vision, Marktwirtschaft

## Zielfindung und Zielerfüllung

**Der Fuchs unter dem Weinstock**

> Ein Fuchs schlich hungrig um einen Weinstock herum. Ihm lief das Wasser im Munde zusammen. An einem Zweig entdeckte er viele dicke Trauben, die dicht an dicht hingen. „Mmh, die will ich wohl haben", sagte sich der Fuchs und sprang in die Höhe, um sie zu erwischen. Doch

er schaffte es nicht. Gut hundert Mal sprang er nach den Trauben, aber sie hingen einfach zu hoch für ihn. Schließlich gab es der Fuchs auf und knurrte: „Ach was, ich will sie gar nicht haben. Denn diese Trauben sind so sauer wie Zitronen!"

Themen: Ziele, Ehrgeiz, Motivation, Selbstbetrug, Verzicht

Eine der bekanntesten Fabeln von Äsop, die ein typisch menschliches Verhalten beschreibt: Wenn uns etwas nicht gelingt, dann reden wir uns ein, die Sache sei es gar nicht wert gewesen. Wir gaukeln uns vor, wenn wir wirklich gewollt hätten, dann hätten wir das Ziel schon erreicht, und betrügen uns damit selbst ein wenig. Aber man kann die Fabel auch positiver deuten: Von Zielen, die sich realistischerweise nicht erreichen lassen, sollte man sich besser (frühzeitig) verabschieden, egal ob die „Trauben" süß oder sauer sind.

**Wünsche werden wahr**

Ein Mann betritt das Spielcasino. Etwas ungläubig schaut er sich im prachtvollen Saal um, mit seinen glitzernden Kristalllüstern, schweren Teppichen und Büffettischen. Zögernd begibt sich der Mann an den großen Roulettetisch in der Mitte des Saals. Er besitzt nur eine einzige Spielmarke, die er auf eine Zahl setzt. Atemlos verfolgt er die Drehung des Roulettekessels. Die Kugel fällt – er hat richtig gesetzt. Der Croupier schiebt ihm seinen Gewinn hin. Der Mann setzt erneut. Diesmal auf eine andere Zahl. Die Kugel fällt – wieder hat er richtig gesetzt. Der Mann setzt zum dritten Mal. Und zum dritten Mal gewinnt er. Dem Mann wird etwas unbehaglich. Was hat das zu bedeuten? Er spielt weiter, doch auf welche Zahl er auch setzt, er gewinnt. Der Mann wechselt den Spieltisch. Aber auch hier reißt seine Glückssträhne nicht ab. Er gewinnt jedes Spiel. Vor ihm türmen sich die Spielmarken. Schwankenden Schritts verlässt der Mann das Casino.

Am nächsten Tag ist er wieder da. Und auch an diesem Tag macht er nur Gewinne. So setzt sich das die ganze Woche fort und die folgende Woche auch noch. Kein einziges Mal setzt er auf eine falsche Zahl. Die Sache ist ihm unheimlich. Das ständige Gewinnen macht ihm keinen Spaß, es ist monoton und langweilig. Er spielt weiter, weil er darauf wartet, irgendwann einmal zu verlieren. Doch er wartet vergeblich. Da wendet er sich an einen der Türsteher, der so aussieht wie ein Engel am Eingang des Paradieses. „Ich habe diese ewigen Gewinne satt", beschwert sich der Mann. „Wissen Sie, ich bin für das Paradies nicht gemacht. Ich bin nicht mal ein besonders guter Mensch. Ich bin immer ein Kandidat für die Hölle gewesen. Und wissen Sie was? Genau da werde ich jetzt hingehen!" Der Türsteher schaut ihn an und sagt: „Aber genau da sind wir."

**Themen:** Ziele, Wünsche, Niederlage, Erfolg, Zielerfüllung, Paradies

Eine Episode aus der Fernsehserie „Twilight Time", an die sich der Computerwissenschaftler Ray Kurzweil in seinem Buch „Homo sapiens" erinnert. Dank der rasanten technischen Innovationen sieht er uns auf dem besten Wege in diese „Hölle", was ihn aber eher heiter stimmt. Denn die Technik wird auch den Menschen entsprechend verändern, so dass er sich in der wunschlosen „Hölle" überaus wohl fühlt, meint Kurzweil. Andere könnten aus der Episode eher den Schluss ziehen, zu einem erfüllten Leben gehören nicht nur Erfolge, sondern auch Niederlagen. Wie bei der Geschichte von König Midas (siehe Seite 55) sollten wir uns gar nicht wünschen, dass uns immer alles gelingt.

## Zielfindung

„Könntest du mir sagen, wo ich jetzt hingehen soll?", fragte Alice. „Das hängt ganz davon ab, wo du hinwillst", sagte die Katze. „Eigentlich ist es mir egal", sagte Alice. „Dann ist es auch egal, wo du hingehst", sagte die Katze. „Ich möchte nur gern irgendwo hinkommen!", fügte Alice als Erklärung hinzu. „Ach, irgendwohin kommst du bestimmt", sagte die Katze, „wenn du weit genug läufst."

**Themen:** Entscheidung, Ziele, Vision

Ein Gespräch aus dem Kinderbuch „Alice im Wunderland" von Lewis Carroll. Es lässt sich immer dann zitieren, wenn über richtungsweisende Entscheidungen gesprochen wird, ohne dass über das Ziel Klarheit herrscht. Dann geht es Ihnen wie Alice: Wer nicht weiß, wohin er will, kann irgendetwas tun.

### Die Jagd nach dem eigenen Schatten

Ein Mensch geht seinem Schatten nach. Er versucht ihn zu ergreifen, doch immer wenn er die Hand nach ihm ausstreckt, weicht der Schatten zurück. Der Mensch beschleunigt seinen Schritt, läuft, rennt, der Schatten lässt sich nicht einholen. Da dreht sich der Mensch um und eilt in der Gegenrichtung davon. Doch seltsam, findet der Mensch, nun ist es der Schatten, der ihn verfolgt. So schnell er auch läuft, der Schatten lässt sich einfach nicht abschütteln.

Themen: Ziele, Motivation, Vergeblichkeit, Persönlichkeit

Eine Fabel des russischen Autors Iwan Krylow. So wie mit dem Schatten geht es uns mit vielen Dingen: Wenn wir sie anstreben, scheinen sie sich uns zu entziehen. Versuchen wir ihnen zu entkommen, bleiben sie uns auf den Fersen. Darüber hinaus kann uns die Geschichte vom Schatten zeigen: Alles, was wir anstreben, und alles, was wir vermeiden, hat letztlich mit uns selbst zu tun. Es gehört zu uns wie der Schatten. Wir können es niemals ganz ergreifen, wir können ihm niemals ganz entkommen.

## Ressourcenplanung

### Ein Schlachtross im Frieden

Es war Krieg. Ein Soldat gab seinem Pferd immer gut zu fressen. Denn es musste kräftig sein und viel tragen können. Das Pferd leistete dem Soldaten gute Dienste, bis der Krieg aus war. Dann wurde das Schlachtross zum Ackergaul und bekam nur noch trockenes Heu zu fressen.

Nach ein paar Jahren brach erneut ein Krieg aus. Der Soldat nahm seine Ausrüstung, holte das Pferd aus dem Stall, schnallte den Sattel auf seinen Rücken und schwang sich hinauf. Doch das Pferd war schwach geworden, so schwach, dass es den Soldaten in voller Montur nicht mehr tragen konnte. Es brach zusammen. Als der Soldat versuchte es wieder auf die Beine zu stellen, sagte es zu ihm: „Du musst zu Fuß in den Krieg ziehen. Denn als du mich nicht mehr als Schlachtross gebraucht hast, sondern nur noch auf dem Hof, hast du aus mir einen Esel gemacht."

**Themen:** Qualifizierung, Ressourcenplanung, Mitarbeiterförderung, Weiterbildung, Downsizing, Lean Management

Eine etwas kriegerische Fabel von Äsop, die zeigt: Man sollte bei der Planung und dem Einsatz seiner Ressourcen nicht nur vom aktuellen Bedarf ausgehen, sondern auch berücksichtigen, was künftig benötigt wird. Sonst läuft man Gefahr, die steigende Nachfrage nicht bedienen zu können und ist ebenso wenig wettbewerbsfähig wie ein Kavallerist ohne Pferd.

## Das Pareto-Prinzip (die 80/20-Regel)

Ende des 19. Jahrhunderts untersuchte der italienische Wirtschaftswissenschaftler und Soziologe Vilfredo Pareto die Verteilung des Volksvermögens in Italien. Er fand heraus, dass 80 Prozent davon in Besitz von 20 Prozent der Bevölkerung waren. Diese Entdeckung brachte ihn zwar nicht dazu, eine gleichmäßigere Vermögensverteilung zu fordern, aber er leitete daraus ein allgemeingültiges Prinzip ab – zumal er in anderen Volkswirtschaften eine ähnliche Verteilung vorfand.

Mittlerweile ist das Prinzip auf viele andere Bereiche übertragen worden. So sollen etwa bei der Lagerhaltung 20 Prozent aller Artikel 80 Prozent des Bestandswerts ausmachen. Oder 20 Prozent aller Kunden sorgen für 80 Prozent des Umsatzes. Oder mit 20 Prozent des Aufwands lassen sich bereits 80 Prozent des angestrebten Ergebnisses erreichen. Oder 20 Prozent der Verkäufer sorgen für 80 Prozent des Umsatzes (der Autor Robert Townsend behauptet sogar, dass es 90 Prozent sind, weshalb er eine „90/20-Regel" formuliert hat).

Auch im Zeitmanagement finden wir das Pareto-Prinzip: 20 Prozent der aufgewendeten Zeit sorgt für 80 Prozent der Ergebnisse. Woraus sich der beunruhigende Umkehrschluss ergibt, dass wir in 80 Prozent unserer Zeit nur 20 Prozent unserer Ergebnisse zuwege bringen – ein Missverhältnis, dem wir durch besseres Zeitmanagement abhelfen sollen.

**Themen:** Planung, Zeitmanagement, Personaleinsatz, Warenwirtschaft, Projektmanagement, Controlling

Die nahe liegende Frage ist: Wie kommt man auf diese Zahlen? Die Antwort: Das Pareto-Prinzip ist eine Metapher. Niemand hat nachgemessen, ob es im konkreten Fall 15, 20 oder 30 Prozent irgendeines „Inputs" sind, die für 65, 75 oder 95 Prozents irgendeines „Outputs" sorgen. Darauf kommt es auch gar nicht an. Entscheidend ist, dass durch die Metapher des Pareto-Prinzips ein abstrakter Zusammenhang verständlich wird: Es ist sehr effektiv, sich auf die wichtigsten 20 Prozent aller Aufgaben, Kunden oder Artikel zu konzentrieren. Auch lässt sich begreiflich machen, warum bei einer Aufgabe oder bei einem Projekt für die „letzten 20 Prozent", die noch fehlen, um es abzuschließen, 80 Prozent des Gesamtaufwands nötig sind.

**Die 90/90-Regel**

> Eine originelle Parodie auf das Pareto-Prinzip ist die so genannte 90/90-Regel, die Tom Cargill, Software-Entwickler bei den AT&T Bell Laboratories aufgestellt hat. Die Regel bezieht sich zwar auf die Entwicklung eines neuen Software-Codes, jedoch ist sie wie ihr großes Vorbild ebenfalls universell gültig. Sie lautet: „Für die ersten 90 Prozent des Software-Codes braucht man 90 Prozent der Entwicklungszeit. Für die restlichen 10 Prozent des Codes benötigt man die anderen 90 Prozent."
>
> **Themen:** Planung, Innovation, Zeitmanagement, Projektmanagement

Cargill macht darauf aufmerksam, dass die verbleibenden Schwierigkeiten bei einem Projekt oder bei der Produktentwicklung oftmals unterschätzt werden. Man ist überzeugt, schon ganz nah am Ziel zu sein, man glaubt, es fehlen nur noch 10 Prozent – tatsächlich sind es nochmals 90 Prozent.

**Die Hartree-Konstante**

> Der Umstand, dass sich Projekte immer weiter verzögern, hat den britischen Computer-Wissenschaftler Douglas Hartree dazu inspiriert, den Sarkasmus noch ein wenig weiter zu treiben als die 90/90-Regel von Cargill. Nach leidvoller Erfahrung formulierte er die Hartree-Konstante: „Die Zeitspanne von jetzt bis zum Abschluss des Projekts nähert sich nach und nach einem konstanten Wert an."
>
> **Themen:** Planung, Projektmanagement

Daraus folgt, dass das Projekt niemals abgeschlossen wird. Und genau das trifft ja leider auch auf manche Projekte zu, die irgendwann still und ergebnislos eingestellt werden.

**Licht**

> Eines Tages kam Nasrudin in ein Teehaus und erklärte: „Der Mond ist nützlicher als die Sonne." Die anderen waren verwundert und fragten ihn, warum. „Ganz einfach", sagte Nasrudin, „in der Nacht brauchen wir das Licht nötiger als am Tag."
>
> Themen: Überfluss, Ressourcenplanung, Wertschätzung, Beurteilung

Oberflächlich betrachtet ist diese alte Sufi-Geschichte ein Witz. Der weise Narr Nasrudin verkennt, dass die Sonne überhaupt erst dafür sorgt, dass es Tag werden kann. Er nimmt die Helligkeit als schon gegeben hin und kümmert sich nicht um ihre Ursache. Ein Verhalten, das oft anzutreffen ist, wenn wir es mit Sachverhalten zu tun haben, die als selbstverständlich erachtet werden, ob es um sauberes Trinkwasser, soziale Sicherheit, Gesundheit oder unseren Lebensstandard geht. Wir setzen es voraus und achten die eigentlichen Ursachen viel zu gering. Darüber hinaus steckt in Nasrudins Behauptung aber noch eine weitere Botschaft: Erst in Mangelsituationen können wir den Wert vieler Dinge ermessen. Gerade dann, wenn wir keine Sonne haben, die uns Licht im Überfluss beschert.

## Projektmanagement

**Noah als Projektmanager**

> Die Ausgangslage: Die Menschen waren schlecht. Sie blieben weit hinter den Erwartungen ihres Schöpfers zurück. Der entschloss sich, das gesamte Produktportfolio der Schöpfung rigide zu verschlanken. Nichtoptimale Wesen sollten durch die Sintflut vom Markt des Erdenlebens gespült werden. Damit vollzog der Schöpfer gewissermaßen die erste „Rückrufaktion" der Weltgeschichte – und zugleich die umfangreichste. Denn nahezu alle menschlichen Wesen entsprachen nicht den neuen Qualitätsstandards. Nur Noah erfüllte alle Bedingungen. Daher ent-

schloss sich der Schöpfer, Noah zum Ausgangspunkt einer neuen Produktgeneration zu nehmen. Dazu war es nötig, das Überleben von Noah und seiner Familie sicherzustellen. Dies sollte im Rahmen des Projekts „Arche Noah" geschehen, und Noah sollte der Projektleiter sein.

Das Briefing: Gott setzte Noah davon in Kenntnis, dass er eine Neustrukturierung seiner Schöpfung plane und dass Noah dabei eine Schlüsselrolle übernehmen solle. Er informierte ihn detailliert, wie das Schiff auszusehen habe, das Noah und den Seinen das Überleben sichern sollte: Ein „Kasten aus Tannenholz" mit drei Stockwerken, 300 Ellen lang, 50 Ellen breit und 30 Ellen hoch. In dieses Schiff sollte Noah von allen „reinen Tieren" je sieben und von allen „unreinen Tieren" je zwei Exemplare schaffen, wobei darauf zu achten war, dass weibliche und männliche Tiere in einem ausgewogenen Verhältnis vertreten waren.

Die Projektphase: Noah tat alles, was der Herr ihm gebot. Und das aus gutem Grund, denn die Zeit für dieses beispiellose Projekt war knapp. Es gab keine Möglichkeit zu Testläufen oder Experimenten mit Prototypen. Die „Meilensteine" waren eng gesetzt, aber klar definiert: erst Arche bauen, dann Tiere auswählen und für Proviant sorgen, schließlich die logistische Aufgabe, alle Tiere und die Familienmitglieder rechtzeitig an Bord zu schaffen.

Das Roll-out: Dank der vorzüglichen Arbeit von Noah konnten sämtliche Ziele erreicht werden. Da Gott keine Angaben über die voraussichtliche Dauer der Sintflut gemacht hatte, musste Noah für entsprechende Reserven sorgen. Nach siebeneinhalb Monaten fand sich das Schiff auf dem Gipfel des Berges Ararat wieder. Und das Wasser ging erst langsam zurück.

Evaluierung: Noah hatte im Innern seiner Arche keinerlei Informationen über den Wasserstand. Daher ließ er erst einen Raben und dann nacheinander zwei Tauben fliegen, um den Pegelstand zu evaluieren. Als die zweite Taube mit einem Ölblatt zurückkam, war dies ein wichtiges Indiz, dass schon wieder Pflanzen gedeihen konnten. Noah ließ eine dritte Taube fliegen. Als die nicht mehr wiederkam, wartete er noch weitere sieben Tage und ging erst dann von Bord.

Projektabschluss: Kein erfolgreiches Projekt ohne Abschlussritual. Und so baute Noah Gott einen Altar und brachte von allem reinen Vieh Brandopfer dar.

**Themen:** Projektmanagement, Portfolio-Analyse, Rückrufaktion, Qualitätsmanagement

Die abgewandelte Geschichte um die Sintflut lässt sich auch anders akzentuieren. So können Sie etwa die Verschlankung des Produktportfolios in den Mittelpunkt stellen oder die Qualitätskontrolle.

## Der Aufbruch

Ich befahl mein Pferd aus dem Stall zu holen. Der Diener verstand mich nicht. Ich ging selbst in den Stall, sattelte mein Pferd und bestieg es. In der Ferne hörte ich eine Trompete blasen, ich fragte ihn, was das bedeute. Ich wusste nichts und hatte nichts gehört. Beim Tore hielt er mich auf und fragte: „Wohin reitest du, Herr?" – „Ich weiß es nicht", sagte ich, „nur weg von hier, nur weg von hier. Immerfort weg von hier, nur so kann ich mein Ziel erreichen." – Du kennst also dein Ziel?", fragte er. „Ja", antwortete ich, „ich sagte es doch: Weg-von-hier, das ist mein Ziel." – „Du hast keinen Essvorrat mit", sagte er. „Ich brauche keinen", sagte ich, „die Reise ist so lang, dass ich verhungern muss, wenn ich auf dem Weg nichts bekomme. Kein Essvorrat kann mich retten. Es ist ja zum Glück eine wahrhaft ungeheure Reise."

**Themen:** Ziele, Planung, Projektmanagement, Vorsorge, Neuanfang

Ein kurzer Text von Franz Kafka, mit dem Sie erläutern können: Es gibt Situationen, da kommt es darauf an, einen radikalen Schnitt zu machen und einen Neuanfang zu wagen. Dabei hat es wenig Sinn, sich für die neuen Herausforderungen mit alten Vorräten auszurüsten. Man muss sich der neuen Situation stellen und nötige Änderungen vorantreiben.

# Konkurrenz und Wettbewerb

Als Führungskraft müssen Sie sich immer wieder mit Konkurrenten und Wettbewerbern auseinandersetzen. Was Sie tun und was Sie planen, wird häufig von der Frage beeinflusst: Was macht die Konkurrenz?

Wettbewerb lässt sich zugespitzt beschreiben als eine Art Kampf, noch zugespitzter als kriegerische Auseinandersetzung. Das ist kein Zufall. Immerhin stammt der Begriff „Strategie" aus dem militärischen Bereich. Insoweit sollte es Sie nicht verwundern, dass im Folgenden auch von Heer- und Guerillaführern die Rede sein wird, wobei wir noch einmal ausdrücklich davor warnen wollen, sich allzu tief in die Kriegsmetaphorik hineinzubegeben. Um bestimmte Phänomene im Konkurrenzkampf zu beschreiben, können Beispiele aus dem Militär durchaus dienlich sein. Und doch sollten Sie tunlichst den Eindruck vermeiden, Sie selbst betrachteten sich als eine Art Feldherr, der seine Feinde vernichten möchte. Auch wenn es um Wettbewerb geht, sind Wirtschaft und Handel im Kern von kriegerischen Auseinandersetzungen grundverschieden, ja, sie sind das glatte Gegenteil davon.

### David gegen Goliath

> Die Ausgangslage: Zwei Heere stehen sich gegenüber, die Philister und die Israeliten. Aus dem Lager der Philister begibt sich ein kräftiger Vorkämpfer, Goliath, zu den Israeliten und fordert einen von ihnen zum Zweikampf heraus. Dieser Zweikampf soll die Schlacht ersetzen, denn wer den Zweikampf gewinnt, dessen Volk soll über das Volk des Verlierers herrschen. So Goliath, der seiner Zweikampfforderung noch einige Verhöhnungen hinterherschickt. Der Israeliten sind beunruhigt, denn gegen diesen gut gerüsteten Koloss rechnet sich niemand von ihnen gute Chancen aus.
>
> Der Hirtenjunge David kommt in das Lager der Israeliten, um seinen älteren Brüdern etwas Proviant zu bringen. Goliath erscheint ein zweites Mal, erneuert seine Zweikampfforderung und verhöhnt auch diesmal die Israeliten, die ängstlich vor ihm weglaufen. Der junge unerfahrene David erklärt sich bereit, gegen den riesigen Krieger Goliath zu kämpfen und spricht in dieser Sache bei seinem König Saul vor. Der

will ihm die Sache erst noch ausreden: „Du kannst nicht gegen ihn kämpfen. Das ist ein erfahrener Krieger, und du bist ein kleiner Hirtenjunge." Doch David besteht darauf, den Kampf zu führen. Beim Schafehüten hätte er auch so manchen Bären und Löwen zur Strecke gebracht.

Saul will den kleinen David mit Schwert und Rüstung ausstatten, aber die sind viel zu schwer für ihn. Er kann sich damit kaum fortbewegen. „Ich bin das nicht gewohnt", sagt David und legt Schwert und Rüstung wieder ab. Er verlässt sich auf seine vertrauten Waffen, sammelt fünf glatte Kieselsteine aus einem nahe gelegenen Bach und nimmt seine Steinschleuder.

Dann stehen sich die Heere der Philister und der Israeliten direkt gegenüber. Auf der einen Seite der hochgerüstete Krieger Goliath mit Schwert, Lanze und Spieß, auf der anderen Seite der schmächtige, ungeschützte David. Als sie aufeinander zugehen, greift David in seine Hirtentasche, zieht die Steinschleuder und einen Stein hervor und schießt ihn Goliath direkt an die Stirn. Noch ehe der Kampf eigentlich begonnen hat, ist er schon beendet: Goliath stürzt um, David, der ja selbst kein Schwert hat, eilt auf seinen Gegner zu, der wehrlos am Boden liegt. Er nimmt dessen Schwert und schlägt ihm den Kopf ab. Die Philister ergreifen in Panik die Flucht, die Israeliten verfolgen sie und metzeln viele von ihnen nieder.

**Themen:** ungleicher Kampf, Überraschungsstrategie, Wettbewerb, Kernkompetenz, Guerilla-Marketing, der Schnelle frisst den Langsamen, Time-to-market

Mit List und dem nötigen Gottvertrauen können auch die Kleinen die Großen besiegen. Das ist die übliche Botschaft, die mit dieser biblischen Geschichte aus dem ersten Buch Samuel verbunden wird. Doch gibt es noch andere Aspekte, die Sie mit dieser Geschichte verdeutlichen können. Als erstes die Einsicht, dass man am besten mit seinen eigenen Waffen kämpft, die einem vertraut sind und die man mit Geschick zu benutzen versteht. Damit hängt ein zweiter Punkt zusammen: David lässt sich von Goliath nicht die Regeln des Kampfes aufnötigen. Er durchbricht sie, indem er sich gar nicht auf einen Zweikampf mit Schwert oder Lanze einlässt, sondern seinen Gegner kurzerhand abschießt, noch bevor es zum eigentlichen Kampf kommt. Man könnte sagen, David verletzt damit die Regeln des klassischen Zweikampfs, doch genau das ist seine einzige Chance.

Komme deinem Gegner zuvor, durchbreche seine Erwartungen und besinne dich auf deine eigenen Stärken, so könnte man Davids Taktik zusammenfassen. Es kommt aber noch etwas hinzu: Letztlich besiegt David den Goliath dadurch, dass er von dessen Waffe Gebrauch macht; er versetzt ihm den Todesstoß mit dessen eigenem Schwert. Hätte David selbst ein Schwert gehabt, hätte ihn das beim Kämpfen nur behindert. Daher heißt die vierte Empfehlung: Willst du deinen Gegner ganz besiegen, setze seine Waffen gegen ihn ein. Ein Vorgehen, das wir auch bei Herkules (siehe Seite 58) beobachten können.

Im Allgemeinen liegen unsere Sympathien klar auf Seiten des kleinen, vermeintlich schwächeren David. Doch könnte es auch interessant sein, die Geschichte einmal aus der Perspektive von Goliath zu betrachten. Aus seiner Sicht wird ihm übel mitgespielt. Er will seine Kräfte mit dem Stärksten aus dem gegnerischen Heer messen. Stattdessen tritt ihm jemand entgegen, der dem Heer noch nicht einmal angehört, weil er zu klein ist. Und der lässt sich gar nicht auf den Kampf ein, sondern schießt ihn einfach ab. So gesehen verhält sich Goliath wie ein starkes etabliertes Unternehmen, das sich von einem kleinen Konkurrenten übertölpeln lässt, weil es nicht gemerkt hat, dass sich die Spielregeln des Markts geändert haben.

**Der weit gereiste Pudel**

„Unsere Art ist so heruntergekommen!", beklagte sich ein Pudel, der durch viele Länder gereist war. „In einem fernen Land, das die Menschen Indien nennen, da gibt es noch richtige Hunde, meine Brüder! Ihr werdet es mir nicht glauben, und doch habe ich es mit eigenen Augen gesehen: In Indien gibt es Hunde, die sogar einen Löwen nicht fürchten, sondern mit ihm streiten." Da fragte ein älterer Jagdhund den Pudel: „Aber besiegen sie ihn denn auch, den Löwen?" – „Besiegen?", entgegnete der Pudel. „Das kann ich nicht unbedingt behaupten. Doch stellt euch mal vor, die schrecken sogar vor einem Löwen nicht zurück!" – „Nun ja", sagte daraufhin der Jagdhund, „wenn sie den Löwen nicht besiegen, so sind deine indischen Hunde bestimmt nicht besser als wir – sondern nur viel dümmer."

**Themen:** Risiko, Mut, Waghalsigkeit, Wettbewerb

Eine Geschichte des römischen Fabeldichters Avianus, die deutlich macht: Es kommt nicht darauf an, einfach nur Mut zu zeigen. Wer sich mit Stärkeren anlegt, um eine sichere Niederlage einzustecken, der verhält sich leichtfertig, verantwortungslos oder dumm.

### Der habgierige Hund

Ein Hund trug ein Stück Fleisch nach Hause. Dabei musste er einen Bach überqueren. Als er vom Steg hinunter in das Wasser sah, erblickte er sein Spiegelbild. Er meinte aber, einen anderen Hund zu erblicken. Dessen Fleischstück kam ihm viel größer vor als das, was er im Maul trug. Kurz entschlossen stürzte er sich ins Wasser, um seinem Spiegelbild das Fleischstück abzujagen. Doch dabei fiel ihm das seine aus dem Maul und trieb davon, sodass er nun gar kein Fleisch mehr hatte.

**Themen:** Neid, Habgier, übertriebener Ehrgeiz, Optimierung, Wettbewerb, Selbstbild

Eine Fabel von Äsop, die darauf hinweist: Wer sich überall nur von Wettbewerbern und Konkurrenten umzingelt sieht, denen er „das größere Fleischstückchen" abnehmen muss, der trägt schließlich den Schaden davon. Außerdem macht die Fabel darauf aufmerksam, dass der konkurrenzfixierte Hund kein zutreffendes Selbstbild mehr hat.

### Wettbewerbsfähigkeit

Zwei Geschäftsleute sind auf Safari. Plötzlich hören sie Trommeln aus der Ferne. Der eingeborene Führer schreit: „Ein Löwe kommt in unsere Richtung!", und verschwindet im Dickicht. Der eine der beiden Geschäftsleute setzt sich hin und zieht sich Laufschuhe an. „Was machen Sie da?", fragt ihn der andere. „Sie können doch nicht schneller laufen als ein Löwe." – „Das ist auch gar nicht nötig", entgegnet der erste, „ich muss nur schneller laufen als Sie."

**Themen:** Wettbewerb, Konkurrenten, Marktführerschaft, Benchmarking, time-to-market

Eine kleine Geschichte, die in aller Kürze zum Ausdruck bringt, worum es im Wettbewerb geht: Man muss nicht einmal schnell sein; es genügt, wenn man der Konkurrenz den entscheidenden Schritt voraus ist.

**Der Ratschlag des Krebses**

In einem Wald stand ein Feigenbaum, auf dem viele Kraniche ihr Nest hatten. In einer Höhlung des Baums wohnte eine schwarze Schlange, die die jungen Kraniche aus dem Nest holte und auffraß, noch ehe sie flügge waren. Eines Tages stand nun ein Kranich, dessen Junge die Schlange gefressen hatte, am Ufer und vergoss bittere Tränen. Das sah ein Krebs: „Warum weinst du so?", frage er den Kranich. Der Kranich antwortete: „Was soll ich sonst tun? Eine schwarze Schlange hat meine Jungen aufgefressen. Kennst du irgendein Mittel, wie man diese Schlange töten könnte?" Der Krebs dachte bei sich: Der Kranich ist unser natürlicher Feind. Ich will ihm also einen Rat geben, in dem sich Wahres und Falsches mischt, und mit dem ich dafür sorge, dass er zugrunde geht.

Der Krebs sprach also zum Kranich: „Mein lieber Freund! Wenn du willst, dass die Schlange getötet wird, so lege einfach der gefährlichen Wildkatze ein Stückchen Fisch vor den Eingang ihrer Höhle. Und dann legst du weitere Stückchen auf den Weg, um die Katze zum Feigenbaum zu führen. Das letzte Stückchen legst du direkt vor die Höhle, wo die Schlange wohnt. Dann wird die Wildkatze die Schlange finden und töten."

Der Kranich folgte dem Rat des Krebses. Tatsächlich dauerte es nicht lange, bis die Wildkatze zum Baum kam, die Schlange entdeckte und tötete. Doch fraß die Katze auch alle Kraniche auf, die in den Zweigen nisteten.

**Themen:** Konkurrenz, Machtspiel, falscher Rat, Dominanz, List, Vertrauen, strategische Allianz, Konflikte unter Mitarbeitern, Mobbing

Eine altindische Fabel aus dem Pantschatantra, einer Sammlung, die Geschichten aus acht Jahrhunderten (2. Jahrhundert v. Chr. – 6. Jahrhundert n. Chr.) umfasst. Die Fabel endet mit der Empfehlung, bei allem, was man tut, nicht nur den Nutzen zu bedenken, sondern auch die Gefahren. Modern gewendet: Es gibt Maßnahmen, die zunächst die Lösung eines Problems versprechen, dann aber weit größere Folgeprobleme verursachen. Sie können die Fabel ebenso einsetzen, um davor zu warnen, bei einem Konflikt die Hilfe eines starken Dritten in Anspruch zu nehmen. Der könnte sich nämlich später gegen Sie selbst wenden. Natürlich können Sie auch das Verhalten des listigen Krebses in den Mittelpunkt Ihrer Betrachtung stellen. Er gelangt zu seinem (zugegeben: zerstörerischen) Ziel, weil zwei Bedingungen erfüllt sind: Erstens hat der Kranich Vertrauen zu ihm; er merkt gar nicht, dass der Krebs ihn als seinen Todfeind betrachtet. Zweitens setzt sich sein Rat aus „Wahrem" und „Falschem" zusammen; der Krebs packt seine böse Absicht in einen Plan, dessen Ausführung immerhin gelingt, auch wenn die Folgen nicht im Sinne des Kranichs sind.

**Der Esel und das Jagdpferd**

Ein Esel kam auf die wunderliche Idee, mit einem Jagdpferd um die Wette zu laufen. Alle anderen Tiere schüttelten nur den Kopf, doch der Esel bestand auf dem Rennen. Wie nicht anders zu erwarten, lief das Jagdpferd auf und davon. Es war längst angekommen, als der arme Esel unter dem Gelächter der anderen Tiere mit hängender Zunge ins Ziel trabte. „Ich weiß wohl, woran es gelegen hat", erklärte der Esel später, „ich habe mir vor ein paar Monaten einen Dorn in den Fuß getreten – und der schmerzt mich immer noch."

**Themen:** Ausflüchte, Selbstbild, Stärken-Schwächen-Analyse, Benchmarking, Ursachenanalyse, Kritikgespräch

Eine Fabel von Gotthold Ephraim Lessing. Wenn es darum geht zu erklären, weshalb man ins Hintertreffen geraten ist, werden oftmals allerlei Erklärungen aufgeboten, die nicht den Kern der Sache treffen: dass man nämlich selbst nicht die Fähigkeit hatte mitzuhalten. Darüber hinaus weist die Fabel auf ein eigentümliches Wettbewerbsverhalten hin: einen überlegenen Gegner herauszufordern und sich dann die (absehbare) Niederlage schönzureden.

## Hannibal und die Schlacht bei Cannae

Im zweiten punischen Krieg brachten die Katharger den Römern bei der Schlacht von Cannae eine der schlimmsten Niederlagen bei. Zuvor war ihr Heerführer Hannibal mit seinen Truppen und 37 Kriegselefanten über die Pyrenäen und die verschneiten Alpen gezogen. Zwei kleinere Schlachten gegen die römischen Truppen hatten die Karthager bereits gewonnen, als sie bei Cannae auf 16 römische Legionen mit über 80.000 Soldaten trafen. Die Karthager hatten nicht einmal halb so viel Soldaten. Allerdings kannte Hannibal die Taktik der Römer. Er wusste, die Fußsoldaten würden in geschlossenen Linien marschieren und die Kavallerie würde die Flügel verstärken. Hannibal platzierte seine Soldaten so, dass er seine stärksten Streitkräfte auf die Flügel setzte, während die Soldaten in der Mitte die römischen Truppen hauptsächlich aufhalten sollten. Die Karthager umrundeten das römische Heer und schlossen es schließlich ein. So waren die römischen Truppen bewegungsunfähig.

Das Ergebnis war eine vernichtende Niederlage. 48.000 Soldaten wurden auf dem Schlachtfeld hingemetzelt. Der Karthager Mahabal, Befehlshaber der Kavallerie, verlangte von Hannibal, weiter nach Rom zu marschieren, das nur 70 Kilometer entfernt lag. Doch Hannibal weigerte sich. Er wollte abwarten, wie der Sieg in Karthago aufgenommen wurde. Mahabal sprach daraufhin die Worte, die in die Geschichte eingegangen sind: „Die Götter haben nicht alle Fähigkeiten einem einzigen Mann gegeben. Hannibal, du weißt, wie man eine Schlacht gewinnt, aber du weißt nicht, wie man einen Sieg ausnutzt."

Hannibal blieb mit seinen Truppen einige Jahre in Italien, doch weil die Unterstützung aus der Heimat ausblieb, geriet er mehr und mehr in die Defensive. Als er dann wirklich mit seinen Truppen nach Rom vorstieß, war es zu spät. Nach und nach eroberten die Römer die verlorenen Gebiete zurück. Hannibal wurde nach Karthago zurückgerufen.

**Themen:** Strategie, Taktik, Führungsverantwortung, Ausnutzen von Erfolgen

Wir haben es mehrmals angesprochen: Beispiele aus der Militärgeschichte haben ihre Tücken, wenn es um zivile Tatbestände geht. Doch ist Hannibal geradezu das klassische Beispiel, an dem sich der Unterschied zwischen Taktik und Strategie erklären lässt. Die Schlacht bei Cannae war eine taktische Meisterleistung; Hannibal hat alles richtig gemacht und konnte sogar eine Übermacht vernichtend schlagen. Aber er hat den Sieg bei Cannae regelrecht verschenkt, weil dieser nicht eingebettet war in eine übergeordnete Strategie. Der historischen Gerechtigkeit halber sollten wir allerdings erwähnen, dass sich die Historiker bis heute darüber streiten, ob Hannibal tatsächlich so unklug gehandelt hat, als er auf den Weitermarsch nach Rom verzichtete. Denn, so wird argumentiert, Hannibal hätte dafür Unterstützung aus seinem Land gebraucht, und die wurde ihm verwehrt. Die Strategen in Karthago hatten mit diesem durchschlagenen Erfolg offenbar nicht gerechnet und ließen ihren erfolgreichen Heerführer einfach hängen. Doch ob nun historisch gerecht oder nicht, Hannibal gilt als der Mann, der seinen taktischen Erfolg strategisch nicht nutzen konnte.

**Kriegsmetaphern**

Der Beweis von Heldentum liegt nicht im Gewinnen einer Schlacht, sondern im Ertragen einer Niederlage. (David Lloyd George)

Der Feind darf nicht erfahren, wo ich mit ihm die entscheidende Schlacht ausfechten will. Kennt er nicht den Ort, muss er an vielen Orten gerüstet sein. Ist aber an vielen Orten gerüstet, wird er dort, wo es zur Entscheidungsschlacht kommt, zahlenmäßig unterlegen sein. (Sun Dse)

Die Kunst der Täuschung ist das Wesen des Krieges: Darum soll der Starke Schwäche vortäuschen und derjenige, der zu Tat schreiten will, Untätigkeit. Ist der Feind mächtig, rüste gegen ihn, ist er zu stark, weiche ihm aus. (Sun Dse)

Gebräuchliche Metaphern: an der Front tätig sein, offene Flanke (dort, wo man angreifbar ist), Abwehrschlacht, Überläufer (der Mitarbeiter, der zur Konkurrenz wechselt), Preiskrieg, Grabenkämpfe, Werbeschlacht.

**Themen:** Wettbewerb, Strategie, Taktik, Mitarbeiterführung, Motivation

Metaphern aus dem militärischen Bereich bieten sich an, wenn der Ernst der Lage betont werden soll, wenn besondere Disziplin und Geschlossenheit erforderlich scheinen. Wenn Sie Ihre Mitarbeiter sozusagen „auf Linie bringen" wollen, weil es die Situation erfordert. Und doch ist es nicht ratsam, die militärische Metaphorik überzustrapazieren. Wenn Sie ständig davon reden, dass Ihre Mitarbeiter an der „Kundenfront" tätig sind, sollten Sie sich nicht wundern, wenn sie die Kunden als Feinde betrachten. Bestimmte Begriffe verbieten sich auch, weil sie historisch vorbelastet sind wie z. B. der „Dolchstoß". Bestimmte Metaphern wie „Konkurrenzkampf" oder „Verkaufstruppe" allerdings sind so gebräuchlich, dass wir über die Übertragung gar nicht mehr nachdenken.

Lassen Sie nicht den Eindruck entstehen, Ihre Mitarbeiter seien dafür auserkoren, „an der Front verheizt" zu werden, während die Strategen einen gehörigen Abstand zum Ort der Auseinandersetzung einhalten. So wie es die nächste Anekdote erzählt.

### Hinter der Front

Im Ersten Weltkrieg erlitt ein englischer Landser bei der Schlacht in Flandern 1917 einen Nervenzusammenbruch. Er stand ganz vorne in den Linien und eilte nach hinten zurück. Schließlich wurde er vom Generalmajor Smedley Butler aufgegriffen. „Weißt du nicht, dass eine große Schlacht im Gang ist?", fuhr er den Rekruten an. „Doch, das weiß ich schon", keuchte der Landser. „Was willst du dann hier?", fragte der Generalmajor scharf. Der Landser schwieg. „Warum sagst du nichts?! Weißt du nicht, wer vor dir steht?!", brüllte Butler. Der Landser schüttelte den Kopf. „Ich bin dein General!" – „Ach du meine Güte", rief der Landser, „ich habe nicht gewusst, dass ich schon *so* weit zurückgelaufen bin!" Mit diesen Worten fiel er in Ohnmacht.

**Themen:** Führungsverantwortung, Stab und Linie, Leadership, Hierarchie

Eine Anekdote, mit der Sie möglicher Kritik zuvorkommen können, das Führungspersonal halte sich aus der ganzen Sache heraus und treffe seine Entscheidungen nur aus sicherer Distanz.

### Mao Tse-tungs Guerillataktik

In den dreißiger Jahren sahen sich die chinesischen Kommunisten unter Mao Tse-tung zwei übermächtigen Feinden gegenüber: den chinesischen Nationaltruppen von Tschiang Kai-schek und der japanischen Armee, die 1937 in China eingefallen waren. Beide Gegner waren den kommunistischen Kämpfern sowohl zahlenmäßig als auch in ihrer technischen Ausrüstung weit überlegen. Unter dem Druck der Verhältnisse entwickelte Mao eine Guerillataktik, die später beispielgebend werden sollte. Er setzte ganz auf den Partisanenkampf, den er mit Elementen der klassischen chinesischen Kriegskunst verband; vor allem das Ausweichen und der strategische Rückzug waren hier von Bedeutung. Er suchte nur dann die Auseinandersetzung, wenn seine Kämpfer überlegen waren. „Ich habe zehn Kämpfer gegen hundert", sagte Mao, „aber ich greife nur an, wenn zehn gegen einen kämpfen. Das mache ich hundert Mal. Auf diese Weise gewinne ich." Der Guerillakampf hatte nur dann Aussicht auf Erfolg, wenn sich die Rebellen auf die Unterstützung der Bevölkerung verlassen konnten, sie sollten sich im Volk bewegen „wie ein Fisch im Wasser".

**Themen:** Guerillamarketing, Strategie, Taktik, kleine Unternehmen, Ausdauer

Vielleicht erscheint Ihnen der höchst autoritäre Revolutionär, der „große Vorsitzende" Mao Tse-tung als ein etwas fragwürdiges Vorbild. Doch geht es Ihnen ja nicht darum, einen Guerillakrieg anzuzetteln, sondern Sie könnten beispielsweise darüber nachdenken, wie sich ein schwächerer Marktteilnehmer gegenüber einem stärkeren behaupten kann. Und da kann Maos Guerillataktik sehr hilfreich sein. Tatsächlich ist die Außenwirkung wesentlich stärker, wenn Sie sich bei Ihren Überlegungen auf ein so exotisches Gebiet wie den Guerillakampf beziehen als wenn Sie referieren, wie kleine Unternehmen im Markt bestehen. Der Bogenschlag zum Guerillakampf wirkt origineller und prägt sich besser ein. Das hat auch der Autor Jay Conrad Levinson erkannt und vor einigen Jahren das Konzept des „Guerillamarketing" entwickelt.

### Che Guevaras Guerillataktik

Der berühmteste Guerillero aller Zeiten ist Ernesto „Che" Guevera. Zusammen mit Fidel Castro wirkte Guevara 1959 am Sturz des kubanischen Diktators Fulgencio Batista mit. Weniger erfolgreich war er als Präsident der kubanischen Nationalbank und als Industrieminister. In dieser Zeit verfasste er einige Schriften über die Theorie des Guerillakriegs. Im Unterschied zu Mao, der die Guerillataktik als Ergänzung zur konventionellen Kriegsführung begriffen hat, war Che Guevara davon überzeugt, dass die Guerilleros allein eine reguläre Armee bezwingen können. Maos Guerillakämpfer sollten die gegnerischen Streitkräfte schwächen, damit sie in einer „regulären" Feldschlacht überwunden werden konnten. Guevara glaubte, dass sogar eine kleine Guerillagruppe erfolgreich sein kann, wenn sie einen „Brennpunkt" bildet, von dem aus das revolutionäre Feuer auf andere Bevölkerungsgruppen übergreift. Guevaras Guerillero sollte ein Elitekämpfer sein, der das Gelände genau kennt, bestens geschult, idealistisch und höchst diszipliniert ist. Der Gegner sollte durch kleine, gezielte Anschläge auf seinem eigenen Gebiet verunsichert, ja „gehetzt" werden wie ein Tier.

Nachdem er die kubanische Wirtschaft fast völlig ruiniert hatte, gab der charismatische Revolutionär 1965 auf Druck von Fidel Castro sein Amt als Industrieminister auf. Che sollte nun die kubanische Revolution exportieren. Er war unterwegs in geheimer Mission im Kongo und in Bolivien, um den Umsturz zu bringen. Beide Vorhaben scheiterten so erbärmlich, dass man mit den halbverhungerten Guerilleros nur Mitleid haben konnte. Doch damals genügte allein das Gerücht, Che Guevara befände sich im Land, um die Regierenden zutiefst zu verunsichern und Spezialeinheiten aus den USA in Bewegung zu setzen. Der kranke, völlig erschöpfte Guevara war es nun, der so gehetzt wurde wie ein Tier. Weil man ihn völlig überschätzte, zeigte man keinerlei Gnade. Nachdem sich der verwundete Che mit dem letzten Häufchen seiner Getreuen ergeben hatte, wurde er am 9. Oktober 1967 von einem bolivianischen Unteroffizier in einer Schule geradezu bestialisch hingerichtet. Die Lehrerin und ein Pater mussten später stundenlang das Zimmer scheuern.

**Themen:** Guerillamarketing, Image, Überschätzung, New Economy

Für jeden, der sich mit der Guerilla-Taktik gegen die Großen behaupten will: Es kann gefährlich sein, überschätzt zu werden. Dies mobilisiert auf der Gegenseite Kräfte, denen man unter Umständen nicht gewachsen ist. Diese Erfahrung mussten auch einige kleine aggressive („lean and mean") Vorzeigeunternehmen der New Economy machen, die den Eindruck erweckten, sie würden den gesamten Markt aufrollen.

### Der Krieg zwischen Wölfen, Schafen und Hunden

Als alle Tiere noch in einer Sprache redeten, gab es Krieg zwischen den Wölfen und den Schafen. Die Wölfe waren weit stärker, es hätte nicht viel gefehlt, und die Schafe wären alle gefressen worden. Doch dann verbündeten sich die Schafe mit den Hunden. Die Hunde verjagten die Wölfe und die Schafe schienen erst einmal in Sicherheit. Da schickten die Wölfe einen Gesandten zu den Schafen. Der sagte ihnen: „Wenn ihr Schafe mit uns Wölfen in Frieden leben und nicht immer Angst vor einem Krieg haben wollt, dann liefert uns die Hunde aus." Die Schafe überlegten und kamen überein, auf die Forderung einzugehen. Daraufhin zerrissen die Wölfe erst die Hunde. Und dann fraßen sie in aller Ruhe die Schafe.

**Themen:** Koalition, strategische Allianz, Bündnispartner, Loyalität, Verhandlungen

Eine klassische Fabel von Äsop, die zeigt, dass es verhängnisvoll sein kann, Bündnisse aufzugeben, weil sich ein stärkerer Partner anbietet. Natürlich lässt sich Lesart auch umdrehen und aus der Sicht der Wölfe argumentieren: Bündnisse knackt man am besten dadurch, indem man den schwächeren Partner auf seine Seite bringt.

### Ohne Feinde

Als der spanische Marschall und fünfmalige Ministerpräsident Ramón María Narváez auf dem Sterbebett lag, sollte ihm die letzte Beichte abgenommen werden. Der Pater trat ernst an ihn heran und fragte: „Herr Marschall, verzeihen Sie in dieser Stunde all Ihren Feinden?" Leise entgegnete Narváez: „Ich habe keine Feinde." Als ihm der Pater einen zweifelnden Blick zuwarf, bekräftigte der Sterbende: „Ich habe keine Feinde. Ich habe sie alle erschießen lassen."

**Themen:** Wettbewerb, Fairness

Gewiss ist Narváez alles andere als ein Vorbild, sondern eher ein Scheusal. Doch lässt sich diese Anekdote gut einflechten, wenn Sie mit einem Augenzwinkern darauf hinweisen wollen, wie überaus fair und human Sie mit Ihren Konkurrenten verfahren.

**Das Schattenbild**

Im alten Japan gab es einen Mann, der stand in den Diensten eines Gouverneurs. Vor anderen zeigte er gerne seine Stärken und spielte den Tapferen. Eines Tages wollte dieser Mann bei Tagesanbruch sein Haus verlassen. Er lag noch im Bett, als sich seine Frau erhob, um das Frühstück zuzubereiten. Weil der Morgenmond durch eine Ritze des Hausdaches schien, erblickte die Frau ihren eigenen Schatten und bekam einen großen Schreck. „Ein Jüngling mit wirren Haaren ist bei uns eingebrochen!", dachte sie und rannte zum Bett ihres Mannes. „Hör doch, in unserem Haus ist ein Jüngling mit wirrem Haar, der will uns bestehlen." Darauf sagte ihr Mann: „Was machen wir mit dem Kerl? So einer hat keine Gnade verdient." Er tastete nach seinem Schwert, das sich am Kopfende seines Bettes befand, und verkündete: „Ich schlage dem Kerl den Kopf ab!"

Nackt wie er war, mit seinem Schwert in der Hand, ging er hinaus. Da begegnete auch er seinem eigenen Schatten an der Wand und erstarrte vor Schreck. „Das ist ja gar kein junger Bursche, sondern ein Mann, der sogar noch mit einem Schwert bewaffnet ist", dachte er. „Der wird mir noch den Kopf abschlagen." Er stieß einen unterdrückten Schrei aus und lief zu seiner Frau in den Schlafraum zurück. „Ich dachte immer, du wärst eine wackere Kriegersfrau. Was hast du denn da gesehen?", fuhr er seine Frau an. „Einen Jüngling? Da stand ein erwachsener Mann mit gezücktem Schwert vor mir!" Er atmete schwer, doch fand schnell wieder zu sich. „Aber was für ein Angsthase der Kerl ist! Kaum bin ich auf ihn zugetreten, fing sein Schwert an zu zittern. Wahrscheinlich hat er es vor Angst fallen lassen. Geh runter und jag den Kerl weg. Denn wie du weißt, muss ich ja gleich aufbrechen. Da wäre es ungünstig, wenn er mir noch eine kleine Schramme verpassen würde. Einer Frau wird er bestimmt nichts antun."

Damit kleidete er sich an und legte sich auf das Bett. Seine Frau stand empört auf und ging hinaus, um nachzusehen. Da stürzte die Papierschiebetür neben dem Bett um und fiel auf ihren Mann. Der stieß einen Schrei aus. „Jetzt hat er mich doch erwischt, dieser heimtückische Kerl!" Seine Frau eilte herbei und sah, was vorgefallen war. „He du!", rief sie, „der Dieb hat sich schon aus dem Staub gemacht. Das war die

Papierschiebetür, die auf dich gefallen ist." Der Mann richtete sich auf und schaute sich um. „Tatsächlich, der Dieb ist entkommen. Wäre er noch ein bisschen geblieben, dann hätte ich ihn erwischt. Wie konntest du ihn auch einfach so davonlaufen lassen?" – „Was für ein Held", dachte die Frau und lachte ihren Mann aus.

**Themen:** Wettbewerb, Unterstellung, Konkurrent, Mut, Wahrnehmung, Selbstbild, Angeberei

Eine japanische Geschichte aus dem frühen 12. Jahrhundert, aus der Sammlung „Konjaku monogatari". Das, was viele Menschen für ihren Gegner halten, ist oftmals ein Schattenbild ihrer selbst. Sie übertragen Eigenschaften, die sie an sich selbst feststellen, auf ihren Konkurrenten.

### Die starke Mücke

Eine Mücke begegnete einem Löwen, der sogleich ein Furcht erregendes Gebrüll hören ließ. Da sagte die Mücke: „Hör auf zu brüllen. Ich habe keine Angst vor dir. Ich glaube nicht mal, dass du stärker bist als ich." Der Löwe hielt verdutzt inne. Die Mücke redete weiter: „Worin besteht denn deine Kraft? Du schlägst mit deinen Pranken herum und beißt mit deinen Zähnen zu. Das macht jedes kleine Mädchen, das sich streitet. Ich bin stärker als du. Du glaubst mir nicht? Dann lass uns kämpfen!"

Der Löwe wusste nicht recht, wie ihm geschah. Doch so viel war sicher, die winzige Mücke hatte ihn zum Kampf gefordert! Er öffnete sein Maul, um die Mücke mit einem einzigen Zuschnappen zu verschlucken. Doch die Mücke stach ihm einfach in sein Maul und flog weg. Da begann es den Löwen ganz schrecklich zu jucken. Er fuhr mit seiner Pranke an das Maul und fing an, sich zu kratzen. So zerriss er sich selbst sein Maul und die Mücke blieb unversehrt.

So hatte die Mücke den Löwen besiegt. Jubelnd surrte sie davon und flog geradewegs in das nächste Spinnennetz, wo sie hängen blieb und von der Spinne aufgefressen wurde.

**Themen:** Stärken-Schwächen-Analyse, Wettbewerb, Konkurrent, Fressen und gefressen werden

Eine Fabel nach Äsop, die darauf aufmerksam macht, dass jedes Tierchen, ob groß, ob klein, von einem anderen besiegt werden kann. Jeder hat seine Schwachpunkte, die von einem anderen, auch vermeintlich Schwächeren ausgenutzt werden können. Aber auch der ist nicht davor gefeit, einem dritten Konkurrenten zum Opfer zu fallen.

**Insekten als Metapher**

Das Glück ist wie ein Schmetterling: Wenn wir es jagen, vermögen wir es nicht zu fangen. Aber wenn wir ganz ruhig innehalten, dann lässt es sich auf uns nieder. (Nathaniel Hawthorne)

Jeder dumme Junge kann einen Käfer zertreten. Aber alle Professoren der Welt können keinen herstellen. (Arthur Schopenhauer)

Nach den Gesetzen der Aerodynamik kann die Hummel nicht fliegen. Aber weil die Hummel die Gesetze der Aerodynamik nicht kennt, tut sie es einfach.

Gebräuchliche Metaphern: Die Staaten bildenden Insekten wie Bienen, Ameisen und Termiten werden immer wieder für eine effiziente Organisation verwendet.

**Themen:** Organisation, Glück, Zerstörung, Wiederaufbau, natürliche Ressourcen, Pragmatik

Die dritte sehr beliebte Metapher ist von der Wissenschaft kürzlich widerlegt worden. Auch die Hummel hält sich an die Naturgesetze. Und wir werden es wohl auch tun müssen. Davon abgesehen kommen Insekten vor allem dann als Metaphern ins Spiel, wenn der Blick auf das Kleine, Unscheinbare gelenkt werden soll, das aber doch voller Geheimnisse und Überraschungen ist. Anders die Insekten-Metaphern für die Organisation, wo der Fleiß und die Betriebsamkeit, aber auch die reibungslosen Abläufe im Vordergrund stehen. Doch sind auch solche Metaphern mit Vorsicht zu genießen: Ein Unternehmen, das seine Mitarbeiter als Ameisen betrachtet, erscheint zumindest in den Augen der Mitarbeiter als nicht besonders fürsorglich. Und wer seine Mitarbeiterinnen mit den „fleißigen Bienen" vergleicht, dürfte eher altmodisch wirken.

**Der Riese**

Ein Riese hatte ungeheure Kräfte. Niemand war so stark wie er. Eines Tages schoss er einen vergifteten Pfeil in den Himmel, um einen Gott zu töten. Er spannte seinen Bogen so stark, wie er konnte. Der Pfeil zischte in die Höhe, durchschlug die Wolken und war nicht mehr gesehen. Der Riese freute sich, er glaubte, er hätte sein Ziel schon erreicht, und tanzte jauchzend umher. Doch sein Pfeil verlor, je höher er stieg, mehr und mehr an Kraft. Schließlich hatte er seinen höchsten Punkt erreicht und fiel wieder herab. Je tiefer er stürzte, desto mehr Wucht bekam er. Zuletzt traf er den Riesen, der ihn abgeschossen hatte, und verletzte ihn tödlich.

Themen: Selbstüberschätzung, Fairness, Konkurrenz, Konflikte, Kritik, Eigentor

Eine Fabel, die Gotthold Ephraim Lessing erzählt. Vorsicht vor allzu aggressivem Auftreten. Wer andere scharf angreift, muss damit rechnen, dass sich sein Angriff gegen ihn selbst kehrt. Je heftiger die Kritik an einem anderen, umso stärker kann der Vorwurf wieder auf ihn zurückfallen.

**Das geöffnete Stadttor**

Im alten China schickte der große Heerführer Chuko Liang seine riesige Armee in ein fernes Lager und blieb mit seiner Garde in einer kleinen Stadt zurück. Da wurde ihm gemeldet, dass ein feindliches Heer von über 150.000 Soldaten auf die Stadt zumarschiere. Seine Lage schien aussichtslos, denn seine Garde war nur hundert Mann stark.

Doch Chuko Liang dachte nicht lange darüber nach, wie er in diese Falle getappt war. Vielmehr erteilte er den Befehl, die Fahnen einzuholen, die Stadttore zu öffnen und abzuwarten. Die Gardisten sollten sich verstecken, er selbst kleidete sich in ein Mönchsgewand und setzte sich auf die Stadtmauer. Hier entzündete er Räucherwerk, spielte die Laute und sang dazu. Es dauerte nicht lang, da rückte die riesige feindliche Armee gegen die Stadt vor. Liang ließ sich davon nicht beeindrucken. Er tat so, als würde er nichts bemerken und griff weiter in die Saiten seiner Laute.

Das Heer hatte sich vor der Stadtmauer versammelt. Die Soldaten drängten darauf, durch die offenen Toren in die ungeschützte Stadt einzudringen. Doch der Heerführer hielt sie zurück. Er hatte Chuko Liang auf der Stadtmauer erblickt, der in China nur als der „Schlafende Drache" bekannt war. Was hatte das zu bedeuten? Wieso waren die Stadttore geöffnet? Dem Heerführer wurde die Sache schließlich so unheimlich, dass er den Befehl zum Rückzug erteilte.

**Themen:** Bluff, Verunsicherung, Desinformation, Image, Ablenkungsmanöver, Konkurrenzbeobachtung

Eine Geschichte aus der Zeit der streitenden Reiche (207–265 n. Chr.), die zeigt, wie ein gelungener Bluff funktioniert: Indem Liang etwas scheinbar Widersinniges tut und sich im Übrigen auf sein Image verlässt, verunsichert er seinen Gegner und veranlasst ihn anzunehmen, das Ganze müsse eine Falle sein. Diesen Mechanismus können Sie sich auch für die Irreführung der Konkurrenz zunutze machen. Wenn Sie etwas ganz Absonderliches tun, fragt sich Ihr Gegenüber automatisch: Was steckt bloß dahinter? Warum tut er das? Die Wirkung wird besonders dann durchschlagend sein, wenn Sie (oder Ihr Unternehmen) in dem Ruf steht, besonders raffiniert zu taktieren.

**Alle in einem Boot**

Zwei Männer, die miteinander verfeindet waren, wollten über das Meer nach Korinth reisen. Es verkehrte aber nur ein Schiff, also mussten sie beide dasselbe nehmen. Weil sie sich aber nicht leiden konnten, setzte sich der eine Mann hinten ans Heck, während der andere vorn am Bug Platz nahm. Plötzlich kam ein Sturm auf. Das Schiff drohte zu sinken. Der Mann, der hinten am Heck gesessen hatte, begab sich zum Kapitän und fragte: „Welcher Teil des Schiffs wird wohl als erstes sinken?" – „Der Bug", entgegnete der Kapitän. Der Mann atmete auf und sagte: „Dann bin ich ja beruhigt. Ich fürchte den Tod nicht, wenn ich das Glück habe, meinen Feind vorher sterben zu sehen."

**Themen:** Mitarbeiterführung, Konflikte, Feindschaft

Diese Fabel von Äsop zeigt, wohin tief verwurzelte Feindschaft führen kann: Man nimmt eigene Nachteile in Kauf, solange nur der Schaden, den der andere erleidet, noch größer ist.

**Die Hidden Champions der Savanne**

Hyänen stehen in einem schlechten Ruf – ganz im Gegensatz zum König der Tiere, dem Löwen. Jeder kennt die Bilder aus den Tierfilmen: Der majestätische Löwe zerkaut seine Jagdbeute, während sich die feigen Hyänen im Gebüsch herumdrücken. Wenn sich der König satt gegessen hat, erscheinen die triefnasigen Aasfresser auf der Bildfläche, als schleichende Resteverwerter, die aufessen, was der großzügige Löwe für diese niedrigen Kreaturen übrig gelassen hat.

An diesem Bild ist so ziemlich alles falsch, was man sich vorstellen kann. Seit es Nachtsichtgeräte gibt, ist es möglich, den Tieren auch in der Dunkelheit beim Jagen zuzuschauen. Und dabei machten die Zoologen eine erstaunliche Entdeckung: Die vermeintlichen Aasfresser sind ausgezeichnete Jäger. Ihr Erfolgsgeheimnis: sie kooperieren. In Rudeln, die mehr als zwanzig Tiere umfassen können, erlegen sie Gazellen, Zebras und Streifengnus, Tiere, die ein Vielfaches ihres Körpergewichts haben. Im Vergleich dazu schneiden die majestätischen Löwen geradezu erbärmlich ab. Sie sind zu groß, zu auffällig und zu langsam, um ähnlich erfolgreich zu jagen wie die Hyänen. Für die Löwen ist es weit effektiver, sich an die wahren Champions der Jagd zu halten, an die Hyänen oder die Geparden, und ihnen die Beute einfach abzunehmen. Nicht selten sind also die eigentlichen Schmarotzer die Löwen, während sich die Hyänen nur die Reste von dem zurückholen, was sie selbst erbeutet haben.

**Themen:** Image, Marke, Hidden Champions, Effizienz, Teamarbeit, Mitarbeiterführung

Diese Richtigstellung findet sich in dem Buch „Mein Leben als Pavian" des Biologen und Neurologen Robert Sapolsky. Sie können auf diese Fakten Bezug nehmen, wenn Sie auf einen Widerspruch zwischen Image und tatsächlichem Verhalten (oder geschäftlichem Erfolg) hinweisen wollen. Manche Markenfirmen haben einen grundsoliden Ruf wie die Löwen, während andere im Verborgenen fleißig und effizient arbeiten und damit besonders erfolgreich sind, was hingegen kaum jemand bemerkt.

**Simson und Delila**

Simson hatte übermenschliche Kräfte. Mit bloßer Hand konnte er einen Löwen erwürgen. Sein Volk, die Israeliten, befand sich im Krieg mit den Philistern. Es war nahe liegend, dass die Philister außerordentlich großes Interesse daran hatten, den starken Simson gefangen zu nehmen. Aber das war kaum möglich. Einmal gelang es ihnen sogar, Simson zu fesseln. Doch der zerriss ohne Mühe die Stricke, griff nach einem herumliegenden Knochen, einer Kinnbacke von einem Esel, und erschlug damit tausend Philister.

Allerdings hatte Simson eine Geliebte, Delila. Und die wurde von den Philistern mit einer ansehnlichen Geldsumme bestochen, um Simson auszuhorchen. Delila sollte herausfinden, worin das Geheimnis seiner ungeheuren Kraft bestand und wie man ihn bezwingen könnte. Dreimal erzählte ihr Simson die Unwahrheit, doch Delila blieb hartnäckig bei der Sache. „Wie kannst du sagen, du hast mich lieb, wenn du mir dein Herz nicht öffnest?" Schließlich hatte sie ihn so weit. Simson vertraute ihr an, dass er seine Kraft aus seinem Haarschopf bezog; würde man ihm die Haare abschneiden, so würde er seine Kräfte verlieren.

Als Simson eingeschlafen war, ließ Delila jemanden kommen, der ihm die Haare abschnitt. Die Philister nahmen Simson gefangen, stachen ihm die Augen aus und sperrten ihn ein. Um ihren Triumph auszukosten, veranstalteten sie ein Freudenfest, bei dem ihr Gefangener gezwungen wurde, allerlei Späße vorzuführen. Tief gedemütigt kehrte Simson in sein Verließ zurück. Hier befanden sich zwei Säulen, auf denen der Palast der Philister stand. „Herr, Herr!", klagte Simson, „denke an mich und gib mir Kraft! Nur noch dieses eine Mal, damit ich mich für meine Augen rächen kann! Ich will mit den Philistern sterben!" Seine rechte Hand tastete zu der einen Säule, die linke zur anderen. Mit aller Kraft stemmte sich Simson dagegen. Da stürzte das Gebäude ein. Alle Fürsten und alle Untertanen, die sich im Gebäude befunden hatten, wurden erschlagen, mehr als 3.000 Menschen. Mit dieser letzten Tat tötete Simson mehr Philister als zu seinen Lebzeiten.

Bei dieser grausamen Geschichte aus dem Alten Testament (Buch der Richter, 13–16) können Sie ganz unterschiedliche Aspekte betonen. Am offensichtlichsten ist die Botschaft: Verrate nie, was dich stark macht. Denn dein Gegner wird das ausnutzen.

Darüber hinaus erzählt uns der Fall von Simson, dass es gerade die vermeintlich unbesiegbaren Superhelden sind, die schließlich doch zugrunde gehen. Ein einziger Schwachpunkt genügt; früher oder später wird jemand ihn aufspüren und den Helden besiegen. Dieses Schicksal verbindet Simson mit dem griechischen Helden Achill (der nur an der Ferse verwundbar war) und dem Kraftgermanen Siegfried (der seine schwache Stelle an der Schulter hatte). Sie alle werden getötet. Übergroße Stärke provoziert den Wunsch, sie zu überwinden. „Selten nur sterben ausgezeichnete Menschen nicht an dem, was sie auszeichnet", schreibt der chinesische Gelehrte Mo Di.

Schließlich aber macht uns die Geschichte von Simson auf noch etwas aufmerksam. Es ist gefährlich, einen überwundenen Gegner zu demütigen. Gerade wenn er nichts mehr zu verlieren hat, kann er alles daran setzen, seinen Bezwinger zu schädigen.

> **Themen:** Erfolgsgeheimnis, Wettbewerb, High Performer, Schwachpunkt, Vertrauen, Betriebsspionage, Fairness, Demütigung

**Die Geschichte vom alten bösen Wolf in sieben Fabeln**

1.

Der böse Wolf war alt geworden und nicht mehr der beste, und vor allem nicht mehr der schnellste Jäger. Er sagte sich: Ich muss versuchen mit List vorzugehen.

Der Wolf begab sich zu dem nächsten Schäfer und machte ihm das folgende Angebot: „Schäfer, du hältst mich für einen blutrünstigen Räuber. Doch das bin ich gar nicht. Zwar muss ich Schafe essen, wenn ich Hunger habe, aber wenn du mich vor dem Hunger bewahrst und ich satt bin, dann bin ich das zahmste, sanftmütigste Tier, das du dir vorstellen kannst."

Der Schäfer lachte nur und sagte kopfschüttelnd: „Das will ich gerne glauben, dass du zahm wirst, wenn du satt bist. Doch ich weiß, dass du niemals satt bist und also niemals zahm wirst, Wolf. Also, geh deiner Wege!"

2.

Der böse Wolf kam zu einem zweiten Schäfer. „Du weißt, Schäfer, dass ich dir so manches Schaf reißen könnte, wenn ich wollte", sagte der Wolf und blinzelte versonnen. „Aber wenn du mir jedes Jahr freiwillig sechs Schafe gibst, will ich mich damit zufrieden geben. Du kannst dann ruhig schlafen und deine Hunde ohne Bedenken abschaffen."

„Sechs Schafe?", rief der Schäfer empört. „Das ist ja eine ganze Herde!" Da entgegnete der Wolf: „Nun, weil du es bist, lieber Schäfer, will ich mich mit fünfen zufrieden geben."

„Du bist wohl nicht bei Trost", schnaubte der Schäfer. „Mehr als fünf Schafe haben mir die Wölfe sowieso noch nie in einem Jahr gerissen." – „Na gut, dann vier", gab der Wolf klein bei. Der Schäfer schüttelte spöttisch den Kopf. „Drei?", fragte der Wolf. „Oder wenigstens zwei?"

„Nicht ein einziges", sagte der Schäfer streng. „Ich wäre schön dumm, wenn ich dir meine Schafe freiwillig ausliefern würde, anstatt sie zu beschützen."

3.

„Aller guten Dinge sind drei", sagte sich der Wolf und versuchte es bei einem dritten Schäfer.

„Es macht mich betrübt, dass wir Wölfe unter euch Schäfern als grausame, hinterhältige Tiere verrufen sind. Dir, lieber Schäfer, werde ich beweisen, dass ich anders bin. Gib mir jedes Jahr ein Schaf, so werde ich dafür sorgen, dass deine Schafe in dem Waldstück, in dem ich mich herumtreibe, in vollkommener Sicherheit sind und ungestört weiden können. Ein einziges Schaf nur! Könnte ich großmütiger sein?"

Der Schäfer lachte ihn aus. „Dein großzügiges Angebot kommt einige Jahre zu spät. Meinst du, ich bemerke nicht, dass du alt und grau geworden bist und deine Zähne stumpf? Und du spielst hier noch den Uneigennützigen! Mach, dass du fortkommst!"

4.

Der Wolf war sehr ärgerlich. Und doch versuchte er bald darauf sein Glück bei einem vierten Schäfer. Dem war nämlich sein treuer Hund gestorben, was der Wolf ein günstiger Anlass schien, sich selbst ins Spiel zu bringen.

„Lieber Schäfer", eröffnete er seinem Gegenüber, „ich habe mich mit meinen Brüdern im Wald zerstritten. Wir werden uns bis in alle Ewigkeit nicht mehr vertragen. Du weißt, wie gefährlich sie sind und ich kenne alle ihre Schliche. Wenn du mich für deinen verstorbenen Hund in den Dienst nehmen willst, so will ich deine Schafe beschützen!"

„Das klingt nicht übel", erwiderte der Schäfer. „Aber wer soll dann meine Schafe vor dir schützen? Ich nehme doch keinen Dieb ins Haus, um vor ihnen außerhalb des Hauses sicher zu sein."

5.

„Wäre ich nur nicht so alt!", sagte der Wolf zerknirscht. „Aber was soll ich tun? Ich muss irgendwie versuchen mich durchzuschlagen." Und so kam er zu dem fünften Schäfer.

„Kennst du mich, Schäfer?", fragte der Wolf. „Ich weiß, du bist ein Wolf", versetzte der Schäfer. „Aber ein ganz besonderer Wolf", beteuerte der Wolf. „Ich bin ein Freund aller Schäfer. Ich kann kein lebendiges Schaf würgen und fressen. Auch wenn es mich das Leben kosten würde."

„Und wovon ernährst du dich?", wollte der Schäfer wissen. „Von toten Schafen. Ist das nicht lobenswert? Du brauchst mir also nur zu erlauben, dass ich hin und wieder zu deiner Herde komme und nachfrage, ob nicht ..."

Der Schäfer schnitt dem Wolf das Wort ab: „Spar dir die Mühe. Ein Wolf, der nur meine toten Schafe fressen will, hält aus Hunger leicht meine kranken Tiere für tot und die gesunden für krank. Also, rechne nicht auf meine Freundschaft und geh!"

6.

Also gut, dachte sich der Wolf, wenn es gar nicht anders geht, dann muss ich eben mein Wertvollstes hergeben. Und so kam er zu dem sechsten Schäfer.

„Schäfer, wie gefällt dir mein Pelz?"

„Dein Pelz?" frage der Schäfer erstaunt. „Lass mal sehen." Er fuhr mit der Hand durch das Fell vom Wolf. „Dein Pelz ist schön. Die Hunde haben dich wohl nicht oft erwischt, was?"

Der Wolf fuhr fort: „Hör zu, Schäfer, ich bin alt und werde nicht mehr lange leben. Füttere mich so lange, bis ich tot bin – und mein Pelz gehört dir." Der Schäfer lachte: „Das könnte dir so passen. So lange, wie du noch lebst, kostet mich der Pelz am Ende mehr als sieben Mal so viel, wie er wert ist. Willst du mir wirklich deinen Pelz vermachen, dann gib ihn mir lieber gleich!" Mit diesen Worten griff der Schäfer zu seiner Keule. Da lief der Wolf schnell davon.

7.

„Diese Unbarmherzigen!", klagte der Wolf. Was sollte er tun? Er wusste sich nicht mehr zu helfen. Er wurde immer wütender und schrie: „Wenn sie es nicht besser wollen, so will ich als ihr Feind sterben, ehe mich der Hunger tötet!" Er lief los, brach in die Wohnungen der Schäfer ein, riss ihre Kinder nieder und richtete so viel Schaden an, wie er konnte. Er wütete mit aller Kraft, die ihm noch verblieben war, bis die Schäfer den Wolf gemeinsam erschlugen.

Da sprach der weiseste der Schäfer: „Wir haben Unrecht getan, dass wir den alten Räuber so weit gebracht haben und ihm alle Mittel zur Besserung genommen haben."

**Themen:** Alter, Feindschaft, Misstrauen, Vertrauen, Image, Wettbewerb, Verhandlungen

Sieben Geschichten vom römischen Fabeldichter Avianus. Der alte Wolf hat, modern gesprochen, ein Imageproblem. Wie er sich auch verhält, wie stark er den anderen auch entgegenkommen will, man misstraut ihm grundsätzlich und legt ihm alles zu seinem Nachteil aus. Eine neuerliche Bestätigung der Einschätzung von Konfuzius: Das Vertrauen der anderen darf man nicht verlieren. Darüber hinaus zeigt die Fabel, dass es gefährlich ist, jemanden so sehr in die Enge zu treiben, dass ihm kein Ausweg mehr bleibt. Auch ein böser alter Wolf hat eine Chance verdient.

**Der Bär und der Jäger**

Südlich im Lande Chu lebte ein Jäger, der die Schreie aller wilden Tiere auf seiner Bambusflöte nachahmen konnte. Eines Tages nahm er Pfeil und Bogen und füllte einen Eimer mit glühender Holzkohle. So begab er sich auf die Jagd. Er stieg auf einen Berg und wollte mit seiner Flöte den Ruf eines Hirschs nachmachen. Wenn der Hirsch in das Licht des Holzkohlenfeuers treten würde, konnte er ihn mit einem Pfeil erlegen.

Aber der Ruf der Flöte lockte keinen Hirsch, sondern einen Schakal an. Der Jäger bekam Angst, griff zur Flöte und machte damit das Brüllen eines Tigers nach. Der Schakal lief weg. Dafür erschien kurze Zeit später ein Tiger. Der Jäger griff wiederum zur Flöte und ließ darauf das Brummen eines Bären ertönen. Der Tiger verschwand, doch kurz darauf tauchte ein mächtiger Bär auf, der durch das Brummen angelockt worden war und ein Weibchen suchte. Als er den Jäger erblickte, geriet er in Wut und zerriss ihn. Und so werden alle, die sich Kräfte anmaßen, die ihnen nicht zustehen, in ihr Verderben getrieben.

**Themen:** Täuschung, Image, Wettbewerb, Strategie, Eskalation

Eine düstere Fabel vom chinesischen Schriftsteller Liu Zongyuan, die zwei Botschaften vermittelt: Täuschungsmanöver können gefährlich sein, vor allem wenn man stärker erscheinen will, als man ist. Zum zweiten ist es verhängnisvoll, sich mit seinen Gegenmaßnahmen immer tiefer in eine Auseinandersetzung zu verstricken.

**Esel billig zu verkaufen**

An jedem Freitagmorgen war Nasrudin auf dem Markt zu finden, wo er einen gesunden kräftigen Esel zum Verkauf anbot. Der Preis, den er verlangte, war immer außerordentlich niedrig. Er lag weit unter dem, was sonst für Esel bezahlt wurde. Eines Tages wandte sich ein reicher Eselhändler an Nasrudin: „Ich verstehe einfach nicht, wie du das machst, Nasrudin. Ich verkaufe meine Esel schon zum absolut niedrigsten Preis. Meine Leute zwingen die Bauern, ihnen umsonst Futter für die Esel zu geben. Meine Sklaven versorgen die Esel, ohne dass sie einen zusätzlichen Lohn dafür bekommen. Und trotzdem kann ich mit deinen Preisen nicht mithalten. Wie machst du das nur?" – „Das will ich dir sagen", entgegnete Nasrudin. „Du stiehlst Futter und Arbeitskraft und ich – stehle Esel."

Themen: Kostensenkung, Wettbewerb, Preiskampf

Eine Sufi-Geschichte mit dem weisen Narren Nasrudin (siehe Seite 66). Ein Preiskampf kann ruinöse Folgen haben. In letzter Konsequenz führt ein ständiges Unterbieten der Preise zum Diebstahl.

## Der Kater und der Hahn

Ein Kater hatte einen Hahn gefangen und suchte nun einen Vorwand, um ihn zu fressen. „Ich werde dich bestrafen, weil du die Menschen durch dein Gekrähe mitten in der Nacht in ihrem Schlaf störst." Der Hahn erwiderte: „Freilich krähe ich. Doch die Menschen sind mir dankbar, dass ich sie aufwecke. Denn dann beginnen sie mit ihrem Tagwerk." Daraufhin sagte der Kater: „Ich werde dich bestrafen, weil du dich gegen die Natur versündigst und mit deiner Mutter und deinen Schwestern das Nachtlager teilst." Der Hahn antwortete: „Der Bauer ist mir dankbar dafür, denn so legen die Hennen viel mehr Eier." Der Kater überlegte. Ihm fiel keine weitere Begründung ein. Und so fraß er den Hahn einfach so.

Themen: Scheindiskussion, Entscheidungen, Rechtfertigung, Opfer, Wettbewerb

Eine Geschichte von Äsop, die an die düstere Fabel von Hesiod erinnert (siehe Seite 67). Hier bemüht sich der Kater immerhin um Rechtfertigung seines Tuns, doch sind seine Gründe nur vorgeschoben. Anders gesagt: Der Hahn wird gefressen, so oder so. Damit ist diese Fabel auch geeignet, um Scheindiskussionen zu beschreiben. Die Sache ist längst entschieden; es wird nur noch eine passende Erklärung gesucht.

### Der ferne Berg

> Miyamoto Musashi ist gewiss der bekannteste Samurai. Er lebte im 17. Jahrhundert in einer Zeit politischer Instabilität. Musashi konnte ebenso meisterhaft mit dem Pinsel wie mit dem Schwert umgehen. Für beide Künste ist er bis heute berühmt. Seine Tuschezeichnungen gelten als unerreichte Meisterwerke. Außerdem verfeinerte er die Kunst, mit zwei Schwertern zugleich zu fechten, einem langen und einem kurzen. Musashi empfahl seinen Schülern beim Fechtkampf den Gegner so anzuschauen, als ob er ein „ferner Berg" wäre. Durch diesen „entfernten Blick" auf nahe Dinge könne man den andern am besten überwinden.
>
> **Themen**: Konkurrenz, Distanz, Konflikt, Betriebsblindheit

Eine altehrwürdige, sehr hilfreiche Metapher, um einen wesentlichen Aspekt deutlich zu machen: Bei jedem Wettbewerb, bei jedem Konflikt kann es nützlich sein, sich nicht von der Situation gefangen nehmen zu lassen, sondern Distanz zu bewahren. Unter dem Aspekt der Nähe und Distanz lässt sich die Empfehlung auch auf die tägliche Arbeit übertragen: Gerade, wenn man mitten im Geschehen ist, sollte man Distanz bewahren, um erfolgreich agieren zu können.

## Kooperation

### Die Elefanten und die Mäuse

> In einem fruchtbaren Landstrich hatten sich vor langer Zeit Mäuse niedergelassen. Sie vermehrten sich, legten kunstvolle Höhlen und Gänge an und führten ein friedliches Leben. So ging die Zeit dahin. In der Nachbarschaft der Mäuse wohnte eine Elefantenherde. Eines Tages entschloss sich der Elefantenfürst, mit seiner Herde zu einem großen Teich zu ziehen. Dort sollten die Tiere baden und reichlich zu trinken finden. Um dorthin zu gelangen, musste die Herde das Gebiet durchqueren, in dem die Mäuse lebten. Dabei trampelten die Elefanten achtlos über die

Höhlenstadt der Mäuse, die glaubten, dass sie vom Todesgott überfallen würden. Viele Mäuse wurden einfach zerquetscht, ohne dass es die Elefanten auch nur bemerkten. Die mit dem Leben davon gekommen waren, sprachen zueinander: „Die bösen Elefanten haben uns mit ihrer Wanderung zum Wasser fast zugrunde gerichtet. Wenn sie wieder zurückkehren, wird nichts mehr von uns übrig bleiben."

Die Mäuse überlegten, wie sie das verhindern könnten. Schließlich suchten einige von ihnen die Elefanten am Teich auf. Sie verbeugten sich vor dem Elefantenfürsten und sprachen: „Majestät! Nicht weit von hier befindet sich unser Wohnort. Als Ihr hierher gezogen seid, habt Ihr unser Gebiet durchquert. Dabei sind Tausende von uns umgekommen. Wenn Ihr denselben Weg zurückgeht, werden auch die letzten von uns sterben. Wenn Ihr Mitleid mit uns habt, dann schlagt Ihr einen anderen Rückweg ein. Wir werden es Euch ewig danken." Der Elefantenfürst dachte kurz nach und sagte dann: „Es soll geschehen, was die Mäuse verlangen."

Einige Zeit später befahl der König seinen Jägern, Elefanten zu fangen. Die Jäger gruben Fallen und fingen den Elefantenfürsten mitsamt seiner Herde ein. Nach drei Tagen zogen sie die Tiere mit Stricken aus der Grube heraus und banden sie im Wald an dickstämmigen Bäumen fest. Als die Männer sich entfernt hatten, grübelte der Elefantenfürst darüber, wie er sich und seine Herde befreien könnte. Schließlich kam er zu dem Schluss: „Die Einzigen, die uns helfen können, sind die Mäuse." Er schickte eine Elefantenkuh, die nicht in die Falle geraten war, zu den Mäusen, um ihnen von ihrer Notlage zu erzählen. Zu Tausenden kamen die Mäuse herbei, kletterten die Baumstämme hoch und zernagten die Stricke, mit denen die Elefanten angebunden waren. So erlösten die Mäuse die Elefanten aus ihrer Gefangenschaft.

**Themen:** Strategische Allianz, Networking, Vertrauen, Kooperation, Krisensituation, Hilfe, Dankbarkeit

Eine altindische Fabel aus dem Pantschatantra. An diese Geschichte schließt sich ein Ratschlag an, nämlich dass man sich Freunde verschaffen soll, nicht nur starke und mächtige, sondern auch schwache, die einem bei Gelegenheit ebenso von Nutzen sein können wie die Mäuse den Elefanten. Wo immer es darum geht, vermeintlich unwichtige Personen für sich zu gewinnen, können Sie diese Geschichte einsetzen. Die „Gegengeschichte" folgt unmittelbar.

### Das Bündnis zwischen den Landtieren und den Fischen

Die Landtiere gerieten in Streit mit den Vögeln. Bevor es zum Krieg kam, verbündeten sie sich mit den Fischen. Es kam zu einer großen Schlacht. Doch anstatt ihre Hilfstruppen zu schicken, ließen sich die Fische entschuldigen. Sie sagten, dass sie zu Lande nicht recht marschieren könnten.

**Themen:** Kooperation, Wettbewerb, Konflikt, Krisensituation, falsche Freunde

Ein Gleichnis des Fabeldichters Äsop. Hin und wieder werden Allianzen geschmiedet, die im Ernstfall nicht viel wert sind.

### Eine unpassende Wohngemeinschaft

Ein Schneider und ein Kohlehändler waren gute Freunde; sie verstanden sich bestens. Da lud der Kohlehändler den Schneider ein, mit ihm in einem Haus zu wohnen. Der Schneider bedankte sich herzlich für das Angebot, doch lehnte es ab: „Wenn ich ein Kleidungsstück rein gemacht hätte, würdest du ankommen und es wieder beschmutzen."

**Themen:** Kooperation, Sympathie, Interessengegensätze

Eine Äsopische Fabel, die darauf aufmerksam macht: Nicht alle können harmonisch zusammenarbeiten, die sich gut verstehen. Wer sich im Geschäftsleben einen Partner sucht, sollte darauf achten, dass auch die Interessen zusammenpassen.

### Der Esel und der Wolf

Ein Esel hatte sich einen Dorn in den Fuß getreten. Weil er niemand anderen wusste, der ihm hätte helfen können, wandte er sich an den Wolf. „Kannst du mir den Dorn aus meinem Fuß herausziehen?" – „Aber natürlich kann ich das", erwiderte der Wolf und leckte sich die Lippen. „Mit meinen scharfen Zähnen werde ich den Dorn schon aus deinem Fuß herausbekommen." Der Esel erklärte sich einverstanden, und so zog der Wolf den Dorn heraus. Kaum war das geschehen, da fiel dem Esel ein, dass der Wolf ihn jetzt womöglich fressen wollte. Kurz entschlossen verpasste er ihm mit seinem gesunden Huf einen kräftigen Schlag zwischen die Ohren, sodass der Wolf ohnmächtig wurde, und lief unversehrt davon.

**Themen:** Kooperation, Dankbarkeit, Taktik, Wettbewerb, Vertrauen, Verhandlungen

Eine Fabel von Äsop mit einer durchaus zweischneidigen Moral: Mache dir deinen Gegner zunutze, aber sieh zu, dass du rechtzeitig davonkommst. Kooperiere so lange, wie du selbst davon profitierst, und ziehe dich dann zurück. Die Fabel lässt sich auch anders wenden, wenn Sie sich nämlich in der Position des Wolfs befinden und mit einem „Esel" kooperieren. In einer Verhandlung etwa können Sie nicht immer damit rechnen, dass Ihr schwächerer Partner Ihnen in allem entgegenkommt, nur weil Sie ihm ein Zugeständnis gemacht haben. Betrachtet er Sie als „Wolf", wird er sich vor Ihnen hüten.

## Der durstige Ziegenbock

Ein Fuchs fiel in einen tiefen Brunnen und wusste nicht, wie er wieder herauskommen sollte. Da kam ein durstiger Ziegenbock zum Brunnen, sah den Fuchs und fragte, ob das Wasser gut sei. Der Fuchs verriet nicht, dass er gerade hineingefallen war, sondern sagte nur: „Oh ja! Das Wasser ist ausgezeichnet, klar und wohlschmeckend. Komm nur herunter!" Da sprang der Bock, ohne groß nachzudenken, in den Brunnen.

Als er nun getrunken hatte, fragte er den Fuchs: „Und? Wie kommen wir wieder nach oben?" Der Fuchs sagte: „Oh, das überlasse mal mir. Stelle du dich auf deine Hinterbeine, stemme deine Vorderbeine gegen die Wand und mache deinen Hals ganz lang, damit ich über deinen Rücken und deine Hörner auf den Rand des Brunnens klettern und dir hinaushelfen kann." Das überzeugte den Bock, der sich gleich so hinstellte, wie der Fuchs es ihm gesagt hatte. Der kletterte nun auf die Hörner vom Ziegenbock und sprang mit einem gewaltigen Satz auf den Brunnenrand. Dort blieb er, tanzte vor Freude und lachte den Ziegenbock aus. Der wurde zornig: „Du hast doch versprochen, mich herauszuholen, also halte dich an unsere Abmachung!" Der Fuchs lachte nur und sagte: „Ach, Bock, wenn du wirklich Gedanken im Kopf hättest, so wärst du nicht in den Brunnen gesprungen, ohne dir vorher zu überlegen, wie du wieder herauskommst."

**Themen:** Vertrauen, Eigennutz, Kooperation, Planung, Verhandlungen

Eine klassische Fabel von Äsop. Der Fuchs überredet den Ziegenbock mit ihm zu kooperieren und zieht allein Vorteile aus dieser Kooperation, während der vertrauensselige Ziegenbock den Schaden hat. Die Frage, die man sich bei Kooperationen stellen sollte: Welchen Vorteil können wir realistischerweise erwarten? Wo müssen mir dem Kooperationspartner mehr abverlangen?

**Jehu beseitigt den Baalskult**

In alttestamentarischer Zeit setzten sich die Anhänger des biblischen Schöpfergotts Jahwe gegen andere Kulte durch. Dies geschah mit List, Betrug und Gewalt, wie die folgende Geschichte zeigt. Ihr Hintergrund: Jehu ist König von Israel und will als Anhänger von Jahwe den sehr verbreiteten Baalskult beseitigen. Sein Vorgänger, König Ahab, war zwar auch ein Anhänger von Jahwe, doch hatte er sich eher tolerant gezeigt und geduldet, dass seine Frau Isebel den phönikischen Baalskult in Israel einführte. Genau das will Jehu korrigieren und die Konkurrenz vollständig ausschalten. Im zweiten Buch der Könige heißt es dazu:

> Jehu versammelte das Volk und ließ ihnen sagen: „Ahab hat Baal wenig gedient, Jehu will ihm besser dienen. So lasst zu mir alle Propheten Baals rufen, alle seine Diener und Priester. Denn ich möchte dem Baal ein großes Opfer bringen. Wer nicht kommt, der soll nicht am Leben bleiben." Jehu sandte Boten umher in ganz Israel und ließ alle Diener Baals kommen. Sie gingen in den Tempel von Baal, der sich nach und nach füllte. Dann betrat Jehu den Tempel und forderte die Baalsdiener auf: „Seht zu, dass hier keiner unter euch ist, der Anhänger von Jahwe ist." Danach brachten sie gemeinsam Schlacht- und Brandopfer dar.
>
> Jehu aber stellte vor dem Tempel achtzig Mann auf und sagte zu ihnen: „Lasst ihr auch nur einen entkommen, den ich in eure Hände gebe, so sollt ihr mit dem Leben dafür büßen." Als er die Brandopfer beendet

hatte, befahl Jehu seiner Leibwache: „Geht in den Tempel und erschlagt alle, die ihr findet. Lasst niemanden entkommen." Und so drangen die Soldaten der Leibwache mit Schwertern in den Tempel ein, töteten alle und warfen die Leichen hinaus. Dann trugen sie die Bilder aus dem Tempel und verbrannten sie. Die Steinmale Baals zerstörten sie und rissen den Tempel nieder. Sie machten eine Stätte des Unrats daraus. Und so blieb es bis auf den heutigen Tag. So vertilgte Jehu den Baal aus Israel.

**Themen:** Fusionen, Kooperationen, Konsequenz, Macht, Tricks, Vertrauen

Unterschiedliche Lesarten sind möglich: Sie können die Geschichte als Warnung verstehen, sich nicht bedenkenlos jemandem auszuliefern, der das ausnutzen könnte. Oder Sie nehmen sie als Empfehlung, Ihre Ambitionen zu verbergen.

**Die Axt und der Wald**

Ein Zimmermann ging in den Wald und sprach zu ihm: „Hochverehrter Wald, ich möchte dich um einen Gefallen bitten. Gib mir bitte so viel Holz, wie ich für den Stiel in meiner Axt brauche." Der Wald dachte nach und sagte schließlich: „Deine Bitte will ich dir erfüllen, denn sie ist sehr bescheiden. Ich habe so viele Bäume, dass ich sie kaum zählen kann. Und für deinen Stiel brauchst du nicht mehr als einen einzigen Ast. So viel Holz sollst du wohl bekommen." Und so bekam der Zimmermann das Holz für den Stiel seiner Axt. Doch kaum hatte er sie zusammengesetzt, fing er auch schon an, Bauholz zu schlagen. Und weil die Axt außerordentlich scharf war, schlug der Zimmermann fast den gesamten Wald ab. Der Wald aber schrie auf vor Zorn, denn er hatte sich ohne Not in die Gewalt des Zimmermanns begeben.

**Themen:** Kooperation, Hilfeleistung, Verhandeln, Folgeabschätzung

Eine Fabel von Äsop, die zeigt, dass ein kleines Zugeständnis dramatische Folgen haben kann. Sich einem potenziellen Gegner gegenüber großzügig zu erweisen, ist keine Garantie dafür, dass er seine Ziele aufgibt.

# Erfolgsgeschichten

## Zweierlei Listen

> Der griechische Dichter Diagoras leugnete die Existenz der Götter. Ein Freund wollte ihn dennoch davon überzeugen, dass es so etwas wie eine göttliche Vorsehung gebe. Die beiden gingen am Strand der Insel Milos spazieren, da machte der Freund den Dichter auf die vielen Votivtafeln aufmerksam, die die Geretteten dort zum Dank an die Götter angebracht hatten. „Nun wirst du an der Existenz der Götter ja wohl nicht mehr zweifeln können", sagte der Freund. Diagoras erwiderte: „Wo ist die Liste der Ertrunkenen?"
>
> **Themen:** Erfolgsstorys, Skepsis, Referenzen, Reporting, Personalgespräch, Mitarbeiterführung

Häufig wird unsere Aufmerksamkeit auf die großen Erfolge gelenkt, vor allem wenn uns etwas verkauft werden soll. Dann kann es hilfreich sein, auch die Fälle zu betrachten, die nicht funktioniert haben. Die Geschichte lässt sich somit noch auf viele andere Situationen übertragen: Wenn etwa Mitarbeiter ihren Vorgesetzten nur positive Ergebnisse verkaufen oder sich ein Bewerber im Personalgespräch nur von der Schokoladenseite zeigt, ist Skepsis angebracht.

# Fortschritt und Wandel

Unsere Welt ist geprägt von Veränderungen, Neuerungen, Umbrüchen. Das kann Angst erzeugen oder auch Hoffnung machen, je nachdem, wie sich die neue Situation darstellt. Mit Metaphern können Sie dem Ausdruck geben: Der Wandel lässt sich als fließender Strom, als rasender D-Zug oder als rollendes Rad anschaulich machen. Dabei betonen Sie jeweils ganz unterschiedliche Aspekte. Eine wesentliche Frage ist, wie Sie sich selbst oder Ihre Zuhörer diesem Wandel gegenüber verhalten (sollen): dem „Rad den nötigen Schwung geben" oder „gegen den Strom schwimmen", dem „Sturm standhalten" oder sich verändern, weil „nur derjenige, der sich verändert, sich selbst treu bleiben" kann?

### Zwerge sehen mehr

> Wir sind Zwerge auf den Schultern von Riesen. So sehen wir mehr und weiter als sie, aber nicht weil unsere Augen schärfer oder wir größer wären, sondern weil sie uns durch die Lüfte tragen und uns über ihre gewaltige Größe erheben.

**Themen:** Fortschritt, Vorgänger, Tradition, Unternehmensnachfolge

Eine Metapher, die immer Isaac Newton zugeschrieben wird und die geradezu mustergültig den Fortschrittsgedanken der Moderne zum Ausdruck bringt. Doch erstaunlich: Das berühmte Bild stammt aus dem „finsteren", fortschrittsfeindlichen Mittelalter, nämlich von Bernhard von Chartres. Isaac Newton hat es zwar später auch für sich in Anspruch genommen, doch geht es ursprünglich auf den französischen Humanisten zurück. Dieses Bild können Sie einsetzen, wann immer es um altehrwürdige Traditionen und deren Fortsetzung geht. Ein Nachfolger, dessen Vorgänger ein „Riese" gewesen ist, muss keineswegs hinter ihm zurückbleiben. Auch wenn er sich bescheiden als „Zwerg" bezeichnet, blickt er doch weiter als sein Vorgänger, weil er auf seinen „Schultern sitzt", also auf dem bis dahin Geleisteten aufbauen kann.

## Der junge und der alte Hirsch

Ein Hirsch, der weit über hundert Jahre alt war, sagte zu einem seiner Enkel: „Ich kann mich noch sehr gut an die Zeit erinnern, als der Mensch das donnernde Feuerrohr noch nicht erfunden hatte." – „Was muss das für uns Hirsche für eine glückliche Zeit gewesen sein!" seufzte der Enkel. „Das ist ein voreiliger Schluss", sagte der alte Hirsch. „Die Zeit war anders, aber nicht besser, Der Mensch hatte anstatt des Feuerrohrs Pfeile und Bogen. Und wir waren genauso schlimm dran wie heute auch!"

**Themen:** Wandel, Fortschritt, Konkurrenz, Tradition, Change-Management

Die Fabel von Gotthold Ephraim Lessing ist über 250 Jahre alt; die Einsicht gilt noch heute. In der vermeintlich guten alten Zeit ging es auch nicht so gemütlich zu, wie man sich mit verklärendem Blick vorstellen möchte. Die Konkurrenz war nicht weniger hart und unerbittlich. Nur die Mittel haben sich geändert.

## Flugzeug-Rückspiegel-Metapher

Ein Flugzeug muss sich mit hoher Geschwindigkeit fortbewegen. Deshalb kommt es darauf an, keine Fehler zu machen. Flugzeuge brauchen keinen Rückspiegel. Wissen Sie warum? Die Startbahn hinter der Maschine ist unwichtig.

**Themen:** Zukunftsorientierung, Entscheidungen, Geschwindigkeit, Feedback, Vergangenheit

Eine Metapher aus dem amerikanischen Management, mit der Sie sehr anschaulich darstellen können, warum es wenig hilfreich ist, in die Vergangenheit zu schauen, wenn sich die Verhältnisse mit hoher Geschwindigkeit ändern. Es kommt darauf an, optimal auf die Zukunft vorbereitet zu sein, also die Startbahn vor der Maschine aufmerksam zu beobachten.

## Fuß- und Spurenmetaphern

Wer nur in die Fußstapfen eines anderen tritt, hinterlässt keine Spuren.

Wer nur den Spuren seiner Vorgänger folgt, kann sie nicht überholen.

Seine Schuhnummer ist größer. Seine Spur löscht alles aus, was vor ihm da war.

Das Wesentliche einer Kerze ist nicht das Wachs, das seine Spuren hinterlässt, sondern das Licht. (Antoine de Saint-Exupéry)

Je mehr dir folgen, desto weniger wird man später deine Spur erkennen.

Wenn dir ein Elefant folgt, wird von deiner Spur nichts übrig bleiben.

Mancher hinterlässt keine Spuren, weil er mit dem Bus gefahren ist.

**Themen:** Fortschritt, Tradition, Vorbild, Identität, Vorgänger, Nachfolger

Die Spuren sind eine beliebte Metapher, wenn es darum geht zu beschreiben, welchen Weg jemand genommen hat oder nehmen soll. Die Spuren dienen einerseits der Orientierung; sie geben Aufschluss darüber, wo jemand gegangen ist. So gesehen sind Spuren eine Metapher für Traditionen und bewährte Lösungen. Auf der anderen Seite dienen Spuren auch als Metapher für Fortschritt, für den Bruch mit der Tradition. Sie markieren unseren eigenen Weg. Spuren eignen sich auch, das Verhältnis zum Vorgänger oder Nachfolger zu beschreiben. Folgen wir jemandem, der „kleine Füße" hat (geringe Bedeutung), so werden wir derjenige sein, der die Spuren hinterlässt.

## Der Zug der Lemminge

Lemminge sind Wühlmäuse, die in der arktischen Tundra leben. Die Weibchen werfen dreimal jährlich etwa acht Junge. Weil die Lemminge wenig natürliche Fressfeinde haben, kommt es regelmäßig zu einer Bevölkerungsexplosion. Das zwingt sie dazu, alle drei bis vier Jahre neue Gebiete zu besiedeln. Auf dieser Wanderung sterben Millionen von Lemmingen. Dicht an dicht ziehen sie über Berge, Täler, enge Schluchten. Am Ende ihrer Wanderung stürzen sie sich oftmals, von einem rätselhaften Todesinstinkt getrieben, in einen Abgrund und sterben. Weil alle Tiere folgen, kann man von einer Art kollektiven Selbstmords sprechen, der sich durch nichts und niemand aufhalten lässt.

**Themen:** Boom, Innovation, Trend, Fortschrittsglaube, Anpassungsdruck

Die Lemming-Metapher ist ein beliebtes und sehr anschauliches Bild für das weit verbreitete Phänomen, blind irgendwelchen Trends zu folgen, die ins Verderben führen. Sogar wenn die Betroffenen langsam ein ungutes Gefühl beschleicht, wo das Ganze noch hinführen wird, bleiben sie dabei. Nach der Devise: Was alle tun, kann nicht ganz falsch sein. Anwendbar ist sie auf jede Art von Boom: Börsenboom, New Economy, bestimmte Managementtechniken oder Ähnliches. Aber Achtung, mit der Metapher der Lemminge betätigen Sie sich als „Kassandra", prophezeien also, dass die ganze Sache schief geht, zumindest aber, dass es ein „böses Erwachen" geben wird. Die Metapher ist zwar gut und wird im Allgemeinen auch verstanden, mit der Wirklichkeit hat sie allerdings nicht viel zu tun. Es handelt sich vielmehr um eine Legende, die vermutlich aus Skandinavien stammt. Besonders elegant ist es daher, wenn Sie nach Gebrauch der Lemming-Metapher die Erklärung hinterherschicken, wie das „eigentlich" ist mit dem Zug der Lemminge:

**Die Wahrheit über die Lemminge**

Die Lemminge vermehren sich zeitweilig sehr stark. Ist eine bestimmte Grenze überschritten, wandert eine große Anzahl von Lemmingen fort. Bei diesen Lemmingzügen kommen tatsächlich viele Tiere zu Tode. Doch von einem freiwilligen oder instinktiven Massenselbstmord kann nicht die Rede sein. Dass sich diese Legende so stark verbreitet hat, liegt vermutlich an dem Disney-Film „Wild Wilderness", auf Deutsch: „Abenteuer in der weißen Wildnis". In diesem dokumentarischen Naturfilm ist tatsächlich der angebliche Massenselbstmord der Lemminge zu sehen.

Nach Recherchen des kanadischen Journalisten Brian Vallee haben die Filmer diese Szene allerdings gestellt. Am Drehort gab es gar keine Lemminge. Die Disney-Leute hatten die Tiere vorher eingekauft und zum Drehort geschafft. Um den Eindruck einer Massenwanderung zu erzeugen, wurden die Lemminge auf eine große schneebedeckte Scheibe gesetzt, die dann gedreht wurde. Die Zuschauer sehen also immer wieder die gleichen Tiere, die auch keineswegs die Absicht hatten, sich gemeinschaftlich in die gähnende Schlucht eines Flusstales zu stürzen. Vielmehr haben da die Filmer nachgeholfen und die possierlichen kleinen Nager in den Abgrund geschubst oder, wenn nötig, auch geworfen.

**Themen:** Manipulation, Macht der Bilder, Mythos, Legenden, Öffentlichkeitsarbeit

Die Informationen stammen von dem Wissenschaftsredakteur der Wochenzeitung „Die Zeit", Christoph Drösser, der es sich zur Aufgabe gemacht hat, modernen Legenden auf den Grund zu gehen. Auch wenn es keinen Todestrieb der Lemminge gibt, können Sie die Metapher von den Lemmingen weiterhin verwenden, denn jeder weiß, was gemeint ist.

## Schrittmetaphern

Fürchte dich nicht vor einem großen Schritt. Du kannst einen Abgrund nicht mit zwei kleinen Sprüngen überqueren. (David Lloyd George)

Eine Reise von tausend Meilen beginnt mit dem ersten Schritt. (Laotse)

Gestern standen wir noch am Abgrund, heute sind wir schon einen Schritt weiter.

Gebräuchliche Metaphern: *den ersten Schritt machen, aus dem Tritt geraten, wieder Tritt fassen, im Gleichschritt marschieren, voranschreiten, Rückschritt, Politik der kleinen Schritte, einen Schritt zur Seite machen, mit kleinen/großen Schritten auf einander zugehen*

**Themen:** Fortschritt, Change-Management, Verhandlungen, Kompromiss

Schrittmetaphern sind eng verwandt mit den Spurmetaphern. Nur geht es hier nicht um Traditionen, sondern um die Bewegung. Stehen große Spuren für einen bedeutsamen Menschen, bezeichnen große Schritte hingegen große Veränderungen.

## Wie man einen Frosch kocht

Wirft man einen Frosch in einen Topf mit kochendem Wasser, so springt er heraus. Deshalb stecke man den Frosch in lauwarmes Wasser und erhitze den Topf auf kleinster Flamme. Der Frosch wird sich nach und nach an die höhere Temperatur gewöhnen. Dann regle man die

> Temperatur weiter nach oben. Nach einiger Zeit wird der Frosch auch in dieser Hitze zurechtkommen. Dann erhöhe man weiter die Temperatur. Stufe um Stufe. Der Frosch wird sich immer wieder anpassen und schließlich im Stande sein, eine Hitze zu ertragen, die seine Artgenossen außerhalb des Topfes sofort umbringen würde. Der Frosch bleibt auch dann noch im Topf, wenn Blasen aufsteigen und das Wasser zu kochen beginnt. Der Frosch versucht noch immer, sich mit den ungünstigen Bedingungen zu arrangieren. Es gibt kein Leben außerhalb des Topfes. Kurze Zeit später gibt es auch kein Leben mehr darin. Der Frosch ist gar.
>
> **Themen:** Veränderungsprozess, Toleranz, Zumutbarkeit, Anpassung, Risiko

Eine moderne Fabel, deren Ursprung unklar ist, die vielen jedoch durch die Umweltschutzorganisation Greenpeace bekannt gemacht wurde. Nun muss sich die Fabel nicht notwendigerweise auf die Umweltproblematik beziehen, sie lässt sich auf Veränderungsprozesse aller Art anwenden. Im Kern geht es um den Gewöhnungseffekt dabei: Wenn die Änderungen nicht schlagartig erfolgen, sondern nach und nach, erfolgt eine schrittweise Anpassung an Verhältnisse, die sonst für völlig inakzeptabel gehalten würden. Natürlich hat die Fabel die Tendenz, vor der schleichenden Anpassung an das Unzumutbare zu warnen. Immerhin lässt sich der Frosch ja freiwillig „kochen". Setzen Sie diese Fabel also nicht unbedingt ein, wenn Sie jemanden dazu bewegen wollen, sich einer positiven Entwicklung zu öffnen, sondern wenn Sie Ihre Zuhörer dazu auffordern wollen, noch schnell „aus dem Topf zu springen", also die dringend erforderlichen Maßnahmen sofort einzuleiten.

## Wenn das Wasser steigt

> Ein Schwein ging in einem engen Tal spazieren, um Futter zu suchen. Plötzlich spürte es, dass der Boden, auf dem es lief, feucht wurde. Das Schwein war etwas beunruhigt. „Hoffentlich bin ich nicht in einen Sumpf geraten", dachte es und ging weiter. Doch der Boden wurde immer tiefer. Es dauerte nicht lange, da watete das Schwein mit seinen Füßen im Wasser. „Das wird mir zu gefährlich", dachte es und kehrte um. Doch das Wasser stieg weiter. Es reichte bald bis zum Bauch des Schweins. Stellen, die zuvor trocken gewesen waren, standen nun völ-

lig unter Wasser. „Ich muss versuchen, aus dem Tal herauszukommen", dachte das Schwein, „aber die Bergwände an den Seiten sind zu steil."

Das Schwein merkte, dass es sich in einem ausgetrockneten Flussbett befand, das sich nun unbarmherzig mit Wasser füllte. „Der Fluss wird sich in einen reißenden Strom verwandeln", dachte das Schwein, „und ich werde ertrinken." Tatsächlich reichte das Wasser dem Schwein schon bis zur Schnauze. Das Schwein überlegte: „Wenn ich meine letzte Kraft zusammennehme, um laut um Hilfe zu rufen, kommt vielleicht jemand und zieht mich heraus." Also blieb das Schwein stehen und fing an um Hilfe zu rufen.

Es schrie und schrie. Doch es kam niemand, um das Schwein aus dem Fluss zu ziehen. Das Wasser stieg immer höher. Das Schwein schluckte schon Wasser. Schließlich schloss das Schwein seine Schnauze und fing an zu schwimmen. Da merkte das Schwein, dass es kein schwerfälliges Schwein mehr war, sondern sich in eine Ente verwandelt hatte.

**Themen:** Veränderungsprozesse, Angst vor Veränderung, Eigeninitiative, Selbstverantwortung, Kompetenzen, Kreativität

Nach einer chinesischen Fabel. Mit dieser Geschichte können Sie anschaulich machen, dass man sich Veränderungen stellen muss. Vertraut man dabei auf seine Fähigkeiten, wachsen einem ungeahnte Kräfte zu und man kommt in der neuen Umgebung so gut zurecht wie eine Ente im Wasser.

## Strömungslehre

Neben den bereits erwähnten Spur- und Schrittmetaphern sind auch die Fließgewässer geeignete Metaphernlieferanten, wenn es um Fortschritt und Entwicklung geht. Mit dem Bild des Flusses lässt sich anschaulich machen, wie man sich gegenüber der allgemeinen Entwicklung verhalten möchte.

Nur tote Fische schwimmen mit dem Strom.

Wer gegen die Strömung anrudert, kommt nicht voran.

Lernen ist wie Rudern gegen die Strömung: Wer damit aufhört, fällt zurück.

Wo Wasser still steht, verschlammt es. (Lü Bu-we)

**Themen:** Fortschritt, Entwicklung, Konformismus, Lernen

Mit dem Strom zu schwimmen spart zwar Kraft; und doch gilt es in vielen Metaphern als irgendwie anrüchig. Man „lässt sich treiben", und damit macht man es sich nun wirklich zu bequem. Lieber heroisch „gegen den Strom anrudern" oder besser noch „schwimmen", denn Rudern klingt dann doch etwas zu angestrengt. Allerdings hat auch das Schwimmen gegen den Strom einiges von seiner Strahlkraft eingebüßt. Es erinnert ein wenig an einen querköpfigen Weltverbesserer, der sich heroisch, aber vergeblich der allgemeinen Entwicklung entgegenstemmt. Also lieber die Strömung für sich ausnutzen, um dorthin zu gelangen, wo man hin will, als mit aller Gewalt gegen die elementare Wasserkraft anpaddeln. Verwandt mit den Strömungsmetaphern ist natürlich das „Surfen" (siehe Seite 264).

**Windrichtung**

Der Wind ist eine der Strömung verwandte Metapher. Nur sind wir dem Wind offenbar eher ausgeliefert. Wenn wir „Rückenwind haben", dann läuft es gut für uns. Die Umstände sind günstig. „Bläst" uns hingegen der Wind „ins Gesicht", ist die allgemeine Situation schwierig für uns. Im Allgemeinen stehen wir die Situation durch und warten darauf, dass sich „der Wind wieder dreht". Denn wer sich „nach dem Wind dreht", gilt als charakterloser Opportunist, ebenso wer sein „Fähnchen" oder sein „Mäntelchen nach dem Winde hängt".

Themen: Zeitgeist, Opportunismus

**Der wissenschaftliche Fortschritt**

Max Planck gilt weltweit als einer der bedeutendsten Physiker des 19. und 20. Jahrhunderts. Über den wissenschaftlichen Fortschritt äußerte er: „Eine neue wissenschaftliche Wahrheit pflegt sich nicht in der Weise durchzusetzen, dass ihre Gegner überzeugt werden und sich als belehrt erklären, sondern vielmehr dadurch, dass die Gegner allmählich aussterben und dass die heranwachsende Generation von vornherein mit der Wahrheit vertraut gemacht wird."

Themen: Wissenschaft, Experten, Change-Management, Fortschritt, Innovationen, Marketing und Öffentlichkeitsarbeit

## Renovierung nicht für Spatzen

Eine alte Kirche wurde von Grund auf renoviert. In dem Gemäuer hatten zahlreiche Spatzen ihre Nester gebaut, aus denen sie nun vertrieben wurden. Als die Kirche in neuem Glanz dastand, kehrten die Spatzen zurück, um wieder ihre Nester in Besitz zu nehmen. Erstaunt stellten sie fest, dass alles zugemauert war. „Wozu war denn der ganze Umbau nütze?", schrieen sie empört. „Kommt, in diesem unbrauchbaren Steinhaufen können wir nicht wohnen!" Schimpfend flogen die Spatzen auf und davon.

**Themen:** Veränderungen, Innovation, Mitarbeiterführung, Kritik

Eine Fabel von Gotthold Ephraim Lessing, die auf ein weit verbreitetes Phänomen aufmerksam macht. Neuerungen werden nicht immer ganz sachgemäß beurteilt, sondern die Betroffenen urteilen einzig und allein danach: Dient das meinen Interessen?

## Scheibchenweise

Ein besonders rücksichtsvoller Mann kaufte sich einen Hund. Ihm wurde gesagt, dass der Schwanz des Hundes gestutzt werden müsse. Der Mann wollte dem Hund aber möglichst nicht wehtun. „Ich will ihm die Sache erleichtern und ihm seinen Schwanz nicht auf einmal abschneiden." Und so schnitt er in den nächsten zwei Wochen jeden Tag vom Schwanz des Hundes jeweils eine Scheibe ab.

**Themen:** Änderungsprozesse, Change-Management, Mitarbeiterführung, Krisen-PR, Öffentlichkeitsarbeit, Selbstmanagement

Eine kleine Geschichte, die von den amerikanischen Psychologen Furman und Ahola stammt und mit der Sie eine wichtige Einsicht vermitteln können: Es ist oftmals weit schmerzhafter, Unannehmlichkeiten in „kleinen Portionen" zu verabreichen, als dem andern die Sache auf einen Schlag zuzumuten. Das gilt für unangenehme Neuerungen ebenso wie für das Eingeständnis von Fehlern. Und es trifft auch für Maßnahmen zu, die man sich selbst abverlangt: Wenn Sie etwas an sich ändern wollen (mit dem Rauchen aufhören, den Arbeitsstil verändern etc.), dann tun Sie das besser nicht „scheibchenweise".

### Trendsurfen im Management

Trendsurfen ist „die Gewohnheit auf dem Kamm der neuesten Wellte in der Managementtheorie zu surfen und dann gerade rechtzeitig wieder an Land zu paddeln, um auf die nächste Welle aufspringen zu können. Dieser Zeitvertreib ist stets fesselnd für Manager und lukrativ für Berater, hat für das Unternehmen aber häufig katastrophale Folgen."

**Themen:** Innovation, Trend, Managementmoden

Mit dieser Metapher beginnt die Unternehmensberaterin Eileen C. Shapiro ihr Buch „Trendsurfen in der Chefetage". Das Surfen erscheint hier als oberflächliches Mitmachen bei der gerade aktuellen Managementmode. Dabei geht die Führungskraft regelmäßig „baden", wie wir aus der Mitteilung schließen können, dass es darum geht, „rechtzeitig wieder an Land zu paddeln". Surfen bietet sich tatsächlich als eingängige und zeitgemäße Metapher an, um ein solches Verhalten zu charakterisieren. Allerdings können Sie das Surfen auch positiv deuten, wenn Sie möchten:

### Auch Wellenreiten will gelernt sein

Wer auf einer Welle reiten will, der muss auf diese Welle vorbereitet sein, er muss sie erwarten. Er braucht ein Gespür dafür, eine geeignete Welle zu erkennen. Sie darf noch nicht gebrochen sein, er muss wissen, wie sie sich entwickelt. Ist die Welle zu flach, trägt sie ihn nicht, ist sie schon zu steil, landet der Surfer im Wasser. Rollt eine Welle auf ihn zu, von der er sich nicht tragen lassen möchte, taucht der geübte Surfer einfach durch sie hindurch.

**Themen:** Trend, Innovation, Wandel

Surfen ist eine brauchbare Metapher für Innovation. Wenn Sie in einem hoch innovativen Bereich tätig sind, dann können Sie Ihr Verhalten vielleicht ganz gut mit den Begriffen des Wellenreitens beschreiben. Hier wie dort müssen Sie in einem unberechenbaren Element zurechtkommen. Sie brauchen Intuition, Risikobereitschaft und den „sechsten Sinn", um zu ahnen, was als nächstes geschieht. Wenn Sie die Metapher einsetzen, um Ihr Tun zu beschreiben, sollten Sie wissen, dass Surfen zwar als zeitgemäß, schnell und innovativ gelten kann, jedoch eines wird dem Surfen immer fehlen, was gerade in Deutschland nicht ganz unwichtig ist: Tiefgang.

### D-Züge und Schienenfahrzeuge

Es ist schwierig, aus einem fahrenden D-Zug auszusteigen.

Das Licht am Ende des Tunnels war ein entgegenkommender Zug.

Gebräuchliche Metaphern: *Weichen stellen, Notbremse ziehen, Haltesignale überfahren, Schranken herunterlassen, ein Projekt ist entgleist, auf ein Abstellgleis schieben*

Themen: Fortschritt, Wandel, Zuversicht, Handlungsmöglichkeiten, Projektmanagement

Wenn Sie die Entwicklung mit einem D-Zug vergleichen, dann bringen Sie zum Ausdruck: Es gibt keinerlei Gestaltungsmöglichkeiten. Wir können nur „mitfahren". Aussteigen ist ebenso wenig möglich wie „umsteuern", denn ein Zug folgt immer nur den Gleisen. Allenfalls lässt sich darüber nachdenken, ob man nicht die Notbremse ziehen müsste, z. B. wenn der Zug auf einen anderen zurast. Auch das Umstellen von Weichen ist möglich – aber eben nur außerhalb des Zuges.

### Räder

Die Radmetapher hat Tradition. Und zwar nicht nur das rollende Rad, das eine Sache vorwärts bringt, sondern vor allem auch das rotierende Rad, das „Rad des Schicksals", das im Mittelalter eine sehr beliebte Metapher war: Wie bei einem Riesenrad werden die Menschen vom Rad des Schicksals mal nach oben, mal nach unten getragen. Niemand bleibt dauerhaft auf seiner Position. Allerdings bleibt im Grunde alles gleich, denn früher oder später kehrt man auf seine ehemalige Position wieder zurück.

In unsere hektische, dynamische Gegenwart übersetzt findet sich diese Vorstellung im Bild des „rasenden Stillstands", mit dem der französische Philosoph Paul Virilio unsere Situation verglich. Alles ist in Schwindel erregender Bewegung, aber nichts geht wirklich voran.

Schließlich verbindet sich mit dem Rad noch die Vorstellung, man könnte den Wandel und seine Geschwindigkeit selbst gestalten. Man muss selbst „in die Pedale treten", den „Karren anschieben" oder „dem Rad Schwung geben".

**Themen:** Wandel, Fortschritt, Erfolg, Stagnation, Innovation

Allerdings sollten Sie immer darauf achten, dass Ihr Bild auch stimmig bleibt. So bemerkte der ehemalige BDI-Vorsitzende Heinz-Olaf Henkel, er hätte sich von Bundeskanzler Gerhard Schröder erhofft, dieser werde „wirklich mal in die Speichen greifen", um dem Rad Schwung zu geben. Wer bei einem Rad, das nicht völlig stillsteht, wirklich in die Speichen greift, der blockiert es erst einmal – und holt sich blutige Finger.

## Kleine Fabel

„Ach", sagte die Maus, „die Welt wird enger mit jedem Tag. Zuerst war sie so breit, dass ich Angst hatte, ich lief weiter und war glücklich, dass ich endlich rechts und links in der Ferne Mauern sah, aber diese langen Mauern eilen so schnell aufeinander zu, dass ich schon im letzten Zimmer bin, und dort im Winkel steht die Falle, in die ich laufe." – „Du musst nur die Laufrichtung ändern", sagte die Katze und fraß sie.

**Themen:** Zukunftsaussichten, Prognose, Ziele, Trendberatung, Krise

Ein kurzer, deprimierender Text von Franz Kafka, der zum Ausdruck bringt: Egal welche Richtung man nimmt, die Sache geht böse aus. Die Empfehlung, die Laufrichtung zu ändern, bringt keine Verbesserung der Lage, wenigstens nicht für die Maus.

## Langfristige Planung

Kürzlich sprachen zwei Wirtschaftsjournalisten mit einem der erfolgreichsten japanischen Devisenhändler. Sie fragten ihn, welche Faktoren er beim Kauf und Verkauf berücksichtige. Er antwortete: „Viele Faktoren, manche davon sehr kurzfristig, einige mittelfristig und andere langfristig." Die Journalisten waren beeindruckt, dass er auch langfristig dachte, und wollten wissen, was er darunter verstand. Er zögerte kurz und sagte dann vollkommen ernst: „Vielleicht zehn Minuten." Mit diesem Tempo bewegt sich heutzutage der Markt.

**Themen:** Planung, rasanter Wandel, Beschleunigung, Aktienmarkt, Maßstäbe

Eine Anekdote, die die beiden Autoren Toyoo Gyohten und Paul Volcker in ihrem Buch „Changing Fortunes" mitteilen und mit der sich illustrieren lässt, wie stark sich der zeitliche Horizont von Planung verkürzt hat.

### Der erste Heimcomputer

In den USA wurde 1969 der erste Heimcomputer angeboten. Es handelte sich um einen Honeywell H-316 Küchencomputer, der für 10.600 Dollar per Katalog bestellt werden konnte. Eine ungeheure Summe, für die man ein Luxusauto bekommen hätte. Dafür konnte der Computer auf folgende Aufgaben programmiert werden: einen Speiseplan erstellen, Golfresultate speichern, Aktienkäufe und Teilnehmer von Wohltätigkeitsbällen auflisten. Ob das Produkt auch nur einen Käufer fand, ist nicht bekannt.

**Themen:** Innovation, Kundenorientierung, Preis-Leistungsverhältnis

### Fortschritt

Auf der Computermesse Comdex hielt Microsoft-Chef Bill Gates eine Rede, in der er die Computerbranche mit der Autoindustrie verglich. „Wenn General Motors so rasche technologische Fortschritte gemacht hätte wie die Computerindustrie, dann würden wir heute mit Autos herumfahren, die 25 Dollar kosten und mit einer Gallone Sprit (ca. 3,6 Liter) 1.000 Meilen weit fahren."

Als Antwort auf den wenig schmeichelhaften Vergleich brachte General Motors eine Presseerklärung heraus, die diese Behauptung in vierzehn Punkten kommentierte:

„Wenn General Motors eine Technologie wie Microsoft entwickelt hätte, dann hätten die Autos, die wir heute fahren, die folgenden Eigenschaften:

1. Ihr Auto würde ohne erkennbaren Grund zweimal am Tag einen Unfall haben.

*Fortschritt und Wandel*

2. Jedes Mal, wenn die Linien auf der Straße neu gekennzeichnet werden, müssten Sie ein neues Auto kaufen.

3. Gelegentlich würde der Motor Ihres Autos ohne jeden erkennbaren Grund auf der Autobahn von selbst ausgehen. Man würde das einfach akzeptieren, den Motor wieder anstellen und weiterfahren.

4. Bei einigen ziemlich gewöhnlichen Fahrmanövern – zum Beispiel bei einer Linkskurve – würde der Motor ausgehen und könnte nachher nicht wieder angestellt werden, ohne dass er neu montiert worden wäre.

5. Wenn Ihr Motor beim Startversuch nicht anspringt, könnten Sie wählen, ob Sie „den Startversuch abbrechen", „den Startversuch wiederholen" oder „den Fehler ignorieren".

6. Sie könnten nur alleine im Auto sitzen, es sei denn, Sie kaufen ein „Auto-95" oder ein „Auto-NT", aber dann müssten Sie jeden Sitz einzeln bezahlen.

7. Macintosh würde Autos herstellen, die mit Sonnenenergie fahren, zuverlässig laufen, fünfmal so schnell und zweimal so leicht sind. Aber die laufen nur auf fünf Prozent der Straßen.

8. Die Öl-Kontroll-Leuchte, die Warnlampe für Übertemperatur und die Batterie-Kontroll-Leuchte würden durch eine einzige „Genereller Auto Fehler"-Lampe ersetzt.

9. Neue Sitze würden erfordern, dass alle Leute die gleiche Gesäßgröße haben.

10. Das Airbag-System würde fragen: „Sind Sie sicher?", bevor es ausgelöst wird.

11. Gelegentlich würde das Auto Sie ohne erkennbaren Grund aussperren. Der Trick, mit dem Sie es wieder aufsperren können, würde darin bestehen, dass Sie gleichzeitig den Türgriff ziehen, den Schlüssel drehen und die Radioantenne anfassen.

12. General Motors würde Sie zwingen, zusammen mit dem Auto einen Kartensatz einer Tochterfirma zu erwerben, auch wenn Sie diese Karten

gar nicht brauchen. Wenn Sie sich nicht darauf einlassen, fährt Ihr Auto um 50 Prozent langsamer.

13. Immer wenn ein neues Auto von General Motors auf den Markt kommt, müssten alle Autofahrer das Fahren neu erlernen, weil kein Hebel mehr so funktionieren würde wie früher.

14. Um den Motor abzustellen, müssten Sie einen Knopf mit der Aufschrift „Start" betätigen. Dann könnten Sie wählen, ob Sie „den Motor wirklich ganz abstellen", „den Motor neu starten", „nur mit dem Anlasser weiterfahren" oder „mit einem fremden Führerschein weiterfahren" wollen.

**Themen:** Software-Industrie, Innovation, New Economy, technischer Fortschritt

Gewiss eine polemische, aber brillante Antwort der „alten" Industrie auf die Anmaßungen der „neuen". Wenn Sie selbst in einer Branche tätig sind, die nicht gerade in dem Ruf steht, besonders innovativ zu sein, können Sie mit dieser Anekdote daran erinnern, dass es bisweilen auch ganz vorteilhaft sein kann, ein technisch ausgereiftes Produkt anzubieten.

## Beschleunigtes Bier

Mitte der 70er Jahre zählte die amerikanische Biersorte Schlitz zu den beliebtesten des Landes. Dann führte das Unternehmen in seinen Brauereien ein neues, hoch innovatives Verfahren ein, die so genannte „beschleunigte Batch-Fermentation". Dadurch wollte Schlitz Zeit und Kosten einsparen. Der Geschmack sollte durch das Verfahren nicht beeinträchtigt werden. Und nach Auskunft von Fachleuten schmeckte das Bier auch völlig unverändert. Das Problem war nur, dass die Kunden das anders empfanden. Reihenweise verabschiedeten sich die Biertrinker von dieser einstmals so populären Marke. Der Marktanteil sackte von 16 Prozent auf unter ein Prozent. Das Unternehmen verlor innerhalb von sechs Jahren über 90 Prozent seines Werts.

**Themen:** Innovation, Tradition, Image, Produkttreue, Vertrauen, Kundenabwanderung

*Fortschritt und Wandel*

Eine Geschichte, die ein wenig an das Desaster mit der „New Coke" erinnert (siehe Seite 293) und die uns lehrt: In manchen Bereichen werden Innovationen sehr ungünstig aufgenommen. Schon die Ankündigung, etwas sei verändert, verbessert oder gar „beschleunigt" worden, kann verheerende Folgen haben. Gerade in einer Welt, die geprägt ist von Wandel, sollen bestimmte Bereiche stabil und unverändert bleiben.

**Wie man Reis schneller wachsen lässt**

Im Staat Song lebte ein Mann, der sich nichts sehnlicher wünschte, als dass sein Reis auf dem Feld schneller wachsen würde. Aber weil der Reis nun einmal seine Zeit braucht, um zu wachsen, wurde der Mann immer ungeduldiger.

Eines Morgens lief der Mann ins Feld und begann, die Setzlinge einzeln ein kleines Stück weiter aus dem Boden zu ziehen. Dadurch sollten sie schneller wachsen. Als er am Abend nach Hause zurückkehrte, war er völlig erschöpft. „Wie bin ich müde!", klagte er. „Ich habe den ganzen Tag hart gearbeitet. Aber es hat sich gelohnt: Der Reis steht schon ein wenig höher." Sein Sohn war beeindruckt. Am nächsten Morgen lief er ins Feld hinaus, um sich den Reis anzuschauen. Aber die Reissetzlinge boten einen traurigen Anblick: Weil sie der Mann aus dem Boden gezogen hatte, waren sie schon verwelkt.

**Themen:** Ungeduld, Beschleunigung, Zeitmanagement, Kreativität, Ausbildung, Personalentwicklung, Forschung und Entwicklung

Eine Geschichte vom chinesischen Philosoph Meng Dse. Die Dinge brauchen ihre Zeit, um sich zu entwickeln. Man kann ihre Reifung nicht erzwingen und nicht beschleunigen. Sonst gefährdet man die ganze Entwicklung. Das gilt für Mitarbeiter, Projekte und die Produktentwicklung. Unausgereifte Produkte auf den Markt zu bringen, ist verhängnisvoll.

**Die Mäusestrategie**

Stellen wir uns ein Labyrinth vor. In dem Labyrinth wohnen die beiden Mäuse Schnüffel und Wusel und die beiden Zwerge Grübel und Knobel. Alle vier essen für ihr Leben gern Käse. Und dieser Käse befindet sich in einer kleinen Kammer im Labyrinth. Die vier kennen den Weg genau und gehen Tag für Tag in die Käsekammer, um ihren Hunger zu stillen.

Doch eines Tages – oh Schreck! – ist kein Käse mehr in der Käsekammer. Irgendwie hatte sich das ja abgezeichnet, denn die Vorräte waren in der letzten Zeit merklich zurückgegangen. Aber bis jetzt hatte es immer irgendwann Nachschub gegeben. Die vier hatten sich nie groß darum gekümmert, denn es war ja immer reichlich genug Käse für alle vorhanden gewesen. „Seltsam", bemerkte Knobel. „Was mag das wohl zu bedeuten haben?" Die Mäuse Schnüffel und Wusel zuckten nur mit ihren Mäuseschultern, zogen sich ihre Laufschuhe an – und weg waren sie.

„Dumme Mäuse", schimpfte Grübel. „Sobald kein Käse mehr da ist, laufen die einfach weiter, ohne groß nachzudenken." Die Zwerge Grübel und Knobel hingegen versanken in tiefe Nachdenklichkeit, was das wohl alles zu bedeuten habe. All die Jahre hatte es immer Käse gegeben und jetzt nichts mehr. „Vielleicht will man uns auf die Probe stellen", überlegte Knobel. „Vielleicht wollen die herausfinden, wie treu wir bei unserer Käsekammer bleiben", ergänzte Grübel. „Nein, nein, wir geben nicht so schnell auf", sagte Knobel.

Doch auch am nächsten Tag war die Käsekammer leer. „Das finde ich jetzt nicht mehr lustig", sagte Grübel gereizt. „Tag für Tag sind wir brav in die Käsekammer gekommen. Und mit einem Mal geben die uns einfach keinen Käse mehr. Das ist doch nicht in Ordnung!" Knobel gab ihm Recht. „Es gibt absolut keinen Grund uns keinen Käse mehr zu geben. Wir haben doch alles gemacht wie sonst auch. Wir haben uns überhaupt nicht verändert." – „Wir haben einen Anspruch auf Käse", ergänzte Grübel. Und mit großen Buchstaben schrieb er an die Wand der Käsekammer: „Wir fordern Käse."

Auch am Tag darauf gab es keinen Käse in der Käsekammer. „Was machen wir nun?", fragte Knobel. „Die lassen uns einfach verhungern", keuchte Grübel. „Das ist doch ein Skandal." – „Vielleicht gibt es ja irgend woanders Käse", gab Knobel zu bedenken. „Du willst doch wohl nicht einfach so durchs Labyrinth laufen wie Schnüffel und Wusel?", fragte Grübel „Ich bin froh, dass ich den Weg zur Käsekammer gefunden habe." – „Es gibt aber keinen Käse mehr in der Käsekammer", sagte

Wusel. „Es gab aber immer Käse in der Käsekammer. Und es wird auch wieder Käse in der Käsekammer geben. Wir müssen nur etwas abwarten", gab Grübel zu bedenken. „Du hast Angst, die Käsekammer zu verlassen, stimmt's?", fragte Knobel. Grübel nickte. „Was würdest du denn tun, wenn du keine Angst hättest?", bohrte Knobel weiter. „Würdest du dann nicht die Käsekammer verlassen?" Grübel schüttelte den Kopf. „Warum nicht?" – „Weil es Käse nur in der Käsekammer gibt", antwortete Grübel. Knobel schrieb unterdessen an die Wand. „Es gibt Käse außerhalb der Käsekammer."

Als am nächsten Tag die Käsekammer immer noch leer war, fasste Knobel einen Entschluss: „Ich gehe den Käse suchen. Kommst du mit, Grübel?" Doch Grübel zitterte nur: „Das ist mir viel zu gefährlich. Im Labyrinth können wir uns so leicht verirren." Knobel schüttelte den Kopf: „Es ist sicherer, selbst im Labyrinth zu suchen als hier ohne Käse zu sein." – „Wer weiß", sagte Grübel, „vielleicht kommt morgen schon wieder Käse." – „Wenn ich zu lange darauf warte, dass die andern mir den Käse hinterher tragen, bin ich irgendwann zu schwach, um selbst danach zu suchen", sagte Knobel bestimmt. Und damit verließ er die Käsekammer. Schon bei seinen ersten Schritten fühlte er sich leicht und frei. Er wusste, wenn es irgendwo in diesem Labyrinth Käse gab, dann musste er danach suchen. Eine ganz einfache Idee. Knobel fing an zu hüpfen und war neugierig auf die erste Kammer, die er finden würde.

**Themen:** Veränderungsprozesse, Eigenverantwortung

Eine sehr freie Nacherzählung der berühmten Fabel „Who moved my cheese?" („Wer hat meinen Käse weggenommen?") von Spencer Johnson. Die Geschichte ist unter dem Titel „Die Mäusestrategie" erschienen und füllt in ihrer epischen Breite fast ein ganzes Buch. Sie ist eine gelungene Parabel, um das Verhalten bei Veränderungsprozessen anschaulich zu machen. Viele verharren in der ängstlich passiven Haltung wie der Zwerg Grübel und hoffen darauf, dass sich ihre „Käsekammer" eines Tages doch noch wie von Geisterhand füllen wird. Andere merken, dass sich etwas geändert hat und dass es an ihnen liegt, selbst tätig zu werden, um unter den neuen Umständen zurechtzukommen. Sie selbst müssen neue Wege beschreiten, denn es gibt niemanden, der ihnen den Weg weist. Auch interessant ist die Reaktion der beiden

Mäuse, die nicht einmal über die Gründe nachdenken, sondern sich sofort auf die Suche nach neuem Käse machen.

Die Fabel fordert nachdrücklich dazu auf, Verantwortung für das eigene Leben zu übernehmen, denn auch wenn ungewiss ist, ob der Zwerg Knobel tatsächlich irgendwo Käse findet, sein Freund Grübel wird ganz sicher verhungern, wenn er nicht irgendwann doch einmal die alte Käsekammer verlässt.

### Beten gegen Darwin

Die Evolutionstheorie von Charles Darwin wurde von Anfang an heftig bekämpft, vor allem von kirchlicher Seite. Bekannt geworden ist der Ausspruch der Ehefrau eines anglikanischen Bischofs, die gesagt haben soll: „Lasset uns beten, dass die Sache unwahr ist. Oder wenn sie doch wahr ist, dass sie sich wenigstens nicht herumspricht."

**Themen:** Fortschritt, Innovation, wissenschaftliche Erkenntnis

Eine Anekdote, mit der Sie darauf aufmerksam machen können: Wissenschaftliche Erkenntnis und wissenschaftlicher Fortschritt lassen sich nicht einfach ignorieren oder totschweigen wie ein peinliches Gerücht.

## Risiken und Sicherheitsmaßnahmen

### Es ist nie zu spät das Loch im Zaun zu schließen

Vor langer Zeit lebte ein Bauer, der eine kleine Schafherde besaß. Eines Morgens begab er sich zu seinen Schafen ins Gehege, um sie auf die Weide zu lassen. Da entdeckte er, dass ein Schaf fehlte. Schnell hatte er den Grund dafür gefunden: Im Zaun war ein Loch. Wahrscheinlich war der Wolf über Nacht durch das Loch ins Gehege gelangt und hatte das Schaf gefressen.

„Du musst so schnell wie möglich das Loch im Zaun schließen", riet ihm sein Nachbar. Doch der Bauer schüttelte den Kopf. „Dein guter Rat kommt zu spät. Das Schaf ist weg. Und ein zweites Mal wird sich hier der Wolf nicht sehen lassen."

Am nächsten Morgen musste der Bauer jedoch feststellen, dass schon wieder ein Schaf fehlte. Der Wolf war durch dasselbe Loch eingedrungen und hatte ein zweites Schaf gerissen. Jetzt erkannte der Bauer, dass sein Nachbar Recht gehabt hatte. Noch am gleichen Tag brachte er den Zaun wieder in Ordnung. Seitdem hat ihm der Wolf nie wieder ein Schaf geraubt.

**Themen:** Sicherheitsmaßnahmen, Risiko, Vorsorge, Krisenmanagement

Eine bekannte chinesische Fabel aus dem Buch „Die Ränke der Streitenden Reiche", eine Sammlung, die der Gelehrte Liu Hsiang zusammengestellt hat. Wenn ein Schaden eingetreten ist, sollte man dies zum Anlass nehmen, um sich für die Zukunft zu wappnen. Und: Je eher man in einer Krisensituationen handelt, umso besser. Dies gilt nicht nur für Schadensfälle im engeren Sinne, sondern überhaupt, wenn eine Sache schief gegangen ist.

**Zwei Männer und ein Regenschirm**

Zwei Männer aus Chelm gingen spazieren. Der eine nahm seinen Regenschirm mit, der andere nicht. Nach einer Weile fing es an zu regnen. „Spann deinen Schirm auf", sagte der Mann, der keinen Schirm dabei hatte. Der andere erwiderte: „Das nützt nichts." – „Was soll das heißen?", sagte der erste. „Ein Regenschirm schützt uns vor dem Regen." – „Der hier aber nicht", sagte der Mann mit dem Schirm, „er ist löcherig wie ein altes Sieb." – „Ja, warum hast du ihn dann überhaupt mitgenommen?" fragte der erste. Der Mann mit dem Schirm antwortete: „Ich habe gedacht, es würde nicht regnen."

**Themen:** Vorsichtsmaßnahmen, positives Denken, Sicherheit, Vorsorge

Über diese Fabel können Sie die Frage stellen: Was ist der tiefere Sinn von aufwändigen Sicherheitsmaßnahmen, Notfallplänen und Worst-Case-Szenarios? Soll das Unternehmen, das Projekt etc. dadurch gegen unerwartete Unglücksfälle gewappnet sein? Die Antwort zeigt sich spätestens dann, wenn der Unglücksfall tatsächlich eintritt und die Maßnahmen greifen oder aber auch nicht – im letzten Fall hat wohl niemand ernsthaft mit dem Eintreten des Risikos gerechnet. Sicherheitsmaßnahmen sollten wirklich wirksame Vorsorge leisten und nicht dem Zweck dienen, ein beruhigendes Gefühl von Sicherheit zu verbreiten.

**Die Vögel von Guam**

> Guam, eine kleine Insel mitten im Pazifik, ist seit einem Jahrhundert ein wichtiger Stützpunkt für das US-Militär. Außer den Militäranlagen besteht die Insel im Wesentlichen nur aus Wald. Früher konnte man hier das Gezwitscher der Vögel hören. Jetzt ist der Wald stumm, denn es gibt keine Vögel mehr auf Guam.
>
> In den siebziger Jahren des vergangenen Jahrhunderts sind sie nach und nach verschwunden, ob groß, ob klein, ob Insekten- oder Samenfresser, ob sie auf dem Boden, dem Baum oder in Höhlen brüteten. Und niemand wusste warum. Zunächst hatte man die Pestizide in Verdacht, dann glaube man an eine Epidemie. Schließlich fand die junge Biologin Julie Savidge den wahren Grund: Verantwortlich für den Tod der Vögel war eine Schlange, die Braune Nachtbaumnatter.
>
> In einer Munitionskiste waren die ersten Exemplare unbemerkt auf die Insel gelangt. Ebenso unbemerkt hatte sich die Schlange auf der Insel ausgebreitet. Als die Wissenschaftler anfingen, die Nattern zu zählen, kamen sie auf ein atemberaubendes Ergebnis: In Guam lebten 12.000 Nachtbaumnattern auf einer Quadratmeile, das ist eine der höchsten Schlangenkonzentrationen der Welt. Ein Wanderer hätte alle zehn Schritte auf eine Natter treffen müssen. Und doch war sie niemandem aufgefallen.
>
> Auch wenn die Vögel von der Insel verschwunden sind, so bleibt den Nattern noch genug Nahrung. Sie lassen sich nicht mehr von hier vertreiben, sondern breiten sich weiter aus. Die Wälder von Guam werden wohl für immer stumm bleiben.
>
> **Themen:** Risiko, Vorsorge, kleine Ursache – große Wirkung, Katastrophe, Worst-Case-Szenario, Sicherheitsmaßnahmen

Die kurze Zusammenfassung eines Fallbeispiels, die Bernhard Kegel in seinem Buch „Die Ameise als Tramp" erzählt. Mehrere Aspekte sind hier interessant: Eine kleine Ursache hat dramatische Auswirkungen. Ein paar Schlangen kriechen aus einer Munitionskiste – einige Jahre später haben sie die ganze Insel in Besitz genommen. Die Invasion fällt niemandem auf, weil keiner auf ein solches Szenario vorbereitet ist. Die Suche nach Ursachen verläuft dementsprechend zunächst ergebnislos. Niemand rechnete mit den Schlangen, weil der Fall keinen Vorläufer hat. Der eigentliche Clou ist aber, dass die Katastrophe lange Zeit gar nicht wahrgenommen wird. Im Endeffekt sind wir Gefahren, die wir nicht kennen, damit ganz und gar ausgeliefert.

**Tiger vertreiben**

> Eines Tages verstreute Nasrudin Brotkrumen um sein Haus. „Was tust du da?", fragte ihn ein Freund, der gerade vorbeikam. „Ich halte Tiger von meinem Hause fern", erklärte Nasrudin. „Aber wieso denn?", fragte der Freund, „in dieser Gegend gibt es doch gar keine Tiger." Nasrudin nickte: „Da kannst du mal sehen, wie zuverlässig mein Mittel wirkt."

> **Themen:** Vorsichtsmaßnahmen, Risikomanagement, Ursache/Wirkung, überflüssige Maßnahmen

Eine alte Sufi-Geschichte, mit der Sie einen verbreiteten Irrtum beschreiben können: Jemand trifft völlig überflüssige und unwirksame Vorkehrungen. Er hält sie aber für unbedingt erforderlich, denn er schreibt ihnen Wirkungen zu, die sie gar nicht haben. Sie können die Geschichte gut auf Maßnahmen beziehen, die Sie für verzichtbar halten und die Ihr Gegenüber mit wenig stichhaltigen Argumenten zu rechtfertigen versucht.

**Ein Warnschild auf dem Rücken**

> Auch im hohen Alter ging Gustav VI. Adolf von Schweden trotz seiner schlechten Augen noch auf die Elchjagd. Er nahm nur noch ein Gewehr mit auf die Jagd, um keinen größeren Schaden anzurichten. Bei einer dieser Jagden hatte sich ein Adjutant ein Schild auf den Rücken gebunden, auf das er mit großen Buchstaben geschrieben hatte: „ICH BIN KEIN ELCH." Während der Jagd war ein Schuss des Königs zu hören und gleich darauf ein unterdrückter Fluch des Adjutanten mit dem Schild auf dem Rücken. „Majestät", wimmerte er, „haben Sie denn das Schild auf meinem Rücken nicht gesehen?" Der kurzsichtige König trat

näher an das Schild heran und sagte: „Ich bitte um Entschuldigung. Ich dachte, auf dem Schild steht: ‚Ich bin ein Elch'."

Themen: Sicherheitsmaßnahmen, Ignoranz, Narrensicherheit

Eine Anekdote, die sich gut in einen Vortrag über Sicherheitsmaßnahmen einflechten lässt. Vielleicht mit der Botschaft: Es gibt keine Maßnahme, die absolut „narrensicher" wäre, denn dazu sind die Narren viel zu gewitzt.

**Ein Warnschild am Abgrund**

Ein Reisender erkundigt sich empört bei einem Einheimischen: „Sagen Sie mal, warum steht denn an diesem gefährlichen Abgrund kein Warnschild?" Der Einheimische blickt kurz auf: „Das haben wir wieder abgenommen. Da ist sowieso keiner runtergefallen."

Themen: Sicherheitsmaßnahmen, Ignoranz

Manche Menschen halten Sicherheitsmaßnahmen für überflüssig, weil ja „doch nichts passiert". Einer solch ignoranten Haltung können Sie mit dieser kleinen Geschichte humorvoll entgegentreten.

**Die Sage von Ikarus und Dädalus**

Dädalus war ein sagenhafter Erfinder, allerdings besaß er einen etwas zweifelhaften Charakter. So stürzte er seinen Neffen Perdix von der Akropolis, weil sich der junge Mann als noch erfindungsreicher gezeigt hatte als er selbst. Zur Strafe wurde Dädalus nach Kreta verbannt, wo er für König Minos viele kunstreiche Arbeiten schuf. Allerdings fiel Dädalus auch bei Minos in Ungnade. Der König sperrte ihn zur Strafe mit seinem Sohn Ikarus in ein Labyrinth, das Dädalus selbst konstruierte hatte. Daher wusste Dädalus auch, dass es nur eine Möglichkeit gab zu entkommen – durch die Luft. Dädalus baute für sich und seinen Sohn jeweils ein paar Flügel aus Wachs und schärfte dem Jungen ein, weder zu hoch noch zu niedrig zu fliegen. Sonst würde nämlich entweder die Sonne die Wachsflügel schmelzen lassen oder aber die Gischt des Meeres die Flügel zu schwer machen. Dädalus flog davon, Ikarus folgte ihm. Sie überquerten mehrere Inseln, Ikarus wurde immer vergnügter und empfand mehr und mehr Freude am Fliegen. Und so stieg er höher und höher. Er näherte sich der Sonne, das Wachs schmolz, Ikarus stürzte ins Meer und ertrank. Sein Vater barg den Leichnam und begrub ihn auf der nächsten Insel, die seitdem Ikaria heißt.

**Themen:** Leichtsinn, Fehler, Vorsichtsmaßnahmen, Ehrgeiz. Grenzüberschreitung

Übermut kann tödlich enden. Ikarus ist das antike Musterbeispiel dafür. Gerade wenn die Dinge gut laufen, wenn wir von Euphorie gepackt werden, neigen wir dazu, leichtsinnig zu werden und Fehler zu machen. Seitdem gilt gerade bei Höhenflügen erhöhte Vorsicht. Zugleich eignet sich die Geschichte, um darauf hinzuweisen, wie wichtig es sein kann, bestimmte Grenzen einzuhalten. Wer den Ehrgeiz hat, immer höher und höher zu steigen, muss auch wissen, dass er dann besonders tief fallen kann.

**Der leichtsinnige Affe**

In Magadha lebte ein Mann namens Subhadatta, der einen Tempel errichten wollte. Am ersten Tag hatte er einen Keil zwischen zwei Teile eines Baumstamms geschoben, den er vorher mit einer Säge angeschnitten und etwas auseinander gezogen hatte. Am Abend ging Subhadatta nach Hause; am nächsten Tag wollte er weiterarbeiten. Kaum war er fort, erschien eine Horde Affen aus dem Wald und fing an herumzuspielen. Ein Affe ergriff den Keil mit beiden Händen und setzte sich so, dass sein Unterleib zwischen dem Spalt der beiden Teile herabhing. Er zog und zerrte an dem Keil, bis es ihm schließlich gelang ihn herauszuziehen. Der Affe stieß erst einen Triumphschrei aus, dann wurde sein Unterleib von den beiden Teilen des Baumstamms zermalmt.

**Themen:** Leichtsinn, Inkompetenz, Organisation, Arbeitssicherheit

Diese altindische Fabel aus der Sammlung Hitopadesa will davor warnen, sich in Dinge einzumischen, von denen man nichts versteht. Übertragen auf den Unternehmensalltag kann dies bedeuten: Wer versuchshalber in eingespielte Abläufe oder austarierte Machtgefüge eingreift, der riskiert, dass alles aus dem Gleichgewicht gerät und zusammenstürzt. Der entscheidende Punkt ist, dass der Affe keine Ahnung hat, wozu der Keil eigentlich dient; dass er ihn für ein Spielzeug hält, wird ihm schließlich zum Verhängnis. Eine zweite Lesart ergibt sich, wenn wir den Baumeister Subhadatta betrachten. Ihn trifft nämlich eine Mitschuld: Er hätte mit der Leichtsinnigkeit der Affen rechnen und seine Baustelle besser sichern müssen.

**Die Nachtigall und die Fledermaus**

Eine Nachtigall saß in einem Käfig vor dem Fenster und fing um Mitternacht an zu singen. Eine Fledermaus kam vorbeigeflattert und fragte sie, warum sie nur nachts singe und nicht bei Tag. „Das will ich dir sagen", erklärte die Nachtigall. „Als ich bei Tag gesungen habe, bin ich von den Menschen gefangen worden. Das ist mir eine Warnung. Seitdem singe ich nie wieder am Tag." – „Aber", versetzte die Fledermaus, „daran hättest du denken sollen, bevor du gefangen wurdest. Jetzt kommt es gar nicht mehr darauf an, ob du bei Tag singst oder bei Nacht. Du bist ja schon gefangen und ein zweites Mal kannst du nicht gefangen werden."

Themen: Gefahren, Übervorsicht, Ängstlichkeit, schlechte Erfahrungen, Trotz, Pragmatik, Konflikte, Mitarbeiterführung

Mit dieser Fabel von Äsop können Sie erklären, warum es unsinnig ist, sich gegen eine Gefahr zu schützen, die längst eingetreten ist. Natürlich ist es immer bitter, wenn die Risiken nicht rechtzeitig erkannt wurden. Aber die Übervorsicht der Nachtigall ist einfach nicht mehr angebracht. Die Geschichte lässt sich – in einer etwas anderen Lesart – auch auf Konflikte übertragen: Während sich im Verhalten der „Nachtigall" verletzter Stolz und Trotz als Reaktion auf die Niederlage, die Gefangenschaft, zeigen, vertritt die „Fledermaus" als neutrale Ratgeberin eine pragmatischere Sichtweise: Eine Verweigerungshaltung bringt die Nachtigall in ihrer Situation nicht weiter.

**Die vorsichtige Schwalbe**

Eine Schwalbe sah, wie ein Bauer Hanf auf seinen Feldern aussäte. Daraufhin rief sie die anderen Vögel zusammen und verkündete: „Der Bauer hat Hanf ausgesät, daraus werden die Vogelsteller ihre Netze und

Schlingen machen, um uns damit einzufangen. Wenn wir klug sind, hacken wir die Samenkörner aus dem Boden." – „Ach was!" entgegneten die Vögel. „Das ist doch viel zu mühsam. Außerdem ist gar nicht gesagt, dass die Saat überhaupt aufgeht." Der Hanf fasste Wurzel und wuchs zu stattlicher Größe heran. Die Schwalbe rief nochmals die Vögel zusammen. „Seht ihr, wie der Hanf inzwischen gewachsen ist? Und doch ist es noch nicht zu spät. Wenn wir alle gemeinsam unseren Fleiß daran setzen, die Ernte zu vernichten, können wir es vielleicht noch schaffen." Doch die anderen Vögel wollten solche Warnungen gar nicht hören. „Wieso sollten wir uns anstrengen, wenn wir es sowieso nicht schaffen? Der Hanf ist doch schon viel zu hoch. Und wer weiß, wozu er überhaupt angepflanzt wurde?" Die Schwalbe sah ein, dass niemand auf ihre Warnungen hörte. Und so verließ sie die Vögel im Wald, um bei den Menschen in der Stadt zu leben. Unterdessen wurde der Hanf reif, er wurde abgeerntet und verarbeitet. Als die Schwalbe wieder einmal über den Wald flog, sah sie, dass viele Vögel, die sie gewarnt hatte, in den Hanfnetzen der Menschen gefangen worden waren.

**Themen:** Gefahren, Ignoranz, Eigeninteresse

Eine Fabel von Äsop, nach der Sie die „Schwalbenstrategie" beherzigen sollten: die anderen vor Gefahren warnen, noch bevor sie sichtbar sind, aber sich rechtzeitig selbst in Sicherheit bringen, wenn bei den anderen keine Reaktion erfolgt.

## Der Fenstersturz

Ein Mann fällt im zwölften Stock aus dem Fenster. Er kommt am achten Stockwerk vorbei und sagt: „Na gut, ich falle in die Tiefe. Doch bis jetzt ist alles in Ordnung!" Er kommt am fünften Stockwerk vorbei und sagt sich: „Schon im fünften Stock? Und noch immer ist alles in Ordnung." Er stürzt am dritten Stock vorbei, am zweiten, ersten, Erdgeschoss. Kurz bevor er auf dem Straßenpflaster aufschlägt sagt er: „Bis jetzt ist noch alles in Ordnung."

**Themen:** Einschneidende Gegenmaßnahmen, Umstrukturierung, Change Management, Optimismus, positives Denken, falscher Trost

Eine Metapher, die davor warnt, drohende Gefahren zu ignorieren und sich damit zu trösten, dass der Ernstfall ja noch nicht eingetreten ist. Mit diesem sehr dramatischen Bild können Sie darauf hinweisen: Es ist höchste Zeit, sich Sorgen zu machen und jede Art von Schönfärberei zu unterlassen. Nur wenn die Situation schonungslos analysiert wird und Gegenmaßnahmen ergriffen werden, können Sie vielleicht das Unmögliche schaffen und den „Sturz" auffangen.

# Fehler und Krise

Im Umgang mit Fehlern zeigt sich Führungsstärke. Inwieweit sollten sie geahndet, toleriert oder sogar ermutigt werden? Immerhin können Fehler (nicht Schlampereien) zu neuen, besseren Lösungen führen. Allerdings nur, wenn man sich den Fehlern stellt und bereit ist, aus ihnen zu lernen.

Eine Krise wird gewiss jede verantwortungsvolle Führungskraft abzuwenden versuchen. Dennoch steckt in der Krise auch etwas Positives: Eine Krise schweißt zusammen und lässt deutlicher erkennen, worauf es wirklich ankommt. Außerdem stellen Führungskräfte ihre Qualitäten unter Beweis, wenn sie eine Krise meistern. Ein guter Krisenmanager zu sein ist schließlich nicht das Schlechteste, was man einer Führungskraft nachsagen kann.

### Der Millionen-Dollar-Fehler

> Der legendäre amerikanische Unternehmer Andrew Carnegie hatte einen Manager neu eingestellt, der eine falsche Entscheidung traf, die zu einem Verlust von einer Million Dollar führte. Carnegie ließ den Manager zu sich kommen. Dieser nahm verlegen auf der vordersten Stuhlkante Platz und bemerkte kleinlaut: „Sie werden mich jetzt bestimmt feuern." Doch Andrew Carnegie erwiderte: „Wie kommen Sie denn darauf? Ich habe gerade eine Million Dollar in Ihre Ausbildung investiert! Warum sollte ich Sie gerade jetzt gehen lassen?"
>
> **Themen:** Fehler, Lernen, Motivation, Mitarbeiterbeurteilung

Eine Anekdote, die Erfolgsautor Dale Carnegie (mit Andrew weder verwandt noch verschwägert) in dem Buch „Wie man Freunde gewinnt" mitteilt. Sie vermittelt zwei Einsichten. Wir lernen aus Fehlern, besonders viel aus schweren Fehlern. Und ein guter Mitarbeiter, der einen Fehler gemacht hat, sollte dafür nicht noch bestraft werden; das Misslingen ist Strafe genug. Vielmehr braucht er Trost und Ermutigung.

## Immer in der Spur bleiben

Roboterkonstrukteure wollten ein Fahrzeug konstruieren, das auf einer Fahrbahn selbstständig die Spur halten kann. Dazu musste der Roboter das Spurhalten regelrecht „erlernen". Zunächst versuchten die Konstrukteure dem Roboter möglichst viele richtige Lösungen einzuprogrammieren: Steuerbefehle von erfolgreichen Fahrten, bei denen die Spur gehalten worden war. Doch schon bald zeigte sich, dass die Roboter sehr störanfällig waren und häufig von der Strecke abkamen. Da änderten die Konstrukteure ihr Lernprogramm: Sie ließen den Roboter mehrmals richtig in den Graben fahren und verbanden das mit einem negativen Signal. Anders gesagt: Der Roboter durfte möglichst viel herumprobieren und Fehler machen. Das Ergebnis war eine wesentlich stabilere Selbststeuerung.

**Themen:** Fehler, Fortschritt, Erfolg, Forschung und Entwicklung

Die Erfahrung auf dem Gebiet der „Künstlichen Intelligenz" lässt sich auch in menschliche Erfahrung übersetzen. Wir lernen durch nichts so gut und gründlich wie durch unsere Fehler.

## Richtigstellung

Der romantische Schriftsteller Ludwig Tieck hatte für eine literarische Zeitschrift eine Novelle in Fortsetzungen geschrieben. Kurz nachdem die letzte Folge gesetzt worden war, schrieb der Verleger Friedrich Arnold Brockhaus irritiert an den Autor. Ihm sei aufgefallen, dass die Hauptperson Eugenie nun plötzlich Emilie hieß. Was sollte man tun? Alle Stellen, an denen Eugenie/Emilie auftauchte, ändern? Den Irrtum eingestehen? Nichts dergleichen. Der Autor verfiel auf eine ganz andere Lösung. Er fügte einfach ein paar Zeilen hinzu. Und so ließ er den männlichen Helden zärtlich säuseln: „Teure Eugenie, die ich zuweilen auch Emilie zu nennen pflege, du bist mir unter beiden Namen lieb."

**Themen:** Fehler, Vertuschung, Korrektur, Peinlichkeit

Anstatt den Irrtum einzugestehen oder auszubessern, entschließt sich der Autor die Sache möglichst „unauffällig" zu reparieren und seinen Fehler als

Ergebnis absichtsvoller Planung erscheinen zu lassen. Dadurch fällt die Sache erst recht auf und wirkt komisch.

## Über den richtigen Umgang mit den eigenen Fehlern

Vom Auswärtigen Amt wurde ein Beamter als Botschafter vorgeschlagen. Bundeskanzler Konrad Adenauer lehnte ab. Seine Begründung: „Nein, den nehmen wir nicht. Der macht sich zu viel aus seinen Fehlern."

**Themen:** Fehler, Perfektionismus, Selbstkritik

Eine gewisse Unbekümmertheit gegenüber seinen Fehlern kann auch hilfreich sein. Sie entlastet einen und sorgt dafür, dass man sich nicht lahm legen lässt von der Angst, ja keinen weiteren Fehler zu begehen.

## Martin Luthers Apfelbaum

Eines der bekanntesten Zitate von Martin Luther lautet: „Und wenn ich wüsste, dass morgen die Welt unterginge, würde ich heute noch mein Apfelbäumchen pflanzen." Ermutigend, lebensbejahend, selbstbewusst, auch in der schlimmsten Not noch voller Zuversicht und Gottvertrauen. Typisch Luther, möchte man meinen. Nun stammt dieses Zitat aber vermutlich gar nicht von ihm. Trotz emsiger Anstrengung haben die Sprachwissenschaftler dieses Zitat nicht Luther zuordnen können. Als aussichtsreichste Kandidaten werden stattdessen gehandelt: Eduard Mörike, Friedrich Rückert, schwäbische Pietisten des frühen 19. Jahrhunderts und ein gewisser Friedrich Christian Laukhard (1757–1822), der unter anderem wegen seiner vermeintlichen Namensähnlichkeit mit Luther in Frage kommt.

**Themen:** Krise, Zuversicht, Optimismus, Nachhaltigkeit

Auch wenn das Zitat nicht von Luther stammt, die Metapher vom Apfelbäumchen, das man sogar noch am Vortag des Weltuntergangs pflanzt, ist außerordentlich stark. Sie können damit überzeugend Mut und Zuversicht angesichts schwerer Krisenzeiten zum Ausdruck bringen. Nun schmälert es zwar die Autorität des Zitats, dass es nicht vom großen Reformator stammt, sondern möglicherweise von einem gänzlich unbekannten Literaten namens Laukhard. Und doch ist die Metapher vom Apfelbaum so stark mit Luther verbunden, dass sich das verschmerzen lässt. Weisen Sie einfach darauf hin, dass man dieses Zitat Luther „zuschreibt". Und irgendwie ja auch zu Recht.

### Talleyrands Fuß

> Als Charles Maurice de Talleyrand noch ein Säugling war, ließ ihn seine Amme versehentlich fallen. Die Folgen waren einschneidend: Sein Fuß wurde so schwer verletzt, dass er zeit seines Lebens hinkte. Schwerer wog jedoch, dass er als ältester Sohn eines bedeutenden Adelsgeschlechts sein Erstgeburtsrecht verlor. Damit musste er auf die vorgezeichnete Karriere verzichten und auf eigenen Füßen stehen. Das gelang ihm unerwartet gut. Zunächst wurde er Geistlicher, später wandte er sich der Politik zu und wurde einer der einflussreichsten Diplomaten in Europa.
>
> **Themen:** Nachteil, Schwäche, Stärke, Lebensweg

Eine Anekdote, die zeigt: Niederlagen können die Ursache für spätere Erfolge sein. Ohne den verkrüppelten Fuß wäre Talleyrand vermutlich ein unbedeutender Offizier geworden und hätte wohl niemals so viel Einfluss gewinnen können. Dazu musste er tatsächlich seine ganz eigene Laufbahn einschlagen.

### Trojas Wiedergeburt

> Am Anfang aller Niederlagen steht der Fall von Troja. Die Griechen triumphieren, aber wie uns die Epen von Homer erzählen, haben sie nicht viel von ihrem Sieg. Schon gar nicht ihre Heerführer: Ajax stirbt auf der Rückfahrt, Odysseus und Menelaos irren jahrelang umher, und Agamemnon wird bei seiner Heimkehr von der eigenen Gemahlin ermordet. Troja hingegen geht zwar unter, aber es gibt einen, der entkommt: Äneas rettet die heimischen Götterbilder, seinen Vater und seinen Sohn aus der brennenden Stadt. Schließlich landet er mit den Seinen in Italien und gründet dort eine Kolonie. Dem Mythos nach sollen die Nachkommen von Äneas Rom gegründet haben. Das künftige Weltreich, das seine Herrschaft bald auch auf Griechenland ausdehnt, hat demnach

seine Wurzeln bei denen, die einstmals besiegt wurden. Interessanterweise wird diese Traditionslinie auch nach dem Untergang des römischen Reichs fortgesetzt. Frankreich soll nach einer Überlieferung aus dem frühen Mittelalter auf einen gewissen Francio zurückgehen, einen Sohn des trojanischen Königs Priamos. Und auch England hat einen vergleichbaren Gründungsmythos, das Königshaus soll von einem Enkel des Äneas namens Brutus abstammen.

**Themen:** Niederlage, Wettbewerb, Erfolg, lernendes Unternehmen, Schicksalswendung

Aus den Verlierern von heute werden die Sieger von morgen. Was heute zugrunde geht, wird morgen strahlend wiedergeboren. Diese Vorstellung findet sich bemerkenswerter Weise in allen Weltkulturen. Es handelt sich um eine grundlegende Einsicht. Siege wurzeln meist in der Erfahrung einer Niederlage. Das bestätigt auch die neuere Geschichtsschreibung. „Im Besiegtsein liegt offenbar ein unausschöpfbares Potenzial des Erkenntnisgewinns", schreibt der angesehene Historiker Reinhard Koselleck. Voraussetzung ist natürlich, dass dieses Potenzial auch genutzt wird. Bloßes Besiegtwerden reicht nicht aus.

## Unwillkommene Rettung

Eines Tages wäre Nasrudin fast in einen Teich gefallen. Doch ein Mann, der zufällig vorbeikam, packte ihn gerade noch rechtzeitig am Arm und verhinderte, dass Nasrudin nass wurde. Jedes Mal, wenn Nasrudin jetzt dem Mann begegnete, musste er daran denken, dass ihn der Mann gerettet hatte. Und das peinigte ihn. Schließlich wurde es ihm zuviel. Als er das nächste Mal den Mann traf, packte er ihn am Arm, führte ihn zum Teich, sprang hinein, tauchte den Kopf kurz unter Wasser und schrie: „Jetzt bin ich so nass, wie ich es gewesen wäre, wenn ich dich nicht getroffen hätte! Und jetzt lass mich endlich in Ruhe!"

**Themen:** Rettung, Helfer, Dankbarkeit

Die Sufi-Geschichte mit dem weisen Narren Nasrudin (siehe Seite 66) schildert ein bemerkenswertes Phänomen: Wenn uns jemand aus einer Notlage hilft, die wir selbst verschuldet haben, dann kann uns das stark belasten. In einzelnen Fällen kann das so weit gehen, dass uns es lieber wäre, wir hätten das Unglück erlitten, als ständig daran erinnert zu werden, dass wir einen Fehler begangen haben, vor dessen schlimmen Folgen uns der andere bewahrt hat. Dieses Phänomen erklärt auch die Undankbarkeit, die manchen Helfern entgegenschlägt.

**Die Affen und der Vogel**

Eine Horde von Affen wohnte auf einem Berg. In einer kalten stürmischen Nacht hätten sie gern ein Feuer gehabt, um sich zu wärmen. Aber sie hatten keines. Da erblickten sie ein Glühwürmchen, das aussah wie ein Feuerfunken. Die Affen hielten es tatsächlich dafür und schleppten viel Holz herbei, das sie auf den vermeintlichen Funken legten. Dann fingen sie an zu pusten, um ein Feuer zu entfachen.

Das sah ein Vogel, der in der Nähe auf einem Baum saß. Er krächzte den Affen zu: „Müht euch nicht so ab. Was ihr gesehen habt, war kein Feuerfunke." Doch die Affen hörten gar nicht zu und machten weiter. Der Vogel flatterte aufgeregt näher zu den Affen heran: „Was ihr da tut, hat keinen Sinn. Daraus kann nie ein Feuer werden."

Da kam ein Mann vorüber, der sagte zum Vogel: „Was strengst du dich so an, die Affen zu überzeugen? Versuche nicht zu verbessern, was sich nicht verbessern lässt. An einem harten Stein, der sich nicht durchhauen lässt, sollte sich kein Schwert versuchen. Aus einem Holz, das sich nicht biegen lässt, kannst du nie einen Bogen machen."

Doch der Vogel hörte nicht auf den Mann, sondern kam den Affen immer näher. Er schrie ihnen ins Ohr, dass ein Glühwürmchen kein Feuerfunke sei. Daraufhin packten ihn die Affen und schlugen ihn tot.

Themen: Fehler, unerwünschter Rat, Verhaltensänderung, Unternehmensberatung, Mitarbeiterführung, Konflikte

Eine Geschichte aus der Fabelsammlung „Kalila und Dimna" von Abdallah Ibn Al-Muqaffa. Viele Menschen schätzen es so wenig wie die Affen, auf ihre Fehler aufmerksam gemacht zu werden. Sie lassen sich nicht von ihrem Tun abbringen, denn es ist ihnen herzlich egal, was andere für falsch oder richtig halten. Das verstehen aber viele nicht, die wie der Vogel einen Rat geben wollen: Sie sind überzeugt, wenn sie nur hartnäckig genug auf die „Affen" einredeten, würden die ihr Verhalten schon ändern. Doch das wird als Einmischung in die inneren Angelegenheiten verstanden und führt unweigerlich zum Konflikt.

**Der Fuchs und der Wasserigel**

Ein Fuchs wollte über einen Fluss schwimmen. Doch wurde er mit dem Strom fortgerissen und blieb schließlich an einem hohen Ufer liegen. Da kam ein Schwarm Mücken auf ihn zugeflogen und zerstach den armen Fuchs. Ein Wasserigel hatte das mit angesehen und sprach zu dem Fuchs: „Wenn du willst, dann kann ich die Mücken wegbeißen." Doch der Fuchs erwiderte: „Lass gut sein. Denn die Mücken, die auf mir sitzen, haben sich bereits so vollgesogen, dass sie mir nur noch wenig Schaden zufügen können. Wenn du sie aber verjagst, dann kommen neue, hungrige Mücken angeflogen. Und dann bin ich zehn Mal schlechter dran als jetzt."

**Themen:** Konflikt, Unrecht, Schadensbegrenzung, Schlussstrich ziehen

Eine wenig ermutigende Fabel von Äsop. Und doch: Manchmal ist es klüger, erlittenes Unrecht einfach hinzunehmen. Wenn Sie erkennen, dass eine Auseinandersetzung oder Widerstand den Konflikt nur weiter eskalieren lassen würde, und nur Sie den Schaden haben, sollten Sie die Sache auf sich beruhen lassen. Voraussetzung ist allerdings, dass Sie keine weiteren Nachteile zu erwarten haben. Allerdings darf das Erdulden nur eine Ausnahme bleiben. Ansonsten riskieren Sie, zum bevorzugten Opfer zu werden.

**Der ungestörte Einbrecher**

Eines Nachts erwachten Nasrudin und seine Frau. „Du, ich glaube, wir haben einen Einbrecher im Haus", flüsterte die Frau. „Pst! Sei still!", flüsterte Nasrudin zurück. „Wir haben nichts, das er stehlen könnte. Aber wenn wir Glück haben, dann lässt *er* vielleicht etwas zurück."

**Themen:** Notlage, Krise, Verbesserung

Eine Sufi-Geschichte, die darauf aufmerksam macht: Es gibt Situationen, in denen nichts mehr zu verlieren ist. Dann kann es nur noch aufwärts gehen.

## Gutgemeinte Bemühungen

Ein Mann kehrt heim zur Winterszeit,
Ihn fror, auch war kein Mahl bereit,
Die Asche kalt auf seinem Herd,
Doch wie er stochernd um sie kehrt,
Da glimmt ein Fünkchen schwach und klein,
Verborgen wie des Glühwurms Schein.
Der Mann fährt hoch vor Freuden auf,
Türmt drüber Holz in hohem Hauf
Und kniet und bläst soviel er kann,
Ob er's vermag zu fachen an,
Und fährt so fort mit Windes Rasen,
Bis er das Fünkchen – ausgeblasen.

Willst du Verglommnes neu beleben,
Muss sich dein Eifer Weile geben.

**Themen:** Geduld, Krise, Krisenmanagement, Mitarbeiterführung, Personalentwicklung, Talente, Verkaufsförderung, Promotion, Aufschwung

Ein Gedicht von Frank Grillparzer mit einer starken Metapher, die Sie auch ganz prosaisch und ohne Reime mitteilen können, wenn Sie die Botschaft direkter übermitteln wollen. Die Hauptbotschaft: Übereifer schadet oft. Gerade in Krisensituationen neigen wir etwa dazu, die ersten Anzeichen einer Besserung zum Anlass zu nehmen, uns in die Sache hineinzustürzen, mit oft viel zu hohen Erwartungen.

Doch die Anekdote ist auch anderweitig einsetzbar: Junge, unerfahrene Mitarbeiter, die sich in einer Sache als zuverlässig erwiesen haben, werden mit anspruchsvollen Aufgaben eingedeckt oder bekommen Verantwortung aufgeladen, die sie noch nicht tragen können. Produkte, bei denen sich erste schwache Erfolge zeigen, werden mit großem Aufwand vermarktet. Anstatt sie langsam aufzubauen, wird ungeduldig in das „Fünkchen hineingeblasen", weil man schnellstens eine Flamme braucht. Das ist zwar verständlich – und doch bläst man die werdende Flamme damit aus.

**Murphys Gesetz**

Fast jeder kennt Murphys Gesetz. Wenigstens in seiner ursprünglichen Form, die da lautet: „Wenn etwas schief gehen kann, geht es auch schief." Sie sollten wissen, dass dieses Gesetz auch auf Murphys Gesetz selbst zutrifft, denn beim eben zitierten Gesetz handelt es sich nicht um Murphys, sondern um Finagles Gesetz. Um ganz genau zu sein: um „Finagles Gesetz der dynamischen Verneinung". Bekannt geworden ist es durch den Science-Fiction-Autor Larry Niven.

Damit ist die Sache aber noch nicht zu Ende erzählt, denn es gibt tatsächlich Murphys Gesetz. Und das geht zurück auf den Ingenieur Edward A. Murphy, von dem außer dem sarkastischen Ausspruch, der gleich folgt, nichts weiter bekannt geworden ist. Die Sache ereignete sich 1949 auf einer Luftwaffenbasis in Kalifornien. Als ein Arbeiter beim Verdrahten eines Energiewandlers einen Fehler machte, bemerkte Edward Murphy trocken: „Wenn es eine Möglichkeit gibt, einen Fehler zu machen, der zur Katastrophe führt, dann wird jemand es tun." Zugegeben, das läuft in etwa auf das Gleiche hinaus wie Finagles Gesetz, und doch ist es ungleich umständlicher, um nicht zu sagen: schlechter formuliert. Kein Wunder also, dass sich Murphy gegenüber Finagle durchsetzen musste.

Allerdings sollte man sich auch nicht zu sehr auf Murphys bzw. Finagles Gesetz verlassen und sich darauf einrichten, dass alles früher oder später missglückt. Denn selbstverständlich trifft Murphys Gesetz ganz besonders auf Murphys Gesetz selbst zu. Dann gehen die Dinge gut, obwohl sie nach Murphys Gesetz hätten schief gehen müssen.

**Themen:** Fehler, Missgeschicke, Pessimismus, positives Denken

Murphys Gesetz erfreut sich großer Beliebtheit und wird bei den schweren Missgeschicken und kleinen Katastrophen des beruflichen Alltags immer wieder gern in Anspruch genommen. Oberflächlich betrachtet wirkt Murphys Gesetz fatalistisch, doch das ist es gerade nicht. Vielmehr kommt es mit einem

Augenzwinkern daher, es macht Vergnügen und bietet Entlastung, wenn man etwas als „gesetzmäßig" bezeichnet, was eigentlich gar nicht hätte passieren dürfen.

**Murphys Folgegesetze**

Es existieren zahlreiche Folgegesetze zu Murphy. Hier eine kleine Auswahl davon.

Ein Fehler wird grundsätzlich erst nach der letzten Kontrolle bemerkt.

Eine Abkürzung ist die längste Verbindung zwischen zwei Punkten.

Alles, was du reparieren willst, dauert grundsätzlich länger und kostet mehr als du erwartet hast.

Derjenige, der schnarcht, schläft grundsätzlich als erster ein. (Bedfellow's Rule)

Bei keinem Bauvorhaben wird jemals der Zeitplan oder das Budget eingehalten. (Cheops' Law)

Es gibt immer jemanden, der sich auf den letzten Platz setzt, den du gerade entdeckt hast. (Boob's Law)

Wenn Dinge auf mehrere Arten schief gehen können, dann tritt immer der Fall ein, der den größten Schaden verursacht."

Es wird immer genau eine Möglichkeit mehr geben, *wie* etwas schief gehen kann, als du ausgeschaltet hast.

Der Rauch zieht immer vom Raucher zum Nichtraucher. (Denner's Second Law)

Bauteile, die nicht zusammengesteckt werden dürfen oder nicht zusammengesteckt werden können, werden zusammengesteckt. (Cole's Law)

Immer wenn etwas nicht mehr schlimmer werden kann, so wird es noch schlimmer. (Chrisholms Erkenntnis)

Keine Lage ist so schlecht, dass sie sich nicht weiter verschlechtern könnte. (Chrisholms Urteil)

Alles, was gut beginnt, endet schlecht. Alles, was schlecht beginnt, endet furchtbar. (Puders Erkenntnis)

Wenn ein Fehler entdeckt und korrigiert wurde, so wird sich herausstellen, dass er schon viel früher hätte korrigiert werden müssen. Wenn eine Korrektur falsch war, wird es unmöglich sein, den Anfangszustand wieder herzustellen. Hast du die Lösung für ein Problem gefunden, stellt sich heraus, dass sich das Problem geändert hat. (Scotts Erkenntnis)

Maschinen, die versagt haben, funktionieren immer dann wieder, wenn der Kundendienst ankommt.

Hilfst du einem Freund in der Not, wird er sich an dich erinnern – wenn er wieder in Not ist. (Murphys Gesetz der Barmherzigkeit)

**Themen:** Fehler, Missgeschicke, Pessimismus, positives Denken

## Hanlons Rasiermesser

Ein Folgesatz von Finagles Gesetz ist das so genannte Axiom von „Hanlons Rasiermesser". Der Name ist eine Anspielung auf den berühmten Satz von „Occams Rasiermesser". In aller Knappheit besagt dieser Lehrsatz, der auf den Scholastiker Wilhelm von Occam zurückgeht, dass wir die Dinge nicht unnötig kompliziert machen sollten. Wenn es für einen Sachverhalt zwei gleich gute Erklärungen gibt, dann entscheide man sich für die einfachere. Alles unnötige Beiwerk wird sozusagen wie mit einem Rasiermesser weggeschnitten.

„Hanlons Rasiermesser" verfährt ähnlich wie sein Vorbild. Der Merksatz heißt: „Du sollst etwas nicht böser Absicht zuschreiben, was du nicht genauso gut mit Dummheit erklären kannst". Nicht die größtmögliche Einfachheit liegt den Dingen zugrunde, sondern die größtmögliche menschliche Dummheit.

**Themen:** Fehler, Inkompetenz, Erklärungen, Ursachen

Immerhin ist „Hanlons Rasiermesser" nicht ganz so pessimistisch wie Murphys Gesetze, doch ähnlich einzusetzen, mit einem Augenzwinkern nämlich. Der Name „Hanlon" geht übrigens zurück auf den Science-Fiction-Roman

„Logic of Empire" von Robert A. Heinlein, der bei Computerfreunden in den USA sehr beliebt ist. Aus Heinlein machten sie Hanlon und formulierten den „Lehrsatz".

### Der „Pepsi-Test" und das Debakel von New Coke

Alarmierende Neuigkeiten für Coca-Cola: Der ewige Rivale Pepsi-Cola hatte es 1984 erstmals geschafft, den einstigen Marktführer auf den zweiten Platz zu verweisen. Besonders beunruhigend für das Unternehmen aus Atlanta war die geniale Werbestrategie von Pepsi-Cola: Weltweit wurden die Cola-Trinker aufgefordert, den „Pepsitest" zu machen. Dabei handelte es sich um einen Blindtest, den die Pepsi-Leute in Fußgängerzonen und Einkaufszentren durchführten: Die Teilnehmer bekamen einen Becher Coke und einen Becher Pepsi eingeschenkt, ohne zu wissen, welche Cola in welchem Becher steckte. Völlig unbeeinflusst sollten sie sagen, welche Cola ihnen besser schmeckte. Auf einer Tafel wurde das Ergebnis festgehalten. In aller Regel entschieden sich die meisten für Pepsi. Dazu mussten die Pepsi-Leute nicht einmal mogeln. Coca-Cola führten eigene Befragungen durch und die bestätigten: Den Konsumenten schmeckte die süßere Pepsi besser.

Was tun? Das Management von Coca-Cola ließ eine süßere Variante entwickeln. Tatsächlich hatten die Mitarbeiter bald eine Mischung gefunden, die von den Testtrinkern sogar gegenüber Pepsi-Cola bevorzugt wurde. Da wagte Coca-Cola das bis dahin Unvorstellbare und ersetzte am 23. April 1985 die legendäre braune Brause durch einen Nachfolger, die „New Coke", die als bester Softdrink der Welt vermarktet werden sollte. Das Ergebnis war ein Debakel ohnegleichen. Die neue Coke erschien als Kopie von Pepsi-Cola und stieß vom ersten Tag an auf entschiedene Ablehnung. Zahlreiche Cola-Trinker riefen bei der Firmenzentrale an, um sich zu beschweren. Einige Fans der alten Coke kauften die Restbestände ihres Lieblingsdrinks palettenweise auf.

Mit so einer Reaktion hatte das Unternehmen nicht gerechnet. Es reagierte schnell. Nach nur drei Monaten kam die alte Coca-Cola unter dem Namen „Classic Coke" wieder auf den Markt und wurde neben der „New Coke" verkauft, die allerdings kaum noch jemand haben wollte.

> Ein knappes Jahr später wurde die Produktion der neuen Cola ganz eingestellt. Die alte Cola feierte unterdessen ein fulminantes Comeback. Schon bald überholte sie den ewigen Rivalen Pepsi-Cola wieder und hält diese Position bis heute inne.
>
> **Themen:** Produktinnovation, Konkurrenzanalyse, Konsumentenbefragung, Marktforschung, Relaunch, Fehlerkorrektur

Eine lehrreiche Fallgeschichte aus der Welt der Softdrinks. Das Bemerkenswerteste daran ist, dass das Management von Coca-Cola gar nicht überstürzt oder unvernünftig gehandelt hat, sondern wohlüberlegt. Und es musste handeln – stellen Sie sich vor, es hätte nicht reagiert und ruhig dabei zugesehen, wie weitere Marktanteile verloren gingen. Dennoch hat das Management, obwohl es rational alles richtig gemacht hat, eine Fehlentscheidung getroffen. Mit der Markteinführung der neuen Cola signalisierte das Unternehmen, dass es selbst nicht mehr an sein legendäres Produkt glaubte. Das kam dem Eingeständnis einer Niederlage gleich. Lehre Nummer 1: Sie können Ihren Konkurrenten nicht dadurch übertreffen, indem Sie ihn kopieren.

Doch weshalb sind die Konsumenten nach dem Debakel wieder zur alten Coca-Cola zurückgekehrt? Das führt uns zu Lehre Nummer 2: Konsumenten verhalten sich oftmals zutiefst irrational und nur ganz selten so, wie es Marktforschung und Konsumentenbefragungen vorhersagen.

Lehre Nummer 3: Es zahlt sich aus, einen Fehler möglichst schnell zu korrigieren.

**Noch nicht**

> Ein Wunderrabbi ist nach New York ausgewandert. Als der Koreakrieg ausbricht, kommt eine verzweifelte Mutter zu ihm gelaufen: „Ihr müsst mir helfen! Mein einziger Sohn soll nach Korea eingezogen werden." – „Weine nicht", entgegnet der Rabbi, „er fährt noch nicht."
>
> Die Mutter geht ein wenig beruhigt nach Hause. Dort findet sie einen Brief ihres Sohnes: „In zwei Wochen schiffen wir uns nach Korea ein." Entsetzt läuft die Mutter mit dem Brief zum Rabbi. „Weine nicht", spricht der Rabbi, „er fährt noch nicht." Auch diesmal fasst die Mutter neuen Mut und geht nach Hause. Da bekommt sie ein Telegramm mit dem Namen des Schiffes

und dem genauen Datum. Wieder läuft sie damit zum Rabbi. Doch der bleibt noch immer gelassen. „Sei ruhig, er fährt noch nicht", ermahnt er sie eindringlich. Und weil sie sich nicht recht beruhigen lässt, verspricht er ihr, am Tag der Ausschiffung mit ihr zum Hafen zu gehen.

Als die beiden ankommen, liegt das Kriegsschiff im Hafen, die Soldaten kommen anmarschiert – unter ihnen entdecken sie den Sohn. Über den Steg marschieren die Soldaten ins Schiff. Die Mutter fällt in Ohnmacht. Der Rabbi weckt sie auf und flüstert: „Regt Euch doch nicht auf, er fährt noch nicht." Die Landungsbrücke wird hochgezogen, das Horn tutet, das Schiff legt ab. „*Jetzt* fährt er!" sagt der Rabbi.

**Themen:** Problembewältigung, Beschwichtigung, falscher Rat, Verdrängung

Mit diesem jüdischen Witz lässt sich ein weit verbreitetes Verhalten aufspießen: die Neigung, gegen Probleme, die sich in der Zukunft abzeichnen, nichts zu unternehmen, da es „ja noch nicht so schlimm" sei, oder weil man zuversichtlich ist, dass sich das Problem von selbst lösen wird. Warnsignale werden ignoriert, die Forderung nach einschneidenden Gegenmaßnahmen wird als „Schwarzmalerei" abgetan. Wenn dann das befürchtete Ereignis doch eintritt, ist man ihm hilflos ausgeliefert und kann nur noch zusehen – wie die Mutter dem Schiff nachblickt, auf dem sich ihr Sohn befindet.

## Die Abkürzung

Es war ein wunderschöner Morgen, Nasrudin machte sich auf den Heimweg. „Warum", so dachte er bei sich, „soll ich nicht eine Abkürzung durch den schönen, kühlen Wald nehmen, anstatt auf der staubigen Straße weiterzugehen?" Die Idee gefiel ihm. „Was für ein Tag!", rief er aus, „ein Tag, an dem man Glück haben muss!" Mit diesen Worten sprang er seitlich in die Büsche auf den Wald zu. Doch im nächsten Moment stürzte Nasrudin in eine tiefe Grube hinein, eine Falle, mit der wilde Tiere gefangen werden sollten. „Was für ein Glück, dass ich die Abkürzung genommen habe", dachte er bei sich und rieb sich seine schmerzenden Glieder. „Wenn schon in diesem herrlichen Wald solche Gefahren lauern – wie wäre es mir erst ergangen, wenn ich auf der öden Landstraße weitergegangen wäre?"

**Themen:** Optimismus, Fehlentscheidung, positives Denken, Realitätsverlust

*Fehler und Krise*

Eine Sufi-Geschichte mit dem weisen Narren Nasrudin (siehe Seite 66). Wir biegen uns die Wirklichkeit so zurecht, wie wir sie brauchen können. Den Weg auf der staubigen Landstraße ist Nasrudin nicht gegangen, aber er hält ihn für schlechter als den Weg, den er eingeschlagen hat. Wenn er also Nachteile erleidet, müssen die Nachteile, die er umgangen hat, noch viel größer sein. Nasrudin hat sich falsch entschieden, doch ist er nicht bereit dies anzuerkennen. Sie können mit dieser Geschichte auch zur Diskussion bringen, ob fortwährendes positives Denken nicht manchmal den Realitätssinn trübt.

**Der Hund, der gerne Eier aß**

Ein Hund verspeiste gern und häufig Eier. Eines Tages sah er eine Schnecke. Hungrig, wie er war, hielt er sie für ein Ei und schluckte sie hinunter. Kurz darauf bekam er Bauchweh. „Was kann das nur sein?", überlegte der Hund. „War das Ei vielleicht faul, das ich gegessen habe?" Dann entdeckte er die Schleimspur, auf der die Schnecke gekrochen war. „Oh je", klagte der Hund, „ich habe eine Schnecke gegessen! Aber ich habe selbst Schuld, denn wenn ich Hunger habe, halte ich alles, was rund ist, für ein Ei."

**Themen:** Ungenauigkeit, Nachlässigkeit, Schnelligkeit, Fehlentscheidung

Eine Fabel von Äsop. Wir neigen dazu das zu sehen, was wir sehen wollen, und prüfen Dinge, die uns bestens bekannt sind, nicht mehr nach – vor allem wenn wir unter Zeitdruck stehen und rasch eine Lösung finden müssen wie der Hund für seinen Hunger. Dadurch handeln wir uns selbst Probleme ein.

# Finanzen und Rendite

Natürlich dreht sich nicht immer alles nur um Geld. Aber so ganz unwichtig ist es nun auch wieder nicht. Auf jeden Fall lohnt es sich, einige Anekdoten, Geschichten und Metaphern zum Thema parat zu haben.

### Der vergrabene Goldbarren

> Ein sparsamer Mann hatte sein Vermögen zu Gold gemacht. Daraus ließ er einen riesigen Goldbarren fertigen. Den vergrub der Mann an einer geheimen Stelle. Jeden Tag ging er hin und sah nach, ob der Goldbarren noch da war. Eines Tages wurde er von einem Feldarbeiter beobachtet. Der ahnte, was der gute Mann da machte. Als er weg war, grub der Feldarbeiter den Goldbarren aus und nahm ihn mit nach Hause. Am nächsten Tag entdeckte der Mann, dass sein Schatz verschwunden war. Er klagte und jammerte. Ein anderer kam vorbei und fragte ihn, was geschehen sei. Als der Mann es ihm erklärte hatte, sprach er: „Was jammerst du denn? Auch als das Gold noch eingegraben war, hast du es nicht besessen. Es hat dich nicht geschmückt, du hast dich nicht davon genährt. Nimm einen Stein, grab ihn hier ein und stell dir vor, es sei dein Gold. Es wird dir den gleichen Nutzen bringen."
>
> **Themen:** Vermögen, Reichtum, Investition, Konsum, Sparen

Die Fabel von Äsop macht es anschaulich: Jegliche Art von Vermögen ist wertlos, wenn es nur angehäuft wird. Es muss investiert, gebraucht oder auch verbraucht werden. Reichtum entsteht nur durch Austausch und Konsum. Sonst lässt sich Gold tatsächlich durch einen Stein ersetzen.

### Der teure Strick

> Ein geschäftstüchtiger Bauer wollte sein Getreide nicht verkaufen, als es teuer war, weil er damit rechnete, es würde noch teurer werden. Doch die Preise verfielen immer mehr und der Bauer war darüber so verzweifelt, dass er sich aufhängte. Sein Diener hörte in der Kammer ein seltsames Poltern, kam herbeigeeilt und schnitt seinen Herrn, der schon blau angelaufen war, herunter. Kaum war der Bauer wieder zu sich gekom-

men, da verlangte er, dass der Diener ihm den Strick bezahle. Denn er hätte ihn ja auch anders retten können als gleich den Strick zu zerschneiden.

**Themen:** Kosten, Sparen, Dankbarkeit, Hilfe, Geschäftstüchtigkeit

Eine Anekdote aus dem 16. Jahrhundert, erzählt vom polnischen Schriftsteller Lukasz Górnicki, die zwei Botschaften vermittelt: Wer nur auf die Kostenseite schaut, neigt zu merkwürdigen Urteilen. Und wer jemandem uneigennützig zu Hilfe eilt, muss damit rechnen, dass er dafür noch bezahlen soll.

### Bill Gates und der Baseballhandschuh

Schon als Kind zeigte der Microsoft-Gründer Geschäftssinn. Mit seiner älteren Schwester Kristi schloss er einen Vertrag, der ihm das Recht einräumte, ihren Baseballhandschuh jederzeit zu benutzen. Für dieses Nutzungsrecht zahlte er fünf Dollar und ließ seine Schwester den Vertrag unterzeichnen.

**Themen:** Geschäftstüchtigkeit, Erfolg, Rendite, Lebenslauf

### Geld und Geist

Ein reicher Bankier sagte zu dem französischen Schriftsteller Alexandre Dumas (dem Jüngeren): „Ich bin der Ansicht, Künstler sollten arm sein. Denn die Armut verfeinert den Geist." Alexandre Dumas dachte kurz nach und sagte: „Das ist ja ungefähr so, als würde ich sagen, die Bankiers sollten Trottel sein. Weil Geld den Geist abstumpfen lässt."

**Themen:** Geld, Geist, Künstler, Persönlichkeit, Schlagfertigkeit

### Ruhekissen

Als ein römischer Ritter starb, hinterließ er ungeheure Schulden, die er zu Lebzeiten sehr geschickt verborgen hatte. Kaiser Augustus erfuhr davon. Als der Hausrat des Verstorbenen versteigert wurde, ließ er das Kopfkissen für sich erwerben. Seine Freunde wunderten sich darüber.

Augustus erklärte ihnen: „Das Kopfkissen muss ich haben, auf dem ein so hoch verschuldeter Mensch überhaupt schlafen konnte."

**Themen:** Schuldner, Schulden, Dickfelligkeit

Eine Anekdote aus den „Tischgesprächen" des lateinischen Schriftstellers Ambrosius Theodosius Macrobius.

## Das Tigerfell

Im alten China lebte ein Holzfäller, der jeden Tag in den Wald ging, um Bäume zu fällen. Dieser Holzfäller war ein recht sparsamer Mensch, von dem man sagte, er horte sein Silber, bis es zu Gold werde. Eines Tages wurde der Mann von einem wilden Tiger überrascht. Er versuchte wegzulaufen, doch der Tiger schnappte ihn und trug ihn an seinen Kleidern davon. Auf seine Hilfeschreie kam sein Sohn herbeigeeilt; er trug ein langes Messer, um den Tiger zu töten. Der Tiger hatte den schweren Mann zu tragen, daher hatte ihn der Sohn bald eingeholt. Der Mann war noch ziemlich unversehrt, denn er wurde ja an seinen Kleidern getragen. Als er seinen Sohn mit dem gezückten Messer entdeckte, schrie er ihm zu: „Mach bloß das Fell nicht kaputt! Mach bloß das Fell nicht kaputt! Für das Fell bekommen wir hundert Silberstücke. Wenn du ihn tötest, dann achte darauf, das Fell nicht kaputtzumachen!" Der Sohn stand verdattert mit seinem Messer da und hörte, was sein Vater ihm zurief. Da sprang der Tiger in den Wald und trug den Holzfäller hoch in die Berge, wo ihm der Sohn nicht mehr folgen konnte. Dort tötete er den Mann.

**Themen:** Kosten, Sparen, Gewinn, Geschäftstüchtigkeit, Prioritäten, Projektmanagement

Diese chinesische Fabel warnt davor, sich zu früh in Sicherheit zu wiegen und bereits über den Gewinn nachzudenken, wenn ein Vorhaben noch gar nicht „in trockenen Tüchern" ist. Doch der Holzfäller ist nicht nur ein wenig vorschnell, was die Erbeutung des Tigerfells betrifft. Darüber hinaus spart er sozusagen auch „am falschen Ende". Denn das eigene Leben zu retten, muss natürlich absolute Priorität haben gegenüber allen Plänen, ein Fell möglichst teuer zu verkaufen.

## Zeitverschwendung

Der amerikanische Biologe Jean Louis Agassiz war ein erklärter Gegner von Charles Darwin. Im 19. Jahrhundert galt er als einer der führenden Wissenschaftler der Vereinigten Staaten. Eines Tages wurde Agassiz gebeten, vor einem interessierten Laienpublikum einen Vortrag zu halten. Dafür sollte er ein fürstliches Honorar bekommen. Agassiz lehnte ab: „Ich kann meine Zeit nicht mit Geldverdienen verschwenden."

**Themen:** Rendite, Kompetenz, unternehmerisch denken, Zeitmanagement

Eine Anekdote, mit der Sie bei allen, die unternehmerisch denken, sicher große Heiterkeit auslösen werden.

## Verdienst

Als Fußballlegende „Kaiser" Franz Beckenbauer noch aktiver Spieler war, gab es bereits eine Diskussion, ob die Fußballprofis nicht überbezahlt würden. Verglichen mit heute nahmen sich die damaligen Gehälter geradezu bescheiden aus, doch galten eben andere Maßstäbe. So fragte der Sportmoderator Harry Valérien einmal herausfordernd: „Herr Beckenbauer, Sie verdienen im Monat viermal so viel wie der Bundeskanzler. Worauf führen Sie das zurück?" Beckenbauer lächelte nur und antwortete: „Ach wissen Sie, der Helmut Schmidt spielt eben nicht so gut Fußball."

**Themen:** Honorar, Gehälter, Qualifikation

## Autos kaufen keine Autos

Henry Ford hatte eine Vision: Das Auto sollte ein Verkehrsmittel für möglichst viele Menschen werden. Um dieses Ziel zu erreichen, wählte er einen ungewöhnlichen Weg. Er minimierte sozusagen seine kurzfristige Rendite. Einerseits setzte er die Preise drastisch herab – für ein Produkt, das sich mehr und mehr zu einem Verkaufsschlager entwickelte. Auf der anderen Seite erhöhte er die Löhne seiner Arbeiter. Nachdem 1913 das erste kontinuierlich laufende Fließband in Betrieb genommen wurde, zeigten sich seine Arbeiter unzufrieden. Kurz entschlossen verkürzte Henry Ford die Arbeitsschichten von neun auf acht Stunden – und verdoppelte den Tageslohn auf die damals unerhörte Summe von fünf Dollar. Ford wurde zum Nationalhelden, und auch das Geschäft entwickelte sich besser, als er vorhergesehen hatte. Erst im Nachhinein formulierte er die Einsicht, die sich in Zukunft mit seinem Namen verbinden sollte, dass nämlich „Autos keine Autos kaufen", sondern Menschen, die über genügend Geld verfügen müssen. Ford war überzeugt, dass es daher wirtschaftlich vernünftig ist, den eigenen Beschäftigten hohe Löhne zu zahlen. „Unsere eigenen Verkäufe hängen gewissermaßen von den Löhnen ab, die wir zahlen", argumentierte er. „Wenn wir hohe Löhne zahlen, dann wird man das Geld ausgeben, und es wird dabei dienlich sein, Geschäftsinhaber, Großhändler, Hersteller und Arbeiter in anderen Branchen wohlhabender zu machen. Und ihr Wohlstand wird sich in unseren Verkäufen niederschlagen."

**Themen:** Entlohnung, Kaufkraft, Marktwirtschaft, Win-win-Situation, Leadership, Vision

Diese sehr bekannte Anekdote wird heute aus zwei gegensätzlichen Gründen erzählt. Von Arbeitnehmerseite, um Forderungen nach höherer Entlohnung Nachdruck zu verleihen. Von Arbeitgeberseite, um darauf hinzuweisen, dass die seligen Tage von Henry Ford vorüber sind – und es im globalisierten Hyperwettbewerb nichts mehr zu verteilen gibt. Sollten Sie mit der ersten Variante konfrontiert werden, ist es nützlich zu wissen, wie die Geschichte weitergeht. Fords großzügige Lohnpolitik konnte nur unter den damaligen Bedingungen Erfolg haben. Ein Erfolg, der nicht von Dauer sein sollte. Denn der Name Henry Ford steht nicht nur für den steilen Aufstieg, sondern auch für den katastrophalen Niedergang des Unternehmens. Im Laufe der Jahre entwickelte sich der Firmenchef zu einem autokratischen Herrscher, der wichtige Führungskräfte aus dem Unternehmen drängte, eine firmeneigene Geheimpolizei gründete und sogar eine eigene Armee ins Leben rief. Er ignorierte wichtige Innovationen, übertrug zweifelhaften Gestalten mit kriminellem Hintergrund Führungsverantwortung und brachte so die Firma, die er aufgebaut hatte, am Ende seines Lebens an den Rand des Ruins. So gesehen hält das Beispiel Henry Ford noch eine ganz andere Lektion bereit: Auch Führungskräfte, die heute gut und richtig entscheiden, können morgen schon das Falsche veranlassen.

## Geld oder Weisheit

Der persische Dichter Moscharref od-Din ibn Saadi sprach bei einem reichen Mann vor und bat ihn, ihm ein wenig Geld zu leihen. Der Reiche versetzte höhnisch: „Wie kommt es eigentlich, dass der Weise an die Tür des Reichen klopft, aber der Reiche nicht an die Tür des Weisen?" – „Sehr einfach", sagte Saadi. „Der Weise kennt den Wert des Geldes. Aber der Reiche kennt nicht den Wert der Weisheit."

Ein beliebte Anekdote, die seit der Antike erzählt wird, jeweils mit einem anderen weisen Protagonisten. Die Antwort ist nahezu immer gleich. Eine schöne Variante bietet der griechische Philosoph Diogenes Laertios:

Der griechische Philosoph Aristippos, Schüler des weisen Sokrates, wurde befragt, warum die Philosophen vor den Türen der Reichen zu finden seien, die Reichen aber nicht vor den Türen der Philosophen. Aristippos entgegnete: „Die Ärzte findet man auch immer bei den Schwerkranken."

Die Anekdote lässt sich gut erzählen, wenn es um das Verhältnis von Geist und Geld oder Intellekt und Macht geht.

**Themen:** Geist und Geld, intellektuelles Kapital, Macht

## Wertbestimmung

Der berühmte griechische Bildhauer Praxiteles wollte seiner Geliebten Phryne ein besonderes Geschenk machen, denn sie hatte ihn zu einem seiner Hauptwerke angeregt. Sie wünschte sich eine Plastik von ihm, und zwar diejenige, die er selbst für die wertvollste hielt. Doch Praxiteles äußerte sich unbestimmt und sagte, dass alle seine Plastiken wertvoll seien. Da griff Phryne zu einer kleinen List. Als er in sein Atelier gehen wollte, lief sie ihm auf der Straße entgegen und schrie: „Dein Atelier steht in Flammen!" Entsetzt rief Praxiteles: „Dann sorgen wir dafür, dass wenigstens die Statuen von Satyr und von Eros gerettet werden. Sonst wäre meine ganze Arbeit umsonst!" Die listige Phryne beruhigte den aufgewühlten Praxiteles, dass in seinem Atelier alles in Ordnung sei, und bat um die Statue von Eros als Geschenk.

**Themen:** Wert, Notsituation, List

Diese Anekdote aus dem antiken Griechenland lässt erkennen: Erst in Notsituationen erkennen wir das, was wir am höchsten schätzen.

# Sponsoring

### Wer Geschenke gibt

> Alexander der Große machte einem armen Bettler ein wertvolles Geschenk. Der wurde dadurch sehr verlegen. „Warum gebt Ihr mir Unwürdigem ein so kostbares Geschenk?", fragte er demütig den Herrscher. „Ich habe dir das Geschenk gemacht", erwiderte Alexander, „nicht weil du würdig bist, es zu empfangen, sondern weil es sich für mich ziemt, ein solches Geschenk zu geben."
>
> Themen: Sponsoring, Geschenke, Image

Ein mittelalterliche Anekdote über den großen Eroberer, die deutlich macht: Jemand, der einem anderen großzügig ein Geschenk macht, kann damit durchaus eigennützige Motive verfolgen – auch und gerade wenn nicht damit zu rechnen ist, dass der andere sich irgendwann revanchiert. Der Geber kann sich nämlich großzügig zeigen; das dient der Selbstbestätigung und verbessert sein Image. Allerdings erscheint Alexander durch sein freimütiges Bekenntnis recht hochmütig und eitel. Und genau das ist es, was diese Anekdote für uns heute zum Ausdruck bringt. Das Motiv, ein Geschenk zu geben, ist oft nicht Großmut, sondern Eitelkeit.

### Fesselnde Lektüre

> Der englische Dichter Edmund Spenser schuf Ende des 16. Jahrhunderts mit seinem allegorischen Versepos „Die Feenkönigin" ein Meisterwerk, das bis heute als eines der bedeutendsten Gedichte in englischer Sprache gilt. Als er die erste Fassung beendet hatte, begab er sich zum Earl of Southampton, einem großen Gönner und Liebhaber der Literatur. Dem Earl wurde das Manuskript vorgelegt, er begann zu lesen. Nach einigen Seiten war er von dem Werk so angetan, dass er befahl: „Man gebe dem Dichter zwanzig Pfund." Der Earl las weiter. Es dauerte nicht lange, da rief er seinen Dienern zu: „Gebt dem Mann noch weitere

zwanzig Pfund!" Der Earl konnte sich von dem Manuskript nicht losreißen, er las und las und erteilte immer wieder den Befehl, dem Autor weitere zwanzig Pfund zukommen zu lassen. Doch schließlich packte er das Manuskript und reichte es seinem Diener mit den Worten: „Geh und wirf den Kerl hinaus, denn wenn ich weiter lese, richte ich mich noch zugrunde!"

**Themen:** Sponsoring, Großzügigkeit, Faszination

# Experten und Unternehmensberater

Einem Bonmot zufolge ist ein Experte jemand, der immer mehr über immer weniger weiß. Das ändert jedoch nichts daran, dass Führungskräfte immer wieder auf das Know-how von Experten zurückgreifen müssen und davon schließlich auch profitieren. Und doch ist der Umgang nicht immer frei von Spannungen. Denn Experten sind gelegentlich nicht frei von Eigensinn, bedienten sich mitunter einer nebulösen Sprache und können oftmals nicht im Mindesten abschätzen, welches heillose Durcheinander sie in der Organisation anrichten. Denn in der Regel berufen sich die unterschiedlichsten Interessengruppen auf ihre Expertise und schlachten sie für ihre jeweiligen Ziele aus. Abgesehen davon sollen Experten furchtbar teuer und extrem eitel sein, kurz gesagt, sie besitzen all jene Eigenschaften, die böse Zungen auch den Führungskräften nachsagen. Und insoweit passen einige Geschichten über die Experten natürlich auch zu Führungskräften, zumindest zu den anderen Führungskräften.

**Der kompetente Vogel Strauß**

> Ein schnelles Rennpferd sah einen Vogel Strauß und dachte bei sich: Nun ja, der Strauß läuft vielleicht nicht besonders gut, aber ohne Zweifel kann er umso besser fliegen. Kurze Zeit später traf ein Adler denselben Vogel Strauß. Da dachte der Adler bei sich: Fliegen kann der Vogel Strauß zwar nicht, aber ich bin sicher, er kann sehr gut laufen.
>
> Themen: Experten, Mitarbeiterbeurteilung, Kompetenzverdacht, Kernkompetenz

Diese Fabel nach Gotthold Ephraim Lessing macht ein weit verbreitetes Phänomen anschaulich: den Kompetenzverdacht. Wenn wir von einer Sache nicht so viel verstehen, sind wir leicht geneigt anzunehmen, jemand müsse kompetent sein, der nur irgendwie den Anschein erweckt, er verstünde etwas davon. Oft genügt es schon, dass wir die betreffende Person irgendwie mit der Sache in Verbindung bringen. Dabei können wir deren Fähigkeit gar nicht beurteilen.

**Beweiskraft**

Der Mathematiker Carl Friedrich Gauß hatte einen messerscharfen wissenschaftlichen Verstand, zu den musischen Dingen jedoch fehlte ihm der Zugang. Dies wollte sein Kollege, der Mathematiker Johann Friederich Pfaff, ändern. Pfaff war ein großer Musikliebhaber und versuchte Gauß immer wieder dazu zu bewegen, mit ihm ein Konzert zu besuchen. Gauß lehnte immer wieder ab. Doch eines Tages hatte Pfaffs hartnäckiges Drängen doch noch Erfolg. Gauß erklärte sich bereit, mit Pfaff ins Konzert zu gehen. Auf dem Programm stand die 9. Symphonie von Beethoven. Pfaff lauschte ergriffen dem Orchester. Als der gewaltige Schlusschor mit der Ode an die Freude verklungen war, neigte sich Pfaff zu Gauß hinüber und sagte: „War das nicht großartig?" Gauß entgegnete trocken: „Und was ist damit bewiesen?"

Themen: Experten, Rationalität

Natürlich sind nicht alle Experten emotionslose Wissenschaftler oder kühle Rationalisten, die nur in ihren fachlichen Kategorien denken. Aber manche sind es eben doch.

**Das brennende Haus von Yoshihide**

Vor langer Zeit lebte ein Maler namens Yoshihide. Eines Morgens brach in seiner Nachbarschaft ein Feuer aus. Vom Wind angefacht trieb es langsam auf sein Haus zu. Yoshihide lief auf die Straße hinaus. In seinem Haus blieben seine Bilder zurück, die er auf Bestellung gemalt hatte, sowie seine Frau und seine Kinder, die sich noch nicht einmal angekleidet hatte. Ohne sich um sie zu kümmern stellte sich Yoshihide gegenüber seinem Haus auf und wartete. Schließlich griff das Feuer auf sein Haus über, der Rauch stieg in die Höhe, Leute kamen angerannt und riefen ihm zu: „Wie schrecklich!" Doch Yoshihide blieb vollkommen ruhig. „Was ist mit dir los?", fragten die Leute. Doch Yoshihide stand einfach nur da und schaute zu, wie sein Haus nieder brannte. Dann und wann nickte er und sagte lachend: „Ja natürlich! So ist das! Das habe ich all die Jahre schlecht gemalt!" Die Leute, die gekommen waren, um Yoshihide zu trösten, wunderten sich: „Was soll das bedeuten, dass du so dastehst? Bist du von einem Dämon besessen?" Yoshihide antwortete ruhig: „Warum sollte ich besessen sein? Ich habe mich Jahre meines Lebens bemüht, die Flammen des Gottes Fudo zu malen und habe es nie gut getroffen. Jetzt, da ich mein eigenes Haus brennen sehe, begreife ich: *So* muss man die Flammen malen. Das ist ein Glück! Ihr, die ihr kein Talent habt, könnt den äußerlichen Dingen nachtrauern!" Mit diesen Worten lachte er sie aus und blieb weiter regungslos vor den Flammen stehen. Von diesem Zeitpunkt an wurde Yoshihide nach der Gottheit nur „der flammende Fudo" genannt, und bis heute gelten seine Bilder als Meisterwerke.

**Themen:** Spezialistentum, Perfektionismus, High Performer, Egozentrik, Verantwortung

Eine Geschichte aus dem alten Japan; sie stammt aus dem 13. Jahrhundert und ist in der Sammlung „Ujishui monogatari" enthalten. Sie macht darauf aufmerksam, dass für einen Künstler wie Yoshihide nur eines zählt, nämlich seine Malerei. Alles andere ist zweitrangig, sogar die eigene Familie, die in Lebensgefahr schwebt. Diese Fixierung des Spezialisten auf seine eigene Arbeit ist eine höchst zweischneidige Sache: Einerseits führt sie zu höchster Meisterschaft, andererseits zu einer beispiellosen Borniertheit und Verantwortungslosigkeit. Von ihm darf man nicht erwarten, dass er in der Krise imstande ist, mit anzupacken.

## Die Marskanäle

Mailand, September 1877. Nur alle 15 Jahre kommt der Mars der Erde so nahe wie in diesen Tagen. Der renommierte Astronom Giovanni Virginio Schiaparelli nutzt die Gelegenheit, um den Nachbarplaneten genauer zu betrachten. Dabei entdeckt Schiaparelli ein feines Netz von Linien auf der Marsoberfläche, die er „canali" nennt. „Canali" heißt so viel wie „Furchen", und so etwas meint Schiaparelli wohl zunächst auch. Allerdings bedeutet „canali" auch „Kanäle" – künstliche Wasserstraßen, und solche „canali" gelten nach der Eröffnung des Suezkanals als Inbegriff des technischen Fortschritts. Wenn es auf dem Mars Hunderte von Kanälen gibt, dann liegt der Verdacht nahe, dass die Marsbewohner der irdischen Zivilisation weit voraus sind.

Zunächst kann kein anderer die angeblichen Marskanäle entdecken, dann sehen sie plötzlich ganz viele, Astronomen in England, Frankreich und den USA. Der Bostoner Astronom Percival Lowell baut eine eigene Sternwarte, um unterstützt von zwei Harvard-Astronomen in aller Ruhe den Mars zu studieren. Lowell sichtet die Marskanäle und ist überzeugt, dass es sich nur um das Werk intelligenter Wesen handeln kann. Er bringt drei Bücher auf den Markt, die so überzeugend geschrieben sind, dass nun auch Schiaparelli zu glauben beginnt, er habe das Bewässerungssystem einer außerirdischen Hochkultur entdeckt.

Mit einem Schlag wird der Mars ungemein populär. Es gibt einen regelrechten Run auf Teleskope und Fernrohre. Tausende von Hobbyastronomen nehmen den Mars ins Visier und entdecken nicht nur die Kanäle. Manche sehen Meere, Wälder, Lichtsignale oder rauchende Fabrikschornsteine. Ein Journalist macht dunkle Flächen auf der Marsoberfläche ausfindig, die ohne jeden Zweifel genau so aussehen wie das hebräische Schriftzeichen für „der Allmächtige".

Indessen hat Percival Lowell festgestellt, dass es die Marskanäle zwar gibt, wir sie aber gar nicht sehen können. Denn sonst müssten die Kanäle mindestens hundert Kilometer breit sein. Und das bringen wohl nicht einmal die Marsmenschen fertig. Was wir sehen, sind vielmehr die angrenzenden bewässerten Grünstreifen, meint Lowell. Erst als 1965 die ersten Fernsehbilder der NASA-Marssonde Mariner 4 durch die Welt flimmern, gilt die Theorie von den Marskanälen als widerlegt. Es gibt keine Kanäle, keine Kanalbauer und keine Grünstreifen. Bis heute kann niemand ganz genau erklären, was die Leute in ihren Fernrohren eigentlich gesehen haben.

**Themen:** Experten, Entdeckung, Trend/Boom, Wahrnehmung, Naturwissenschaft, Kompetenzverdacht

Kaum hat jemand etwas beobachtet und kann die Sache plausibel machen, schon werden sich Leute finden, die die Beobachtung bestätigen. Vor allem wenn es sich um eine anerkannte Autorität handelt. Wenn aber immer mehr die gleiche Beobachtung machen, wirkt das auf das Urteil des Experten zurück. War sein Urteil am Anfang vielleicht noch etwas unsicher, so fühlt er sich nun überzeugt, zumal wenn viele in ihren Schlussfolgerungen noch weiter gehen. So entsteht ein Trend, schließlich ein Boom. Wenn dann die „Blase platzt", weiß plötzlich keiner, wie es dazu überhaupt kommen konnte.

### Guter Rat

Der englische Arzt John Abernethy (1763–1831) war einer der berühmtesten Chirurgen seiner Zeit. Er war nicht nur ein exzellenter Operateur, auch seine Vorlesungen fanden wegen ihres hohen Unterhaltungswerts großen Anklang. Darüber hinaus war der Professor auch für seinen exzentrischen Humor bekannt. So soll eines Tages eine etwas hypochondrische Patientin zu ihm gekommen sein und geklagt haben: „Wenn ich den linken Arm hebe, habe ich furchtbare Schmerzen. Was soll ich nur tun?" Der Arzt blickte ihr ernst in die Augen und entgegnete: „Ja, wenn das so ist, Mylady, dann wäre es äußerst töricht von Ihnen, den Arm zu heben."

**Themen:** Beratung, Experten, Eigenverantwortung

### Hier irrt Goethe

Der Literaturwissenschaftler Heinrich Düntzer hat sich im 19. Jahrhundert um die Klassiker sehr verdient gemacht. Sein besonderes Interesse galt Johann Wolfgang von Goethe. Düntzer brachte zahlreiche Werke des Dichterfürsten heraus und versah sie mit äußerst kenntnisreichen Kommentaren. Mitunter waren sie vielleicht etwas zu kenntnisreich. Goethe schrieb etwa, dass seine große Liebe Lili Schönemann gewesen sei. Düntzer bemerkt dazu: „Hier irrt Goethe. Das trifft vielmehr auf Friederike Brion zu."

**Themen:** Expertentum, Kompetenz

Manche Experten, die über ihren Gegenstand schlechthin alles zu wissen scheinen, haben ein wenig die Bodenhaftung verloren.

### Beschäftigung

Der Dichter Friedrich Rückert war äußerst produktiv. Das Verfertigen von Versen ging ihm mühelos von der Hand. Eines Morgens hatte

> Rückert ein Gedicht vollendet und klagte gegenüber seiner Frau: „Heute weiß ich nicht so recht, was ich machen soll." Seine Frau erwiderte: „Du wolltest doch heute das Drama Kalidasa aus dem Sanskrit übersetzen und in Verse bringen." – „Ja doch, gewiss", sagte Rückert gereizt, „aber was mache ich am Nachmittag?"
>
> Themen: High Performer, Fleiß, Mühelosigkeit, Produktivität, Kreativität

Manchen Fachleuten im kreativen Gewerbe gehen auch schöpferische Leistungen beneidenswert leicht von der Hand. Allerdings gehört Rückert nicht zu den ganz großen Dichtern; seine eigentliche Leistung ist, dass er die persisch-arabische Dichtung durch seine Übersetzungen erschlossen hat.

### Ein Rat unter Krähen

> Eine Krähe hackte an einer Muschel herum. Jedoch brachte sie es nicht fertig die Schale aufzubrechen, um an das Muschelfleisch zu kommen. Da kam eine alte erfahrene Krähe angeflogen: „Die Mühe kannst du dir sparen", sagte sie zu der ersten Krähe. „Auf die Art wird es dir nie gelingen, die Muschel aufzubrechen. Fliege lieber so hoch wie du kannst über die Felsen und lass die Muschel fallen. Dann zerbricht die Muschelschale ganz von allein. Und du musst dich nicht im Geringsten anstrengen." Das schien der ersten Krähe verlockend. Sie folgte dem Ratschlag und ließ die Muschel auf die Felsen fallen. Unten aber wartete die zweite Krähe, die, kaum dass die Muschel aufgebrochen war, sich das Muschelfleisch schnappte und davonflog.
>
> Themen: Experten, Fachwissen, Unternehmensberatung

Eine Fabel nach Äsop, die darauf aufmerksam macht, dass manche Fachleute, die uns einen guten Rat geben, vor allem ihren eigenen Vorteil im Sinn haben.

### Diplomatischer Rat

> Ein Marder fraß die Hühner gern,
> Doch wusst er nicht, wie sie erhaschen;
> Er fragt den Fuchs, 'nen alten Herrn,
> Dem Steifheit schon verbot das Naschen.

Der sagt zu ihm: „Freund, der Rat ist alt,
Was hilft zu zögern, brauch Gewalt!"
Der Marder stürmt in vollem Lauf,
Die Hühner aber flattern auf,
Die eine gackernd, kreischend jene,
Gerade in des Fuchses Zähne,
Der gegenüber lauernd lag
Und mühlos hielt den Erntetag.

Wenn du nach Hühnern lüstern bist,
Frag keinen, der sie selbst gern frisst.

**Themen:** Experten, Fachwissen, Unternehmensberatung

Ein Gedicht von Franz Grillparzer, das in etwa die gleiche Botschaft vermittelt wie die vorangegangene Fabel, nur eben schön gereimt. Womit wir bei einer weiteren Eigenart der Experten wären: Dasselbe auf unterschiedliche Weise immer wieder mitzuteilen.

## Der Weinkenner

Der französische Schauspieler Jean-Paul Mounet galt als ausgezeichneter Weinkenner. Eines Tages wollte man die Sache überprüfen, verband Mounet die Augen und ließ ihn ein Glas nach dem anderen probieren. Er kostete kurz und verkündete mit fester Stimme: „Chambertin! ... Pommard! ... Beaune! ..." Immer stimmte es. Nur beim letzten Glas versagte seine Zunge. „Hm, das kenne ich nicht", räumte Mounet ein. Man nahm ihm die Augenbinde ab. Vor ihm stand ein Glas Wasser.

**Themen:** Spezialisten, Fachgebiet, Urteilsvermögen

Eine Anekdote, die anschaulich macht, dass manche Spezialisten so sehr in ihrem Fachgebiet aufgehen, dass sie den Sinn für die einfachsten Dinge verloren haben, die sich außerhalb davon befinden.

## Pythagoras und die Bohnen

Pythagoras wurde von seinen Feinden verfolgt. Er rannte ihnen davon und kam an ein Bohnenfeld. Weil der Philosoph jedoch Bohnen über alles hasste, brachte er es nicht über sich, weiterzulaufen. Er wurde von seinen Feinden gefangen und erschlagen.

**Themen:** High Performer, Expertentum, Irrationalität

Eine antike Anekdote, die zeigt: Auch die klarsten Köpfe haben ihre irrationale Seite. Immerhin galt Pythagoras als einer der bedeutendsten Wissenschaftler seiner Zeit; den „Satz des Pythagoras" lernen wir bis heute in unseren Schulen. (Wobei der letzte Satz des Pythagoras vielleicht lautete: „Dass diese verfluchten Bohnen ausgerechnet hier wachsen müssen!")

## Das bequeme Genie

Genies gelten im Allgemeinen als Menschen, die von einer bestimmten Sache geradezu besessen sind. Alles andere ist für sie zweitrangig. Nur ihr Werk zählt, dem opfern sie alles andere. Eine bemerkenswerte Ausnahme bildet der italienische Opernkomponist Gioacchino Rossini, der zu seiner Zeit in Paris fast als eine Art Superstar verehrt wurde. Rossini bequem zu nennen, wäre sicher eine Untertreibung gewesen. Er schätzte den Genuss, liebte das Essen und die Kochkunst. Er schlief gerne lange und ausgiebig, verließ nur ungern das Bett und komponierte oftmals auch nicht am Klavier, sondern zwischen Kissen und Decken. So soll es auch gewesen sein, als Rossini die berühmte Ouvertüre zu seiner Oper „Die diebische Elster" komponierte. Dabei fiel ihm ein Blatt zu Boden. Es aufzuheben, erschien dem Komponisten zu mühsam – dazu hätte er ja das Bett verlassen müssen. Also komponierte er die komplette Seite lieber noch einmal neu, was ihn offensichtlich weniger Anstrengung kostete.

**Themen:** Bequemlichkeit, Meisterschaft

## Zweierlei Handwerk

Der italienische Dichter Dante Alighieri war schon zu Lebzeiten ungemein populär. Eines Tages ging er durch die Gassen von Florenz und hörte, wie ein Schmied seine Verse sang, während er das Eisen auf dem Amboss hämmerte. Allerdings sang der Schmied entsetzlich falsch, brachte Verse durcheinander, ließ verschiedene Wörter aus, fügte an anderer Stelle etwas hinzu. Dante verzog gequält das Gesicht und ging dann wortlos in die Schmiede hinein. Dort ergriff er von einer Bank, auf der allerlei Werkzeug lag, einen Hammer und warf ihn in hohem Bogen auf die Straße. Als nächstes nahm er eine Zange und schleuderte sie auf die Straße. Genauso verfuhr er mit einer Waage und vielen Eisenteilen. Der Schmied kam herbei und schrie wütend: „Was zum Teufel macht Ihr da? Seid Ihr verrückt geworden?" Dante entgegnete ruhig: „Und was machst du da?" Der Schmied sagte: „Was soll das? Ich übe mein Handwerk aus. Und Ihr zerstört meine Sachen!" Darauf erwiderte Dante: „Wenn du nicht willst, dass ich deine Sachen zerstöre, dann zerstöre nicht die meinen." Der Schmied fragte verwundert: „Was zerstöre ich denn?" – „Du singst meine Verse", sagte Dante, „aber nicht so, wie ich sie gemacht habe. Mein Handwerk ist das Verseschmieden und du zerstörst meine Verse." Der Schmied wusste nicht, was darauf sagen sollte, suchte sein Werkzeug zusammen und sang in Zukunft keine Verse mehr von Dante.

**Themen:** Spezialisten, geistige Leistung, Werbeagentur, Textänderungen

Eine Anekdote aus der italienischen Renaissance. Auch wenn es nicht um die hohe Dichtkunst geht wie bei Dante, sondern beispielsweise um die Formulierung einer Imagebroschüre: Wer das Texthandwerk nicht versteht, kann durch unbekümmerte Eingriffe in den Text das Resultat ebenso verhunzen wie der singende Schmied.

### Eine verfängliche Situation

Der englische Maler Charles Withcomb verfertigte auch Aktgemälde. An einem kalten Wintertag sollte ihm eine junge Frau Modell stehen, doch die weigerte sich: „In Ihrem Atelier ist es viel zu eisig. Da schlottere ich ja vor Kälte." – „Sie haben Recht", erwiderte der Maler. „Setzen Sie sich, wir trinken eine Tasse Tee zusammen." Kurze Zeit später klopfte es. Withcomb geriet in Panik. „Schnell", flüsterte er dem Modell zu, „ziehen Sie sich aus! Es ist meine Frau!"

**Themen:** Situation, Peinlichkeit, Spezialisten

Eine Anekdote, die zeigt: Für Spezialisten gelten andere Maßstäbe. Mit seinem Aktmodell Tee zu trinken, damit erregt ein Aktmaler höchsten Argwohn.

## Mühe allein genügt nicht

> Der Komponist Hans Pfitzner vollendete 1917 seine Oper „Palestrina", zu der er auch den Text schrieb. Die „musikalische Legende", wie Pfitzner selbst das Bühnenstück nannte, gilt unbestritten als sein Hauptwerk. Als es in München uraufgeführt wurde, sagte der stolze Komponist zu seinem Kollegen Richard Strauss: „Zehn Jahre härtester Arbeit stecken in diesem Werk." Doch Strauss zeigte sich unbeeindruckt: „Ja, warum komponieren Sie denn, wenn's Ihnen so schwer fällt?"
>
> **Themen:** Kreativität, Ergebnisorientierung, Motivation

Eine boshafte Antwort, die jedoch „sitzt". Immerhin sind nicht die Qualen des Komponisten entscheidend, sondern die Qualität seiner Arbeiten.

## Genialität on demand

> „Sagen Sie mir doch, Herr Doktor", wollte eine Verehrerin einmal von Johannes Brahms wissen, „wie schreiben Sie nur die langsamen Sätze Ihrer Symphonien, diese herrlichen Stücke von überirdischer Schönheit?" – „Höchst einfach, gnädige Frau", erwiderte Brahms, „wirklich ganz einfach. Sehen Sie – meine Verleger bestellen die nämlich so!"
>
> **Themen:** Briefing, Qualitätsmanagement, Dienstleistung

Gleichfalls eine ironische Antwort. Die Anekdoten von Johannes Brahms zeugen oftmals von der Aversion des Komponisten, als Genie verklärt zu werden. Lieber wollte er als grundsolider Tonsetzer betrachtet werden, denn alles Überspannte, Genialische war ihm zuwider. Das braucht Sie freilich nicht davon abzuhalten, diese Anekdote einzuflechten, wenn Sie gleichfalls etwas von herausragender Qualität bekommen haben – weil Sie es ja so bestellt haben.

## Thales fällt in einen Brunnen

Die Geschichte der abendländischen Philosophie beginnt mit Thales von Milet. Er ist der erste der „Sieben Weisen". Für ihn stecken nicht die Götter oder andere mythische Wesen hinter der Natur, vielmehr ist Wasser der Urstoff allen Seins. Zugespitzt formuliert: Thales hat die wissenschaftliche Betrachtung der Welt entdeckt. Uns ist Thales meist nur aus dem Geometrieunterricht durch sein Axiom („Satz des Thales") bekannt, mit dem man rechte Winkel konstruieren kann. Dabei ist Thales gar nicht der erste, der dieses Prinzip entdeckte; es war schon bei den Babyloniern bekannt. Doch Thales hat noch auf vielen anderen Gebieten Erstaunliches geleistet. Er hat das Jahr in 365 Tage eingeteilt, eine Sonnenfinsternis exakt vorausberechnet und das Sternbild des Kleinen Bären entdeckt. Seine Neigung zu Astronomie ist auch der Hintergrund für eine der berühmtesten Anekdoten der Philosophiegeschichte. Hinterlassen hat sie uns gewissermaßen ein Kollege von Thales, nämlich der griechische Philosoph Platon.

> „Als Thales die Sterne beobachtete und nach oben blickte, fiel er in einen Brunnen. Das soll eine witzige und geistreiche thrakische Magd beobachtet haben, die ihn verspottete: er wolle wissen, was am Himmel sei, aber es bleibe ihm verborgen, was vor ihm und zu seinen Füßen liege."

Diese Anekdote ist vielfach kommentiert und ausgedeutet worden. Als erstes von Platon selbst, der bemerkt:

> „Der gleiche Spott trifft alle, die in der Philosophie leben. Denn in Wahrheit bleibt ihnen der Nächste und der Nachbar verborgen. Was aber der Mensch ist, was zu tun und zu erleiden einem solchen Wesen zukommt, danach sucht der Philosoph, und das zu erforschen müht er sich."

> **Themen:** Weitblick, Vision, Strategie, Experten, Bodenständigkeit, Abgehobenheit

## Der Ochse auf dem Pferderennen

> Eines Tages erschien Nasrudin mit einem Ochsen, um an einem Pferderennen teilzunehmen. Die Leute lachten ihn aus: „Was willst du hier

mit einem Ochsen? Dass ein Ochse nicht schnell laufen kann, weiß doch jedes Kind!" – „Ihr habt keine Ahnung", erwiderte Nasrudin. „Ihr kennt diesen Ochsen nicht. Wenn man ihm nur Gelegenheit gibt, dann wird er bestimmt sehr schnell laufen. Ihr hättet ihn mal als Kalb sehen sollen, da ist er allen anderen Kälbern davongerannt! Er ist zwar nicht in Übung und hat auch noch nie an einem Rennen teilgenommen, doch jetzt ist er voll ausgewachsen. Da wird ja wohl noch viel schneller laufen als damals!"

**Themen:** Fehleinschätzung, Mitarbeiterbeurteilung, Kompetenzverdacht

Vielleicht sind Sie schon einmal einer ähnlichen Argumentation begegnet, wie sie in dieser alten Sufi-Geschichte mit Nasrudin (Seite 66) ausgebreitet wird: Aus kleinen Indizien werden äußert weitreichende Schlussfolgerungen gezogen. Weil ein Ochse als Kalb schneller gelaufen ist als die anderen Kälber, hält Nasrudin ihn schon für in der Lage, mit Rennpferden zu konkurrieren. Fehleinschätzungen dieser Art finden sich auch im Unternehmensalltag: ob nun der Marketingexperte überzeugt ist, es werden Wunderdinge geschehen, wenn er einfach nur fest genug an sein Produkt glaubt, oder die Firmenleitung dies von der Unternehmensberatung oder der Projektleiter von seinem Team erwartet. Auch in der Selbsteinschätzung gibt es eine ähnliche Verhaltsweise: Jemand traut sich alles Mögliche zu, weil er irgendwann einmal irgendetwas Ähnliches getan hat.

**Das Märchen vom Unternehmensberater**

Die folgende Geschichte stammt von einem Mitarbeiter einer großen Unternehmensberatung.

Es war einmal ein Schäfer, der in einer einsamen Gegend seine Schafe hütete. Plötzlich tauchte in einer großen Staubwolke ein nagelneuer Cherokee Jeep auf und hielt direkt neben ihm. Der Fahrer des Jeeps, ein junger Mann in Brioni-Anzug und Cerutti-Schuhen, mit Ray-Ban-Sonnenbrille und einer YSL-Krawatte, steigt aus und fragt ihn: „Wenn ich errate, wie viele Schafe Sie haben, bekomme ich dann eins?" Der Schäfer schaut den jungen Mann an, dann seine friedlich grasenden Schafe und sagt ruhig: „Einverstanden."

Der junge Mann parkt den Jeep, verbindet sein Notebook mit dem Handy, geht im Internet auf eine NASA Seite, scannt die Gegend mit Hilfe seines GPS-Handgeräts, öffnet eine Datenbank und 60 Excel-Tabellen mit einer Unmenge Formeln. Schließlich druckt er einen 150-seitigen Bericht auf seinem High-Tech-Minidrucker aus, dreht sich zu dem Schäfer um und sagt: „Sie haben hier exakt 1.586 Schafe."

Der Schäfer sagt: „Das stimmt. Suchen Sie sich ein Schaf aus." Der junge Mann nimmt ein Schaf und lädt es in den Jeep ein. Der Schäfer schaut ihm zu und fragt: „Wenn ich Ihren Beruf errate, geben Sie mir das Schaf dann zurück?" Der junge Mann antwortet: „Klar, warum nicht?" Der Schäfer sagt: „Sie sind ein Unternehmensberater."

„Das ist richtig. Woher wissen Sie das?", will der junge Mann wissen. „Ganz einfach", sagt der Schäfer, „erstens kommen Sie hierher, obwohl Sie niemand hergerufen hat. Zweitens wollen Sie eine Belohnung haben dafür, dass Sie mir etwas sagen, was ich ohnehin schon weiß. Und drittens haben Sie keine Ahnung von dem, was ich mache, denn Sie haben sich meinen Hund ausgesucht."

**Themen:** Unternehmensberatung, Kompetenz

# Verhandeln

Unser Leben wird begleitet von Verhandlungen. Als Kinder verhandeln wir schon mit unseren Müttern darüber, ob wir Schokolade bekommen oder noch eine halbe Stunde länger aufbleiben dürfen. Später verhandeln wir über ein angemessenes Gehalt, über Preisnachlässe, über Lieferkonditionen oder darüber, ob wir eine tropfende Milchtüte im Supermarkt noch gegen eine nicht tropfende umtauschen dürfen. Urlaubsziele, Termine, die Nutzungsrechte unseres Autos – überall, wo die Sache nicht von vornherein festgelegt ist und wir uns mit anderen verständigen müssen, tun sich Verhandlungsspielräume auf. Oder Sie müssen verhandeln, weil die Gegenseite Ihnen Ärger bereitet. Jemand schaltet plötzlich auf stur, weigert sich das zu tun, was er immer getan hat oder was er Ihrer Meinung nach tun müsste. Wie reagieren? Verhandeln natürlich.

### Gehen Sie auf den Balkon

> Wenn Verhandlungen feststecken, sollte man versuchen, sich aus der Situation zu lösen. Nicht weiter verhandeln, sich nicht seinen Gedanken und Gefühlen überlassen, sondern gewissermaßen eine Tür öffnen und geistig „auf den Balkon treten". Vom „Balkon" aus können Sie die Sache gelassen bewerten und mit dem nötigen Abstand besser einschätzen.

**Themen:** Verhandlungen, Konflikt, Distanz, Gelassenheit

Eine hilfreiche Metapher von William L. Ury, einem der Väter des „Harvard-Konzepts" für Verhandlungen. Der Balkon ermöglicht auch, dass man schnell wieder in den „Verhandlungsraum" zurücktreten kann. Ebenso ist es denkbar, dass Ihnen die Gegenseite auf den Balkon folgt und Sie gemeinsam festlegen können, unter welchen Bedingungen weiterverhandelt werden kann. Auch weitergehende Absprachen „auf dem Balkon" sind denkbar; als Vorbereitung auf die offiziellen Verhandlungen im „Verhandlungsraum".

### Der Wolf und der Kranich

> Ein Wolf nagte an einem Knochen. Dabei rutschte ihm der Knochen so tief in den Hals, dass er ihn nicht mehr herausbekam. So versammelte

er alle Tiere um sich und fragte sie, wer ihm helfen könnte. Die Tiere dachten lange nach und berieten sich. Schließlich kamen sie überein, dass einzig der Kranich hier helfen könne. Der habe einen langen Hals und einen starken Schnabel, mit dem er den Knochen herausziehen könne. Der Wolf versprach dem Kranich eine große Belohnung für seine Hilfe. Also machte sich der Kranich ans Werk. Der Wolf sperrte sein Maul weit auf, der Kranich steckte seinen Kopf hinein, fuhr mit dem Schnabel in den Schlund und zog den Knochen heraus. Kaum war das geschafft, stellte sich der Kranich vor den Wolf hin und bat um seine Belohnung. Da wurde der Wolf zornig und rief: „Du hast deinen Lohn schon bekommen, denn ich habe dich nicht getötet, als du deinen Kopf in mein Maul gesteckt hast. Ich hätte dich mühelos totbeißen können, denn ich bin ein Wolf und habe schon lange großen Appetit auf dein Fleisch. Sei also dankbar, dass so gutmütig war, dich zu schonen."

**Themen:** Hilfe, Belohnung, Kooperation, Dankbarkeit, Verhandlungen

Eine häufig adaptierte Fabel von Äsop, die nicht nur davor warnt, sich auf die Großmütigkeit der „großen Tiere" zu verlassen, sondern auch darauf aufmerksam macht, dass man nur dann Bedingungen stellen kann, solange die Gegenseite auf einen angewiesen ist.

### Geschäfte mit indischen Elefanten

Ein erfolgreicher Geschäftsmann reist nach Indien. Auf der Reise lernt er einen indischen Kollegen kennen, der ihm einen Elefanten verkaufen möchte. „Hören Sie", sagt der Inder, „ich mache Ihnen einen Sonderpreis. Tausend Dollar – und der Elefant gehört Ihnen!" Der Geschäftsmann schüttelt den Kopf: „Begreifen Sie doch, ich wohne in Chicago in einem kleinen Apartment im dreizehnten Stock. Was sollte ich da mit einem Elefanten?" – „Okay, okay", sagt der Inder. „Ich lass Ihnen den Elefanten für 800." – „Was soll das?", protestiert der Geschäftsmann, „ich habe Ihnen doch schon gesagt ..." – „Also gut, 700!", fällt ihm der Inder ins Wort. Der Geschäftsmann seufzt: „Ich glaube, Sie haben mich nicht verstanden. Ich wohne in einer kleinen Wohnung im dreizehnten Stock, in einer riesigen Stadt. Für einen Elefanten habe ich einfach keine Verwendung!" Daraufhin seufzt auch der Inder: „Sie sind wirklich ein schwieriger Fall! Hören Sie, ich mache Ihnen jetzt mein allerletztes Angebot: *Zwei* Elefanten für 850 Dollar!" Die Gesichtszüge des Geschäftsmanns entspannen sich „Na sehen Sie, *das* lässt sich schon eher hören."

**Themen:** Verhandlungen, Geschäftssinn, Preisverhandlungen, Kosten

Im Geschäftsleben sind manche Entscheidungsträger ausschließlich auf die Kostenseite fixiert. Wenn nur der Preis stimmt, erwerben sie sogar so verzichtbare Dinge wie einen (oder zwei) indische Elefanten. Es schadet dieser kleinen Geschichte durchaus nicht, wenn sie mit einer gewissen Selbstironie erzählt wird, Sie also selbst derjenige sind, der keinen Kostenvorteil ungenutzt lässt.

## Der Unterschied zwischen einer Dame und einem Diplomaten

„Sind sich Damen und Diplomaten nicht sehr ähnlich?", wollte Madame de Staël von Talleyrand wissen. Der Graf antwortete: „Oh nein. Ein Diplomat, der ‚ja' sagt, meint ‚vielleicht'. Ein Diplomat, der ‚vielleicht' sagt, meint ‚nein'. Und ein Diplomat, der ‚nein' sagt, ist kein Diplomat. Eine Dame hingegen, die ‚nein' sagt, meint ‚vielleicht'. Eine Dame, die ‚vielleicht' sagt, meint ‚ja'. Und eine Dame, die ‚ja' sagt, ist keine Dame."

**Themen:** Verhandlungen, Diplomatie, Code, Geschlechterrolle

Eine Anekdote über den französischen Meisterdiplomaten Charles Maurice de Talleyrand, dessen Verhandlungsgeschick und Raffinesse schon zu Lebzeiten legendär waren.

## Wertsteigerung

Ein Mann wollte beim französischen Kunsthändler Georges Bernheim ein kubistisches Bild erwerben, das 10.000 Francs kosten sollte. Doch er zögerte ein wenig und erkundigte sich vorsichtig: „Darf ich es zurückgeben, wenn es meiner Frau nicht gefällt?" – „Selbstverständlich", erwiderte Bernheim. Ein paar Tage später kam der Mann mit dem Bild zurück. „Bedauerlicherweise kann sich meine Frau mit dem Bild nicht anfreunden. Nehmen Sie es zurück?" – „Natürlich", nickte Bernheim und wandte sich an seinen Kassierer: „Zahlen Sie dem Mann 12.000 Francs aus. „Aber ich habe doch nur 10.000 Francs dafür bezahlt", sagte der Mann. „Ich weiß", entgegnete Bernheim, „aber seitdem sind diese Bilder im Preis gestiegen." Der Mann dachte kurz nach und verließ mit dem Bild die Verkaufsräume.

Themen: Verhandlungen, Überzeugen, Perspektivenwechsel, Umtausch, Rendite

Eine Anekdote, die illustriert, wie sich durch die Umkehr der Perspektive in Verhandlungen mehr erreichen lässt. Der Kunsthändler versucht nicht seinen Standpunkt dem Kunden gegenüber durchzusetzen, sondern er fragt sich: Was könnte den Kunden dazu bewegen, das Bild doch noch mit nach Hause zu nehmen? Eine Wertsteigerung, und zwar eine, die der Kunde unmittelbar realisieren kann. Nebenbei bringt er damit auch das eigentliche Motiv für den Bilderkauf an den Tag. Der Kunde betrachtet das Bild vor allem als Geldanlage.

## Brückenmetaphern

Ich baue Ihnen damit eine goldene Brücke. Aber Sie müssen auch hinübergehen.

Es macht mehr Spaß, eine Brücke zu bauen, als einen Damm mit Sandsäcken zu sichern. (Tom Whiteside)

Ich bin Ihnen ja dankbar, dass Sie mir eine Brücke bauen. Aber wo Ihre Brücke hinführt, da will ich gar nicht hin.

Gebräuchliche Metaphern: unüberbrückbare Gegensätze, Brücken schlagen, Brücken abbrechen

Themen: Verhandlungen, Einigung, Verständigung, Kompromiss, Lösung

Brücken sind sehr beliebte Metaphern, wenn es darum geht, das Bemühen um Verständigung und eine einvernehmliche Lösung anschaulich zu machen. Wer eine Brücke baut, der leistet schon etwas mehr als einer, der dem andern bloß entgegenkommt. Die „goldene Brücke" gilt als Angebot, das schlechterdings nicht abzulehnen ist.

## Der Streit zwischen der Faulheit und dem Fleiß

Ein junger Mann namens Bonaccio pflegte immer sehr spät aufzustehen. Als seine Freunde ihm deswegen Vorwürfe machten, erklärte er: „Ich muss so lange im Bett bleiben, weil früh morgens die Faulheit und der Fleiß vor mich hintreten und anfangen zu streiten. Der Fleiß sagt mir: Lieg hier nicht faul herum, steh auf, tue dies und das, mach dich nützlich. Dann aber ergreift die Faulheit das Wort und rät mir, ruhig liegen zu bleiben, weil es draußen kalt sei. Sie meint, ich solle an meine Gesundheit denken und mich schonen. Nun ist wieder der Fleiß an der Reihe und bringt weitere Argumente vor, warum es besser sei aufzustehen. Die Faulheit macht ihre Einwände und so geht es einige Male hin und her. Als gerechter Richter höre ich mir beide Parteien an und hoffe, dass sie zu einer Einigung kommen. Am Ende gebe ich jedes Mal dem Fleiß Recht und beschließe aufzustehen."

**Themen:** Entscheidungsmanagement, Verzögerungstaktik, Prioritäten, Entscheidungsbedarf

Diese kleine Geschichte erzählt der italienische Humanist Poggio Bracciolini (1380–1459). Sie zeigt: Solange wir im Entscheidungsprozess stecken und die Pro- und Kontra-Argumente abwägen, handeln wir nicht, was Folgen haben kann. Oberflächlich betrachtet überprüft Bonaccio seine Handlungsalternativen und entscheidet sich für den Fleiß. Doch tatsächlich sorgt sein Entscheidungsverfahren dafür, dass er lange im Bett liegen bleibt, also mit guten Gründen faul sein kann. Vielleicht ist seine Argumentation aber auch nichts als eine faule Ausrede. Die Geschichte eignet sich daher für Situationen, in denen Ihr Gegenüber den Entscheidungsprozess unnötig in die Länge ziehen will.

## Pferde oder Stiere reiten

Mitte der 70er Jahre war der israelische Außenminister Yigal Allon auf Staatsbesuch in Berlin. Von einem Journalisten wurde Allon gefragt, ob er mit der PLO verhandeln würde, wenn sich die PLO verändern sollte. „Sie wollen eine hypothetische Antwort auf eine hypothetische Frage", erwiderte der Außenminister. „Das kommt mir so vor, als fragten Sie mich: Hier ist ein Stier. Könnten Sie auf ihm reiten, wenn er ein Pferd wäre? Darauf kann ich nur sagen: Bringen Sie mir das Pferd. Dann werde ich Ihnen zeigen, ob ich es reiten kann."

**Themen:** Hypothetische Annahmen, Voraussetzungen, Interview, Ausweichmanöver

Verhandlungen sind oftmals geprägt von hypothetischen Annahmen: Wenn irgendetwas der Fall ist, wäre dann irgendetwas anderes möglich? Solche Annahmen können eine Einigung vorbereiten, weil es darum geht, die Voraussetzungen zu überprüfen. Auf der anderen Seite gibt es Annahmen, die nur dazu da sind, Zugeständnisse hervorzulocken. In diesem Fall ist es sinnvoll, die Frage zurückzuweisen.

## Täuschung und Bluff

### Der Glockendieb

Im alten China lebte ein Mann, der eine besondere Vorliebe für die Türglocken hatte, die an den Häusern befestigt waren. Weil er selbst keine besaß, wollte er eine stehlen. Dabei gingen ihm folgende Gedanken durch den Kopf: „Wenn ich die Glocke anfasse, dann wird sie sich bewegen und klingeln. Dadurch werden die Leute im Haus aufmerksam, kommen heraus und entdecken mich. Es muss also darum gehen, dass man das Klingeln nicht hört." Und so verstopfte sich der Mann die Ohren und machte sich auf den Weg, um eine Glocke zu stehlen. Als er sie berührte, gab sie tatsächlich einen Klingelton von sich, doch das merkte der Dieb nicht und fuhr damit fort, die Glocke abzunehmen. Doch die Hausbewohner hörten den Lärm, liefen hinunter und fassten ihn.

**Themen:** Täuschung, Wahrnehmung, Perspektive

Eine über zweitausend Jahre alte Geschichte aus China. Tarnungen und Täuschungen sind zum Scheitern verurteilt, wenn der Täter die Dinge vornehmlich aus seiner eigenen Perspektive beurteilt.

## Talleyrands Tod

Louis Philippe wurde gemeldet, dass Talleyrand gestorben sei. Da wurde der Bürgerkönig nachdenklich und fragte: „Sind Sie auch ganz sicher? Bei Talleyrand darf man nie nach dem Augenschein urteilen. Und wenn er wirklich tot ist, frage ich mich: Welches Interesse kann er daran gehabt haben, gerade jetzt zu sterben?"

Themen: Verhandlungen, Misstrauen, Image, verdeckte Ziele

Eine Anekdote über den französischen Diplomaten Talleyrand. Meister des Verhandelns und der Diplomatie stehen in Verdacht, dass sie bei allem, was sie tun, Ziele verfolgen, von denen niemand etwas ahnt.

## Der Esel im Tigerfell

Ein armer Mann hatte einen Esel, der schon ganz schwach geworden war, weil er so wenig zu fressen bekam. Als der Mann eines Tages im Wald umherschweifte, entdeckte er ein Tigerfell. „Das trifft sich gut!", rief der Mann. „Mit diesem Tigerfell will meinen Esel bedecken und ihn in der Nacht in die Gerstenfelder schicken, damit er sich satt fressen kann. Die Wächter am Feld werden es nicht wagen, ihn wegzujagen."

Der Mann sollte Recht behalten. Die Wächter ergriffen jedes Mal die Flucht, wenn sie den Esel in der Nacht durch die Äcker streifen sahen, und so fraß er sich an der Gerste dick und rund. Doch eines Tages hörte der Esel aus der Ferne das Geschrei einer Eselin. Da schrie der liebestolle Esel übermütig zurück. Die Wächter erkannten nun, dass der vermeintliche Tiger ein Esel war; sie ergriffen ihn und schlugen ihn tot.

Themen: Bluff, Tarnung, Entlarvung, Image

Eine bekannte Fabel von Äsop, die sich auch in der altindischen Fabelsammlung Pantschatantra wiederfindet. Sie macht darauf aufmerksam, dass jede Tarnung und Täuschung ihre „Sicherheitslücke" hat. Ein falsches Image lässt sich vielleicht eine Zeitlang aufrechterhalten. Doch früher oder später wird sich jeder „Esel im Tigerfell" verraten. Die Geschichte lässt sich auch aus einer anderen Perspektive deuten: Wenn es nämlich darum geht zu überprüfen, ob jemand blufft. Handelt es sich um einen echten Tiger, vor dem die Feldwächter besser davonlaufen? Oder um einen Esel im Tigerfell? In der Logik unserer Fabel sollten Sie für eine brüllende Eselin sorgen, also Umstände herbeiführen, unter denen Ihr Tiger-Esel seine Identität preisgibt.

# Verständigung

### Die Geschichte vom Hammer

Eines Tages entschließt sich ein Mann ein Bild aufzuhängen. Leider hat er nur Nägel, aber keinen Hammer. Was tun? Er überlegt. Sein Nachbar hat einen Hammer. Der Mann sagt sich: Problem gelöst, ich gehe zu ihm hin und leihe mir den Hammer. Doch was mache ich, denkt sich der Mann, wenn der Nachbar mir den Hammer nicht geben will? Gestern sah er schon so griesgrämig aus. Ich habe ihm freundlich „Guten Tag" gesagt und er hat nur genickt. Wenn überhaupt. Vielleicht hat er es gar nicht richtig gehört, dass ich ihn gegrüßt habe. Vielleicht hat er aber auch was gegen mich. Aber was? Ich habe ihm doch nichts getan. Ich bin immer nett zu ihm. Wenn er von mir ein Werkzeug leihen wollte, würde ich es ihm sofort geben. Warum er nicht? Wieso schlägt man seinem Mitmenschen einfach so einen Gefallen ab? Wahrscheinlich fühlt er sich gut dabei. Wahrscheinlich ist das seine Art, seine Macht zu genießen. Jetzt bildet der sich ein, bloß weil er einen Hammer hat, müsste ich vor ihm auf den Knien rumrutschen, oder was? Solche Leute sind doch einfach ekelhaft.

Mit diesen Gedanken erreicht der Mann die Tür von seinem Nachbarn. Er presst den Finger auf die Klingel und wartet, bis die Tür aufgeht. Bevor sein verdutzter Nachbar auch nur „Guten Tag" sagen kann, schreit ihn der Mann an: „Wissen Sie was? Ihren blöden Hammer können Sie behalten!"

**Themen:** Verhandlungen, Prognose, Hypothese, Kommunikation, Wahrnehmung

Eine Geschichte, die in mehreren Varianten und als Witz existiert, und die Paul Watzlawick in seinem Buch „Anleitung zum Unglücklichsein" populär gemacht hat. Sie macht auf ein verbreitetes Fehlverhalten aufmerksam: Über bestimmte Dinge, die anstehen, machen wir uns unglaublich viele Gedanken und nehmen unsere Vorstellung bereits für Realität. Dabei glauben wir, die

Gedanken unserer Mitmenschen schon genau zu kennen. Das führt dazu, dass wir über sie völlig falsche Schlüsse ziehen. Mit dieser völlig irrationalen Erwartungshaltung konstruieren wir eine Konstellation, die der Situation jede Offenheit nimmt.

**Der unbezahlbare Teppich**

> Ein Mann wollte nach einem Diebeszug durch eine Stadt eines der Beutestücke, einen kostbaren Teppich verkaufen. „Wer gibt mir 100 Goldstücke für diesen einzigartigen Teppich?", fragte er überall herum. Der Verkauf kam schnell zustande, denn der Teppich war wirklich wunderschön. „Warum hast du für diesen unbezahlbaren Teppich nicht mehr verlangt?", fragte ein Freund den Verkäufer. Der entgegnete: „Gibt es denn eine größere Zahl als 100?"
>
> **Themen:** Vorstellungsvermögen, Preis, Verhandlungen, Vorbereitung

Eine Geschichte aus Usbekistan. Bei allen Verhandlungen sollten wir eine möglichst genaue Vorstellung davon haben, wie viel wir fordern können. Dazu gehört eine gewisse Vorbereitung. Der Dieb weiß nur, dass der Teppich „unbezahlbar" ist. Dass er mit seinem Preis so niedrig greift, liegt an seinem begrenzten Horizont.

**Platons Definition**

> Seit langem beschäftigte Platon die Frage: Was ist der Mensch? Endlich kam er zu der folgenden Definition: Der Mensch ist ein federloses Tier mit zwei Beinen. Davon hörte der Philosoph Diogenes. Der besorgte sich einen Hahn, rupfte ihm die Federn aus und sagte: „Hier hast du deinen Menschen, Platon." Daraufhin ergänzte Platon seine Definition um den Zusatz: „Mit platten Nägeln."
>
> **Themen:** Definition, Normierung, Wahrnehmung

Wir haben es ja schon in der Einleitung erfahren (Seite 25): Definieren ist eine etwas heikle Aufgabe. Wir können uns trösten, dass nach dieser Anekdote sogar Platon, der ja als einer der größten Philosophen aller Zeiten gilt, seine Schwierigkeiten damit hatte.

## Doppelte Welt

> Ein Mann hatte einen Sohn, der alles doppelt sah. Eines Tages wollte der Vater ihm erklären, dass er einen Sehfehler hatte. Er belehrte ihn: „Mein Sohn, du siehst zwei Dinge, wo nur eines ist." – „Aber das ist doch völlig unmöglich!", empörte sich der Junge. „Wenn das so wäre, würde ich da oben vier Monde sehen anstatt zwei."

Eine Sufi-Geschichte, die Idries Shah mitteilt. In aller Kürze können Sie mit ihr zum Ausdruck bringen: Jeder hält das, was er sieht, für ein Abbild der Wirklichkeit. Niemandem ist tatsächlich klar zu machen, dass er einen Sehfehler hat, denn er kennt ja nur diese Sicht der Welt. Wer mit jemandem verhandelt, der eine andere Sichtweise hat, sollte sich auf diese einlassen. Das mag gar nicht so einfach sein, wie ein Sketch der englischen Komikergruppe Monty Python zeigt, der wie eine Fortsetzung der Sufi-Geschichte erscheint:

> Ein Mann stellt sich bei einem Expeditionsleiter vor, um an seiner Expedition nach Afrika teilzunehmen. Der Expeditionsleiter allerdings sieht alles doppelt. Also begrüßt er zwei Teilnehmer und will auf zwei Schiffen zu den beiden Afrikas übersetzen, etc. Nach einer kurzen Irritationsphase passt sich der Teilnehmer der merkwürdigen Weltsicht des Expeditionsleiters schnell an. Bis er das Ziel der Expedition erfährt: eine Brücke zwischen den Gipfeln der beiden Kilimandscharos zu bauen.

> **Themen:** Fehler, Selbstbild, Wahrnehmung, Kommunikation, Wirklichkeit, Weltbild

## Die leckeren Cornflakes

> Das frisch verheiratete Paar kehrt aus den Flitterwochen zurück. Beim ersten Frühstück im neuen gemeinsamen Heim stellt sie eine große Schachtel Cornflakes auf den Tisch. „Für dich", sagt sie liebevoll. Er will sie nicht kränken, eigentlich mag er keine Cornflakes, aber das kann er ihr doch jetzt nicht so ins Gesicht sagen. Also isst er einen Teller Cornflakes und nimmt sich vor, wenn die Schachtel leer ist, seine Frau einfach zu bitten keine neuen mehr zu kaufen. Aber seine liebevolle Frau passt natürlich auf. Noch bevor die erste Schachtel aufgebraucht ist, steht die nächste schon im Schrank. Jetzt kann er ihr natürlich noch weniger sagen, dass er keine Cornflakes mag. Sechzehn Jahre später hat

er die Hoffnung endgültig aufgegeben, ihr die Sache doch noch irgendwie schonend beizubringen.

**Themen:** Missverständnisse, Beziehungsmanagement, Kommunikation

Eine Geschichte, die Paul Watzlawick in seiner „Anleitung zum Unglücklichsein" erzählt. Die Sache ist vertrackter, als es vielleicht den Anschein hat, denn es gibt keine einfache Lösung. Stellen wir uns vor, der frisch verheiratete Ehemann hätte erklärt: „Vielen Dank, mein Schatz, das ist furchtbar nett, aber ich mag keine Cornflakes", so hätte das seine Frau zumindest ein wenig verletzt. Die Lösung, die er wählt, ist also gar nicht so unvernünftig. Bringen wir die kleine Unannehmlichkeit hinter uns und stellen dann die Sache richtig, wenn sie nicht mehr verletzend wirkt. Doch geht das Kalkül nicht auf, weil seine vorgetäuschte Reaktion wiederum eine Gegenreaktion in Gang gesetzt hat. Es wird immer schwieriger aus dieser „Spirale des guten Willens" auszusteigen.

## Abweisen

### Das Mehl an der Wäscheleine

Ein Nachbar kam zu Nasrudin und wollte sich seine Wäscheleine ausleihen. Nasrudin entgegnete: „Tut mir leid, aber ich trockne gerade Mehl daran." Der Nachbar schüttelte verwundert den Kopf: „Aber wie kannst du Mehl an einer Wäscheleine trocknen?" Nasrudin erwiderte: „Oh, wenn du sie nicht verleihen willst, ist das gar nicht so schwierig, wie du glaubst."

**Themen:** Verhandlungen, Absage, Scheinargument, Ausrede

Eine Sufi-Geschichte mit dem weisen Narren Nasrudin (siehe Seite 66). Wir sind findig, wenn es darum geht, Gründe zu finden, warum wir etwas nicht tun können, was wir nicht tun wollen. Mit der Geschichte können Sie zum Ausdruck bringen, dass Sie eine Begründung Ihres Gegenübers nicht akzeptieren. Oder aber dass Sie – ohne stichhaltige Gründe anzuführen – einfach ablehnen.

## Besuch unerwünscht

Der ungarische Schriftsteller Franz Molnár hatte zwei Methoden unangenehme Besucher abzuweisen. Bei Leuten, die ihm gleichgültig waren, hatte seine Sekretärin Anweisung zu sagen: „Es tut mit Leid, Herr Molnár ist eben ausgegangen." Bei Besuchern, die ihm regelrecht unsympathisch waren, sollte seine Sekretärin hinzufügen: „Wenn Sie sich beeilen, holen Sie ihn vielleicht noch ein."

**Themen:** Absage, Antipathie, Abwesenheit, Ausrede

# Kunden und Öffentlichkeit

Als Führungskraft haben Sie es nicht nur mit den Menschen in Ihrer Organisation zu tun oder mit externen Mitarbeitern und Zulieferern, sondern auch mit den mehr oder minder unbekannten Wesen, die Ihre Produkte kaufen oder Ihre Dienstleistungen in Anspruch nehmen – Ihre Kunden. Wie wir bereits angesprochen haben, ist es sicher nicht günstig von der „Kundenfront" zu sprechen, an der manche Mitarbeiter tätig sind. Immerhin sollen die Kunden ja nicht in die Flucht geschlagen werden (auch wenn sich manche „Frontkämpfer" täglich darum bemühen), sondern die gesamte Organisation dient letztlich dem Zweck, den Kunden zufrieden zu stellen – damit er Kunden bleibt und nicht zur Konkurrenz wechselt oder seine Probleme eigenhändig löst. Um ihn zufrieden zu stellen, muss er allerdings erst einmal geködert werden. Mit Werbung oder Marketingmaßnahmen.

Schließlich aber stellt sich Ihr Unternehmen auch in der weiteren Öffentlichkeit dar. Auch Menschen, die (noch) nicht Ihre Kunden sind, haben eine Meinung über Ihre Organisation. Das öffentliche Erscheinungsbild, das Image entscheidet über Ihren geschäftlichen Erfolg. Wenngleich ein positives öffentliches Erscheinungsbild so kostspielig sein kann, dass von den erwirtschafteten Gewinnen nachher nichts mehr übrig bleibt.

**Auf den Köder kommt es an**

> Zwei Angler sitzen nebeneinander. Der eine hat einen Korb voller Fische, der andere hat noch gar nichts gefangen. „Wie machen Sie das nur?", erkundigt sich der erfolglose Angler. „Wir haben die gleiche Angelrute, wir angeln genau an der gleichen Stelle. Warum fangen Sie so viel und ich gar nichts?" Der andere schaut kurz auf und sagt: „Ganz einfach, Sie haben an Ihren Angelhaken eine Wurst gehängt und ich einen Wurm." Und damit hält er ihm eine Box unter die Nase, in der viele Mehlwürmer herumkriechen. „Das ist ja ekelhaft", entgegnet der mit der Wurst an der Angel. Der andere zieht wieder einen Fisch an Land und bemerkt: „Der Wurm muss dem Fisch schmecken, nicht dem Angler."

„Also, wenn das so ist", erwidert der erfolglose Fischer und packt seine Sachen zusammen. „Ich will keine Fische fangen, die solche ekelhaften Würmer fressen. Wenn Sie weg sind, werde ich hier weiter angeln. Früher oder später werden sich die Fische schon an meine leckere Wurst gewöhnen."

**Themen:** Marketing, Kundenorientierung, Kundenerziehung, Qualitätsanspruch, Massengeschmack

Mit dieser Geschichte können Sie herausstreichen: Es geht nicht darum, was der Anbieterseite gefällt, ob sie ihre Produkte großartig findet oder glaubt, dass die Imagekampagne Maßstäbe setzen wird. Einzig die Kunden sind entscheidend, und wenn denen Ihre „Wurst" nicht schmeckt, dann schwimmen sie eben weiter und beißen woanders an. Bei dem Satz „Der Wurm muss dem Fisch schmecken, nicht dem Angler" handelt es sich übrigens um ein äußerst beliebtes Zitat. Folgende Autoritäten führten es schon im Munde und werden als Urheber genannt: Bernd Pischetsrieder (als er noch BMW-Vorstand war), RTL-Chef Helmut Thoma (der damit das seichte, auf den Massengeschmack ausgerichtete Programm seines Senders verteidigte), die Erotikunternehmerin Beate Uhse, die Fernseh-Moderatorin Nina Ruge und – als älteste und damit wahrscheinlichste Quelle – der Erfolgsautor Dale Carnegie. Darüber hinaus wurde es auch schon als „chinesisches Sprichwort bezeichnet oder als „alte Marketingweisheit".

### Das Geheimrezept für die köstlichsten Krautfleckerln

Die Tante Jolesch war eine ausgezeichnete Köchin. Als besondere Köstlichkeit galten ihre Krautfleckerln, eine altösterreichische Spezialität aus dünnen Teigbändern und klein gehacktem Kraut. Plante die Tante am Sonntag Krautfleckerln zuzubreiten, so musste sie mit dem Ansturm einer vielköpfigen Verwandtschaft aus den entlegensten Winkeln der k.u.k. Monarchie rechnen. Alle waren sich einig: So köstliche Krautfleckerln gab es nur bei der Tante Jolesch. Jahrelang versuchte man ihr das Rezept zu entlocken. Doch vergebens; sie gab es einfach nicht preis.

Als die Tante Jolesch schließlich auf dem Sterbebett lag, hatte sich die Familie bei ihr versammelt. Es herrschte gedrücktes Schweigen, unterbrochen nur von verhaltenem Schluchzen und murmelnden Gebeten.

Die Tante Jolesch lag starr auf ihrem Kissen und atmete schwer. Da fasste sich ihre Lieblingsnichte Louise ein Herz und trat vor ihr Bett: „Tante, ins Grab kannst du das Rezept ja doch nicht nehmen. Willst du es uns nicht hinterlassen? Willst du uns nicht endlich sagen, wieso deine Krautfleckerln immer so gut waren?" Tante Jolesch richtete sich mit letzter Kraft auf und antwortete mit feinem Lächeln: „Weil ich nie genug gemacht hab ..."

**Themen:** knappe Güter, Angebot und Nachfrage, Wünsche, Exklusivität, Marktsättigung

Eine Anekdote aus dem Buch „Die Tante Jolesch" von Friedrich Torberg, einer reichen Fundgrube schrulliger und lebenskluger Geschichten aus der Donaumonarchie. Eine weitere Anekdote zum Thema „knappe Güter":

### Preisverhandlung

Eine Kundin geht in eine Bäckerei und will zwei Brötchen haben. „Macht einen Euro." – „Einen Euro?", empört sich die Kundin. „Das ist aber teuer. Gegenüber kosten sie nur 80 Cent!" – „Tja, dann kaufen Sie Ihre Brötchen doch gegenüber", entgegnet der Bäcker seelenruhig. „Aber da gibt es keine mehr", sagt die Kundin. Der Bäcker grinst: „Da können Sie mal sehen, gnädige Frau: Wenn *ich* keine Brötchen mehr habe, dann kosten sie nur noch 15 Cent."

**Themen:** Kunden, Preisgestaltung, Angebot und Nachfrage

### Der blinde Bettler und der Marketingspezialist

Ein blinder Bettler sitzt in der Fußgängerzone. Vor sich hat er einen Hut stehen mit einem Schild, auf dem zu lesen ist: „Bitte eine milde Gabe für einen Blinden." Die Leute gehen an dem Bettler achtlos vorbei, in seinem Hut liegen kaum Münzen. Da kommt ein Marketingspezialist des Weges daher, sieht den Bettler und fragt ihn: „Na, wie läuft das Geschäft?" Der Bettler nimmt seinen Hut, greift hinein und sagt: „Ach, es geht schlecht, die Konkurrenz ist so groß und die Leute sind ja heute so hartherzig." Da sagt der Marketingspezialist: „Ach was, so wie Sie betteln, wundert mich das gar nicht." Der Bettler meint: „Sie können schlau daherreden. Sie sind kein Bettler und wissen überhaupt nicht, wie schlecht es der ganzen Branche geht." Der Marketingspezialist denkt kurz nach und sagt: „Ich mache Ihnen einen Vorschlag: Sie setzen sich hier hin und überlassen alles mir. Dann werden wir ja sehen, wie das Geschäft läuft." Der Bettler ist einverstanden. Der Marketingspezialist ändert eine Kleinigkeit und sagt anschließend zu dem Bettler: „Ich komme morgen wieder vorbei." Am nächsten Tag ist der Hut randvoll mit Münzen und Scheinen. „Wie haben Sie das nur fertig gebracht?", fragt der Bettler. „Ganz einfach", erwidert der Marketingspezialist, „ich habe Ihnen bloß ein neues Schild gemalt. Vorher stand auf Ihrem Schild: ‚Bitte eine milde Gabe für einen Blinden'. Jetzt steht darauf: ‚Es ist Mai – und ich bin blind.'"

**Themen:** Marketing, Botschaft, Slogan, Emotionen

Eine Geschichte, die gern in Einführungsseminaren zum Marketing erzählt wird und die gewöhnlich mit der Feststellung endet: „Sehen Sie, das ist Marketing!"

## Das zurückgelassene Fahrradlicht

Die Anfänge des japanischen Matsushita-Konzerns waren bescheiden. Der legendäre Firmengründer Konosuke Matsushita hatte sich gerade selbstständig gemacht und brachte in den 20er Jahren ein neues Produkt auf den Markt, das zunächst kaum Käufer fand: eine Fahrradlampe. Die Existenz des kleinen Unternehmens stand auf dem Spiel. Da sagte Matsushita seinen Vertretern, sie sollten in jedem Laden, den sie besuchten, ein eingeschaltetes Fahrradlicht hinterlassen. Die Händler und die Kunden erkannten mit eigenen Augen den Nutzen des Produkts und waren beeindruckt. Innerhalb kurzer Zeit schnellte der Absatz in die Höhe. Der Grundstein für das Firmenimperium war gelegt.

**Themen:** Werbemaßnahme, Demo-Version/Muster, Anschaulichkeit, Überzeugen

Eine Anekdote über den japanischen Unternehmer Matsushita (Seite 69), die zeigt, worauf es ankommt, wenn man die Kunden von einem neuen Produkt überzeugen will: Was man mit eigenen Augen sehen, was man anfassen und selbst ausprobieren kann, das überzeugt einen mehr als alles andere.

**Konzert mit Zugabe**

> Der Komponist Franz Liszt war auch ein berühmter Pianist. Eines Abends gab er in einer größeren französischen Stadt mit dem Tenor Rubini ein Konzert. Der Saal war fast leer, kaum fünfzig Personen waren gekommen. Dennoch legten sich beide Künstler mächtig ins Zeug. Es war ein grandioser Auftritt. Am Ende des Konzerts wandte sich Liszt an das Publikum: „Meine Herren und meine Dame – ich sehe nur eine einzige – darf ich mir erlauben, Sie jetzt zum Abendessen einzuladen?" Das Publikum war erstaunt, doch nahm die Einladung gerne an. Das Essen kostete Liszt etwa zwölfhundert Francs. Doch am nächsten Abend war der Saal zum Bersten gefüllt.
>
> **Themen:** Marketing, Werbemaßnahmen, Kundenbindung, Incentive

Eine Anekdote über Franz Liszt, der Ende des 19. Jahrhunderts nicht nur als Komponist, sondern mehr noch als Klaviervirtuose berühmt war, der sich ausgezeichnet selbst zu vermarkten verstand. Seine Konzerte hatten Eventcharakter, wie wir heute sagen würden. Darüber hinaus wusste er aber auch im kleinen Rahmen, das Publikum für sich einzunehmen.

**Die Liebesprüfung**

> Ein adeliger Herr schrieb an eine junge Frau, die ebenfalls aus adeligem Hause stammte, einen wohlgesetzten Liebesbrief. Sie antwortete ihm: „Kommen Sie von diesem Abend an hundert Nächte an meinem Haus vorbei und schneiden Sie jedes Mal eine Kerbe in das Holz des Ochsenwagens zum Zeichen, dass Sie hier waren. Nach hundert Nächsten werde ich Sie einlassen." Der Herr freute sich. Jede Nacht, auch bei Wind und Wetter, erschien nun eine dunkle Gestalt vor dem Haus der jungen Frau und ritzte eine Kerbe in den Ochsenwagen. In der neunundneunzigsten Nacht, als gerade das Zeichen eingeritzt war, trat eine Dienerin aus dem Haus und packte den Mann am Ärmel. „Meine Herrin lässt ausrichten", sprach sie, „dass sie Ihnen eine Nacht erlassen

möchte, da Sie nun schon neunundneunzig Nächte vorbeigekommen sind. Lassen Sie sich von mir in ihr Schlafgemach geleiten." Doch der Mann schreckte zurück und fing an zu stammeln. „Was ist mir Ihnen?", fragte die Dienerin. „Warum folgen Sie mir nicht?" – „Ich bin doch nur der Lohndiener", sagte der Mann und verschwand in der Nacht.

**Themen:** Beziehungsmarketing, persönlicher Kontakt, Delegieren, Mitarbeiterführung, Kundenbeziehung

Eine alte japanische Geschichte aus der Sammlung „Edo waraibanashi". Sie zeigt uns, dass es manche Dinge gibt, die man nur persönlich erledigen sollte. Auch wenn es nur um das Einritzen einer Kerbe in einen Ochsenwagen geht, die ganze Geste wird hinfällig, wenn wir dafür einen „Lohndiener" einspannen. Diese Einsicht gilt nicht nur für die Herzensdinge, sondern überhaupt für alle Angelegenheiten, bei denen es um Gefühle und Beziehungen geht, auch um Kundenbeziehungen. Wenn Sie Ihre besten Kunden mit einem „persönlichen Anschreiben" beglücken, das offensichtlich nicht von Ihnen stammt, so bringen Sie damit zum Ausdruck, dass Sie den anderen gerade nicht wertschätzen. Denn Sie halten den Aufwand so gering wie möglich.

**Himmel oder Hölle?**

Ein Mann stirbt. Als er an die Himmelspforte kommt, fragt ihn Petrus, ob er lieber in den Himmel oder in Hölle möchte. „Natürlich in den Himmel", entgegnet der Mann. Zunächst gefällt es ihm. Er nimmt auf seiner Wolke Platz und lässt es sich gut gehen. Doch irgendwann wird es ihm ein bisschen langweilig. Was kann man tun? Na ja, ich schau mir mal an, wie die armen Sünder in der Hölle braten, denkt sich der Mann, fliegt mit seiner Wolke über die Hölle und schaut hinunter. Was er da zu sehen bekommt, findet er dann doch sehr überraschend: Ein riesiges Party-Areal, in dem dichtes Gedränge herrscht. Überall gut gekleidete Menschen, die Cocktails trinken und miteinander lachen. Es gibt drei Bühnen, vier Bars, ein Erlebnisbad und einen ausgedehnten Wellness-Bereich. Keine Frage, die da unten amüsieren sich göttlich.

Der Mann geht zu Petrus und sagt: „Hier im Himmel ist es mir zu langweilig. Ich will lieber in die Hölle. Kann ich umbuchen?" Petrus schaut dem Mann tief in die Augen und sagt: „Einmal umbuchen ist möglich.

Sie können aber nie wieder zurück. Haben Sie sich die Sache also wirklich gut überlegt?" – „Ja, ja, ja!", brüllt der Mann, der es gar nicht erwarten kann, in der Hölle an seinem ersten Cocktail zu nippen. „Also gut", sagt Petrus, öffnet das Himmelstor und lässt den armen Mann geradewegs in die Hölle fahren. Dort wird er gleich von zwei Teufeln in Empfang genommen, in einen Kessel gesteckt und über den Flammen des Höllenfeuers geröstet. „Hey, Moment mal!", ruft der Mann. „Wo sind denn die ganzen Leute mit den Cocktails hin? Und wo ist das Erlebnisbad?" – „Damit haben wir nichts zu tun", sagt der Teufel, „das hat sich unsere Werbeagentur ausgedacht."

**Themen:** Werbung, Image, Glaubwürdigkeit, Kundenzufriedenheit

Eine Geschichte, die in Werbeagenturen kursiert und mit einem Augenzwinkern erzählt wird. Dabei wird hier ein wesentliches Problem berührt: Denn für andere Wirtschaftsunternehmen als die Hölle kann es schon zu einem Problem werden, wenn Werbemaßnahmen einem Unternehmen ein Erscheinungsbild geben, das überhaupt nicht der Realität entspricht.

**Professionelle Promotion**

Der amerikanische Apotheker John S. Pemberton entwickelte 1886 ein anregendes Getränk, dem sein Buchhalter Frank Robinson den Namen Coca-Cola gab – nach seinen zwei Hauptbestandteilen, den Blättern des Kokastrauchs, aus denen auch das Rauschgift Kokain gewonnen wird, und einem Extrakt aus der koffeinhaltige Kolanuss (die Kokablätter ließ man ab 1905 weg). Die erste Werbung für Coca-Cola erschien nur drei Wochen, nachdem Pemberton das Getränk erfunden hatte. Das Getränk wurde anfangs nur an einem Sodastand in Atlanta verkauft, der Preis lag bei fünf Cents pro Glas. Der Gewinn des ersten Geschäftsjahres lag bei 50 Dollar. Doch weil John Pemberton als einer der ersten auf Werbung in den Massenmedien setzte, gab das Unternehmen gleichzeitig 73,96 Dollar für Werbung aus. Coca-Cola erwirtschaftete in seinem ersten Jahr also einen Verlust. Knapp dreißig Jahre später, 1915, schrieb das Unternehmen einen Wettbewerb aus, um die geeignete Form für die Coca-Cola-Flasche zu finden. Der damalige Präsident von Coca-Cola, Asa Candler, sagte: „Wir brauchen eine Flasche, die man auch im Dunkeln als Coca-Cola erkennt." Der Wettbewerb war ein voller Erfolg. Die siegreiche Flasche wurde zu einer bekanntesten Designstücke des 20. Jahrhunderts.

**Themen:** Werbeetat, Werbemaßnahmen, Wiedererkennungswert, Wettbewerb

Das historische Beispiel mag als Kronzeuge dafür herhalten, dass Werbemaßnahmen notwendige Investitionen sind und kein überflüssiger Luxus. Ohne die für damalige Zeiten hoch aufwändige Werbung würde Coca-Cola vielleicht heute noch nur an einem einsamen Sodastand in Atlanta verkauft werden. Und was den Design-Wettbewerb betrifft, so sollten Sie auch die nächste Geschichte noch lesen, um zu erkennen: Man sollte bei solchen Angelegenheiten nicht knausern.

## Wettbewerb

Der berühmte englische Karikaturist Bernhard Partridge bekam eines Tages ein Schreiben, in dem er aufgefordert wurde, sich an einem Wettbewerb zu beteiligen. Eine große Likörfabrik hatte einen Geldpreis ausgelobt. Es sollte nur einen einzigen Gewinner geben, alle übrigen Zeichnungen sollten aber in den Besitz der Firma übergehen. Daraufhin richtete Partridge den folgenden Brief an das Unternehmen: „Meine Herren, ich setze einen Preis von zwei Schilling für die beste Likörmarke aus und würde mich sehr freuen, wenn Sie an diesem Wettbewerb teilnehmen würden. Jede Fabrik hat zwölf Dutzend an das Schiedsgericht zu senden, und die nicht preisgekrönten Liköre bleiben Besitz des Schiedsgerichts."

**Themen:** Wettbewerb, Werbemaßnahmen, Profit, Image

Eine Anekdote, die sich gewiss gut eignet, wenn Ihre Organisation selbst einen (natürlich seriöseren) Wettbewerb ausrichtet. Im Übrigen macht Partridge von einem überzeugenden Stilmittel Gebrauch, das auch Sie einsetzen können, um fragwürdige Vertragsbedingungen zu entlarven: Tauschen Sie einfach die Rollen und fragen Sie den anderen, ob er mit einer solchen Vereinbarung einverstanden wäre.

# Kundenwünsche

## Zusatzgeschäft

Auf einer Reise von Venedig nach Mailand traf Giacomo Casanova einen reichen Mann, der mit besonderem Stolz ein altes Schwert mit sich führte. Er behauptete, es handle sich um das berühmte Schwert, mit dem der heilige Petrus dem Knecht Malchus das Ohr abgeschlagen habe. Die anderen Reisenden schüttelten nur den Kopf. „Das kann nicht sein", sagten sie, „wie wollt Ihr die Echtheit beweisen?" Nur Casanova bewunderte das Schwert und erklärte, ohne Zweifel sei das Schwert echt. Anschließend verkaufte er dem stolzen Besitzer für tausend Zechinen das dazugehörige Futteral.

Die Menschen lassen sich ihre Illusionen nur ungern nehmen. Wenn Sie mit ihnen Geschäfte machen wollen, ist es aussichtsreicher, die Illusionen zu bestätigen als sie zu widerlegen.

**Themen:** Illusion, Verkauf, Verhandlungen, Manipulation, Kundenbetreuung

## Königlicher Service

Der Sonnenkönig Ludwig der Vierzehnte hatte für Punkt zehn Uhr eine Kutsche bestellt. Als die Turmuhr zehn schlug, trat der Monarch aus dem Tor. Genau zu diesem Zeitpunkt fuhr die Kutsche vor. Ludwig wandte sich zornig an seinen Kämmerer: „Was ist das?! Ich hätte beinahe warten müssen!"

**Themen:** Dienstleistungen, Ansprüche, Kundenservice

Erinnern Sie daran: So hoch sind die Ansprüche, wenn der Kunde wirklich einmal der König ist.

## Das „Bringen Sie mir einen Stein"-Spiel

Kennen Sie das Spiel „Bringen Sie mir einen Stein"? Es geht so: Ich sage Ihnen: „Bringen Sie mir einen Stein." Sie schauen mich ein wenig verwundert an, drehen sich um, gehen zum Flussufer und holen mir einen Stein. Ich nehme den Stein, werfe ihn zurück und sage: „Nein, nicht *diesen* Stein. Bringen Sie mir einen anderen Stein."

**Themen:** Dienstleistungen, Briefing, Mitarbeiterführung, Kundenwünsche, Kundenzufriedenheit

Dieses Spielchen hat Andrew Grove, Chef des Chipherstellers Intel, bei einer Podiumsdiskussion erwähnt, um das Verhalten einer bestimmten Sorte von Auftraggebern zu charakterisieren. Sie können es vielfältig einsetzen: Als Beispiel für schlechtes Briefing, zur Illustration diffuser Kundenwünsche oder als Beschreibung von Schikane (egal, was der andere tut, sein „Stein" wird immer wieder zurückgewiesen).

## Gesellschaftliche Ereignisse

### Eine Welt aus 25 Menschen

Der Soziologe Georg Simmel stellte einmal die scherzhafte Vermutung an, auf der ganzen Welt gäbe es nur 25 Menschen, aber diese liefen so schnell umher, dass man denken könnte, es seien viel mehr.

**Themen:** Omnipräsenz, Kollegen, Bekannte, Experten, Global Village

Eine Anekdote, die einem in den Sinn kommt, wenn man immer wieder auf die gleichen Menschen trifft, die allgegenwärtig zu sein scheinen. Nirgendwo trifft das allerdings mehr zu als bei den Experten und den „Fachkreisen", die im Allgemeinen ganz gut überschaubar sind. An Simmels Spekulation zu erinnern ist sicher origineller als die Feststellung, dass die Welt ein „Dorf" sei.

### Das globale Dorf

Kennen Sie den Bundeskanzler persönlich? Und wie steht es mit dem Papst, Steffi Graf oder der Popsängerin Madonna? Aber vielleicht kennen Sie jemanden, der jemanden kennt, der jemanden kennt, der eine dieser Personen kennt. Das ist sogar sehr wahrscheinlich, behaupten zumindest die Statistiker. Tatsächlich haben sie einmal nachgerechnet, wie viel Stationen wir brauchen, um zu einem beliebigen Erdenbürger zu kommen. Das Ergebnis ist überraschend. Wir brauchen nicht mehr als durchschnittlich fünf Stationen, eher weniger! In Einzelfällen kann die Kette schon mal etwas länger werden, aber auch dann brauchen wir kaum mehr als sieben Stationen. Denn auch der Einsiedler in den Bergen geht irgendwann mal einkaufen oder zum Arzt. Damit ist er ans globale Netzwerk angeschlossen.

**Themen:** Kontakte, Bekanntheit, Networking, Global Village, Empfehlungen

Mit dieser Erkenntnis können Sie dafür werben, Kontakte aufzubauen und zu nutzen. Führen Sie Ihren Zuhörern vor Augen: Wen immer Sie kennen lernen wollen, Sie brauchen nur fünf Stationen. Bezogen auf Deutschland stehen Sie bereits nach zwei Stationen mit über 70 % aller Bundesbürger in Verbindung! Eine Erkenntnis, die etwa im Verkauf für persönliche Empfehlungen Relevanz hat. Wer sich für die statistischen Einzelheiten interessiert, lese bei Walter Krämer nach (siehe Literaturverzeichnis). Der amerikanische Psychologe Stanley Milgram hat die Berechnung sogar einmal empirisch überprüft und kam unter erschwerten Bedingungen auf durchschnittlich fünf Stationen.

### Es gilt das gesprochene Wort

Bei einem Staatsbankett in Paris bemerkte Bundeskanzler Konrad Adenauer, dass neben jedem Gedeck die französische Übersetzung seiner Tischrede lag. Als er an der Reihe war, klopfte er an sein Glas, erhob sich und sprach: „Nun, meine Damen und Herren, da Sie meine Rede bereits Schwarz auf Weiß vor sich haben, kann ich ja jetzt etwas ganz anderes sagen."

**Themen:** Tischrede, Improvisation

### Vertrautheit

Der römische Kaiser Augustus war sehr umgänglich und nahm beinahe jede Einladung an. Eines Abends wurde ihm von seinem Gastgeber ein äußerst bescheidenes Mahl vorgesetzt. Auf jedes Zeremoniell hatte man ebenfalls verzichtet. Zum Abschied sagte der Kaiser zum Gastgeber: „Ich habe gar nicht gewusst, dass wir so befreundet sind."

**Themen:** Tischrede, Einladung, Formalitäten, Etikette

Eine Anekdote aus den „Tischgesprächen" des lateinischen Schriftstellers Ambrosius Theodosius Macrobius.

### Versuchung

Im 18. Jahrhundert war die Marquise Marie du Deffand eine der prägenden Figuren im gesellschaftlichen Leben von Frankreich. In ihrem Salon verkehrten Wissenschaftler, Philosophen, Politiker und Schriftsteller. Die Marquise war geschätzt und gefürchtet wegen ihrer spitzen Zunge. Eines Tages verkündete sie, sie wisse ein absolut zuverlässiges Mittel gegen die Versuchung. Die Anwesenden bestürmten sie, es doch zu verraten. Feierlich verkündete sie: „Das sicherste Mittel gegen die Versuchung ist – ihr zu erliegen."

Themen: Genuss, Tischrede

Eine ähnliche Bemerkung findet sich auch bei dem Schriftsteller Oscar Wilde. Doch hat die Marquise immerhin 150 Jahre Vorsprung.

## Image

### Kleiderordnung

Als die Manager von IBM das erste Mal zu Microsoft kamen, stießen sie an der Tür auf einen unordentlich aussehenden jungen Mann, den sie nach dem Büro von Bill Gates fragten. Der Mann führte die Manager zum Büro, öffnete die Tür und setzte sich hinter den Schreibtisch. Erst in diesem Moment wussten die Manager, dass sie es mit dem Chef von Microsoft zu tun hatten. Bei ihrem nächsten Besuch kleideten sich die Herren etwas legerer in Freizeitkleidung und Strickhemden. Zu ihrer Überraschung trug ihr Gegenüber bei dieser Gelegenheit jedoch einen dreiteiligen Anzug mit Krawatte.

Themen: Image, Kleiderordnung, Leadership, New Business

## Fremde Federn

Zeus wollte den Vögeln einen König geben. Der Göttervater berief eine Versammlung ein und kündigte an, den schönsten Vogel zum König zu machen. Da eilten alle Vögel zum Fluss, um sich zu säubern und zu putzen. Auch die Krähe war unter ihnen. Sie wusste, dass sie hässlich war und bei der Wahl zum König keine Chance hatte. Deshalb sammelte sie all die Federn auf, die den Vögeln bei ihrem Putz entfallen waren. Diese Reste fügte sie dem eigenen Gefieder ein und war nun viel bunter als alle anderen Vögel. Das gefiel dem Zeus und er wollte die Krähe zum König machen. Da wurden die anderen Vögel zornig. Sie stürzten sich auf die Krähe; jeder zupfte ihr die Feder aus, die aus seinem eigenen Federkleid stammte. Und die Krähe sah wieder so hässlich aus wie zuvor.

**Themen:** Wettbewerb, Buntheit, eigene Stärken, Image, Kreativität

Eine Fabel von Äsop mit der Moral, dass man sich nicht mit fremden Federn schmücken soll. Aber warum eigentlich nicht? Immerhin bedient sich die Krähe ja bei den ausrangierten Federn, als Resteverwertung sozusagen. Und sie ist die einzige, die auf Buntheit setzt. Im Umfeld der angestrengten „Federzupfer" ist sie der einzige kreative Vogel. Schließlich ist noch zu bemerken, dass sie ja nur deswegen nicht König wird, weil sich die anderen voller Zorn auf sie stürzen. Und so können wir die Botschaft auch anders formulieren: Bunte Vögel können niemals König werden.

## Die Geschichte der Marlboro-Zigarette

In den 20er Jahren brachte das Tabakunternehmen Philip Morris eine Zigarette auf den Markt, die speziell für Frauen bestimmt war. Ihr Name: Marlboro. Der dazugehörige Slogan: „Mild wie der Mai". Die Zigarette war mäßig erfolgreich. Im Zweiten Weltkrieg wurde ihre Produktion eingestellt. Anfang der 50er Jahre kam die Damenzigarette Marlboro ein zweites Mal auf den Markt als Filterzigarette, die als ausgesprochen unmännlich galt. Doch die Marlboro verkaufte sich nicht gut. Da entschloss sich die Konzernleitung, die Zigarette als Männerzigarette zu vermarkten. Sie beauftragte die Werbeagentur Leo Burnett damit, die Marlboro für die neue Zielgruppe attraktiv zu machen.

Ergebnis war der Marlboro-Mann, zunächst ein schlanker gelassener Abenteurer, dessen Unterarm tätowiert war. Das Cowboy-Image war geboren und wurde kontinuierlich verstärkt. Ursprünglich war der Marlboro-Mann sehr gesprächig, doch wurde er im Laufe der Jahre immer schweigsamer. Der Erfolg der Werbekampagne war sensationell: In New York stieg der Umsatz inner halb von acht Monaten um 5.000 Prozent.

**Themen:** Imagewechsel, Werbung, Markenbildung

Man mag es kaum glauben, ausgerechnet die Zigarette mit dem männlichsten Image sollte ursprünglich Frauen ansprechen. Ein Produkt, dem angedichtet worden war „mild wie der Mai" zu sein, sollte nun den „Geschmack von Freiheit und Abenteuer" bringen. Ein anschauliches Beispiel dafür, wie sich Images aufbauen lassen – und wie wenig sie eigentlich mit der Beschaffenheit des Produkts selbst zu tun haben müssen.

## Medien und Öffentlichkeitsarbeit

### Versuchung und Verleumdung

Der bedeutende persische Dichter Moscharref od-Din ibn Saadi wurde einmal gefragt: „Wenn Sie mit einer schönen Frau in einem Zimmer allein wären und die Tür wäre verschlossen, niemand würde Sie überwachen, könnten Sie der Versuchung widerstehen?" – „Vielleicht", erwiderte Saadi. „Doch kein Mensch würde mir Glauben schenken. Denn es ist leichter, der Versuchung zu entgehen als der Verleumdung."

**Themen:** Gerüchte, Öffentlichkeitsarbeit

### Der Berg kreißt

Es ging das Gerücht um, der Berg wäre schwanger und würde ein Kind zur Welt bringen. Da lief die ganze Nachbarschaft zusammen, um zu sehen, was für ein Ungeheuer aus dem Leib dieser riesigen Mutter herauskäme. Doch alles, was aus dem Berg herauslief, war eine kleine Maus.

**Themen:** Erwartungsdruck, Ankündigung, Bewertung, Image, Öffentlichkeitsarbeit

Auf diese Fabel von Äsop geht die Redewendung zurück: „Der Berg kreißte und gebar ein Mäuschen." Eine anschauliche Metapher, wenn jemand nach einer pompösen Ankündigung nur ein ziemlich dürftiges Resultat zustande bringt. Wer hohe Erwartungen erzeugt, muss diese auch erfüllen.

### Die befreiten Tauben

In der chinesischen Stadt Handan gab es einen Brauch: Zum Neujahrsfest sollten die Bürger Tauben fangen und sie dem König schenken. Dafür bekamen sie vom König eine kleine Belohnung. Den Tauben aber schenkte der König die Freiheit. Einer seiner Berater fragte ihn: „Warum lasst Ihr Euch Tauben schenken, mein König, wenn Ihr die Tiere nachher ohnehin freilasst?" Der König lächelte gütig und antwortete: „An diesem hohen Feiertag schenke ich gefangenen Geschöpfen die Freiheit. Damit will ich meine Milde und Gnade zeigen." Darauf sagte der Berater: „Doch bewirkt Ihr etwas anderes. Denn als die Bürger gehört haben, dass Ihr Tauben haben wollt, fingen sie an so viele wie möglich zu fangen. Dabei sind sehr viele ohne Absicht getötet worden. Und von denen, die in Gefangenschaft gerieten, wären viele ohne Eure mildtätige Geste gar nicht erst eingefangen worden. Wenn Ihr wirklich Leben und Freiheit schenken wollt, müsst Ihr zuerst den Bürgern verbieten Tauben zu fangen. Es hat keinen Sinn, sie erst fangen zu lassen, um sie dann wieder freizulassen. Und Eure Gnade kann den getöteten Geschöpfen ohnehin nicht das Leben wiedergeben."

**Themen:** Öffentlichkeitsarbeit, Unternehmensethik, Image

Eine erstaunlich moderne Geschichte über den Widerspruch zwischen Absicht und Wirkung, aber auch zwischen dem Anschein großer Gesten und ihren weniger großartigen Hintergründen. Die Geschichte stammt aus dem alten China und ist fast zweieinhalbtausend Jahre alt; sie wird dem Gelehrten „Meister Lie", Lie Youkou zugeschrieben, der zwischen dem 4. und 5. Jahrhundert v. Chr. lebte.

### Unsterblichkeit auf dem Sterbebett

Der italienische Komponist Gasparo Spontini lag auf dem Sterbebett. Sein Kollege Hector Berlioz erschien, um ihn noch einmal zu sehen. „Ich will nicht sterben, ich will nicht sterben", klagte Spontini in einem fort. „Wie könnten Sie sterben?", tröstete ihn Berlioz. „Sie sind unsterblich!" – „Um Himmelswillen!", rief Spontini. „Seien Sie wenigstens in diesem Moment nicht geistreich!"

**Themen:** Pathos, unpassender Moment, Tod

Es gibt Augenblicke, da sind die großen pathetischen Worte fehl am Platz. Das gilt vor allem für Situationen, in denen jemand schlicht Angst hat.

### Die unvorsichtige Auster

Bei Vollmond öffnet die Auster ihre Schalen. Wenn die Krabbe das bemerkt, schiebt sie irgendeinen Stein oder Holzsplitter dazwischen, so dass die Auster sich nicht mehr schließen kann. So kann die Krabbe ihr Fleisch verspeisen. So geschieht es mit jedem, der sein Maul zu weit aufreißt und sein Geheimnis den anderen preisgibt.

**Themen:** Vertrauen, Transparenz, Geheimnis, Öffentlichkeitsarbeit

Ein Gleichnis von Leonardo da Vinci, das davor warnt, sich allzu sehr seinen Mitmenschen anzuvertrauen, weil es immer jemanden gibt, der das ausnutzen könnte.

### Halb gelogen ist doppelt verdient

Bundeskanzler Konrad Adenauer sollte dem Bonner Korrespondenten der Nachrichtenagentur United Press ein Interview geben. Adenauer war damit einverstanden: „Wissen Sie was, ich gebe es Ihnen zu 50 Prozent gelogen. Dann verdienen Sie noch etwas am Dementi."

**Themen:** Medien, Öffentlichkeitsarbeit, Aufrichtigkeit, Dementi

**Frauen und Eichhörnchen**

Der bekannte französische Kunsthändler Ambroise Vollard unternahm eine Reise in die USA. Bei dieser Gelegenheit sollte er von einem Zeitungsreporter interviewt werden. Ein Bekannter warnte Vollard, die Fragen würden belanglos sein, doch sollte er höllisch aufpassen, denn der Reporter werde versuchen ihn hereinzulegen, um daraus eine skandalträchtige Nachricht zu machen. Vollard wollte diesen guten Rat beherzigen. „Wie denken Sie über die amerikanische Frau?", fragte der Reporter als erstes. „Die amerikanische Frau ist entzückend", gab Vollard zur Antwort. „Wer ist hübscher", bohrte der Reporter weiter, „die Französin oder die Amerikanerin?" – „Wenn ich eine Amerikanerin sehe, finde ich, dass sie die reizendste Frau ist", erklärte Vollard diplomatisch. „Und wenn ich eine Französin sehe, dann finde ich, dass die Französin die reizendste Frau ist." – „Haben Sie schon den zoologischen Garten besucht?", fragte der Reporter. „Ja", sagte Vollard artig, „ich habe einen Bären gesehen, dem ich nicht im Wald begegnen möchte." – „Und die Eichhörnchen?", setzte der Reporter nach. „Es gibt nichts Entzückenderes." – In der Zeitung erschien später die Meldung: „Vollard bewundert die amerikanischen Frauen, aber er zieht ihnen die Eichhörnchen vor."

**Themen:** Unterstellungen, Öffentlichkeitsarbeit, Presse, Interview

Eine Anekdote über den Umgang mit der Presse, die deutlich macht: Man kann noch so belanglose Antworten geben. Wenn einem jemand das Wort im Munde herumdrehen möchte, wird er immer etwas finden.

**Bill Gates' Zeitungslektüre**

In einem Interview mit der New York Times erklärte Bill Gates: „Ich habe es mir zum Prinzip gemacht, wenigstens eine Wochenzeitung von vorn bis hinten durchzulesen – das erweitert meinen Horizont. Wenn ich nur das lese, was mich interessiert, den Wissenschaftsteil zum Beispiel und etwas aus dem Wirtschaftsteil, dann bin ich nach dem Lesen derselbe Mensch wie vorher. Also lese ich alles."

**Themen:** Informationsmanagement, Anregung, Medien

**Die Ameise und die Fliege**

Eine Ameise und eine Fliege stritten sich, wer dem andern überlegen sei. „Ich bin überall zu Hause", sagte die Fliege. „Mir stehen alle Zimmer und Tempel offen. Ich bin zu Gast bei Göttern und Fürsten, bei ihren Opfern und Festmählern. Ich brauche kein Geld dafür zu bezahlen oder mich irgendwie anzustrengen. Ich komme einfach dahergeflogen. Ich spaziere auf goldenen Kronen herum und küsse jede Lippe, die mir gefällt. Was hast du dagegen zu bieten?" – „Du bist ein furchtbarer Angeber", erwiderte die Ameise. „Du kennst wohl nicht den Unterschied zwischen einem Gast, der eingeladen ist, und einem Eindringling, der sich Zutritt verschafft hat? Die Leute schätzen deine Gesellschaft so wenig, dass sie dich totschlagen, wenn sie dich erwischen können. Wohin du auch kommst, du bist nirgendwo gern gesehen. Wo du dich niederlässt, da verbreitest du Maden. Und deine Küsse, die rufen nur Ekel hervor, denn niemand weiß, auf welchem Misthaufen du vorher gesessen hast. Ich hingegen lebe nur von dem, was mir gehört. Ich arbeite den ganzen Sommer über, damit ich im Winter zu essen habe. Du hingegen stiehlst und betrügst in der einen Jahreshälfte und kommst in der anderen vor Hunger um."

**Themen:** Popularität, Vorsorge, Öffentlichkeit, Marketing, Bekanntheit

Eine Fabel von Äsop, die sich auf die Marketingstrategie beziehen lässt. Die Strategie der Fliege hieße: Betreibe aggressives Marketing, sorge dafür, dass du im Gespräch bleibst, egal, ob positiv oder negativ. Als „Marketing-Ameise" würden Sie dieses Vorgehen ablehnen, weil die Fliege ihre Bekanntheit mit Beliebtheit verwechselt. Die Ameise setzt auf solide Arbeit, die Fliege auf Betriebsamkeit.

**Richtungsentscheidung**

Wie viele Wiener Berühmtheiten hatte auch der Theaterkritiker und Feuilletonist Alfred Polgar seinen Stammplatz in einem Wiener Kaffeehaus. Eine Zeitlang wurde er von einem aufdringlichen Bewunderer gequält, der regelmäßig am Tisch von Polgar Platz nahm und seinem Idol mit aufdringlicher Unterwürfigkeit auf die Nerven ging. An einem dieser Abend hielt es Polgar nicht länger aus. Er brach frühzeitig auf.

Der Bewunderer beeilte sich ebenfalls zu zahlen und seinen Mantel zu ergreifen. Gemeinsam traten sie nach draußen. „In welche Richtung gehen Sie denn, Herr Polgar?", erkundigte sich der Bewunderer beflissen. Polgar entgegnete kühl: „In die andere."

**Themen:** Bewunderung, Taktgefühl, Aufdringlichkeit

### Der gefangene Trompeter

Im Krieg geriet ein Trompeter in Gefangenschaft. Die Soldaten wollten ihm den Schädel spalten, doch er flehte um Gnade: „Ihr Herren, warum wollt ihr einem Mann das Leben nehmen, der es selbst niemandem genommen hat und niemandem nehmen wird?" Davon ließen sich die Soldaten allerdings nicht beeindrucken. „Um so viel eher hast du es verdient zu sterben!", rief einer von ihnen. „Denn du bist so ein Schurke, der andere zum Töten anstachelt, ohne selbst zu kämpfen."

**Themen:** Verantwortung, Propaganda, Öffentlichkeitsarbeit

Diese Fabel von Äsop wendet sich gegen die Rechtfertigung aller „Schreibtischtäter", die nicht selbst die Untaten begehen, aber dazu aufrufen oder andere erst dazu anstacheln. Sie tragen die volle Verantwortung und sollten zur Rechenschaft gezogen werden.

### Wenn die Löwen Bildhauer wären

Ein Löwe und ein Mensch gingen ein Stück Weg gemeinsam. Jeder von ihnen erzählte dem anderen, wie stark er sei. Unterwegs sahen sie die Statue eines Mannes, der einen Löwen erwürgte. Der Mensch wies auf die Statue und sagte: „Da hast du es. Nun siehst du selbst, dass wir Menschen euch überlegen sind." Der Löwe lächelte und sagte: „Ja, wenn die Löwen Bildhauen wären, dann würdest du hier viele Statuen sehen, bei denen die Menschen in den Pranken der Löwen stecken."

**Themen:** Darstellung, Image, Geschichten, Gerüchte, Wahrheit

Äsop macht uns in dieser Fabel darauf aufmerksam: Diejenigen, die die Heldengeschichten schreiben und die Standbilder errichten, haben erheblichen Einfluss darauf, wie die Nachwelt über die betreffenden Ereignisse denkt. Es gibt keine „objektive" Sicht der Dinge. Daraus folgt aber auch, dass man Einfluss auf die Darstellung bestimmter Sachverhalte gewinnen sollte. Denn aus der Vergangenheit ziehen wir Schlussfolgerungen für die Zukunft.

# Anhang

## Biographische Angaben

**Agrippa, Menenius**
Römischer Politiker. Seine genauen Lebensdaten sind nicht bekannt, fest steht immerhin, dass er 503 v. Chr. römischer Konsul war. Er entstammte einer alteingesessenen Patrizierfamilie, doch gab es offenbar auch Plebejer unter seinen Vorfahren. Das ist insofern wichtig, als Menenius Agrippa 494 v. Chr. die aufständischen Plebejer mit seiner berühmten „Fabel vom Magen und den Gliedern" (Seite 35) zur Aufgabe bewegen konnte. Agrippa war zu dieser Zeit Senator und der einzige Patrizier, der bei den Plebejern noch Vertrauen genoss.

**Alfons VI.**
König von Leon und von Kastilien (1040–1109). Er trug den Beinamen „el Bravo", der Tapfere. 1077 ließ er sich zum „Kaiser von ganz Spanien" ausrufen. Ihm diente zeitweilig der spanische Nationalheld Díaz de Vivar, bekannter unter dem Namen „El Cid".

**Allon, Yigal**
Israelischer Politiker (10.10.1918 – 29.2.1980). Mitglied der Israelischen Arbeiterpartei (Mapai), von 1968 bis 1977 stellvertretender Ministerpräsident, von 1974 bis 1977 Außenminister.

**Aristippos**
Griechischer Philosoph (435–366 v. Chr.). Wie Platon war Aristippos nicht nur Schüler von Sokrates, sondern gründete auch eine philosophische Schule, die so genannte Kyrenaische Schule, die allerdings eine völlig andere Richtung vertrat als Platons Akademie. Aristippos gilt als Begründer des Hedonismus und vertritt die Position: Das Streben nach Lust bestimmt das menschliche Handeln und allein sinnliches Erleben führt zur Erkenntnis von Wahrheit (und nicht theoretische Erörterung oder Ideenschau).

**Äsop**
Griechischer Fabeldichter aus dem 6. vorchristlichen Jahrhundert, den es aber vermutlich gar nicht gegeben hat. Der Geschichtsschreiber Herodot bezeich-

net ihn als phrygischen Sklaven, Plutarch berichtet, Äsop sei Berater des lydischen Königs Krösus gewesen. Vermutlich wurden unter dem Namen Äsop alle möglichen Fabeln und Geschichten gesammelt, die im Umlauf waren. Es gibt zahllose Fabeln von Äsop, die sich gar nicht auf einen Nenner bringen lassen. Die Texte sollen aus sechs Jahrhunderten stammen.

### Avianus

Lateinischer Fabeldichter. Er lebte vermutlich Anfang des 4. Jahrhunderts n. Chr. Seine gesammelten Fabeln hatte er in Versen verfasst. Im Mittelalter war seine Fabelsammlung ein weit verbreitetes Schulbuch.

### Bernadotte, Jean-Baptiste

Französischer Militärführer, als Karl XIV. Johann König von Schweden und Norwegen (26.1.1763 - 8.3.1844). Er gilt als Vater der schwedischen Neutralitätspolitik. Dabei liegen seine Wurzeln in Frankreich. Während der Revolutionskriege brachte er es zum General, Napoleon ernannte ihn zum Marschall. 1810 wurde er von den schwedischen Ständen zum Kronprinzen gewählt und von König Karl XIII. adoptiert. 1812 veranlasste er den Anschluss Schwedens an die Gegner Napoleons und befehligte die Nordarmee. Von 1818 bis zu seinem Tod war er schwedischer König.

### Bernhard von Chartres

Mittelalterlicher französischer Philosoph (gestorben 1130). Bernhard unterrichtete Logik und Grammatik an der Schule der Kathedrale von Chartres. 1119 wurde er zu ihrem Kanzler gewählt und nahm bedeutenden Einfluss auf die mittelalterliche Philosophie. Er entdeckte Platon neu und versuchte dessen Ideenlehre mit der Philosophie von Aristoteles zu verbinden.

### Bernheim, Georges

Pariser Kunsthändler. In den Zwanziger Jahren des 20. Jahrhunderts war seine Galerie eine der wichtigsten für die moderne Kunst. Bernheim stellte Impressionisten, Expressionisten und Surrealisten aus und förderte seine Künstler. Der spanische Surrealist Joan Miró hatte 1928 seinen internationalen Durchbruch durch eine Ausstellung bei Georges Bernheim.

### Bierce, Ambrose

Amerikanischer Schriftsteller (24.6.1842 - 1914). Bierce machte sich vor allem als Autor von witzigen, bissigen und grotesken Kurzgeschichten einen

Namen. Sein populärstes Werk ist das „Wörterbuch des Teufels", eine vielfach nachgedruckte Sammlung von ironischen, bisweilen sarkastischen Definitionen. Außerdem war Bierce Kolumnist, Journalist und Herausgeber diverser Zeitschriften. 1913 begab er sich nach Mexiko, wo er in der Wirren der mexikanischen Revolution unter nie geklärten Umständen ums Leben gekommen ist.

### Blasel, Karl
Wiener Schauspieler und Theaterleiter (16.10.1831 – 18.6.1922). Blasel war zunächst Sängerknabe an der Wieder Hofoper, ab 1863 spielte und sang er am Theater an der Wien. Seine Glanzzeit begann 1869 mit dem Wechsel an das Carltheater, wo er mit Wilhelm Knaack und Josef Matras ein sehr populäres Komikertrio bildete. Blasel war ein Meister der leichten Muse und spielte vor allem Operetten und Lokalpossen. Zwischen 1895 und 1900 war er nacheinander Direktor des Theaters in der Josefstadt, des Carltheaters, des Wiedener Theaters und des Kolosseums. Bis ins hohe Alter stand er auf der Bühne.

### Brahms, Johannes
Deutscher Komponist (7.5.1833 – 3.4.1897). Neben seinem großen Antipoden Richard Wagner gilt Brahms als der bedeutendste Komponist des ausgehenden 19. Jahrhunderts. Geboren und aufgewachsen in Hamburg, übersiedelte er 1868 nach Wien, wo er seinen künstlerischen Durchbruch erlebte. Brahms schrieb vor allem Klavier- und Kammermusik, aber auch Chor- und Orchesterwerke. Zu seinen bekanntesten Kompositionen gehören „Ein Deutsches Requiem" und die „Vier ernsten Gesänge".

### Brunelleschi, Filippo
Italienischer Baumeister und Bildhauer (1377 – 15.4.1446). Brunelleschi ist der Hauptvertreter der florentinischen Frührenaissance. Er gilt als der erste Baumeister, der die antike Baukunst in Rom studierte – und das als Florentiner. Deren Elemente kombinierte er mit byzantinischen und toskanischen Formen. Seine Hauptwerke stehen alle in Florenz: das Findelhaus, die Domkuppel, San Lorenzo, die Grabkapelle der Pazzi und die Kirche Santo Spirito.

### Bülow, Hans Guido von
Deutscher Dirigent (8.1.1830 – 12.2.1894). Bülow war ein sehr engagierter und penibler Orchesterleiter; übrigens auch ein passabler Pianist. Er war Klavierschüler von Franz Liszt, dessen Tochter Cosima er heiratete. Im deutschen

Kulturleben des ausgehenden 19. Jahrhunderts spielte Bülow eine bedeutende Rolle. Vor allem durch sein Engagement für Richard Wagner und dessen Antipoden Johannes Brahms ist er bis heute bekannt. Dabei wird selten verschwiegen, dass der undankbare Wagner ihm seine Frau ausspannte. Cosima Bülow verließ den Dirigenten, ehelichte den Komponisten und hieß nunmehr Cosima Wagner.

**Buber, Martin**
Jüdischer Religionsphilosoph, Übersetzer und Pädagoge (8.2.1878 – 13.6.1965). Im Mittelpunkt von Bubers Anschauungen steht das dialogische Prinzip. Eines seiner Hauptwerke trägt den programmatischen Titel „Ich und Du". Buber versuchte das abendländische Judentum aus dem Geist der Bibel und des Chassidismus zu erneuern. Zusammen mit Franz Rosenzweig übersetzte er die Bibel. 1924 bis 1933 war er Professor in Frankfurt am Main, 1938 bis 1951 in Jerusalem. Er engagierte sich sehr für die Verständigung mit religiösen oder politischen Gegnern. Er war fest davon überzeugt, dass auch Erwachsene noch umlernen könnten, vor allem wenn sie durch eine Krise aus ihren Sicherheiten gerissen würden.

**Busch, Wilhelm**
Deutscher Zeichner, Dichter und Maler (15.4.1832 – 9.1.1908). Vielfach wird der Autor von „Max und Moritz" als Kinderbuchautor verkannt. Dabei sind seine populären Bildergeschichten unverhohlene Satiren, die das selbstzufriedene Spießbürgertum der Lächerlichkeit preisgeben. Zeitlebens hat Busch nach Anerkennung als seriöser Künstler gestrebt. Er hat sich als Landschaftsmaler betätigt und in Öl gemalt, hat Gedankenlyrik verfasst und Geschichten geschrieben, die von der Philosophie Arthur Schopenhauers beeinflusst sind. Dabei hat Busch seine eigentlichen Qualitäten verkannt. Denn was ihn zu einem veritablen Klassiker gemacht hat, ist die Kombination von treffsicheren Reimen und dem unvergleichlichen Federstrich.

**Carnegie, Andrew**
Amerikanischer Industrieller (25.11.1835 – 11.8.1919). Geboren in Schottland, kam Carnegie 1848 in die USA und erwarb durch Spekulation ein großes Vermögen. Er baute einen großen Stahlkonzern auf, zu dem Eisenerzgruben, Eisenbahnlinien und eine Handelsflotte gehörten. Carnegie bekam den Beinamen „Stahlkönig" und ist bis heute eine Unternehmerlegende. Dies liegt nicht nur an seinem wirtschaftlichen Erfolg, sondern mehr noch an seinem starken

sozialen Engagement. Er gründete die gemeinnützigen Carnegie-Institute, finanzierte in New York eine große Konzerthalle, die Carnegie Hall, und stiftete 10 Millionen Dollar zur Unterstützung internationaler Friedensbemühungen.

### Casanova, Giacomo Girolamo

Italienischer Abenteurer und Schriftsteller (2.4.1725 – 4.6.1798). Heute kennt man ihn fast nur noch wegen seiner zahlreichen erotischen Abenteuer, von denen er in seinen Lebenserinnerungen freimütig berichtet. Dabei war er ein hoch gebildeter Mann, der quer durch Europa reiste und mit vielen wichtigen Persönlichkeiten aus Politik und Kultur zusammentraf, etwa mit Voltaire oder Friedrich dem Großen. In Venedig wurde er 1755 einkerkert, weil man ihm Atheismus vorwarf. Ein Jahr später gelang ihm die Flucht aus den Bleikammern. Seine Lebenserinnerungen (auf Französisch) gelten als stilistisches Meisterwerk und gehören zu den wichtigsten kulturgeschichtlichen Quellen jener Zeit.

### Deffand, Marie Anne du

Französische Adelige und „femme de lettre" (25.12.1697 – 23.9.1780). Die Marquise du Deffand unterhielt in Paris einen literarischen Salon, in dem einige der bedeutendsten Persönlichkeiten der Zeit verkehrten, etwa Voltaire, Montesquieu oder Horace Walpole. Als sie 1754 ihr Augenlicht verloren hatte, engagierte sie die junge Julie de Lepinasse, die schon bald die Bewunderer auf ihre Seite zog. Die Marquise war zwar immer noch für ihren Charme und Wortwitz geschätzt, doch stand sie mehr und mehr im Schatten der 35 Jahre jüngeren Julie. Nach zehn Jahren trennte sich die Marquise von ihr. Das war das Ende ihres Salons und der Anfang eines neuen, den Julie de Lepinasse ins Leben rief.

### Diagoras von Melos

Griechischer Dichter (ca. 465–415 v. Chr.). Es sind keine Werke von ihm überliefert. Vielmehr ist er bekannt, weil er die Existenz der Götter leugnete. Deshalb trug er den Beinamen „der Atheist" und musste fluchtartig die Stadt verlassen, nachdem sein respektloses Verhalten gegenüber der Religion nicht länger geduldet wurde.

## Diogenes Laertius

Griechischer Philosoph (3 Jh. n. Chr.). Nicht zu verwechseln mit dem berühmten Namensvetter, dem kynischen Philosophen, der in der Tonne lebte, das war Diogenes von Sinope. Diogenes Laertius lebte 600 Jahre später und gehört zu den so genannten Doxographen, das heißt, er schrieb die Lehren („doxai") anderer bedeutender Philosophen auf. Sein Werk, „Leben und Meinungen der großen Philosophen", ist die umfangreichste Quelle zur Philosophie in der griechischen Antike.

## Disraeli, Benjamin

Britischer Staatsmann (21.12.1804 - 19.4.1881), Earl of Beaconsfield. Einer der profiliertesten Politiker der viktorianischen Ära. Disraeli gehörte der konservativen Partei an, führte die Fraktion ab 1848 im Unterhaus, war mehrmals Schatzkanzler und setzte eine Wahlrechtsreform durch, die den Arbeitern das Stimmrecht gab. Zweimal war er Premierminister (1868 und 1874–80). Außenpolitisch verfolgte er einen expansiven, imperialistischen Kurs; innenpolitisch wirkte er eher sozialreformerisch, etwa durch Gesetze zur Verbesserung des Gesundheitswesens und zur Sicherstellung des rechtlichen Status der Gewerkschaften. Vor seiner politischen Karriere betätigte sich Disraeli als Schriftsteller und verfasste mehrere Tendenzromane.

## Dschuang Dsi

Auch Chuang-tzu, Dschuang Dschou, Tschuang-tse, Zhuangzi. Chinesischer Philosoph und Poet (ca. 370–280 v. Chr.). Neben dem im Westen ungleich bekannteren Laotse ist Dschuang der bedeutendste Taoist des Altertums. Er grenzte sich von Konfuzius und Mo Di scharf ab. Sein „wahres Buch vom südlichen Blütenland" gehört zu den chinesischen Klassikern.

## Dumas, Alexandre (der Ältere)

Eigentlich Alexandre Davy de la Pailleterie, französischer Schriftsteller (24.7.1802 - 5.12.1870). Einer der produktivsten und populärsten Autoren der französischen Literatur. Er beschäftigte mehrere Mitarbeiter, Lohnschreiber, um seinen ungeheuren Ausstoß zu bewältigen. Mehr als 300 umfangreiche Romane und Theaterstücke brachte er heraus. Meist nahmen sie Bezug auf die französische Geschichte, so auch seine bekanntesten Werke: „Die drei Musketiere" (acht Bände), „Königin Margot", „Der Graf von Monte Cristo" (18 Bände) und „Das Halsband der Königin". Dumas gehört zwar zu den Autoren, die bis heute am meisten gelesen werden, doch wird sein literarischer Rang bis heute eher niedrig eingestuft. Seine Aufnahme in das Pantheon, der nationalen Gedenkstätte Frankreichs, im Jahr 2002 war daher nicht unumstritten. Sein unehelicher Sohn (Alexandre Dumas, der Jüngere) war ebenfalls ein erfolgreicher Autor. Er schrieb Novellen und Bühnenstücke. Von ihm stammt die Novelle „Die Kameliendame", die Vorlage für Giuseppe Verdis Oper „La Traviata".

**Empiricus, Sextus**
Griechischer Philosoph und Geschichtsschreiber, über den nicht sehr viel bekannt ist. Er lebte um 200 n. Chr. und verfasste mehrere Werke über den antiken Skeptizismus. Sie sind die einzige umfangreichere Quelle über diese philosophische Richtung. Der Skeptizismus wandte sich vor allem gegen den Dogmatismus. Im 15. Jahrhundert wurden die Schriften von Sextus Empiricus wiederentdeckt und bildeten die Grundlage für die philosophische Erörterung, inwieweit der Mensch die Welt erkennen kann.

**Eisler, Hanns**
Deutscher Komponist (6.7.1898 – 6.9.1962). Eisler gilt als Hauptrepräsentant einer sozialistischen Musikkultur. Zunächst war er Schüler von Arnold Schönberg und Anton Webern, ab 1929 arbeitete er mit Bertolt Brecht zusammen. 1933 emigrierte Eisler und lebte ab 1938 in den USA. Er kehrte 1950 nach Deutschland zurück, und zwar nach Ostberlin, wo er bis zu seinem Tod lebte. Eisler schrieb zahlreiche Werke in den unterschiedlichsten Genres: Chorwerke, Symphonien, Lieder, Film- und Bühnenmusik, Jazz- und Zwölftonkompositionen. Seine bekannteste Komposition ist die Hymne der DDR, „Auferstanden aus Ruinen" (Text von Johannes R. Becher). Doch ausgerechnet sie traf der Vorwurf, ein Plagiat zu sein. Der Schlagerkomponist Peter Kreuder behauptete, die Hymne gleiche in weiten Teilen seinem Lied „Goodbye, Johnny".

**Forain, Jean-Louis**
Französischer Maler, Graphiker und Karikaturist (23.10.1852 – 11.7.1931), bekannt geworden vor allem durch seine Skizzen aus dem Theater und dem Gerichtssaal. Forain studierte Malerei an der Pariser Ecole des Beaux Arts. Seine gesellschaftskritischen Gemälde, Radierungen und Lithographien verraten den Einfluss der Impressionisten, an deren Ausstellungen er sich auch

beteiligte. Er gehörte zu den Stammkünstlern von →Ambroise Vollard. Doch sein eigentliches Talent lag wohl doch eher auf dem Gebiet der Karikatur.

### Gates, Bill

Eigentlich William Henry Gates III., Unternehmer, Gründer der Microsoft Corporation (*28.10.1955). Bill Gates gilt als reichster Mann der Welt und ist eine der herausragenden Unternehmerpersönlichkeiten. Sein erstes Software-Programm schrieb er, als er 13 war. 1975 gründete er zusammen mit Paul Allen die Firma Microsoft, die heute den Softwaremarkt in weiten Bereichen klar beherrscht. Im Januar 2000 gab Gates bekannt, dass er die Führung von Microsoft an seinen langjährigen Weggefährten Steve Ballmer abgibt.

### Gaulle, Charles de

Französischer Staatsmann (22.11.1890 – 9.11.1970). De Gaulle hatte am Ersten Weltkrieg teilgenommen und eine militärische Laufbahn eingeschlagen. Im Zweiten Weltkrieg war er General, setzte sich nach England ab und bekämpfte als Chef des „Freien Frankreichs" aus dem Exil die deutsche Besatzung. In einer berühmten Radioansprache rief er seine Landsleute zum Widerstand gegen die deutsche Besatzung auf. Er wurde als der führende Kopf der französischen Widerstandsbewegung anerkannt und zog im August 1944 in Paris ein. 1945 wurde er Staatspräsident und Regierungschef. Nach einem vorläufigen Rückzug ins Privatleben wurde er nach dem Zusammenbruch der Vierten Republik erneut Staatspräsident. Die Verfassung der Fünften Republik stattete sein Amt mit umfassenden Vollmachten aus. Er forcierte den Aufbau einer französischen Atomstreitmacht und trieb mit Konrad Adenauer die deutsch-französische Einigung voran. Wegen innenpolitischer Spannungen trat er 1969 als Staatspräsident zurück.

### Gauß, Carl Friedrich

Deutscher Mathematiker, Astronom und Physiker (30.4.1777 – 23.2.1855), zählt zu den bedeutendsten Mathematikern aller Zeiten. Dabei war er zunächst Professor für Astronomie und Direktor der Sternwarte in Göttingen. Zahlreiche Entdeckungen gehen auf ihn zurück: die „Gaußsche Normalverteilung", die Theorie der quadratischen Formen, das quadratische Reziprozitätsgesetz und vieles mehr. Gauß betätigte sich als Landvermesser und entwickelte Methoden zur astronomischen Bahnbestimmung von Himmelskörpern. Er erforschte den Erdmagnetismus und konstruierte einen elektromagnetischen Telegrafen. Auch auf den Gebieten der Optik, der Mechanik und der Geometrie setzte Gauß Maßstäbe.

### Gleim, Johann Wilhelm Ludwig

Deutscher Dichter (2.4.1719 – 18.2.1803). Er wird der Literatur der Aufklärung zugerechnet. Gleim war einer der Anakreontiker, die nach dem Vorbild des griechischen Dichters Anakreon den Wein, die Liebe, die Geselligkeit und die Natur priesen und besangen. Seine gereimten Fabeln folgen den klassischen Vorbildern von Äsop oder La Fontaine.

### Gluck, Christoph Willibald

Deutscher Opernkomponist (2.7.1714 – 15.11.1787). Gluck gilt als der große Opernreformator, der sich von den starren Formen der italienischen und französischen Vorbilder befreit hat. Gluck war international tätig, in Prag, Wien, Mailand, London und Paris. Er hatte schon einige Opern im traditionellen Stil komponiert, ehe er mit „Orfeo ed Euridice", „Alceste" und „Paride ed Elena" seine so genannten Reformopern schrieb, in denen er auf dramatische und psychologische Wahrheit der Handlung abzielte. In Paris entfesselte er einen regelrechten Opernstreit, in dem sich seine Anhänger, die „Gluckisten", mit den Anhängern der italienischen Oper, den „Piccinisten", heftig befehdeten. Gluck schrieb über hundert Opern, von denen nur die Hälfte erhalten ist.

### Górnicki, Lukasz

Polnischer Renaissance-Schriftsteller (1527–1603) aus Oswiecim (Auschwitz), schrieb politische Werke, Geschichtshandbücher und übersetzte einige Werke aus dem Lateinischen.

### Grillparzer, Franz

Österreichischer Dichter (15.1.1791 – 21.1.1872). Einer der Klassiker der österreichischen Literatur, seit 1813 im Staatsdienst, 1818 zum Theaterdichter des Wiener Burgtheaters ernannt. Bereits zu Lebzeiten als eine Art Nationaldichter verehrt, blieb er doch stets reserviert und zurückhaltend. Seine Grundeinstellung war eher pessimistisch, fast alle seine Dramen sind Tragödien, sein einziges Lustspiel („Weh dem, der lügt") war ein Reinfall. Neben den Theaterstücken verfasste Grillparzer auch Gedichte und Erzählungen.

### Han Fei Zi

Chinesischer Philosoph (ca. 280–233 v. Chr.). Han Fei Zi; auch Han Fei-tzu, gehört zu den so genannten Legalisten, was ein wenig verkürzt so viel heißt: Gesetz und Ordnung sind alles, Recht und Moral zählen demgegenüber gar nichts. Han Fei Zi erscheint uns als die chinesische Variante von Machiavelli, doch geht der Chinese weit über den italienischen Renaissanceschriftsteller hinaus. Er analysiert die politische Realität ohne moralische Skrupel und ist dabei von einer grausamen Klarheit. Im Gegensatz zu vielen anderen chinesischen Weisheitslehrern, die beständig das Klagelied anstimmen, ihre Fürsten würden nicht auf ihre menschenfreundlichen Ratschläge hören, schlägt sich Han Fei auf die Seite der Macht. Das macht ihn vielleicht nicht sympathisch, und doch hat dieser kühle Machttechniker auch modernen Führungskräften noch einiges mitzuteilen. Tragische Ironie übrigens, dass ausgerechnet Han Fei einer Verschwörung zum Opfer fiel und sich das Leben nahm.

### Heine, Heinrich

Deutscher Dichter und Schriftsteller (13.12.1797 – 17.2.1856). Heine hat auf zwei Gebieten Maßstäbe gesetzt, in der Lyrik und der politischen Literatur. Seine Gedichtsammlung „Buch der Lieder" machte ihn auf einen Schlag populär. Auch seine frühen Prosatexte, die „Reisebilder", fanden großen Anklang. Heine brachte einen neuen Ton in die Literatur, der vielfach kopiert wurde: Sein Stil ist witzig, ironisch, von feuilletonistischer Leichtigkeit und eleganter Schärfe. Im April 1831 ging Heine als Korrespondent nach Paris, wo er – von zwei ausgedehnten Reisen nach Deutschland abgesehen – bis zu seinem Tod lebte. Stets übte Heine scharfe Kritik an den politischen Verhältnissen, seine Texte waren deshalb immer von der Zensur bedroht. In seinen letzten acht Lebensjahren war der kranke Heine ans Bett gefesselt (die „Matratzengruft", wie er es nannte).

### Hesiod

Griechischer Dichter (um 700 v. Chr.). Der erste antike Dichter, der uns namentlich bekannt ist. Er gilt als „Vater der griechischen Poesie" und hat seine Werke vermutlich selbst vorgetragen. Seine Werke schildern das bäuerliche Leben sowie die Weltentstehung und den Ursprung der Götter. Sie sind wichtige Quellen für die griechische Mythologie.

### Hilbert, David

Deutscher Mathematiker (23.1.1862 – 14.2.1943). Hilbert gilt als einer der bedeutendsten Mathematiker; auch als akademischer Lehrer hatte er großen Einfluss, denn viele führende Mathematiker waren früher seine Schüler oder Mitarbeiter gewesen. Hilbert pflegte nie zu einem einmal bearbeiteten Gebiet zurückzukehren. Er stand jedoch nicht nur in dem Ruf ein genialer Wissenschaftler zu sein, ebenso berühmt-berüchtigt war Hilbert für seine Zerstreutheit.

### Hugo, Victor Marie

Französischer Schriftsteller (26.2.1802 – 22.5.1885). Einer der Hauptrepräsentanten der französischen Literatur, der sich in allen Literaturgattungen versuchte. Hugo wird der Romantik zugerechnet. Er sympathisierte zunächst mit konservativen Positionen, nahm nach und nach aber eine liberalere Haltung ein. Nach dem Staatsstreich von Napoleon III. ging Hugo für fast zwei Jahrzehnte ins Exil. Bei seiner Rückkehr 1870 wurde er triumphal gefeiert. Seine bekanntesten Werke sind „Der Glöckner von Notre Dame" und „Die Elenden".

### Iacocca, Lee

Eigentlich Lido Anthony Iacocca, amerikanischer Automobilmanager (*15.10.1924). Der Sohn italienischer Einwanderer machte in den USA eine steile Karriere und wurde zur nationalen Berühmtheit, weil er es schaffte, den Automobilbauer Chrysler, der kurz vor dem Ruin stand, wieder in die Gewinnzone zu bringen. Bekannt wurde Iacocca auch durch seine autobiografischen Bücher. 1992 ging Iacocca in den Ruhestand.

### Joschida Kenko

Eigentlich Urabe Kanejoschi, japanischer Dichter und Schriftsteller (1283–1350 oder 1352). Er gilt als der bedeutendste japanische Schriftsteller seiner Zeit. Sein Hauptwerk ist die Sammlung „Tsurezuregusa" (wörtlich etwa „Texte zur Muße"). Nach dem 17. Jahrhundert wurde dieses Werk grundlegend für die japanische Erziehung; es hat bis heute einen festen Platz in der japanischen Kultur.

### Kano Tannyu

Eigentlich Kano Morinobu, japanischer Maler (4.3.1602 – 4.11.1674). Er entstammte einer einflussreichen Malerfamilie, die über sieben Generationen hinweg die japanische Malerei entscheidend prägte. Einflussreichster Vertreter der sog. „Kano"-Schule, arbeitete er mit Bürsten und malte nicht nur auf Papier und auf Wandschirme, sondern gestaltete auch die Wände diverser Paläste und Schlösser, darunter das Nijo Schloss und den Kaiserpalast in Kyoto.

### Kekulé von Stradonitz, August

Deutscher Chemiker (7.9.1829 – 13.7.1896). Eigentlich wollte Kekulé Architekt werden, doch als er an der Universität Gießen Justus von Liebig hörte, wechselte er zur Chemie. Nach Studien in Paris und Heidelberg wurde er Professor in Gent, später in Bonn. Er entdeckte die Vierwertigkeit des Kohlenstoffs und dass sich die Atome zu langen Molekülketten verbinden lassen. 1865 hatte er seinen berühmten Traum, der ihn dazu führte, die Ringstruktur des Benzolmoleküls anzunehmen. Weiterhin beschäftigte er sich mit ungesättigten Fettsäuren und wurde für seine Verdienste schließlich geadelt. Er legte sich den Beinamen „von Stradonitz" zu.

### Kissinger, Henry

Ursprünglich Heinz Alfred Kissinger, amerikanischer Politiker (*27.5.1923). Kissinger wurde im fränkischen Fürth geboren und emigrierte 1938 in die USA. Als Direktor des Harvard-Instituts für internationale Beziehungen beriet er mehrere US-Präsidenten, ehe er 1969 zum Sicherheitsberater Präsident Richard Nixons berufen wurde. Kissinger gilt als Vater der Entspannungspolitik mit der Sowjetunion und China. 1973 wurde er Außenminister und half mit seiner Pendeldiplomatie den Friedensvertrag zwischen Israel und Ägypten vorzubereiten. Bis heute gilt Kissinger als ein Meister der Diplomatie, allerdings auch als schwer durchschaubarer Taktiker.

### Kleist, Heinrich von

Deutscher Dramatiker und Schriftsteller (18.10.1777 – 21.10.1811). Eine Ausnahmeerscheinung in der deutschen Literatur, der so recht in keine Schublade passt. Wie er selbst meinte, war ihm „auf Erden nicht zu helfen". Mit 34 Jahren nahm er sich das Leben. Viele seiner Stücke und Erzählungen schildern ungeheure Begebenheiten in einer einzigartigen Sprache mit kühnen, bizarren Metaphern. Zugleich ist Kleist der Autor von zwei Musterbeispielen der Komödie: „Amphytrion" und „Der zerbrochne Krug". Kleist gehört zu den meistgespielten deutschen Dramatikern, und doch hat er kein einziges seiner Stücke selbst auf der Bühne gesehen.

### Konfuzius

Auch Kung Fu Tse, Kung Tschju, Meister Kung, Kong Qui, chinesischer Weisheitslehrer (551–479 v. Chr.). Konfuzius ist der lateinische Name für den wohl berühmtesten chinesischen Philosophen. Er selbst hat keine eigenen Werke hinterlassen, doch sind seine Lehren in dem Buch über die Gespräche mit seinen Schülern enthalten. Zu Lebzeiten bemühte er sich vergeblich, die Fürsten seiner Zeit von seinen ethischen Grundsätzen zu überzeugen. Auch seine politische Laufbahn war nicht von Erfolg gekrönt. Erst 200 Jahre nach seinem Tod beginnt die fast schon religiöse Verklärung des Meisters Kung. Der Konfuzianismus wirkt bis heute fort. Dabei werden oftmals die Traditionen und die Bedeutung von Autoritäten hervorgehoben. Vielen gilt Konfuzius daher als Inbegriff der bedingungslosen Unterordnung und der Rückständigkeit. In jüngster Zeit wird Konfuzius wieder stärker als Reformer gewürdigt.

### Krylow, Iwan Andrejewitsch

Russischer Fabeldichter (13.2. 1768 – 21.11. 1844). Seine Fabeln, von denen er einige nach den klassischen Vorbildern Äsop und La Fontaine schrieb, gelten in der russischen Literatur als Muster für diese Gattung.

### Labiche, Eugène

Französischer Lustspielautor (5.5.1815 – 21.1.1888). Zusammen mit Georges Feydeau und Eugène Scribe zählt Labiche zu den Meistern des gehobenen Boulevardtheaters. Seine Stücke sind unterhaltsam und haben viele farcenhafte Elemente. Er karikiert das französische Bürgertum des 19. Jahrhunderts. Unter seinen knapp hundert Stücken zählen „Der Florentinerhut" und „Das Sparschwein" zu den bekannteren.

### Laotse

Auch Lao Zi, Lau Dse, Lao Tzu, Lau Dan; chinesischer Weisheitslehrer (4. Jh. v. Chr.). Laotse gilt als eine Art Gegenpol zum sittenstrengen Konfuzius. Ihm wird die Autorschaft des Buches Tao-te-king zugeschrieben, das zumindest im Westen das Bild des Taoismus sehr stark prägt. Der Legende nach soll Laotse das Buch auf dem Weg in die Emigration geschrieben haben, als er sich auf einem Esel reitend in die Wildnis zurückgezogen hat. Weitere Legenden berichten davon, wie sich Konfuzius bei Laotse Rat geholt hat und jedes Mal von seiner Weisheit beschämt wurde. Daran stimmt offenbar gar nichts, die

Sinologen sind sich nicht einmal ganz sicher, ob es Laotse überhaupt gegeben hat.

### Lessing, Gotthold Ephraim
Deutscher Dichter, Dramatiker und Schriftsteller (22.1.1729 – 15.2.1781). Lessing ist der erste Klassiker der deutschen Literatur. Seine Dramen „Nathan der Weise", „Minna von Barnhelm" und „Emilia Galotti" stehen bis heute auf dem Spielplan. Auch als Literaturtheoretiker und Theaterreformer hat Lessing große Bedeutung. Er hat nicht nur zahlreiche Fabeln geschrieben, zum Teil Neufassungen oder Bearbeitungen von klassischen antiken Fabeln, sondern auch eine eigene Fabeltheorie entwickelt.

### Li Bai
Auch Li Po, Li Tai Po, Li Tai Pe; chinesischer Dichter (701–762). Seine Gedichte sind bis heute populär. Auch im Westen sind einige seiner Verse durch Nachdichtungen bekannt geworden, etwa durch die Vertonung durch Gustav Mahler in seinem „Lied von der Erde". Li Bai führte ein unstetes Wanderleben, ehe er mit vierzig Jahren an den kaiserlichen Hof empfohlen wurde. Hier war er als Hofdichter tätig und hatte auf kaiserlichen Befehl Trinklieder und schmeichelnde Verse über die Konkubine Yang Kuei Fei zu dichten. Bald fiel er in Ungnade und nahm seine Wanderschaft wieder auf. Der Legende nach soll er im Yangtse-Fluss ertrunken sein, als er versuchte den Mond zu erreichen, der sich im Wasser spiegelte. Dort erbaute man ihm zu Ehren einen Tempel.

### Lie Youkou
Auch Lje Dse, Lie Tzu; chinesischer Philosoph (ca. 450–375 v. Chr.). Der „Meister Lie" ist einer der taoistischen Weisheitslehrer wie Laotse und Dschuang Dsi. Nach Auffassung der Wissenschaftler wurden die Geschichten von Meister Li allerdings viel später aufgeschrieben, 100 Jahre oder sogar 700 Jahre nach seinem Tod.

### Lincoln, Abraham
Amerikanischer Präsident (12.2.1809 – 15.4.1865). Lincoln wurde 1860 als Präsidentschaftskandidat der Republikaner nominiert. Die Spaltung der Demokratischen Partei führte zu seiner Wahl. Kaum war er Präsident, traten die Südstaaten aus den USA aus, es kam zum amerikanischen Bürgerkrieg, den die Nordstaaten unter Lincoln gewannen. Lincoln verfolgte eine Politik

der Aussöhnung und raschen Wiedereingliederung der Südstaaten. Kurz nach ihrer Kapitulation verübte ein radikaler Südstaatler ein Attentat auf den Präsidenten, dem er erlag. Seine Ermordung gab der Legendenbildung Auftrieb. Bis heute gilt Lincoln als Verkörperung der amerikanischen Ideale.

### Liu Hsiang

Auch Liu Yiang oder Lju Hjang; chinesischer Gelehrter und kaiserlicher Hofbibliothekar (77–6 v. Chr.). Liu Hsiang verfasste mehrere lyrische Essays und biografisch-anekdotenhafte Werke, darunter die „Biografien musterhafter Frauen". Aus verschiedenen Quellen stellte er das Buch „Die Ränke der Streitenden Reiche" zusammen. Fast wäre der rührige Bibliothekar hingerichtet worden. Er hatte nämlich dem Kaiser versprochen, Gold zu machen, doch der Versuch scheiterte kläglich. Wegen seiner übrigen Verdienste begnadigte ihn der Kaiser.

### Liu Zongyuan

Chinesischer Dichter und Schriftsteller (773–819). Er wandte sich gegen den gekünstelten Stil der Literatur seiner Zeit und forderte die Poeten auf, zum einfachen und natürlichen Stil der „klassischen Zeit" zurückzukehren. Lange Jahre diente Zongyuan als kaiserlicher Beamter. Weil er sich beharrlich für Reformen einsetze, wurde er schließlich in die Provinz verbannt.

### Liszt, Franz

Ungarischer Komponist und Klaviervirtuose (22.10.1811 – 31.7.1886). Liszt erschloss für das Klavier neue Ausdrucksmöglichkeiten, er nutzte die gesamte Tastatur und sorgte für spektakuläre Klangeffekte. Er bearbeitete viele symphonische Werke für Klavier (etwa die Symphonien von Beethoven). Als Pianist war Liszt ähnlich virtuos wie →Paganini auf der Violine. Als einer der ersten trat Liszt als Pianist ohne Orchester auf. Darüber hinaus schuf er zahlreiche symphonische Dichtungen. Er engagierte sich für die Stellung des Künstlers, verlangte die Einführung von Musikunterricht an den Grundschulen und forderte die Ausrichtung von Musikfestspielen. Am Rande: Seine Tochter Cosima war zunächst die Frau des Dirigenten Hans von →Bülow und dann von Richard Wagner.

### Lü Bu-we

Chinesischer Gelehrter (3. Jh. v. Chr. – 235 v. Chr.). Lü Bu-we war ein reicher Kaufmann, der unter dem späteren Kaier Dscheng von Tschin eine bedeutende politische Stellung am Hof einnahm. Später fiel er in Ungnade und sollte verbannt werden. Dem kam er zuvor, indem er sich das Leben nahm. Das Buch „Frühling und Herbst des Lü Bu-we" ist ein umfangreiches Sammelwerk, das aus 160 Abhandlungen über die unterschiedlichsten Themen besteht und an dem zahlreiche Gelehrte mitgearbeitet haben.

### Mark Twain

Eigentlich Samuel Langhorne Clemens; amerikanischer Schriftsteller (30.11.1835 – 21.4.1910). In Deutschland vor allem als Jugendbuchautor durch die Bücher „Tom Sawyers Abenteuer" und „Die Abenteuer des Huckleberry Finn" bekannt. Dabei ist Twain einer der bedeutendsten Vertreter des amerikanischen Realismus. Seine Werke zeichnen sich durch skurrilen, manchmal bissigen Humor und präzise Schilderungen aus. Nebenbei bemerkt hat Twain einige treffende, satirisch zugespitzte Anmerkungen über die deutsche Sprache gemacht.

### Mazarin, Jules

Eigentlich Giulio Mazarini; französischer Staatsmann und Kardinal (14.7.1602 – 9.3.1661). Ein Superminister zu Zeiten des französischen Absolutismus. Zunächst stand er in päpstlichen Diensten und unterstützte die Politik von Kardinal Richelieu. Nach dessen Tod wurde er leitender Minister unter Ludwig XIII. Er warf die Fronde nieder, einen Aufstand der Adeligen gegen die Vorherrschaft des Hofes. Mazarin festigte in krisengeschüttelten Zeiten die Vormachtstellung Frankreichs in Europa.

### Meng Dse

Auch Meng Tzu, Meng Zi oder Menzius; chinesischer Philosoph (372–289 v. Chr.). Er gilt als der zweite große Vertreter der konfuzianischen Philosophie (der erste war der Meister selbst). Er glaubte an die angeborene Güte des Menschen und versuchte, leider vergeblich, bei den Herrschern seiner Zeit Gehör zu finden. Seine Schriften, die „Gespräche des Konfuzius" und „Das Buch Meng Dse", wirken bis heute nach.

### Mo Di

Auch Motse, Mo Ti, Mo Zi, Me Ti; chinesischer Philosoph (zwischen 480 und 380 v. Chr.), gilt als Gegenspieler von Konfuzius. Er richtete seinen Blick auf die unteren Schichten und deren Lebensverhältnisse und war Pazifist. Mo Di verdammte den Luxus als Verschwendung, die auf Kosten der Armen gehe, wobei er so weit ging, auch nach den Maßstäben von Zweckmäßigkeit und Nützlichkeit die „unnütze" Musik zu verurteilen; insofern kann er als der fernöstlicher Vertreter der lustfeindlichen Aufklärer und Reformer gelten.

### Molnár, Franz

Auch Ferenc Molnár; ungarischer Schriftsteller (12.1.1878 – 1.4.1952). Molnár machte sich vor allem als versierter Bühnenautor einen Namen, er schrieb beliebte Boulevardkomödien und Gesellschaftsstücke. Sein erster Erfolg war jedoch ein Jugendroman, „Die Jungen aus der Paulstraße". 1940 emigrierte er in die USA, wo er auch starb.

### Murger, Henri

Französischer Schriftsteller (24.3.1822 – 28.1.1861). In der Pariser Zeitschrift „Corsaire" schilderte er die Welt der Pariser Studenten, Dichter und Künstler. Daraus machte er einen ungemein populären Roman, „Scènes de la vie de bohème" und ein Theaterstück. Auf Deutsch erschien das Buch unter dem Titel „Die Bohème". Dieser Titel gab dem etwas müßiggängerischen Künstlermilieu seinen Namen. Der Roman bildete die Vorlage für Giacomo Puccinis Oper „La Bohème".

### Musashi, Miyamoto

Eigentlich Miyamoto Masana, auch Niten; japanischer Schwertkämpfer und Maler (1584–1645). Einer der ersten Samurai, zugleich wohl der bekannteste. Er verfasste das „Buch der fünf Ringe", ein Lehrbuch über Lebenskunst und Strategie, das mancherorts als „Klassiker der Managementliteratur" gefeiert wurde. Musashi entwickelte die Kunst, mit zwei Schwertern – dem Langschwert und dem Kurzschwert – gleichzeitig zu fechten. Zugleich gelten seine einfarbigen Tuschezeichnungen bis heute als mustergültig, vor allem seine Vogelbilder sind bekannt geworden.

### Narváez, Ramón Maria

Spanischer Marschall Politiker (5.8.1800 – 23.4.1868). Besiegte 1836 die Karlisten, stürzte 1843 den Regenten Espartero, als Führer der Konservativen war er fünf Mal Ministerpräsident, dabei setzte er 1845 eine autoritäre Verfassung durch.

### Nodier, Charles
Französischer Schriftsteller (29.4.1780 – 27.1.1844). Nodier begründete den ersten Dichterkreis der französischen Romantik. Darüber hinaus machte er Shakespeare und die englischen und deutschen Romantiker in Frankreich bekannt.

### Paganini, Niccolò
Italienischer Geigenvirtuose und Komponist (27.10.1782 – 27.5.1840). Paganini gilt als der Virtuose schlechthin und feierte als „Teufelsgeiger" in ganz Europa Erfolge. Seine Kompositionen – die Violinkonzerte, „Capriccios" für Solovioline und die Sonaten für Violine und Gitarre – brachten vor allem seine atemberaubenden solistischen Fähigkeiten zur Geltung:

### Pascoli, Giovanni
Italienischer Dichter (31.12.1855 – 6.4.1912). Pascoli gilt als Erneuerer der italienischen Lyrik. Seine Sprache ist einfach und klar und am klassischen Latein geschult. Seine Verse sind meist melancholisch und haben die Natur oder die Welt des Kindes zum Thema. Pascoli wirkte auch als Literaturprofessor, übersetzte Homer und kommentierte Dante.

### Pfitzner, Hans
Deutscher Komponist (5.5.1869 – 22.5.1949). Pfitzner sah sich in der klassisch-romantischen Tradition, die er in Streitschriften vehement verteidigte, weswegen er eher als Bewahrer denn als Neuerer gilt. Obwohl er Kammermusik, Konzerte, Opern, Sinfonien, Schauspielmusiken und anderes geschrieben hat, stößt heute nur noch ein Werk auf breiteres Interesse: seine musikalische Legende „Palestrina" von 1917, zu der er auch den Text geschrieben hat. Um einen unzeitgemäßen Ausdruck zu benutzen: Pfitzner ist ein klassisches „One hit wonder".

### Planck, Max
Deutscher Physiker (23.4.1858 – 4.10.1947). Er gilt als einer der bedeutendsten Physiker des 19. und 20. Jahrhunderts. Er beschäftigte sich mit Strahlungstheorie und Thermodynamik und begründete die Quantentheorie. 1918 bekam er den Nobelpreis für Physik. Die deutsche Wissenschaftsgesellschaft trägt seinen Namen: Max-Planck-Institut.

### Poggio Bracciolini, Gian Francesco

Italienischer Humanist und Kalligraph (11.2.1380 – 30.10.1459). Er entdeckte in den Klosterbibliotheken in Deutschland, Frankreich und der Schweiz zahlreiche Handschriften der klassischen römischen Literatur. Er selbst verfasste Dialoge und moralische Traktate, stellte eine Sammlung von Schwänken zusammen und schrieb ein achtbändiges Werk über die Geschichte von Florenz.

### Polgar, Alfred

Österreichischer Schriftsteller und Theaterkritiker (17.10.1875 –24.4.1955). Polgar gilt als Meister der kleinen Form und als glänzender Stilist. Er schrieb Glossen, Essays, Feuilletons und Erzählungen. Bis 1933 war er Theaterkritiker in Wien und Berlin, emigrierte von Paris in die USA und kehrte 1947 nach Europa zurück.

### Potocki, Jan Graf

Polnischer Historiker und Schriftsteller (8.3.1761 – 2.12.1815). Als Historiker beschäftigte sich Potocki mit der Vorgeschichte der Slawen. An seinem ausgreifenden Roman „Die Handschrift von Saragossa" arbeitete er zwölf Jahre lang. Das mehrere hundert Seiten starke Werk ist erst kürzlich wieder in Deutschland neu aufgelegt und als Vorläufer von Romanen wie „Der Name der Rose" gefeiert worden

### Pythagoras

Griechischer Philosoph und Mathematiker (ca. 580–500 v. Chr.). Pythagoras gilt als Philosoph der Zahl. Die Ordnung der Welt, glaubte er, lasse sich auf Zahlenverhältnisse zurückführen. Er entdeckte die Schwingungsverhältnisse von Tönen und entwickelte daraus eine eigene Musiktheorie. Als in seiner Heimat Samos die politischen Verhältnisse unerträglich wurden, emigrierte er nach Unteritalien und gründete in Kroton einen Bund, die Pythagoreer, der religiöse, wissenschaftliche und ethische Ziele vertrat. Pythagoras selbst hat keine Schriften hinterlassen, daher ist unklar, was wirklich von ihm und was von seinen Schülern stammt. Es wird jedoch angenommen, dass sein berühmtester Lehrsatz, der „Satz des Pythagoras" ($a^2 + b^2 = c^2$), erst nach seinem Tod aufgestellt wurde.

**Renard, Jules**

Französischer Schriftsteller (22.2.1864 – 22.3.1910). Renard pflegte einen klaren nüchternen Stil und beeinflusste damit viele Schriftsteller. Sich selbst bezeichnete er als „Jäger nach Bildern" und tatsächlich ist seine Sprache durchsetzt von treffenden, originellen Metaphern. Sein bekanntestes Buch ist „Poil de carotte", eine bitter ironische, gleichwohl einfühlsame Schilderung seiner eigenen Kindheit.

**Rossini, Gioacchino Antonio**

Italienischer Komponist (29.2.1792 – 13.11.1868). Rossini gilt vornehmlich als Opernkomponist und wurde schon zu Lebzeiten in ganz Europa gefeiert. Zu seinen bedeutendsten Werken zählen „Der Barbier von Sevilla", „La Cenerentola" und „Die diebische Elster". 1824 bis 1825 leitete er die Italienische Oper in Paris und war anschließend bis 1830 Generalintendant der königlichen Musik und Generalinspektor für Gesang in Frankreich. Sein letztes Bühnenwerk, „Wilhelm Tell", schrieb er 1829. Nach der Revolution von 1830 verließ er Frankreich, lebte in Bologna und Florenz und kehrte 1855 nach Paris zurück, wo er keine Note mehr komponierte, sondern sich lieber den Gaumenfreuden zuwandte.

**Rückert, Friedrich**

Deutscher Dichter und Orientalist (16.5.1788 – 31.1.1866). Rückert war Professor für orientalische Sprachen in Erlangen und Berlin und übersetzte zahlreiche Werke der persischen und arabischen Literatur. Das ist seine große Lebensleistung. Außerdem schrieb er eine Vielzahl eigener Gedichte, von denen die meisten vergessen sind. Am bekanntesten sind seine „Kindertotenlieder", die von Gustav Mahler vertont wurden.

**Rumi, Djalal od-Din**

Persischer Dichter (30.9.1207 – 17.12.1273). Rumi gilt als bedeutendster Dichter der persisch-islamischen Mystik, des Sufismus. Seine Verse haben Goethe und Heinrich Heine beeinflusst. Sein Hauptwerk, das Versepos „Mesnewi", gilt als einer der Grundtexte des Sufismus. Nach Rumis Tod gründeten seine Schüler den Derwischorden „Mewlewije", im Westen bekannt unter dem Namen „die tanzenden Derwische". Rumis Grab befindet sich in Konya in der Türkei. Das Mausoleum, der „grüne Dom", zieht noch heute Tausende von Pilgern an.

### Saadi, Moscharref od-Din ibn

Auch Sadi; persischer Dichter (ca. 1209–1292), der von der Mystik stark beeinflusst ist. Seine Hauptwerke sind die beiden didaktischen Dichtungen „Obstgarten" und „Rosengarten". Außerdem gilt er als bedeutender Liebeslyriker.

### Saint-Exupéry, Antoine de

Eigentlich Antoine-Marie Roger Graf von Saint Exupéry; französischer Schriftsteller und Pilot (29.6.1900 – 31.7.1944). Saint-Exupéry verarbeitete seine Erlebnisse als Flieger in mehreren Romanen, „Südkurier", „Nachtflug" und „Wind, Sand und Sterne". Am bekanntesten ist jedoch sein poetisches Märchen „Der kleine Prinz" von 1943. Saint-Exupéry nahm ab 1939 als Flieger am Zweiten Weltkrieg teil, 1944 wurde er auf einem Erkundungsflug über dem Mittelmeer abgeschossen. Aus seinen letzten Schriften wurde das Buch „Citadelle" zusammengestellt, das vier Jahre nach seinem Tod erschien und von tiefer Melancholie geprägt ist.

### Schopenhauer, Arthur

Deutscher Philosoph (22.2.1788 – 21.9.1860). Schopenhauer gilt allgemein als zutiefst pessimistischer, lebensfeindlicher Philosoph. Dies hängt mit seiner Lehre vom Willen zusammen, die er in seinem Hauptwerk „Die Welt als Wille und Vorstellung" entfaltet. Als seinen Gegenspieler begreift Schopenhauer Georg Friedrich Hegel, dessen idealistische Philosophie er scharf ablehnt. Ist Schopenhauers Wirkung zunächst sehr begrenzt, tritt sie später umso stärker hervor: Bei so grundverschiedenen Menschen wie Siegmund Freud, Thomas Mann, Richard Wagner und Wilhelm Busch lassen sich Einflüsse von Schopenhauers Denken finden. Im Bürgertum des ausgehenden 19. Jahrhunderts wird es geradezu chic, sich ein wenig schopenhauerisch-pessimistisch zu geben.

### Shaw, George Bernard

Irischer Schriftsteller und Dramatiker (26.7.1856 – 2.11.1950). Einer der meistgespielten Dramatiker des 20. Jahrhunderts, was heute vielleicht überrascht, denn seine satirisch-gesellschaftskritischen Stücke stehen nur noch selten auf dem Spielplan. Am bekanntesten ist seine Komödie „Pygmalion" von 1913, die als Musical „My Fair Lady" zum Welterfolg wurde. Shaw war ein überzeugter, aber hochgradig undogmatischer Sozialist, der sich für die

Rechte der Frauen und die Ausweitung des Wahlrechts einsetzte. Gleichzeitig war sein Denken aber auch von Nietzsche beeinflusst. Seine über 50 Stücke haben das Theater vor allem zu Beginn des 20. Jahrhunderts stark beeinflusst. 1925 erhielt Shaw den Literaturnobelpreis.

### Simmel, Georg
Deutscher Soziologe und Philosoph (1.3.1858 – 26.9.1918). Zu Beginn des 20. Jahrhunderts war er einer der einflussreichsten Intellektuellen. Simmel beschäftigte sich mit Kunst, Kulturgeschichte, Anthropologie, Alltagskultur und politisch-sozialen Themen. Unter anderem schrieb er eine „Philosophie des Geldes", eine „Philosophie der Mode" und eine „Soziologie der Mahlzeit". Simmel gehört zu den Begründern der Soziologie als eigenständige Wissenschaft und erlebt seit einigen Jahren durch die Neuauflage seiner Werke eine gewisse Renaissance.

### Spenser, Edmund
Englischer Dichter (ca. 1552 – 16.1.1599). Neben William Shakespeare gilt Edmund Spenser als wortmächtigster Dichter der englischen Renaissance. Sein Hauptwerk, das Versepos „The faerie queene" („Die Feenkönigin"), umfasst sieben Bücher und ist unvollendet geblieben, geplant waren zwölf. Spenser wollte mit dieser allegorischen Dichtung ein englisches Nationalepos schaffen. Er entwickelte dafür eine eigene Strophenform, die „Spenser-Strophe", die noch zweihundert Jahre später für die englischen Romantiker als wegweisend galt.

### Spontini, Gaspare
Italienischer Opernkomponist und Dirigent (14.11.1774 – 24.1.1851). Über Neapel und Rom kam Spontini nach Paris, wo er 1807 mit seiner Oper „Die Vestalin" schlagartig international bekannt wurde. Spontini versuchte die Opernreformen von →Gluck weiterzuführen. 1814 wurde er französischer Hofkomponist. Nachdem seine Oper „Olimpia" durchfiel, begab er sich in die Dienste des preußischen Königs Friedrich Wilhelm III und wurde Musikdirektor in Berlin. An seine anfänglichen Erfolge konnte er allerdings nicht mehr anknüpfen.

### Strauss, Richard
Deutscher Komponist (11.6.1864 – 8.9.1949). Strauss gehörte zu Anfang des 20. Jahrhunderts zu den führenden Komponisten. Er steht auf der Schwelle

von der Spätromantik zur atonalen Musik. Strauss wirkte vor allem auf den Gebieten der Orchestermusik – hier sind vor allem seine „sinfonischen Dichtungen" zu nennen wie „Also sprach Zarathustra" –, der Oper (Hauptwerke „Salome", „Elektra" und „Der Rosenkavalier") und der Liedkomposition (über 200 Lieder).

### Talleyrand, Charles Maurice
Französischer Staatsmann (13.2.1754 – 17.5.1838). Talleyrand gilt als Virtuose der Diplomatie, als Inbegriff des pragmatischen Realpolitikers, der durch taktisches Geschick seine Ziele durchsetzt. Auf der anderen Seite ist er als bedingungsloser Opportunist verrufen. Tatsächlich hat es Talleyrand verstanden, in einer höchst bewegten Zeit immer auf der Seite der Sieger zu stehen: als Anhänger der Französischen Revolution, Außenminister unter Napoleon und unter den Bourbonen, als Botschafter unter dem Bürgerkönig Louis Philippe. Allerdings ist er keineswegs immer den Weg des geringsten Widerstands gegangen. Im Gegenteil, seine politische Überlebensfähigkeit verdankt sich zu einem großen Teil der Tatsache, dass er genau wusste, wann er einen Konflikt riskieren musste. So lehnte er die Eroberungspolitik Napoleons entschieden ab und trat als erfolgreicher Außenminister zurück, als er glaubte, das Vertrauen von Ludwig XVIII. verloren zu haben.

### Tieck, Ludwig
Deutscher Schriftsteller und Übersetzer (31.5.1773 – 28.4.1853). Tieck ist der produktivste und vielseitigste Autor der Frühromantik; seine Schriften umfassen 28 Bände. Er schrieb Erzählungen, Romane („Franz Sternbalds Wanderungen"), Kunstmärchen („Der blonde Egbert"), romantische Stimmungslyrik, Theaterstücke („Der gestiefelte Kater") und vieles mehr. Auch als Übersetzer setzte Tieck Maßstäbe: Er übertrug den Don Quichotte von Cervantes und führte das Projekt von August Wilhelm Schlegel fort, die Dramen von Shakespeare zu übertragen. Ihre Fassung (kurz: „Schlegel-Tieck") gilt bis heute als die klassische Shakespeare-Übersetzung.

### Tolstoi, Leo
Lew Nikolajewitsch Graf Tolstoj; russischer Schriftsteller (9.9.1828 – 20.11.1910). Einer der größten Romanciers der Weltliteratur. Seine Romane sind geprägt von psychologischer Stimmigkeit, farbigen, realistischen Schilderungen und meisterhafter Komposition, bei der mehrere Handlungsstränge parallel geführt werden (Hauptwerke: „Krieg und Frieden", „Anna Karenina").

Aber auch seine Erzählungen gehören zu den Klassikern, vor allem „Der Tod des Iwan Ilitsch" und „Die Kreutzersonate". Nach einem Erweckungserlebnis war Tolstoi bemüht, nach strengen moralischen Prinzipien zu leben. Er versuchte ein reines Urchristentum zu rekonstruieren und verrannte sich in einer radikal ablehnenden Haltung. Kunst und Wissenschaft sprach er jeglichen Wert ab. 1910 verließ er seine Familie, um in radikaler Askese sein Dasein zu fristen. Auf der Reise verstarb er.

**Toscanini, Arturo**
Italienischer Dirigent (25.3.1867 – 16.1.1957). Er gilt als einer der herausragenden Orchesterleiter des 20. Jahrhunderts, war Kapellmeister an der Mailänder Scala, später ihr Direktor, dirigierte an der Metropolitan Opera in New York, bei den Bayreuther und bei den Salzburger Festspielen. Als erklärter Gegner des Faschismus emigrierte er 1938 in die USA, unternahm auch keinerlei Konzertreisen nach Deutschland und Italien. Erst nach Kriegsende kehrte er wieder nach Italien zurück. Toscanini ist für seine Interpretation von recht unterschiedlichen Komponisten berühmt geworden: Verdi, Wagner und Beethoven.

**Vollard, Ambroise**
Pariser Kunsthändler und Verleger (1865 – 28.07.1939). Er gilt als eine der wichtigsten Persönlichkeiten der Kunst des 20. Jahrhunderts. Nach einem Studium der Rechte wandte sich Vollard der Kunst zu und veranstaltete in seiner Galerie bahnbrechende Ausstellungen. Bekannt wurde er auch durch seine hochwertigen, von Künstlern illustrierten Druckwerke, die als Höhepunkte moderner Buchkunst gelten. In seinem Buch „Erinnerungen eines Kunsthändlers" (neu aufgelegt Zürich 2002) schildert er seine Begegnungen mit Manet, van Gogh, Picasso, Apollinaire, Degas, Cézanne, Zola und vielen anderen. Ein berühmtes Porträt des Kunsthändlers stammt von Picasso, aber auch Renoir oder Cézanne porträtierten ihn.

**Washington, George**
Erster Präsident der Vereinigten Staaten (22.2.1732 – 14.12.1799). Zunächst Landvermesser und Pflanzer in Virginia, kam er durch Landerwerb zu Reichtum. Kämpfte gegen die Franzosen und Indianer. 1755 wurde er zum Befehlshaber der Truppen Virginias ernannt, kurze Zeit darauf in das Parlament gewählt. Mithilfe europäischer Experten baute er die amerikanischen Revolutionstruppen auf und wurde deren Oberbefehlshaber. Nach dem Sieg über die

britischen Truppen zog er sich zunächst ins Privatleben zurück, wurde dann 1789 einstimmig zum ersten Präsidenten der USA gewählt. Bereits zu Lebzeiten wurde Washington stark verehrt.

Welch, John Francis („Jack")

Amerikanischer Konzernchef (*19.11.1935). Der umtriebige Chef des General Electric Konzerns ist eine markante Führungspersönlichkeit. Wegen seiner Härte wird er von den einen bewundert, von den anderen gehasst. Den eher behäbigen General Electric Konzern brachte er jedenfalls innerhalb kurzer Zeit auf Trab. Auch in der Folgezeit ruhte sich Welch niemals auf seinen Erfolgen aus. Er verbreitete Unruhe und er setzte mit vielem, was er unternommen hat, Maßstäbe. Anfang der 90er Jahre investierte er in Wissensmanagement, als dies in anderen Unternehmen noch kein Thema war. Anschließend etablierte er das Konzept „Six sigma", das seitdem auch in anderen Branchen eingesetzt wird.

Wolf, Friedrich

Deutscher Schriftsteller (23.12.1888 – 5.10.1953). Wolf war Arzt und schrieb seit den 20er Jahren sozialkritische Erzählungen, Romane und Dramen. Als Mitglied der KPD emigrierte er 1933 nach Moskau und war hier auch für den sowjetischen Propagandadienst tätig. Nach dem Zweiten Weltkrieg engagierte er sich in der DDR für den Aufbau von Rundfunk und Theater. Bemerkenswert außerdem: Friedrich Wolf hat zwei prominente Söhne, den Filmemacher Konrad Wolf und den späteren Geheimdienstchef Markus Wolf.

Zeuxis

Griechischer Maler (um 400 v.Chr.). Er ist der bekannteste antike Maler. Werke von ihm sind nicht erhalten; doch deren Schilderungen. Demnach gelang es Zeuxis, bei den Betrachtern den Eindruck hervorzurufen, die gemalten Gegenstände seien real vorhanden. Dies erreichte er offenbar durch eine raffinierte Behandlung von Licht und Schatten.

# Literatur

Anekdoten der Weltliteratur. Eine Auswahl aus drei Jahrtausenden, Zürich 1998.

Al-Muqaffa, Abdallah Ibn: Kalila und Dimna. Die Fabeln des Bidpai, Zürich 1995.

Äsopische Fabeln, hrsg. von Walter Pape, Zürich 1999.

Berger, Peter L.: Erlösendes Lachen. Das Komische in der menschlichen Erfahrung, Berlin / New York 1998.

Die Bibel oder die ganze Heilige Schrift des Alten und des Neuen Testaments nach der Übersetzung Martin Luthers, Stuttgart 1972.

Birkenbihl, Vera F.: StoryPower. Welchen Einfluss Stories auf unser Denken und Leben haben, Landsberg 2001.

Bonder, Rabbi Nilton: Der Rabbi hat immer recht, Zürich 2001.

Brecht, Bertolt: Geschichten, Frankfurt am Main 1969.

Buber, Martin: Die Erzählungen der Chassidim, Zürich 1996.

Canfield, Jack / Hansen, Mark Victor: Hühnersuppe für die Seele. Geschichten, die das Herz erwärmen, München 1996.

Carnegie, Dale: Wie man Freunde gewinnt, Bern 1986.

Crainer, Stuart: Die 75 besten Managemententscheidungen aller Zeiten, Wien / Frankfurt am Main 2000.

Dithmar, Reinhard (Hrsg.): Fabeln, Parabeln und Gleichnisse, Paderborn / München / Wien / Zürich 1995.

Drösser, Christoph: Stimmt's? Moderne Legenden im Test, Reinbek 1998.

Dschuang Dsi: Das wahre Buch vom südlichen Blütenland, Kreuzlingen / München 1969.

Fichtl, Gisela: Der ZitateGuide. Als Führungskraft in jeder Situation überzeugen und gewinnen, Planegg 2001.

Gilgamesh. Nachdichtung und Neuübersetzung von Raoul Schrott, München 2002.

Goleman, David, Boyatzis, Annie McKee: Emotionale Führung, München 2002.

Grant, Michael / Hazel, John: Lexikon der antiken Mythen und Gestalten, München 1980.

Greene, Robert: Power. Die 48 Gesetze der Macht, München / Wien 1999.

Günther, Michael (Hrsg.): Die Weisheit Asiens, Kreuzlingen / München 1999.

Han Fei: Die Kunst der Staatsführung. Die Schriften des Meisters Han Fei, Leipzig 1994.

Harenberg Anekdotenlexikon. Von Maurus Pacher und Christoph Wetzel (Mitarbeiter), Dortmund 2000.

Hunger, Herbert: Lexikon der griechischen und römischen Mythologie, Reinbek 1974.

Johnsen, Sönke: „Transparenz als Tarnung", in: *Spektrum der Wissenschaft*, Heft 5/2000.

Johnson, Spencer: Die Mäusestrategie, München 2000.

Kegel, Bernhard: Die Ameise als Tramp. Von biologischen Invasionen, Zürich 1999.

Krylow, Iwan Andrejewitsch: Fabeln, Leipzig 1988.

Laotse: Tao-te-king, Zürich 1945.

Lowe, Janet C.: Bill Gates, Frankfurt am Main 2000.

Lynch, Dudley / Kordis, Paul: Die DelphinStrategien, Langenbieber 1998.

Iacocca, Lee / Kleinfield, Sonny: Iacocca. Mein amerikanischer Traum, Wien, Düsseldorf 1988.

Kafka, Franz: Sämtliche Erzählungen, Frankfurt am Main und Hamburg 1970.

Köhler, Peter (Hrsg.): Das Anekdoten-Buch, Stuttgart 1997.

Kotter, John P.: Matsushita. Der erfolgreichste Unternehmer des 20. Jahrhunderts, Wien 1997.

Krämer, Walter: Denkste! Trugschlüsse aus der Welt der Zahlen und des Zufalls, München 1998.

Kühl, Stefan: Das Regenmacher-Phänomen. Widersprüche und Aberglaube im Konzept der lernenden Organisation, Frankfurt am Main 2000.

Landmann, Salcia: Der jüdische Witz. Soziologie und Sammlung, Düsseldorf 1999.

Landmann, Salcia: Jüdische Anekdoten und Sprichwörter, Wiesbaden 1985.

Lattmann, Dieter (Hrsg.): Das Anekdotenbuch, Frankfurt 1979.

Lessing, Gotthold Ephraim: Fabeln. Abhandlung über die Fabel, Stuttgart 1967.

Littmann, Peter / Jansen, Stephan A.: Oszillodox. Virtualisierung – die permanente Neuerfindung der Organisation, Stuttgart 2000.

Malik, Fredmund: Führen. Leisten. Leben, Stuttgart / München 2000.

Morgan, Gareth: Löwe, Qualle, Pinguin. Imaginieren als Kunst der Veränderung, Stuttgart 1998.

Musashi, Miyamoto: Das Buch der fünf Ringe, München 1998.

Nyberg, David: Lob der Halbwahrheit, Hamburg 1994.

O'Boyle, Thomas: Jack Welch. Im Hauptquartier des Shareholder Value, Stuttgart 1999.

Packard, David: Die Hewlett-Packard-Story. Wie Bill Hewlett und ich unser Unternehmen aufbauten, Frankfurt am Main 1996.

Paus, Michaela: „Küchenmelancholie. Der Kolumnist und Schriftsteller Axel Hacke", in: *Insight*, Heft 8/02, S. 40–44.

Peseschkian, Nossrat: Der Kaufmann und der Papagei. Orientalische Geschichten in der Positiven Psychotherapie, Frankfurt am Main 1979.

Peter, Lawrence J.: Das Peter-Programm, Reinbek 1976.

Peters, Tom: Das Tom Peters Seminar, Frankfurt am Main 1995.

Potocki, Jan Graf: Die Handschrift von Saragossa, Zürich 2000.

Sapolsky, Robert M.: Mein Leben als Pavian, München 2001.

Schivelbusch, Wolfgang: Die Kultur der Niederlage, Berlin 2001.

Schwarz, Ernst (Hrsg.): So sprach der Meister. Altchinesische Lebensweisheiten, München 1994.

Shah, Idries: Die Sufis. Botschaft der Derwische, Weisheit der Magier, Köln 1986.

Shapiro, Eileen C.: Trendsurfen in der Chefetage, Frankfurt am Main 1996.

Torberg, Friedrich: Die Tante Jolesch. Der Untergang des Abendlandes in Anekdoten, München 1977.

Uhle, Margret: Die Lego-Story. Der Stein der Weisen, Wien-Frankfurt am Main 1998.

Ury, William L.: Schwierige Verhandlungen. Wie Sie sich mit unangenehmen Kontrahenten vorteilhaft einigen, Frankfurt am Main 1992.

Vasconcellos e Sá, Jorge: The War Lords. Measuring Strategy and Tactics for Competitive Advantage in Business, London 1999.

Vinci, Leonardo da: Der Nussbaum im Campanile, übersetzt und hrsg. von Isolde Rieger, München 1991.

Voigtmann, Martin: Genies wie du und ich, Heidelberg 1997.

Watzlawick, Paul: Anleitung zum Unglücklichsein, München / Zürich 1983.

# Verzeichnis der Texte

## 1

Die 101. Kuh   148

## 9

Die 90/90-Regel   219

## A

Die Abkürzung   295
Das achtzehnte Kamel   164
Die Äpfel und die Pferdeäpfel   133
Der Affe und die Erbsen   176
Die Affen und der Vogel   287
Alle in einem Boot   239
Die Ameise und die Feder   162
Die Ameise und die Fliege   347
Die anvertrauten Zentner   12
Der Apfelbaum und die Tanne   208
Auch Wellenreiten will gelernt sein   264
Auf dem Dreirad zum Erfolg   57
Auf den Köder kommt es an   330
Der Aufbruch   222
Aufforderung zum Ungehorsam   179
Der aufgeblasene Frosch   50
Autos kaufen keine Autos   300
Die Axt und der Wald   253

## B

Der Bär und der Jäger   246
Der Bauer und der Baumstumpf   198

Die befreiten Tauben   344
Die bemalten Wandschirme   116
Das bequeme Genie   312
Der Berg kreißt   343
Beschäftigung   309
Bescheidenheit   57
Beschleunigtes Bier   269
Die besten Knopflöcher von Manhattan   207
Besuch unerwünscht   329
Beten gegen Darwin   273
Beweiskraft   306
Bill Gates beim Psychologen   52
Bill Gates' Führungsstil   92
Bill Gates und der Baseballhandschuh   298
Bill Gates' Zeitungslektüre   346
Der blinde Bettler und der Marketingspezialist   332
Die Blinden und der Elefant   187
Das brennende Haus von Yoshihide   306
Brennholz stapeln   153
Das „Bringen Sie mir einen Stein"-Spiel   338
Brückenmetaphern   321
Das Bündnis zwischen den Landtieren und den Fischen   250

## C

Der Cargo-Kult   166
Che Guevaras Guerillataktik   232

## D

David gegen Goliath   223
Die Delfin-Strategie   73
Denken wie ein Münzföhn   38
Dialektik   114
Der Dirigent   60
Ein dicker Sack   80
Diplomatischer Rat   310
Disraeli zeigt sich erkenntlich   96
Donald Sutherlands Prinzip   205
Doppelte Welt   327
Der Dornbusch   122
Drei Finger einer Hand   113
Die drei Maurer   61
Der dreiste Tantalos und seine Qualen   79
Der durstige Ziegenbock   251
D-Züge und Schienenfahrzeuge   265

## E

Eine echte Delfin-Strategie   75
Das echte Hornberger Schießen   139
Das Ei des Kolumbus von Brunelleschi   183
Ein eigennütziger Bauer   104
Die Eingeschlossenen   160
Einzelteile   203
Die Elefanten und die Mäuse   248
Die Entdeckung des Treibhauseffekts   211
Die Ente, die keine Fische fing   101
Entschädigung   166
Die Erfindung der Polaroid-Kamera   180
Die Erfindung der Registrierkasse   182
Der erste Heimcomputer   267
Die Erziehung der Adler   65
Es gilt das gesprochene Wort   340
Es ist nie zu spät das Loch im Zaun zu schließen   273
Esel billig zu verkaufen   246
Der Esel, der ein Schoßhund sein wollte   99
Der Esel im Tigerfell   324
Der Esel und das Jagdpferd   228
Der Esel und das Pferd   129
Der Esel und der Wolf   250
Experten stellen Prognosen   209
Die Expertenkommission und der elektrische Strom   210

## F

Fabel vom hungrigen Fuchs   196
Der Fenstersturz   280
Das Ferkel und die Schafe   124
Der ferne Berg   248
Fesselnde Lektüre   303
Fink und Frosch   119
Ein fliegendes Taschentuch   32
Flugzeug-Rückspiegel-Metapher   256
Fortschritt   267
Eine Frage des richtigen Tempos   89
Frauen und Eichhörnchen   346
Fremde Federn   342
Die Freude der Fische   77
Die Frösche bitten um einen König   87
Die Frösche im Milchtopf   103

Der Fuchs und der Rabe  47
Der Fuchs und der Wasserigel  288
Der Fuchs und die Pauke  113
Der Fuchs unter dem
    Weinstock  214
Fundiertes Urteil  66
Furcht und Glauben  170
Fuß- und Spurenmetaphern  256

## G

Gang- und Haltungsmetaphern  72
Die Gans und das Pferd  117
Die Geburtsstätte des Silicon
    Valley  156
Gedenktafel  56
Der gefangene Trompeter  348
Das Geheimrezept für die
    köstlichsten Krautfleckerln  331
Gehen Sie auf den Balkon  318
Geld oder Weisheit  302
Geld und Geist  298
Genialität on demand  314
Das geöffnete Stadttor  238
George Washington und die
    Unfähigkeit zur Lüge  52
Der gerechte Gärtner und das
    Unkraut  95
Gerechter Lohn  97
Geschäfte mit indischen Elefanten  319
Die Geschichte der Marlboro-
    Zigarette  342
Die Geschichte vom alten bösen Wolf
    in sieben Fabeln  242
Die Geschichte vom Hammer  325
Der geschickte Koch  78

Die Gier der Mistkäfer  55
Gilgamesch  64
Die gläserne Decke  152
Das Glas Milch  169
Das Gleichnis vom Magen und den
    Gliedern  35
Das globale Dorf  339
Der Glockendieb  323
Die „Goldwynismen"  84
Die Grille und die Ameise  208
Der große Baum  94
Die Grundlagen einer guten
    Regierung  202
Ein gut gefüllter Ballon  51
Guter Rat mit Salat  165
Guter Rat  309
Guter Wurf  177
Gutgemeinte Bemühungen  289

## H

Der habgierige Hund  226
Der Habicht und die Nachtigall  67
Der Hahn und die Schneegans  121
Halb gelogen ist doppelt
    verdient  345
Halb volle und halb leere
    Flaschen  63
Hammermetaphern  158
Eine Handvoll Bohnen  191
Hanlons Rasiermesser  292
Hannibal und die Schlacht bei
    Cannae  229
Die Hartree-Konstante  219
Die Hausschlange und der Bauer  123
Herkules besiegt Antäus  59
Herkules findet einen Klumpen  125

Herkules und der Nemeische
    Löwe  58
Herkules und die Hydra  169
Herkules und die Ställe des
    Augias  159
Herkules und sein Musiklehrer  139
Die Hidden Champions der
    Savanne  240
Hier irrt Goethe  309
Der hilflose Knabe  90
Himmel oder Hölle?  335
Hinter der Front  231
Der Hirsch. Der Hase. Der Esel  134
Eine Holzstatue für ein
    Linsengericht  190
Der Hund, der gerne Eier aß  296
Der Hund mit dem Glöckchen  104
Hundert Prozent für Lego  81

**I**

Ideen reifen lassen  184
Immer in der Spur bleiben  283
Improvisationstalent  186
In Fahrtrichtung  110
Individuelle Kochrezepte  171
Insekten als Metapher  237

**J**

Jack Welch und der Flugzeug-Test  53
Die Jagd auf das Rotwild  137
Die Jagd auf den gefesselten
    Hasen  171
Die Jagd nach dem eigenen
    Schatten  217

Die Jazzband  145
Jehu beseitigt den Baalskult  252
Ein Junge im Büro von Mister
    Gates  83
Der junge und der alte Hirsch  256

**K**

Kalbskotelett à la Poscharskij  178
Der Kampf zwischen Schnepfe und
    Auster  124
Der Kater und der Hahn  247
Kaufmannsprüfung  91
Keine falsche Bescheidenheit  112
Kettenreaktion  173
Kleiderordnung  341
Kleine Fabel  266
Der kleine Kratzer am Knie  163
Der kleine Krebs und seine
    Mutter  114
Der königliche Falke  93
Königlicher Service  338
Königliches Vorleben  71
Der kompetente Vogel Strauß  305
Konfuzius und die Strafen  135
Konzert mit Zugabe  334
Kräfte bündeln  176
Kräht der Hahn früh am
    Morgen  127
Die Kraft der Stäbe  128
Der Krieg zwischen Wölfen, Schafen
    und Hunden  234
Kriegsmetaphern  230
Der Krug mit Nüssen  70
Der kunstreiche Bogen  205
Die Kutsche im Schlamm  151

## L

Die Landkarte   196
Langfristige Planung   266
Die Laus und der Floh   132
Die Leberpastete   127
Die leckeren Cornflakes   327
Der leichtsinnige Affe   278
Licht   220
Die Liebesprüfung   334
Der „Loch-Bischof"   82
Der Löwe, der sich eine Katze hielt   97
Der Löwe geht jagen   176

## M

Die Macht der Presse   26
Das Märchen vom Unternehmensberater   316
Die Mäusestrategie   270
Mangelnde Begabung   138
Der Mann mit der Laterne   172
Mao Tse-tungs Guerilataktik   231
Die Marskanäle   307
Martin Luthers Apfelbaum   284
Matsushita lässt ein halbes Steak zurückgehen   69
Das Mehl an der Wäscheleine   328
Mehr Feuer   118
Der Meisterringer   136
Meisterschaft   54
Messer und Brot   126
Der Millionen-Dollar-Fehler   282
Mitreißend   62
Mühe allein genügt nicht   314

Murphys Folgegesetze   291
Murphys Gesetz   290
Der Musiker und der Ochse   118

## N

Nachricht auf dem Sterbebett   23
Die Nachtigall und die Fledermaus   279
Neue Managementmethoden   76
Noah als Projektmanager   220
Noch erfolgreicher   105
Noch nicht   294
Der Nordwind und die Sonne   107
Die Nützlichkeit der Diener   99
Der Nutzen der Leere   214

## O

Der Ochse auf dem Pferderennen   315
Ohne Feinde   234
Opposition muss sein   146

## P

Der Pächter und seine Hunde   92
Das Pareto-Prinzip (die 80/20-Regel)   218
Parkinsons Gesetz   154
Der „Pepsi-Test" und das Debakel von New Coke   293
Der perfekte Bericht   110
Perlensuche   213
Die pestkranken Tiere   130
Das Peter-Prinzip   151
Pferde oder Stiere reiten   322

Pferdebeine zählen   192
Pläne eines Mönchs   200
Planung mit zwei Füßen   195
Platons Definition   326
Preisverhandlung   332
Professionelle Promotion   336
Ein psychologischer Test   15
Pythagoras und die Bohnen   311

## R

Der Rabe bebrütet seine Eier   203
Räder   265
Ein Rat unter Krähen   310
Der Ratschlag des Krebses   227
Die Ratten von Yongzhou   108
Der Regenmacher-Effekt   150
Renovierung nicht für Spatzen   263
Richtigstellung   283
Richtungsentscheidung   347
Der Riese   238
Ein Ring aus Raupen   147
Die Ringparabel   188
Ruhekissen   298

## S

Die Sage von Ikarus und Dädalus   277
Die Sage von König Midas   55
Sai Weng hat ein Pferd verloren   199
Die Sandalen   193
Die sauren Früchte der Beharrlichkeit   179
Der Schäfer und die Nachtigall   102
Das Schattenbild   235
Scheibchenweise   263
Ein Schlachtross im Frieden   217
Einer Schlange soll man keine Füße anmalen   63
Schlangen und Reptilien auf dem Rücken   64
Der Schlupfswespen-Manager   68
Schmuggelware   185
Der Schneemann in der Sonne   144
Schrittmetaphern   259
Das schwarze Schaf   120
Ein Schwindelfall   67
Die Sehnsucht nach dem Meer   102
Seife, Kaugummi und Backpulver   149
Der siegreiche Hahn   59
Simson und Delila   241
Spargel mit Köpfchen   47
Die Spiegelmetapher   44
Das Spielfeld abmessen   62
Sport-Metaphern zur Zusammenarbeit   131
Spottlieder   91
Die Stachelschweine   133
Die starke Mücke   236
Das starke Wasser   144
Das Stolpern des Eroberers   57
Der stolze Hirsch mit den dünnen Beinen   46
Der Streit zwischen der Faulheit und dem Fleiß   322
Strömungslehre   261
Der Sturm stürzt den starken Baum   94
Suche das Selbstverständliche und ziehe es in Zweifel   180

Die Suche nach dem Schlüssel   157
Der Supertanker   143

## T

Talleyrands Fuß   285
Talleyrands Tod   324
Teamwork und Siegeswille   131
Den Teich leer fischen   148
Der Tempelpage und die
    Reisklößchen   128
Der teure Strick   297
Der texanische Kunstschütze   210
Thales fällt in einen Brunnen   315
Tiger oder Kaninchen jagen   202
Tiger vertreiben   276
Das Tigerfell   299
Die Topfpflanze   141
Trallala   186
Transparenz als Tarnung   204
Der Traum des Herrn Kekulé   183
Der Traum vom Schmetterling   71
Trendsurfen im Management   264
Treppen, Leitern und Stühle   152
Tröstende Worte   63
Trojas Wiedergeburt   285
Die Trompete, die Pyramide und die
    Zwiebel   153

## U

Über den richtigen Umgang mit den
    eigenen Fehlern   284
Der Überfall des Herzogs Wu   201
Der unbezahlbare Teppich   326
Unbezweifelbare Tatsachen   29
Der ungestörte Einbrecher   288

Das Universum im Sandkorn   193
Eine unpassende
    Wohngemeinschaft   250
Unsterblichkeit auf dem
    Sterbebett   345
Der Unterschied zwischen einer
    Dame und einem
    Diplomaten   320
Die unvorsichtige Auster   345
Unwillkommene Rettung   286
Unzulässiger Vergleich   46

## V

Der verbesserte Brief   115
Ein Verbotsschild   90
Verdienst   300
Eine verfängliche Situation   313
Der vergrabene Goldbarren   297
Der verlorene Sohn   100
Vermeide überflüssige Worte, wenn
    du Gehör finden willst   21
Die verschwundene Axt   111
Versuchung   341
Versuchung und Verleumdung   343
Vertrauen in Unsinn   178
Vertrautheit   340
Vince Lombardis Motto   103
Die Vögel von Guam   275
Das vollkommene Kamel   206
Ein vollkommenes Geschenk   45
Vom Kopf auf die Füße
    stellen   190
Vom zahmen Tiger und dem
    gefährlichen Schaf   189
Vor dem Gesetz   173
Vorbild Leitungswasser   214

Die vorsichtige Schwalbe   279
Vorzügliche Definition   25

## W

Das Wachstum der
    Spinnenpflanze   142
Der Wagenlenker   88
Die Wahrheit über die
    Lemminge   258
Der Wanderer   48
Ein Warnschild am Abgrund   277
Ein Warnschild auf dem
    Rücken   276
Warren Buffetts Dartscheibe   187
Warum es die Götter nicht geben
    kann   123
Wasser holen mit Ohrfeige   184
Der Weinkenner   311
Der weit gereiste Pudel   225
Weitblick   213
Weitere Werkzeuge   159
Eine Welt aus 25 Menschen   339
Weltmeisterlich   23
Weltveränderung   48
Wenn das Wasser steigt   260
Wenn der Schwanz mit dem Hund
    wedelt   146
Wenn die Löwen Bildhauer
    wären   348
Wer Geschenke gibt   303
Wer Wasser trinken will   193
Wertbestimmung   302
Wertsteigerung   320
Wertvolle Seele   100
Wettbewerb   337
Wettbewerbsfähigkeit   226

Wie die Firma Lego zu ihrem Namen
    kam   155
Wie man aus einer Eisenkeule eine
    Nadel machen kann   135
Wie man ein Genie
    unterrichtet   138
Wie man ein Kalb in den Stall treibt
    – zweite Methode   106
Wie man eine Zauberperle
    wiederfindet   181
Wie man einen Frosch kocht   259
Wie man Reis schneller wachsen
    lässt   270
Wie man Rinder in den Stall treibt –
    erste Methode   106
Wie Termiten ihre Hügelnester
    bauen   197
Wie zwei Bauern zwei Frösche
    aßen   122
Wiederholung   175
Windrichtung   262
Der wissenschaftliche
    Fortschritt   262
Der Wolf und der Kranich   318
Wünsche werden wahr   215
Ein Wunschname   154

## Y

Yegong liebt Drachen   84

## Z

Der zahme Hirsch von Linjiang   109
Zeichen der Popularität   83
Zeitverschwendung   300
Zielfindung   216

Zu viel des Guten   89
Der Zug der Lemminge   257
Zukunftspläne 1   212
Zukunftspläne 2   212
Das zurückgelassene
    Fahrradlicht   333
Zusatzgeschäft   338
Zwei Bewerber   10

Zwei Fahrer   73
Zwei Frösche am Brunnen   198
Zwei Männer im Kamin   167
Zwei Männer und ein
    Regenschirm   274
Zweierlei Handwerk   312
Zweierlei Listen   254
Zwerge sehen mehr   255

# Stichwortverzeichnis

## A

Aberglaube  57, 187
Abgehobenheit  315
Abhängigkeit  35, 67
Abläufe  185
Ablauforganisation  68
Ablenkungsmanöver  239
Abmahnung  136
Abnutzungseffekt  90
Abnutzungserscheinung  89
Absage  328, 329
Absolutheitsanspruch  194
Abweichungen  168, 2132
Abwesenheit  329
Abzocken  160
Änderungsprozesse  263
Ängstlichkeit  279
Aha-Erlebnis  182, 184
Akquise  208
Aktien  187
Aktienmarkt  267
Aktionismus  77
Aktivismus  103
Alter  212, 245
Anbiederei  133
Anerkennung  57, 106
Anerkennung im Arbeitsalltag  121
Anerkennung von außen  83
Anforderungen  114
Angeberei  236
Angebot und Nachfrage  332
Angst  100, 171
Angst vor Veränderung  261

Ankündigung  344
Anpassung  72, 260
Anpassungsdruck  257
Anregung  346
Anschaulichkeit  333
Ansprüche  338
Antipathie  329
Antizyklisches Handeln  197
Anweisungen  32, 90, 107, 110, 114
Arbeitsbelastung  130
Arbeitssicherheit  278
Arbeitstempo  89
Arbeitsüberlastung  91
Assessment-Center  54
Aufdringlichkeit  348
Aufrichtigkeit  52, 86, 112, 193, 345
Aufschwung  289
Auftreten  83
Ausbildung  65, 91, 93, 136–138, 140, 270
Ausdauer  54, 103, 135, 144, 179, 180, 232
Ausflüchte  228
Ausgleichsmaßnahmen  122
Ausnutzen von Erfolgen  229
Ausnutzung  133
Ausrede  328, 329
Außenseiter  129
Auswahlverfahren  54
Ausweichmanöver  323
Auszeichnung  89, 96
Auszeit  181
Automatismus  173

Autorität 91, 175
Autoritätsverlust 90
**B**
Balance 49, 61, 88
Balanced Scorecard 94
Beanstandung 115
Beförderung 96, 151
Begabung 138, 140
Begeisterungsfähigkeit 62
Begründung 193, 214
Bekannte 339
Bekanntheit 340, 347
Belohnung 89, 105, 319
Belohnungssysteme 97, 98, 101, 104, 105
Benchmarking 46, 50, 58, 203, 226, 228
Bequemlichkeit 115, 312
Beratung 309
Bescheidenheit 56, 69, 96, 112
Beschleunigung 267, 270
Beschwichtigung 295
Besprechungen 92, 110
Beständigkeit 209
Bestätigung 192
Best practices 171, 203
Betriebsblindheit 180, 248
Betriebsklima 77, 91, 102, 107–109
Betriebsspionage 242
Betrug 210
Beurteilung 45, 63, 104, 220
Beurteilungskompetenz 114
Beweiskraft 29
Bewerbung 119
Bewertung 344
Bewunderung 348
Bezahlung 86

Bezeichnung 192
Beziehungsmanagement 328
Beziehungsmarketing 335
Bezugsrahmen 165
Bluff 239, 324
Bodenhaftung 59
Bodenständigkeit 315
Boom 257, 308
Botschaft 333
Briefing 23, 110, 111, 314, 339
Bündnispartner 234
Buntheit 342
Business Reengineering 160

**C**

Change Management 48, 71, 74, 76, 95, 197, 256, 259, 262, 263, 280
Charisma 47
Code 320
Common sense 180
Controlling 116, 184, 218, 2132
Corporate Identity 209

**D**

Dankbarkeit 249, 251, 286, 298, 319
Darstellung 348
Definition 25, 192, 326
Delegieren 23, 62, 98, 335
Delfin-Strategie 76
Dementi 345
Demo-Version 333
Demütigung 242
Desinformation 239

Destruktivität   122
Detailwissen   187
Dezentralisierung   142
Dickfelligkeit   299
Dienstleistungen   314, 338, 339
Dimensionen   194
Diplomatie   320
Diskussion   191, 192
Distanz   133, 181, 182, 184, 248, 318
Disziplin   54
Dokumentenmanagement   86
Dominanz   146, 227
Dominoeffekt   148
Downsizing   218
Dreistigkeit   80
Druck   89, 106, 107
Durchbruch   86, 177, 178, 182

# E

Effizienz   79, 158, 240
Egoismus   67, 76, 77, 129, 169
Egozentrik   189, 307
Egozentriker   23
Ehrgeiz   77, 118, 207, 215, 278
Ehrlichkeit   148
Eigene Stärken   342
Eigeninitiative   261
Eigeninteresse   67, 129, 280
Eigenmächtiges Handeln   70
Eigennutz   252
Eigensinn   52, 179
Eigentor   238
Eigenverantwortung   88, 91, 101, 111, 147, 272, 309
Einfachheit   161, 205

Einfluss   48
Einfühlungsvermögen   69, 78
Eingleisigkeit   56
Einigung   321
Einkauf   197
Einladung   340
Einsatzbereitschaft   82
Einschneidende Gegenmaßnahmen   280
Einzelkämpfer   58, 169
Eitelkeit   45, 47, 51, 81, 82
Emotionale Intelligenz   61, 78, 92
Emotionale Reaktion   124
Emotionen   333
Empathie   78
Empfehlungen   340
Empowerment   49, 62, 90
Engagement   102
Engagement für andere   133
Entdeckung   184, 308
Entlarvung   324
Entlohnung   301
Entscheidungen   171, 173, 216, 247, 256
Entscheidungsbedarf   322
Entscheidungsfindung   195
Entscheidungsmanagement   176, 177, 322
Entwicklung   261
Erfinder   210
Erfinderische Vision   184
Erfindung   177, 182
Erfindungsreichtum   178
Erfolg   23, 51, 52, 54, 55, 57, 59, 103, 131, 187, 198, 216, 266, 283, 286, 298
Erfolgsfaktoren   57

Erfolgsgeheimnis   242
Erfolgsmensch   23, 56
Erfolgsstorys   254
Erfolgsstreben   65
Ergebnisorientierung   116, 182, 314
Erkenntnis   163
Erklärungen   163, 175, 292
Erklärungsversuche   168
Erreichbarkeit von Zielen   176
Erwartungen   185
Erwartungsdruck   344
Eskalation   108, 124, 126, 164, 246
Etikette   340
Exklusivität   332
Experimentieren   171
Experten   209–211, 262, 305, 306, 308–311, 315, 339
Expertentum   309, 312

## F

Fachgebiet   311
Fachkönnen   79
Fachwissen   116, 310, 311
Fachwissen im Team   60
Fairness   123, 132, 234, 238, 242
Falsche Freunde   250
Falscher Rat   227, 295
Falscher Trost   280
Faszination   304
Feedback   45, 47, 104, 256
Fehleinschätzung   199, 316
Fehlentscheidung   295, 296
Fehler   113, 114, 120, 132, 177, 278, 282–284, 287, 290, 292, 327
Fehlerkorrektur   294

Fehlermeldung   193
Feindschaft   109, 239, 245
Finanzmanagement   13, 55, 77, 208
Firmenname   155, 156
Flache Hierarchie   197
Fleiß   54, 179, 208, 310
Flexibilität   57, 68, 71, 143–145, 150, 154
Fokussierung   185
Folgeabschätzung   253
Fordernder Führungsstil   65
Formalitäten   340
Forschung und Entwicklung   179, 180, 184, 270, 283
Fortschritt   180, 255–257, 259, 261, 262, 265, 266, 273, 283
Fortschrittsglaube   257
Fragestellung   168
Frauen   152
Fressen und gefressen werden   236
Fristen   154
Führung   61, 62, 66, 77, 78, 86, 88, 89, 102, 106, 107, 196, 197, 202
Führungskraft   79
Führungspersönlichkeit   65, 74
Führungsstil   74, 77, 106, 107, 115
Führungsverantwortung   60, 62, 67, 81, 229, 231
Führungswerkzeuge   150
Fürsorgepflicht des Vorgesetzten   98
Fusion   74, 253

## G

Ganzheitliche Betrachtung   78
Ganzheitliche Führung   60
Ganzheitliches Denken   57, 73, 200

Gedankenfreiheit 146
Geduld 79, 184, 213, 289
Gefahren 279, 280
Gegenmaßnahmen 170
Gehälter 300
Gehaltsverhandlung 197
Geheimnis 345
Gehorsamkeit 175
Geist 298, 302
Geistesgegenwart 57
Geistige Leistung 313
Geistige Routine 38
Gelassenheit 70, 82, 164, 182, 200, 318
Geld 298, 302
Gemeinsames Interesse 35
Gemeinschaft 129
Genuss 341
Gerechtigkeit 66, 80, 123, 167
Gerüchte 343, 348
Geschäftssinn 320
Geschäftstüchtigkeit 298, 299
Geschenke 303
Geschichten 11, 348
Geschlechterrolle 320
Geschwindigkeit 256
Gesinnungswandel 72
Gesundheit 86
Gewinn 299
Glaube an sich selbst 23, 47
Glaubwürdigkeit 26, 63, 336
Gleichbehandlung 96
Global Village 339, 340
Glück 198, 237
Gremium 210
Grenzen 65
Grenzüberschreitung 278

Große Organisation 143
Großprojekt 160
Großzügigkeit 304
Grundüberzeugungen 189
Gruppendynamik 131
Guerilla-Marketing 224, 232, 233
Gutmütigkeit 133

## H

Habgier 55, 56, 70, 96, 226
Handlungsmöglichkeiten 265
Helfer 286
Herausforderung 80, 135
Hidden Champions 197, 240
Hierarchie 72, 88, 146, 147, 151–154, 231
High Performer 58, 88, 89, 94, 95, 102, 242, 307, 310, 312
High Potentials 93, 94
Hilfe 249, 298, 319
Hilfeleistung 253
Hilfestellung 172
Höheres Management 62
Honorar 300
Humor 47
Hypothese 325
Hypothetische Annahmen 323

## I

Ideale 102, 207
Idee 184
Ideenfindung 38, 170, 181
Identität 71, 209, 257
Ignoranz 189, 277, 280
Ignorieren widriger Umstände 157

Illusion   338
Image   50, 52, 69, 76, 82–84, 86, 96, 112, 138, 233, 239, 240, 245, 246, 269, 303, 324, 336, 337, 341, 342, 344, 348
Imagepflege   187, 209
Imagewechsel   343
Improvisation   186, 187, 197, 340
Incentives   104, 334
Informationslücken   110
Informationsmanagement   21, 77, 110, 193, 346
Inkompetenz   151, 172, 278, 292
Innovation   150, 178, 180, 182–184, 203, 210, 219, 257, 262–264, 266, 267, 269, 273
Intellektuelles Kapital   302
Interessengegensätze   250
Interessenunterschiede   189
Interkulturelle Kommunikation   187, 190
Interne und externe Mitarbeiter   121
Interview   323, 346
Intuition   193
Investition   297
Irrationalität   171, 312
Irrtum   25, 165, 196
Irrweg   180

# K

Kampf gegen unsaubere Verhältnisse   160
Karriere   13, 46, 50, 54, 59, 73, 96, 137, 151, 152, 212
Karrierehindernis   152

Katalysator   165
Katastrophe   275
Kaufkraft   301
Kausalität   166
Kernkompetenzen   47, 99, 117, 119, 151, 198, 207, 224, 305
Klarheit   195
Kleiderordnung   341
Kleine Unternehmen   232
Kleine Ursache – große Wirkung   275
Knappe Güter   332
Koalition   234
Kollegen   105, 339
Kommunikation   16, 21, 26, 32, 90, 110, 111, 192, 325, 327, 328
Kompetenz   77, 115, 211, 261, 300, 309, 317
Kompetenzverdacht   305, 308, 316
Kompromiss   72, 96, 125, 126, 144, 195, 259, 321
Kompromisslosigkeit   82
Konflikte   90, 108, 109, 122–127, 164, 238, 239, 248, 250, 279, 287, 288, 318
Konflikte unter Mitarbeitern   227
Konfliktfolgen   124
Konfliktmanagement   122, 187
Konformismus   86, 147, 261
Konkurrenten   152, 226, 236
Konkurrenz   64, 65, 76, 96, 99, 105, 127, 137, 153, 183, 202, 204, 227, 238, 248, 256
Konkurrenzanalyse   294
Konkurrenzbeobachtung   189, 212, 239
Konkurrenzdenken   74

Konkurrenz unter Mitarbeitern   101
Konsequenz   72, 136, 253
Konstruktive Kritik   25, 106
Konsum   297
Konsumentenbefragung   294
Kontakte   340
Konventionen   52
Konzentration   176
Konzentration auf das Wesentliche   176
Kooperation   128, 130, 132, 133, 169, 172, 249–253, 319
Koordination   60, 132
Korrektur   283
Kosten   298, 299, 320
Kostensenkung   86, 247
Kreativität   32, 38, 68, 70, 94, 116, 145, 150, 156, 158, 161, 172, 177–185, 261, 270, 310, 314, 342
Krisen   77, 95, 100, 103, 266, 284, 288, 289
Krisenkommunikation   35
Krisenmanagement   93, 100, 274, 289
Krisen-PR   82, 263
Krisensituation   249, 250
Kritik   113, 114, 238, 263
Kritikgespräch   92, 118, 228
Künstler   298
Kunden   332
Kundenabwanderung   269
Kundenbeteiligung   156
Kundenbetreuung   338
Kundenbeziehung   335
Kundenbindung   334
Kundenerziehung   331
Kundengewinnung   202

Kundenorientierung   86, 150, 267, 331
Kundenservice   338
Kundenwünsche   339
Kundenzufriedenheit   336, 339

## L

Lachender Dritter   125
Langer Atem   181
Langfristige Planung   201
Lawineneffekt   148
Leadership   52, 54, 56, 61, 62, 64, 66, 69, 73, 92, 196, 214, 231, 301, 341
Lean Management   218
Lebensaufgabe   175
Lebenslauf   298
Lebensweg   285
Legenden   259
Leichte Aufgabe   172
Leichtsinn   278
Leistung   118
Leistungsbereitschaft   51
Leistungsbewertung   101, 116
Leistungsdruck   38, 106
Leistungskontrolle   111, 114
Leitbild   214
Lernen   135–137, 261, 282
Lernendes Unternehmen   286
Lernfähigkeit   49
Lernprozess   79, 138
List   227, 302
Lob   47, 69, 104, 118
Lösung   321
Lösungssuche   160
Loslassen   70

Loyalität 82, 93, 99, 101, 148, 153, 234

## M

Machbarkeitswahn 50
Macht 48, 65, 67, 253, 302
Macht der Bilder 259
Machtinstinkt 54
Machtmissbrauch 67
Machtspiel 227
Management-Informations-System 193
Management-Konzepte 151
Managementmethoden 150
Managementmoden 264
Mangel 178
Mangel im Überfluss 80
Manipulation 26, 47, 86, 93, 150, 210, 259, 338
Marke 240
Markenbildung 343
Markenname 156
Marketing 118, 119, 331, 333, 334, 347
Marketing und Öffentlichkeitsarbeit 262
Marktchancen 82, 209
Marktforschung 294
Marktführerschaft 226
Marktsättigung 332
Marktwirtschaft 214, 301
Massengeschmack 331
Maßstab 194, 267
Materialismus 190
Mediator 165
Medien 26, 345, 346

Meinungsverschiedenheiten 189
Meisterschaft 54, 207, 312
Mentor 49, 65, 118
Merger 146
Metapher 32
Methode 159
Misserfolg 102, 172
Missgeschicke 290, 292
Missstände 77, 103, 127
Misstrauen 245, 324
Missverständnisse 16, 110, 328
Mitarbeiter 81, 204
Mitarbeiterbeurteilung 112, 113, 115, 117, 118, 121, 131, 136, 189, 282, 305, 316
Mitarbeiterbindung 93
Mitarbeiterförderung 218
Mitarbeiterführung 57, 68, 71, 88, 91–93, 95–101, 108, 122, 124–127, 144, 151, 165, 203, 206, 207, 230, 239, 240, 254, 263, 279, 287, 289, 335, 339
Mobbing 96, 109, 127, 131, 227
Motivation 47, 51, 62, 88, 94, 97, 98, 102–107, 111, 123, 132, 136, 150, 196, 215, 217, 230, 282, 314
Motive 122, 127, 189, 193
Mühelosigkeit 310
Multitasking 177
Muster 333
Mut 58, 178, 225, 236
Mythos 259

## N

Nachahmung 119, 166
Nachfolger 257

Nachhaltigkeit   149, 284
Nachlässigkeit   296
Nachteil   285
Namensfindung   155
Narrensicherheit   277
Natürliche Ressourcen   237
Naturwissenschaft   308
Neid   50, 80, 105, 226
Networking   249, 340
Neuanfang   222
Neue Führungskräfte   153
Neue Lösung   185
New Business   341
New Economy   209, 233, 269
Niederlage   216, 286
Normierung   25, 326
Notlage   161, 288
Notsituation   302
Nützlichkeitsdenken   94
Nutzen   214

## O

Objektivität   112, 187
Öffentliche Meinung   96
Öffentlichkeit   347
Öffentlichkeitsarbeit   21, 26, 52, 56, 59, 76, 96, 113, 114, 118, 138, 259, 263, 343–346, 348
Offenheit   161
Omnipräsenz   339
Opfer   247
Opferrolle   90
Opportunismus   262
Opposition   146
Optimierung   226
Optimismus   63, 213, 280, 284, 295
Optionen   212
Organisation   35, 72, 77, 88, 102, 141, 142, 144, 146, 147, 151, 154, 203, 237, 278
Organisationsform   145
Original und Ersatz   178
Overengineering   206

## P

Paradies   216
Passivität   77
Patentrezepte   171
Pathos   345
Peinlichkeit   82, 283, 313
Perfektionismus   64, 88, 89, 111, 114, 177, 206, 207, 284, 307
Persönliche Finanzen   13, 55, 56
Persönlicher Kontakt   335
Persönliche Zukunftsplanung   212
Persönlichkeit   11, 47, 52, 69, 71, 119, 144, 217, 298
Personalabbau   93, 99
Personalauswahl   11, 46, 61
Personaleinsatz   218
Personalentwicklung   96, 136, 270, 289
Personalgespräch   254
Personalsuche   197
Perspektiven   63, 102, 212, 323
Perspektivenwechsel   172, 189, 321
Pessimismus   63, 290, 292
Phantasie   84
Planung   195, 200, 218, 219, 222, 252, 267
Planungshorizont   199
Plausibilität   168

Popularität 83, 347
Portfolio-Analyse 222
Portfolio-Management 94, 117
Positionierung im Markt 203
Positives Denken 47, 62, 63, 103, 213, 274, 280, 290, 292, 295
Potenzial 94
Präsentation 113, 139
Präzision 158
Pragmatik 237, 279
Pragmatismus 207
Preis 326
Preis für Karriere 56
Preisgestaltung 332
Preiskampf 247
Preis-Leistungsverhältnis 267
Preispolitik 167
Preisverhandlungen 320
Presse 26, 29, 346
Prioritäten 21, 176, 177, 299, 322
Problemanalyse 171
Problembeschreibung 163
Problembewältigung 295
Problemdefinition 169, 172
Problemlösung 70, 157–159, 161, 164–166, 168–170, 173, 175, 177, 182, 184
Problemlösungswege 116
Produktentwicklung 181
(Produkt-)Image 117, 119
Produktinnovation 294
Produktive Arbeit 208
Produktivität 310
Produktstrategie 202
Produkttreue 269
Profit 337
Profit Center 142

Prognose 82, 201, 209–211, 213, 266, 325
Projektmanagement 57, 60, 61, 116, 154, 193, 197, 218, 219, 222, 265, 299
Promotion 289
Propaganda 348
Publikum 118

## Q

Qual 80
Qualifikation 300
Qualifizierung 218
Qualität 113
Qualität der Dozenten 138
Qualitätsanspruch 331
Qualitätsmanagement 222, 314
Qualitätsurteil 118
Qualitätszirkel 207
Querdenker 146

## R

Radikalität 72
Rationalität 306
Ratschläge 165
Realitätssinn 54
Realitätsverlust 295
Rechtfertigung 205, 247
Referenzen 138, 254
Reichtum 55, 297
Reihenfolge 185
Relaunch 294
Relevanz 194
Rendite 13, 197, 298, 300, 321
Reporting 254

Resignation 103
Respekt 189, 190
Ressourcenplanung 218, 220
Rettung 286
Revanche 122
Revolutionärer Elan 72
Rhetorik 21
Richtlinienkompetenz 62
Richtung vorgeben 106
Risiko 65, 100, 195, 225, 260, 274, 275
Risikoanalyse 199, 200, 211
Risikobereitschaft 82, 179
Risikomanagement 276
Risikovorsorge 201
Ritual 57
Rivalen 59
Robustheit 143
Rollen 71
Routine 147, 173, 185
Rücklagen 208
Rückrufaktion 222
Ruhm 56, 57

## S

Sachlichkeit 192
Sanktion 97
Schadensbegrenzung 288
Schadensersatz 167
Scheinargument 328
Scheindiskussion 247
Schein und Sein 113
Schicksalswendung 286
Schlagfertigkeit 298
Schlechte Erfahrungen 279
Schlechtes Vorbild 148

Schlichtung 109, 122
Schlussstrich 288
Schmeichelei 47
Schnelle Lösungen 199
Schnelligkeit 224, 296
Schulden 299
Schuldner 299
Schwachpunkt 242
Schwachstellen erkennen 58, 59
Schwäche 285
Schwächen zu Stärken machen 144
Schwierige Mitarbeiter 90, 107, 120
Schwierigkeiten 72
Sehnsucht 102
Selbstbetrug 215
Selbstbewusstsein 47, 54, 72, 112, 183
Selbstbezogenheit 45
Selbstbild 45–47, 99, 226, 228, 236, 327
Selbstdarstellung 59
Selbstdisziplin 135
Selbsteinschätzung 111, 112, 138
Selbsterkenntnis 45, 49
Selbstkritik 48, 113, 284
Selbstmanagement 195, 197, 263
Selbstüberschätzung 50, 59, 81, 84, 119, 133, 134, 238
Selbstverantwortung 90, 261
Selffullfilling prophecy 192
Shareholder-Value 94, 151
Sicherheit 65, 274
Sicherheitsdenken 195
Sicherheitsmaßnahmen 274, 275, 277
Siegertyp 23
Siegeswille 131

Simulation   139
Sinn   163, 214
Situation   313
Skepsis   180, 192, 254
Slogan   333
Software-Industrie   269
Solidarität   128, 130
Sortiment   150
Soziale Kompetenz   109
Soziale Verantwortung   67, 73, 93, 99
Sparen   297, 298, 299
Spezialisten   311, 313
Spezialistentum   307
Spirit   137
Sponsoring   303, 304
Spontaneität   145, 186, 187
Spott   47, 91
Stab und Linie   231
Stärke   67, 79, 84, 95, 285
Stärken/Schwächen   140
Stärken-Schwächen-Analyse   46, 228, 236
Stagnation   266
Statistik   210
Strafe   80
Strategie   106, 132, 137, 144, 149, 150, 155, 196, 197, 201, 213, 229, 230, 232, 246, 315
Strategische Allianz   227, 234, 249
Streitkultur   146
Strukturen   145
Sündenbock   131
Symbiose   35
Symbol   84
Symbolische Handlung   57
Sympathie   99, 250

Synergie-Effekte   203
Szenariomanagement   211

## T

Täuschung   129, 185, 192, 201, 246, 323
Taktgefühl   348
Taktik   229, 230, 232, 251
Taktisches Geschick   47, 58, 59, 76
Talente   93, 289
Talente und Fähigkeiten   13
Tarnung   185, 204, 324
Tatsachenbehauptung   29
Team   88, 128, 145, 196
Teamarbeit   35, 61, 131–133, 170, 172, 197, 240
Teamführung   103, 130, 131
Technikfolgen   211
Technische Hilfsmittel   160
Technische Machbarkeit   209
Technischer Fortschritt   269
Teilprobleme   170
Testurteil   114
Textänderungen   313
Theorie und Praxis   137
Theorielastigkeit   191
Tieferes Verständnis   171
Time-to-market   224, 226
Tischrede   340, 341
Tod   212, 345
Toleranz   189, 260
Tradition   190, 255–257, 269
Träume   201
Training   139
Transferleistung   182
Transparenz   185, 193, 204, 345

Traum   184
Trend   150, 198, 257, 264, 308
Trendberatung   266
Tricks   253
Trittbrettfahrer   133, 134
Trotz   279

## U

Überbewertung   164
Überflüssige Maßnahmen   276
Überfluss   220
Überforderung   175
Übergeordnetes Ziel   60, 61
Überlastung   177
Übermut   64
Überraschungsstrategie   224
Überreaktion   124
Überschätzung   233
Übertriebener Ehrgeiz   226
Übervorsicht   279
Überzeugen   107, 321, 333, 213
Überzeugungen   192
Übung   54, 139
Umgang mit Kritik   47
Umgangsformen   92, 190
Umsetzung   137
Umstrukturierung   144, 280
Umtausch   321
Unbeabsichtigte Folgen   205
Unbekümmertheit   186
Unerwünschter Rat   287
Ungeduld   70, 270
Ungenauigkeit   296
Ungleicher Kampf   224
Unkonventionelle Lösungen   183
Unkonventionelles Handeln   185

Unlösbare Aufgabe   58
Unpassender Moment   345
Unrecht   288
Unscheinbarkeit   83
Unsinn   178
Unternehmensberatung   150, 165, 287, 310, 311, 317
Unternehmensethik   214, 344
Unternehmensgründung   156
Unternehmenskultur   77, 108, 115, 146, 148, 154
Unternehmensnachfolge   54, 91, 108, 255
Unternehmensstrategie   204
Unternehmerisch denken   300
Unterstellungen   16, 127, 236, 346
Unzufriedenheit   207
Ursachen   292
Ursachenanalyse   127, 163, 168, 211, 228
Ursache/Wirkung   276
Urteilsvermögen   311
USP   117

## V

Veränderungen   263
Veränderungskonzept   137
Veränderungsprozess   260, 261, 272
Verallgemeinerung   198
Verantwortung   16, 77, 115, 127, 307, 348
Verantwortung für das Ganze   61
Verbesserung   206, 207, 288
Verbesserungsmaßnahmen   82
Verbot   90

Verdacht 120
Verdeckte Ziele 129, 324
Verdrängung 115, 295
Verfügbarkeit 121
Vergangenheit 256
Vergeblichkeit 217
Vergehen 120
Vergleiche 194
Verhältnismäßigkeit 96, 101, 158, 159
Verhärtung 125
Verhaltensänderung 287
Verhandeln 253
Verhandlungen 70, 126, 197, 234, 245, 251, 252, 259, 318–321, 324–326, 328, 338
Verkauf 99, 338
Verkaufsförderung 289
Verletzung 64
Vermögen 297
Vernetzung 142
Verpflichtungen 49
Verschwendung 208
Verständigung 187, 192, 321
Verständlichkeit 32
Verständnis 175
Versuche 161
Vertrauen 109, 148, 201, 202, 227, 242, 245, 249, 251–253, 269, 345
Vertrauensmissbrauch 90, 124
Vertretung 130
Vertuschung 283
Verunsicherung 239
Verzetteln 176
Verzicht 215
Verzögerungstaktik 322

Vision 61, 102, 181, 201, 207, 213, 214, 216, 301, 315
Voraussetzungen 201, 323
Vorbereitung 139, 187, 326
Vorbild 89, 114, 119, 135, 203, 257
Vorbildfunktion 66
Vorgänger 255, 257
Vorgefertigte Lösungen 171
Vorleben 72
Vorleistung 126
Vorsichtsmaßnahmen 274, 276, 278
Vorsorge 49, 208, 222, 274, 275, 347
Vorstellungsgespräch 50
Vorstellungsvermögen 326
Vorteile und Nachteile 200
Vorurteile 16, 112
Vorzeichen 57

# W

Wachstum 141, 142
Waghalsigkeit 225
Wahrhaftigkeit 29
Wahrheit 52, 163, 189, 348
Wahrnehmung 16, 112, 172, 187, 199, 236, 308, 323, 325–327
Wandel 141, 143, 144, 256, 264–267
Warenwirtschaft 218
Weitblick 199, 315
Weiterbildung 137–140, 218
Weltbilder 16, 166, 327
Werbeagentur 313
Werbeetat 337
Werbemaßnahme 333, 334, 337
Werbung 209, 336, 343

Werkzeuge 158, 159
Wert 302
Wertschätzung 69, 220
Wettbewerb 46, 50, 58, 59, 74, 99, 119, 122, 127, 183, 201, 212, 224–226, 230, 234, 236, 242, 245–247, 250, 251, 286, 337, 342
Widerspruch 146
Wiederaufbau 237
Wiedererkennungswert 337
Wiederholung 175
Willensstärke 52, 54
Willkür 92
Win-win-Situation 74, 301
Win-win-Strategie 73
Wirklichkeit 192, 327
Wirksamkeit 150
Wirtschaftsethik 148, 149
Wissenschaft 262
Wissenschaftliche Erkenntnis 273
Wissensmanagement 137, 203
Worst-Case-Szenario 275
Wünsche 216, 332
Wunschdenken 157

## Z

Zeitgeist 262
Zeitmanagement 218, 219, 270, 300
Zerstörung 237
Zerstreutheit 173
Zertifizierung 137
Ziele 49, 55, 57, 70, 102, 127, 135, 176, 197, 213, 215–217, 222, 266
Zielerfüllung 216
Zielgruppen 118
Zielstrebigkeit 23
Zielvereinbarung 116
Zufall 156, 165, 177, 187, 198, 200
Zukunft 209
Zukunftsaussichten 266
Zukunftsorientierung 256
Zukunftsplanung 212
Zukunftsplanung, persönliche 212
Zumutbarkeit 260
Zusammenarbeit (in einer Abteilung) 102
Zusammenhänge 166
Zusammenhalt 128
Zusammenspiel 131
Zusatzleistung 64
Zusatzvereinbarung 160
Zuversicht 265, 284
Zweckentfremdung 159
Zweckhandeln 182
Zweifel 180
Zweite Chance 101

# Setzen Sie auf Kompetenz!

## Bücher, Loseblattwerke, Profi-Software

*Katalog anfordern unter:
Telefon 0761/89 88 444 oder Fax 0761/89 88 555
oder unter bestellen@haufe.de*

## Haufe Akademie

Seminare und Schulungen, Tagungen und Kongresse, Qualification Line, Management-Beratung & Inhouse-Training für alle Unternehmensbereiche. Über 180 Themen!

*Katalog anfordern unter: Telefon 0761/47 08-811*

## Tausende Dokumente zum Download

Aktuelle und rechtssichere Qualitätsdokumente, Applikationen und Service-Angebote zum einfachen Herunterladen aus dem Internet.

*Dokumente unter: www.redmark.de*

**Haufe Mediengruppe**

Haufe Mediengruppe     Hindenburgstraße 64     79102 Freiburg

# TASCHENGUIDE
*Einfach! Praktisch!*

**Neu**

# Stecken Sie einfach alle in die Tasche!

## Bestseller:

- Kaufmännisch Rechnen
- Selbstmanagement
- Moderation
- Bilanzen lesen
- Die Börse
- Projektmanagement
- Schlagfertigkeit
- Arbeitszeugnisse
- Konflikte im Beruf
- Marketing

## Neuerscheinungen

- Business English
- BWL Grundwissen
- Mietrecht für Mieter

Jetzt neu:
TaschenGuide Recht mit CD-ROM

- BGB Basiswissen
- HGB Basiswissen
- Arbeitsrecht Basiswissen

## Einfach! Praktisch!

Überzeugend präsentieren, alle Zahlen im Griff, kostengünstig finanzieren, effektiv verkaufen und vor allem immer kreativ und mit Spaß bei der Sache.

Die neuen TaschenGuides bieten Ihnen schnell und kompakt einfach praktische Lösungen zu Ihrem Thema. Sie erhalten Wissen, das Sie nicht nur beruflich, sondern auch privat weiterbringt.

**Jeder TaschenGuide bietet Ihnen**

- einen schnellen Einstieg
- kompaktes, leicht umsetzbares Know-how
- ein handliches, übersichtliches Format
- einen sensationell günstigen Preis von nur 6,70 € bzw. 9,90 € für TaschenGuide Recht mit CD-ROM

Im Buchhandel erhältlich oder direkt bei der Haufe Mediengruppe bestellen: Fraunhoferstr. 5, 82152 Planegg, Telefon: 089/89517-0 oder Telefax: 089/89517-250, Internet: www.haufe.de, www.taschenguide.de